COLLECTION
DES MÉMOIRES

RELATIFS

A L'HISTOIRE DE FRANCE.

MÉMOIRES DE GASTON, DUC D'ORLÉANS.
MÉMOIRES DU SIEUR DE PONTIS, TOME I.

PARIS, IMPRIMERIE DE A. BELIN,
rue des Mathurins S.-J., n°. 14.

COLLECTION
DES MÉMOIRES

RELATIFS

A L'HISTOIRE DE FRANCE,

DEPUIS L'AVÈNEMENT DE HENRI IV JUSQU'A LA PAIX DE PARIS
CONCLUE EN 1763;

AVEC DES NOTICES SUR CHAQUE AUTEUR,
ET DES OBSERVATIONS SUR CHAQUE OUVRAGE.

Par M. PETITOT.

TOME XXXI.

PARIS,

FOUCAULT, LIBRAIRE, RUE DE SORBONNE, N°. 9.
1824.

AVERTISSEMENT.

Dans le discours préliminaire de cette série (1), nous avons dit que les mémoires sur les ministères de Richelieu et de Mazarin pouvoient se diviser en trois classes. La première, formée de ceux qui furent composés par les hommes qu'ils employèrent dans le gouvernement ; la seconde, de ceux qu'on doit à leurs adversaires ; et la troisième, du petit nombre d'écrits qui semblent étrangers aux querelles du temps. Nous espérions, au premier coup d'œil, pouvoir adopter cette classification pour l'ordre dans lequel devoit être placé chaque mémoire ; mais un examen plus approfondi nous a convaincus qu'il résulteroit de ce système une confusion dans la chronologie, qui ne sauroit être compensée par quelques avantages apparens. Nous avons donc pensé qu'il suffisoit que la classification indiquée d'abord par nous servît à caractériser chaque production, et que nous devions, comme dans la première série, ranger ces ouvrages suivant l'ordre des temps dont ils retracent l'histoire.

(1) Tome 1, pages 9 et suivantes.

MÉMOIRES

DE

GASTON, DUC D'ORLÉANS,

CONTENANT

CE QUI S'EST PASSÉ EN FRANCE DE PLUS CONSIDÉRABLE
DEPUIS L'AN 1608 JUSQU'EN L'ANNÉE 1636.

NOTICE

SUR

GASTON, DUC D'ORLÉANS,

ET SUR SES MÉMOIRES.

Gaston (Jean-Baptiste) de France, naquit à Fontainebleau le 25 avril 1608, et fut le troisième fils de Henri IV et de Marie de Médicis. Il eut d'abord le titre de duc d'Anjou; le duc d'Orléans, son plus jeune frère, étant mort en 1611, seconde année du règne de Louis XIII; il prit celui de *Monsieur,* frère unique du Roi; et ce ne fut qu'en 1626, époque de son mariage avec mademoiselle de Montpensier, que le duché d'Orléans lui fut donné en apanage.

Jusqu'à l'âge de sept ans il fut entre les mains de madame de Monglat, qui possédoit toute la confiance de Marie de Médicis. Il montroit les dispositions les plus heureuses; mais dès lors on apercevoit dans son caractère et dans ses goûts une certaine instabilité qui donnoit des craintes pour l'avenir. Ce motif détermina la Reine sa mère, qui, comme régente, possédoit toute l'autorité, à lui choisir un gouverneur qui pût, en développant ses belles qualités, étouffer ses défauts naissans.

Nous allons rapporter quelques particularités de cette éducation, qui malheureusement ne put être achevée. Ces détails, en appelant l'attention sur un homme digne, sous ce rapport, d'être comparé aux Montausier, aux Bossuet et aux Fénélon, donneront une idée de la manière dont on élevoit les princes dans les premières années du xviie. siècle, et répandront beaucoup de lumière sur les premières inclinations du frère de Louis xiii, auquel se rallièrent dans la suite, pour leur malheur, tous les partis qui se formèrent contre les ministères de Richelieu et de Mazarin (1).

Le choix de Marie de Médicis tomba sur François Savary, seigneur de Brèves, ancien ambassadeur de France à Constantinople et à Rome, versé dans la science de l'histoire, habile diplomate, et ayant acquis une profonde connoissance de l'antiquité par des voyages dans la Grèce, dans l'Asie-Mineure, et dans la Terre-Sainte. Son élève lui fut remis en 1615, pendant le voyage que la cour fit à Bordeaux pour le mariage du jeune Louis xiii avec Anne d'Autriche, infante d'Espagne.

De Brèves, sentant l'importance des devoirs qui lui étoient imposés, prit la résolution de ne pas perdre un seul moment son élève de vue. Il présidoit à tous ses exercices, assistoit à ses repas, et passoit les nuits auprès de lui. Son plan d'études, en embrassant les langues anciennes et les matières de goût, tendoit principalement à donner au jeune prince une con-

(1) Ces détails sont puisés dans un manuscrit du sieur de Brèves, publié dans les Mémoires de l'abbé d'Artigny (tome iv, page 874), et intitulé : *Discours véritable fait par M. de Brèves, du procédé qui fut tenu lorsqu'il remit entre les mains du Roi la personne de monseigneur le duc d'Orléans, frère unique de Sa Majesté.*

noissance approfondie de la géographie et de l'histoire ; la religion et la politique étoient ordinairement l'objet des conversations sérieuses qu'il trouvoit le moyen de lui faire désirer.

Il avoit remarqué que l'enfant, en se soumettant aux pratiques de la religion, ne montroit pas assez de ferveur, et il choisit un moment favorable pour lui faire de sages observations. « Vous avez, lui dit-il, la
« réputation d'être dévotieux : j'ai toutefois crainte
« que la dévotion que vous faites paroître soit plutôt
« usage que zèle. La piété en est la marque infailli-
« ble ; elle est nécessaire aux princes de votre nais-
« sance, et je ne remarque pas qu'il y en ait beau-
« coup en vous. » Souvent il s'effrayoit de l'inquiétude d'esprit qui tourmentoit le prince ; et il sembloit prévoir que ce défaut, joint à son inconstance et à sa foiblesse, le rendroit par la suite le jouet de tous les ambitieux. « Je voudrois, lui dit-il un jour, qu'il vous
« prît envie de lire les histoires ; vous y remarque-
« riez la fin misérable de ceux qui ont desservi nos
« rois, bien que grands de naissance, et tenant près
« d'eux le rang que le vôtre vous donne. — S'ils eus-
« sent eu, répondit Gaston, les exemples que j'ai,
« ils se fussent mieux conduits qu'ils n'ont fait. —
« Monsieur, poursuivit de Brèves, je vous apprendrai
« un moyen pour vous en garder et rendre heureux.
« Quand vous serez en âge de porter les armes, le
« premier qui vous induira à desservir le Roi, et à
« prendre parti contre lui, sous quelque prétexte
« que ce soit, vous le devez à l'heure même mener
« à Sa Majesté, lui disant mot à mot en sa présence
« les discours qu'il vous aura tenus. En usant ainsi,

« vous obligerez le Roi à vous aimer, et à ne se dé-
« fier jamais de votre affection et fidélité ; vous vous
« délivrerez par ce moyen de l'artifice des méchans,
« et vous acquerrez, faisant ainsi, l'affection et le
« service de tous les gens de bien, qui ne respire-
« ront que votre prospérité et votre gloire. »

De Brèves mêloit habilement l'indulgence à la sévérité. Le plus souvent il corrigeoit son élève par de petites humiliations qui produisent plus d'effet sur les enfans que les punitions les plus rigoureuses ; mais, ce qu'on aura peine à se figurer aujourd'hui, il ne se présentoit jamais devant lui qu'avec des verges à sa ceinture. Il s'en servoit rarement, mais il ne croyoit pas devoir se priver de ce moyen prompt et certain de répression.

Il y avoit un peu plus de deux ans qu'il dirigeoit l'éducation de Gaston, lorsque la chute du maréchal d'Ancre entraîna la disgrâce de Marie de Médicis. De Luynes, devenu tout puissant, chassa tous les partisans de l'ancienne régente ; mais il n'osa pas éloigner sur-le-champ le gouverneur de l'héritier présomptif de la couronne, qui, n'ayant pris part à aucune intrigue, jouissoit de l'estime générale ; et ce ne fut qu'au printemps de 1618 qu'il détermina Louis XIII à donner un autre gouverneur à son jeune frère. De Brèves, qui prévoyoit depuis long-temps cette séparation pénible, avoit redoublé de soins pour son élève, afin de graver profondément dans son cœur les principes qu'il s'étoit efforcé de lui faire adopter.

Invité par un huissier le 23 avril 1618, dès sept heures du matin, à se rendre chez le chancelier de Sillery, il ne douta point que l'arrêt ne fût définitivement prononcé. Il attendit le réveil de son élève, et il ne négligea rien pour lui faire trouver une leçon utile dans le triste événement qu'il avoit à lui annoncer. « Le peu de progrès qu'on voit dans « vos études, lui dit-il, et votre inclination contraire « aux exercices vertueux, sont la cause de ma dis- « grâce. Le Roi, qui vous aime chèrement, désireux « de l'avantage de votre éducation, a cru que je la « néglige; c'est ce qui a fait résoudre Sa Majesté de « vous donner un autre gouverneur. N'espérez au- « cune prospérité sans les bonnes grâces du Roi, au- « quel vous devez une entière obéissance, né son « sujet comme vous l'êtes. Obéissez aux préceptes et « commandemens de Dieu, qui vous ordonnent d'ho- « norer et de révérer la Reine votre mère : moyen- « nant cela, il vous promet longue vie; et si vous « souhaitez l'estime et l'affection des hommes, il vous « faut être courtois, généreux, officieux et magna- « nime. Pensez quelquefois à cette dernière remon- « trance que je vous fais du meilleur de mon cœur, « non pour mon intérêt, mais pour le vôtre, et pour « l'obligation que j'ai au service du Roi, de son Etat, « de votre personne et prospérité. » L'enfant, telle- ment ému qu'il pouvoit à peine respirer, lui répondit en fondant en larmes : « Monsieur de Brèves, si je « ne me suis pas bien conduit, que ne m'avez-vous « repris davantage ? Je suis content que vous me « donniez cinq cents coups de fouet, et que vous ne « me quittiez pas; je donnerai plutôt un bras que « cela soit, et je me jetterai aux pieds du Roi pour « prier Sa Majesté qu'elle ne vous éloigne pas de « moi. » De Brèves, qui sentoit quelle interprétation on ne manqueroit pas de donner à cette démarche que la reconnoissance dictoit au prince, employa toute son autorité sur lui pour l'en détourner, et il ne pensa plus qu'à obéir aux ordres du chancelier.

Il trouva dans le cabinet de ce ministre le garde des sceaux du Vair, Villeroy et le président Jeannin. Sillery lui annonça que l'intention du Roi étoit de lui retirer l'éducation de son frère. De Brèves fit alors un discours fort remarquable, où il rappela tous les services qu'il avoit rendus à l'Etat pendant trente ans, soit dans son ambassade de Constantinople, soit dans celle de Rome; puis il parla de ses efforts pour donner une bonne direction à l'héritier du trône.

« Il avoit, dit-il, sept ans et deux ou trois mois
« lorsque Sa Majesté me le confia. Mon premier soin
« fut de graver dans son ame la piété, la religion, la
« crainte et l'amour de Dieu, l'obéissance au Roi et
« le respect vers la Reine sa mère, d'honorer les ec-
« clésiastiques, d'avoir pitié des pauvres, et de chérir
« les bons serviteurs du Roi. Durant le temps que j'ai
« eu l'honneur d'être proche de sa personne, il n'est
« jamais sorti de son lit sans prier Dieu, et n'y est
« point entré sans le louer et le remercier. Il a aussi
« l'usage de faire tous les jours son examen de cons-
« cience; en somme, toutes les marques qu'on peut
« désirer en un prince religieux se trouvent en lui. »

« Quant à ses études, il ne les a point négligées :
« il est fort avancé en la connoissance de la cosmogra-
« phie : pour l'histoire, il y a trois ou quatre cents ans
« qu'il ne s'est donné bataille en ce royaume, qu'il
« n'en sache le nom et celui des chefs. Il sait le
« bonheur et le malheur de nos rois passés, et leur

« conduite. Je lui ai fait connoître l'avantage qu'il
« aura s'il a la réputation d'aimer les sciences, et
« ceux qui les savent. Je l'ai exhorté à croire conseil,
« et à ne point aimer la médisance. Je lui ai loué la
« libéralité et blâmé l'avarice ; et, pour fortifier sa
« mémoire, et apprendre avec facilité la vie des
« hommes illustres, outre la lecture que je lui ai
« fait pratiquer, je lui ai rempli un cabinet de leurs
« tableaux, et dans icelui fait poser force cartes pour
« lui apprendre toutes les parties du monde connues
« aux hommes. J'ai approché près de sa personne
« des hommes vertueux et savans qui incessamment
« lui parlent de choses graves et pleines de science.
« Ainsi, sans peine, il a connoissance de ce que
« l'histoire nous peut apprendre. »

De Brèves s'étendit ensuite sur le caractère de Gaston : aucun de ses défauts ne lui avoit échappé, il en prévoyoit les tristes suites : il regrettoit d'être désormais dans l'impossibilité de les prévenir ; mais il traita ce point délicat avec tous les ménagemens qu'exigeoient sa position et celle de l'héritier du trône.

Les ministres ne purent s'empêcher d'admirer la loyauté et la prudence d'un homme qui, dépouillé sans motif d'une des places les plus importantes du royaume, s'étoit borné à justifier sa conduite, sans laisser éclater aucune plainte sur sa disgrâce. Ils rendirent compte de cette conférence au Roi, qui permit que de Brèves restât encore un mois près de son élève, et qui, lorsqu'il se retira, le combla d'honneurs et de bienfaits (1).

L'éducation de Gaston fut confiée au comte du Lude,

(1) De Brèves reçut un présent de 50,000 écus, ses pensions furent

entièrement dévoué aux Luynes. Ce seigneur, fort âgé, avoit passé sa vie dans la dissipation et dans les plaisirs. Son caractère étoit si peu grave et si peu solide, que la vieillesse même n'avoit pu lui faire acquérir ni l'expérience des affaires, ni la connoissance des hommes. Incapable de remplir les devoirs importans dont il avoit eu la témérité de se charger, il s'en reposa entièrement sur Contade, sous-gouverneur, homme de mœurs suspectes, dont les manières étoient grossières, et qui n'avoit aucune instruction. Pendant un peu plus d'un an que le prince fut entre les mains de ces deux instituteurs, il perdit presque toutes les bonnes impressions que de Brèves s'étoit efforcé de graver dans son cœur. Son naturel reprit le dessus; et il seroit peut-être tombé avant l'adolescence dans les écarts les plus dangereux, si la mort du comte du Lude, qui arriva en 1619, ne l'eût fait passer sous la direction de d'Ornano, colonel des Gardes-Corses, disposé à lui faire reprendre le cours de ses études, et à veiller sur ses mœurs, mais résolu en même temps de lui faire jouer, le plus tôt possible, un rôle important dans les intrigues de la cour.

D'Ornano avoit une femme aimable et spirituelle: ils se partagèrent l'éducation du prince, et s'accordèrent pour y remplir des personnages absolument différens: ainsi, tandis que l'époux, portant, comme de Brèves, des verges à sa ceinture, affectoit la plus grande sévérité, l'épouse compatissante employoit en apparence tous les moyens de le désarmer, et se ren-

---

augmentées de 2,000 écus, et le sort de ses enfans fut assuré. Il mourut dix ans après, en 1628, âgé de soixante-huit ans.

doit médiatrice entre le maître et l'élève : conduite habile qui lui assuroit le plus grand empire sur ce dernier.

Lorsque Gaston eut atteint sa seizième année [1624], les deux époux parvinrent facilement à lui inspirer des projets ambitieux. D'après leurs insinuations il annonça la prétention d'entrer au conseil ; mais La Vieuville, qui avoit alors la principale autorité, excita la jalousie de Louis XIII, et l'aigrit tellement contre ceux qui dirigeoient son frère, que d'Ornano fut tout à coup arrêté, mis à la Bastille, puis transféré dans le château de Caen. Pour n'avoir plus à craindre une semblable intrigue, on plaça près de Gaston, Despréaux, homme insignifiant, qui avoit été autrefois sous-gouverneur du Roi.

Cette disgrâce de d'Ornano ne dura pas long-temps. Le cardinal de Richelieu, ayant fait renvoyer La Vieuville, et s'étant mis à la tête du conseil, voulut gagner l'héritier de la couronne en lui rendant un gouverneur qu'il regrettoit. Cet homme, qui, peu de mois auparavant, avoit été traité comme un conspirateur, fut comblé de faveurs, et honoré du bâton de maréchal de France. A ce prix Richelieu crut pouvoir compter sur son dévouement absolu, mais il se trompa. Le nouveau maréchal et sa femme continuèrent leurs intrigues ; et, rencontrant des obstacles invincibles dans l'administration forte de Richelieu, non-seulement ils oublièrent ses bienfaits, mais ils formèrent contre lui une cabale qui fut sur le point de le renverser. Voici à quelle occasion cette cabale fit un éclat qui la perdit.

La Reine-mère, ayant recouvré son crédit depuis

que Richelieu étoit à la tête des affaires, et voyant que le Roi, après plus de dix ans de mariage, n'avoit point d'enfans, désiroit vivement marier Gaston; et toute la cour étoit partagée sur l'épouse qu'on lui donneroit [1626]. Richelieu, ne considérant que l'intérêt de l'Etat, vouloit que le prince demandât la main de mademoiselle de Montpensier, la plus riche héritière du royaume : d'Ornano et les adversaires du ministre insistoient au contraire pour que le choix tombât sur une princesse étrangère, persuadés que c'étoit le meilleur moyen de soustraire le prince à la dépendance dans laquelle il se trouvoit. Cette dernière idée sourioit à Gaston, qui, âgé de dix-huit ans, et ayant oublié depuis long-temps les sages préceptes de de Brèves, ne songeoit qu'à s'affranchir d'une tutelle qui lui sembloit insupportable. Les esprits s'échauffèrent, et la cabale de d'Ornano, renforcée par les princes de Vendôme et par le comte de Chalais, favori du Roi, résolut d'attenter à la vie de Richelieu, en se portant à l'improviste dans sa maison de Fleury, près de Fontainebleau, où il alloit quelquefois se reposer de ses fatigues. Le complot échoua par la présence d'esprit du ministre, et par l'incertitude de Gaston.

D'Ornano fut enfermé à Vincennes, d'où sa femme, qui ne cessa d'entretenir des correspondances secrètes avec leur ancien élève, ne put le faire sortir, et il y mourut peu de temps après; les princes de Vendôme eurent à souffrir une longue captivité, et l'un d'eux succomba bientôt à ses chagrins. Quant à Chalais, il fut destiné par le ministre à donner un grand exemple : conduit à Nantes, où se trouvoit la cour, il y fut condamné au supplice des criminels de lèse-majesté, et exécuté le 19 août. Gaston, pour les intérêts duquel il périssoit, loin de chercher à le défendre, déposa contre lui : il épousa presque en même temps mademoiselle de Montpensier, cause innocente de tous ces troubles ; et l'on ne remarqua pas sans étonnement qu'il prit part, avec beaucoup de gaîté, aux fêtes brillantes qui furent données à l'occasion de ce mariage. Cette triste révélation du caractère du prince devoit, ce semble, éloigner à jamais de lui tous ceux qui par la suite seroient tentés de former des cabales ; mais on verra bientôt que les leçons les plus terribles furent impuissantes pour contenir les ambitieux.

Gaston ne posséda pas long-temps l'épouse qui lui avoit coûté si cher. Cette jeune princesse, aussi intéressante par sa beauté que par les grâces et la solidité de son esprit, fit, pendant le peu de temps qu'elle vécut avec lui, beaucoup d'efforts pour fixer l'inconstance de son caractère. Instruite qu'il avoit le goût du jeu, et que les pertes énormes qu'il y faisoit lui causoient quelquefois de l'embarras, elle prévenoit ses vœux, en prenant pour venir à son secours sur les fonds qui étoient réservés à son entretien particulier. Douce et indulgente, elle fermoit les yeux sur des intrigues de galanterie où Gaston étoit entraîné plutôt par sa légèreté que par des passions sérieuses ; et elle réussissoit presque toujours à les lui faire rompre par l'ascendant que sa vertu lui avoit donné sur lui. Devenue grosse tandis que la Reine régnante continuoit d'être stérile, elle fixa les regards de la cour, et put croire qu'elle alloit y jouer le principal rôle ; mais des espérances si flatteuses s'évanouirent bientôt : elle mourut à la fleur de l'âge, trois jours après être accouchée d'une fille, qui fut depuis très-connue sous le nom de *Mademoiselle* [1627].

La douleur de Gaston parut vive, mais elle ne fut pas longue : il trouva des distractions en se livrant plus que jamais à une société de jeunes seigneurs qu'il s'étoit formée depuis quelque temps, et dans laquelle se faisoit surtout remarquer Puylaurens, qui, ayant été élevé avec lui, jouissoit de toute sa faveur. Cette société, où l'on s'occupoit alternativement de plaisirs, d'intrigues, et quelquefois de littérature, avoit des assemblées régulières, et ne donnoit que peu d'ombrage à Richelieu. Le prince, qui n'avoit conservé des premières impressions qu'il avoit reçues de de Brèves qu'un certain attrait pour les recherches historiques et scientifiques, y consacroit quelques instans; mais ses goûts frivoles et la manie des cabales l'entraînoient bientôt hors de cette paisible sphère.

Il fut un moment arraché à sa vie oisive lorsque les Anglais essayèrent de s'emparer de l'île de Ré. Louis XIII étant malade, il fallut qu'il prît le commandement de l'armée; mais le monarque, rétabli plus tôt qu'on ne l'espéroit, courut se mettre à la tête de ses troupes; et Gaston, affectant de ne pas vouloir commander en second, s'empressa de revenir à Paris, où le rappeloient toutes les espèces de séductions.

Pendant les années 1628 et 1629, il sembla vouloir se consoler de sa nullité dans les affaires par la variété et même le scandale de ses plaisirs. Il parcouroit à pied pendant la nuit, et presque seul, les rues de la capitale, entroit dans les maisons où se donnoient des bals et des fêtes, s'adressoit à toutes les jeunes femmes, et paroissoit se plaire à répandre le trouble dans les familles. La Reine-mère, déjà très-affligée de ce que le Roi n'eût point d'enfans, trembloit que les excès auxquels se livroit son second fils n'altérassent entièrement sa santé, et elle auroit désiré qu'une femme de mérite fixât son attention, dût-elle l'amener par la suite à un mariage disproportionné; mais, de deux personnes sur qui s'arrêtèrent plus particulièrement les regards de Gaston, aucune ne remplit les vues de Marie de Médicis. La duchesse de Chevreuse n'employa l'empire passager qu'elle exerça sur lui qu'à le compromettre dans des intrigues politiques mal tissues; et le goût qu'il montra pour Marie de Gonzague, sœur de la fameuse princesse Palatine, encore libre et dans la fleur de l'âge et de la beauté, fit le tourment de la Reine-mère, parce qu'elle haïssoit depuis long-temps la famille de la jeune princesse. Cette dernière liaison, à laquelle il sembloit fortement tenir, donna lieu à quelques incidens romanesques. L'amante fut arrêtée et enfermée à Vincennes, l'amant parla d'employer la force pour la délivrer; mais tout se termina par une indifférence réciproque, et le prince, ayant refusé de suivre le Roi en Italie, fit un voyage en Lorraine pour y trouver de nouvelles distractions.

La cour du duc Charles IV lui en offroit un grand nombre. Ce prince, qui étoit loin de penser que l'hôte illustre qu'il recevoit causeroit bientôt sa ruine, avoit un caractère analogue à celui de Gaston: insatiable dans ses désirs, inconstant dans ses volontés, il détruisoit par ces défauts tous les avantages qu'auroit pu lui donner un courage brillant. Sa cour n'avoit pas l'étiquette gênante de celle de France, et ses sœurs, vives et aimables, en faisoient le principal ornement. Gaston, qui avoit déjà perdu le souvenir de Marie de Gonzague, s'enflamma pour la princesse Marguerite, la plus jeune, qui sut prendre sur lui un ascendant qu'aucune femme n'avoit eu jusqu'alors ; et Puylaurens fit une cour assidue à l'aînée, la princesse de Phalsbourg, qui ne reçut les hommages de ce favori que dans la vue d'assurer à sa sœur le plus bel établissement qu'elle pût espérer.

Cette intrigue, qui donna quelque inquiétude au Roi, n'eut alors aucune suite apparente. Gaston revint en France, et entra bientôt dans les projets de la Reine sa mère, qui, brouillée irrévocablement avec Richelieu, avoit obtenu de Louis XIII, pendant qu'il étoit malade à Lyon, la promesse qu'il renverroit ce ministre aussitôt que les affaires d'Italie seroient terminées. Mais l'événement fut loin de répondre à leur attente ; et l'on connoît les détails du changement subit de scène qui eut lieu à Versailles le 11 octobre 1630, et qui prit le nom de *journée des dupes*.

Marie de Médicis, outrée d'être sacrifiée à l'homme qui lui devoit son élévation, s'échappa de Compiègne où elle étoit presque gardée à vue, et se réfugia à Bruxelles : Gaston, également irrité, partit pour la Lorraine, où il revit avec joie la princesse Marguerite, dont Puylaurens n'avoit cessé de l'entretenir depuis leur dernier voyage [1631]. Son attachement pour elle devint plus vif, et, pressé par son favori, il prit la résolution de l'épouser. Mais Louis XIII se trouvant en force dans le voisinage, et le duc de Lorraine étant allé lui protester qu'il n'étoit pas question de former ce lien, le mariage eut lieu mystérieusement à sept heures du soir dans un couvent de Nancy, et les témoins absolument nécessaires assistèrent seuls à la cérémonie. Immédiatement après, le prince partit furtivement pour Bruxelles, dans la crainte d'être enfermé dans la ville s'il prenoit à son frère l'envie de l'assiéger.

Réuni à Marie de Médicis, dont il partageoit les ressentimens, il noua des relations avec le duc de Montmorency, gouverneur du Languedoc, qui étoit excité par sa femme, proche parente de la Reine-mère, à se déclarer contre le cardinal de Richelieu, et il lui promit qu'il iroit bientôt le joindre avec des forces étrangères [1632]. Le duc auroit désiré que cette entreprise hardie fût différée, afin d'avoir le temps d'entraîner dans son parti les états de la province, sur lesquels il se flattoit d'avoir la plus grande influence; mais les Espagnols, ayant fourni à Gaston une petite armée, ne voulurent entendre à aucun délai : il alla donc joindre à Trèves cette armée qui n'étoit en grande partie composée que de mauvaises troupes, et il entra en France par la Bourgogne. Il se flattoit que des manifestes violens contre Richelieu soulèveroient aussitôt les peuples; mais ses espérances furent bien trompées. Dijon refusa de lui ouvrir ses portes, et le parlement, dans lequel il croyoit avoir des partisans, rendit des arrêts contre lui. Ne pouvant lever des contributions régulières, il fallut que, pour faire subsister ses troupes, il leur permît de piller les villages; ce qui le fit considérer partout comme un fléau, tandis qu'il avoit été convaincu qu'on ne verroit en lui qu'un libérateur. Il traversa ainsi, beaucoup plus rapidement qu'il ne l'auroit voulu, le Charollais, le Bourbonnais, l'Auvergne, le Rouergue, et il arriva, au commencement d'août, dans le Languedoc, où Montmorency n'avoit encore eu le temps de rien préparer.

Le Roi avoit envoyé contre eux les maréchaux de La Force et de Schomberg, dont les manœuvres habiles leur coupèrent bientôt toute retraite. La position de Gaston devenoit chaque jour plus difficile, lorsqu'il fut atteint par Schomberg près de Castelnaudary [17 septembre 1632]. Montmorency, dont il ne put modérer l'ardeur, se précipita presque seul au milieu des ennemis, et fut fait prisonnier. Alors le prince, incapable de rassurer son armée, la laissa se retirer en désordre, et courut se réfugier dans Béziers. Là, il essaya de fléchir le Roi; mais il n'obtint que sa grâce et celle des personnes qui l'accompagnoient, et il fut obligé d'abandonner Montmorency à la vengeance de Richelieu. Ce seigneur, dont les grandes qualités et le malheur excitèrent l'intérêt général, mourut à Toulouse sur l'échafaud le 30 octobre suivant, tandis que celui qui l'avoit entraîné dans l'abîme se retiroit tranquillement à Blois.

Puylaurens, craignant le même sort, détermina Gaston à sortir de nouveau du royaume; et le prince s'étant mis en route sans que Richelieu fît aucune disposition pour arrêter sa marche, alla retrouver à Bruxelles la Reine sa mère. L'année suivante [1633] la princesse Marguerite de Lorraine, son épouse, témoigna le désir de le joindre, et elle y fut fortement engagée par Marie de Médicis, qui trouvoit ce mariage très-sortable précisément parce que Richelieu avoit décidé le Roi à ne jamais le reconnoître. Il étoit difficile de sortir de Nancy, dont l'armée royale occupoit toutes les avenues; mais la jeune princesse, qui avoit beaucoup de résolution, revêtit un habit d'homme, se mit parmi ceux qui devoient accompagner les équipages du cardinal François de Lorraine, auxquels le Roi avoit permis qu'on donnât un sauf-conduit, et eut le bonheur de passer au milieu des postes ennemis sans être reconnue.

Arrivée à Bruxelles, et instruite que Richelieu prenoit des mesures pour faire casser son mariage, elle exigea qu'il fût confirmé en grande pompe, et que Gaston renouvelât ses sermens. Le prince, dont Marguerite étoit parvenue à fixer l'inconstance, y consentit volontiers; et la cérémonie fut faite par l'archevêque de Malines en présence de Marie de Médicis et des principaux seigneurs flamands [1634]. Les serviteurs de Gaston et ceux de la Reine-mère, presque tous poussés par des ambitions particulières, ne vécurent pas long-temps en bonne intelligence. Des intrigues galantes et politiques les divisèrent; il y eut plusieurs duels, et Puylaurens manqua d'être assassiné dans le palais même du gouvernement. Le danger que venoit de courir ce favori lui fit prendre la résolution d'engager son maître à traiter avec Richelieu. Les conventions furent bientôt faites; et Gaston, conservant l'habitude de sacrifier ce qu'il avoit de plus cher aux intérêts du moment, revint en France sans avoir obtenu que le sort de son épouse fût assuré.

Puylaurens fut magnifiquement récompensé du service qu'il venoit de rendre; il devint duc et pair, et obtint la main de mademoiselle de Pont-Château, parente de Richelieu; mais cette fortune acquise si promptement fut presque aussitôt renversée. Le nouveau duc, ayant voulu tramer de nouvelles intrigues, fut arrêté, mis à Vincennes, et mourut peu de mois après dans cette prison [1er. juillet 1635]. Gaston, dont il avoit été, presque dès son enfance, le compagnon, l'ami et le plus intime confident, ne fit aucun effort pour adoucir sa captivité, et ne parut point affligé de sa mort. Retiré à Blois, il ne fut longtemps occupé qu'à varier les plaisirs dont le ministre avoit daigné lui laisser la jouissance.

Cependant le cardinal de Richelieu, que les intrigues de la cour n'avoient pu ébranler, courut un grand danger par un avantage presque décisif que remportèrent les Espagnols. Sous les ordres de Jean de Werth, ils prirent Corbie, passèrent la Somme, poussèrent des partis jusque dans le voisinage de Paris, et répandirent la terreur dans cette ville [1636]. Le ministre ne fut jamais plus grand que dans ce désastre; il rassura le peuple, obtint l'appui de toutes les corporations, fit des levées extraordinaires, et bientôt Louis XIII, qu'il accompagna, marcha vers la Picardie à la tête de cinquante mille hommes. Gaston fut obligé de prendre dans cette armée le titre de lieutenant général; et le comte de Soissons, prince de la maison royale, qui partageoit ses mécontentemens, fut aussi appelé à la défense de l'Etat. Les ennemis ne tardèrent pas à être repoussés, et Corbie fut reprise le 10 novembre. Mais les deux princes, qui s'étoient distingués dans cette glorieuse expédition, avoient résolu de se défaire de Richelieu aussitôt qu'elle seroit terminée. Cet attentat, qui devoit être commis sous les yeux du Roi, ayant manqué par l'irrésolution de Gaston, le comte de Soissons se réfugia dans Sedan, qui appartenoit au duc de Bouillon, et le frère du Roi alla se confiner à Blois, où Richelieu, auquel il n'inspiroit plus de crainte, prit soin de calmer ses inquiétudes.

Le comte de Soissons passa plusieurs années dans sa retraite, rejetant toutes les propositions d'accommodement que lui faisoit faire le ministre, et entretenant une correspondance secrète avec Gaston dont il flattoit les folles chimères. La naissance imprévue du prince qui fut depuis Louis XIV [5 septembre 1638], après vingt-trois ans d'un mariage stérile, leur donna quelque espérance, parce qu'ils se flattèrent que la reine Anne d'Autriche, ennemie déclarée de Richelieu, prendroit, comme mère d'un dauphin, beaucoup d'ascendant sur son époux. Mais leur attente fut trompée, et le ministre devint plus puissant que jamais. Le comte de Soissons, fatigué d'un long exil, fit, de concert avec Gaston, un traité avec l'Espagne, et entra en France à la tête d'une armée étrangère [1641]. Le maréchal de Châtillon fut envoyé contre lui, et lui livra bataille près de La Marfée [6 juillet]. Les troupes royales plièrent, prirent la fuite en désordre, et le comte n'avoit plus qu'à tirer parti de sa victoire, lorsqu'il fut frappé à mort d'un coup de feu. Cet événement changea entièrement la face des choses, et les étrangers, privés de leur chef, se retirèrent comme s'ils eussent été défaits. Alors Gaston feignit de se réconcilier avec Richelieu; et le duc de Bouillon, tenant la même conduite, fut non-seulement maintenu dans la possession de Sedan, mais obtint le commandement de l'armée d'Italie.

Le frère du Roi ne s'étoit décidé à ce rapprochement que dans l'espoir d'accomplir des desseins plus gigantesques que ceux qu'il avoit formés jusqu'alors. Richelieu sembloit attaqué d'une maladie mortelle, et Cinq-Mars, favori de Louis XIII, oubliant le sort funeste de Chalais, avoit offert ses services à Gaston. Jamais occasion n'avoit paru plus favorable pour renverser un ministre qui, ayant entraîné dans le Roussillon le Roi dont la santé étoit aussi fort altérée, perdoit chaque jour quelque chose de son empire sur lui. Gaston, appuyé du duc de Bouillon qui étoit à la tête d'une armée, de Cinq-Mars, auquel le monarque se montroit fort attaché, et de plusieurs seigneurs et femmes de la cour, fit donc, le 13 mars 1642, un traité avec l'Espagne, dont malheureusement de Thou, fils du célèbre historien, eut connoissance, et ne crut pas devoir avertir le ministre. Richelieu, qui avoit partout des espions, fut bientôt instruit de ce traité. Il fit sentir au Roi toutes les conséquences que pouvoit avoir un tel complot, et il obtint facilement de lui le sacrifice de son favori. Cinq-Mars et de Thou furent arrêtés; on fit subir un interrogatoire à Gaston, qui, loin de les défendre, les accusa, et ils périrent à Lyon sur l'échafaud le 12 septembre. Quant au duc de Bouillon, qui fut arrêté au milieu de son armée, son épouse ayant menacé de livrer Sedan aux Espagnols, il fallut négocier avec lui; mais il n'obtint sa grâce qu'en remettant au Roi sa principauté.

Gaston, ayant à se reprocher la mort ou la ruine de presque tous ses amis, vivoit à Blois dans une profonde obscurité, lorsqu'il apprit la mort du ministre contre lequel il avoit fait tant de vaines tentatives

[4 décembre]. Il revint à la cour dans les premiers jours de janvier 1643, et le Roi, qui avoit résolu de pardonner aux ennemis de Richelieu, sans cependant renoncer au plan que ce grand ministre lui avoit tracé avant de mourir, parut rendre à son frère toute sa tendresse. Gaston, qui n'avoit jamais eu d'attachement solide que pour son épouse, la princesse Marguerite, supplia Louis XIII de reconnoître leur mariage; et le monarque n'y consentit qu'à la condition qu'il seroit célébré de nouveau. Il fallut que ces époux se présentassent aux autels pour la troisième fois. Ce fut Jean-François de Gondy, archevêque de Paris, qui fit cette cérémonie le 25 avril. « Je suis venu, lui dit « Gaston, non pour ratifier mon mariage, qu'il n'est « pas nécessaire de renouveler; mais ce que je fais est « pour obéir au Roi. » Le prélat, répondant à cette idée, dit alors : « *Ego vos conjungo in matrimonium, in quantum opus est.* »

Quelques jours après [14 mai] Louis XIII descendit au tombeau, après un règne glorieux, mais fort agité. Anne d'Autriche son épouse eut la régence avec une autorité très-limitée, et Gaston fut fait lieutenant général du royaume. Ce prince, âgé alors de trente-cinq ans, parut sincèrement revenu des erreurs de sa jeunesse : satisfait d'occuper la seconde place dans l'Etat, il prêta son appui à la Reine, dont le parlement rendit l'autorité indépendante, et qui prit bientôt pour premier ministre le cardinal Mazarin, élève et créature de Richelieu. Les premières années de la régence furent aussi heureuses que tranquilles; on se félicitoit d'être délivré du joug accablant qu'avoit imposé le précédent ministre; et Gaston, remplissant les fonctions de lieutenant général, fit en Flandre avec gloire les campagnes de 1644, de 1645 et de 1646; ce fut la plus belle époque de sa vie. Mais des fautes graves, commises par Mazarin, excitèrent des troubles, et le prince, retombant dans les irrésolutions qui lui étoient naturelles, tint une conduite qui entraîna par la suite sa ruine entière.

L'abbé de La Rivière, homme d'une naissance très-obscure, mais d'une ambition démesurée, étoit alors son favori. Beaucoup plus habile que Puylaurens, il se croyoit avec raison intéressé à maintenir la tranquillité publique, parce qu'il attendoit de Mazarin le chapeau de cardinal. Il engagea donc son maître à soutenir l'autorité de la régente, lorsqu'en 1648 le parlement de Paris se souleva contre le ministère, sous le prétexte de quelques désordres dans les finances, et poussa le peuple aux derniers excès dans la fameuse journée du 26 août, où l'on renouvela les horreurs des Barricades, qui, sous Henri III, avoient été suivies des plus horribles désastres (1). D'après l'impulsion donnée par son favori, Gaston, trop irrésolu pour se mettre entièrement du côté de la Reine, essaya de jouer le rôle de médiateur entre les deux partis; il prit part aux discussions parlementaires, où il montra une facilité d'élocution qu'on n'avoit pas soupçonnée; et ce fut à lui que la cour dut un moment de tranquillité, par un arrangement conclu le 4 octobre avec le parlement; arrangement où les droits de la couronne furent sacrifiés.

(1) Des détails beaucoup plus étendus sur la conduite politique de Gaston pendant ces troubles, se trouvent dans l'introduction aux Mémoires relatifs à la Fronde, qui doit précéder les Mémoires de Brienne.

L'année suivante, 1649, les troubles, comme on l'avoit prévu, prirent un caractère plus grave. Toutes les concessions du ministère ne servirent qu'à donner plus d'audace aux Frondeurs; et la Reine, appuyée du jeune prince de Condé, déjà célèbre par les victoires de Rocroy et de Lens, résolut de sortir de Paris. Condé proposoit des moyens violens, mais infaillibles pour soumettre les rebelles; Gaston les fit rejeter, et la cour s'échappa furtivement de la capitale dans la nuit du 6 au 7 janvier. Retirée à Saint-Germain, elle essaya vainement, avec quelques troupes qu'elle avoit appelées des frontières de Flandre, de faire le blocus de Paris. La valeur et les talens du prince de Condé, qui les commandoit, ne servirent qu'à prolonger une guerre où il se couvrit de gloire sans obtenir aucun avantage décisif; et l'on négocia de nouveau avec ceux qu'on avoit voulu soumettre par la force. Gaston, guidé par l'abbé de La Rivière, dont le but étoit de profiter seul des avantages de la position de son maître, eut beaucoup de part à la fausse paix qui fut signée le 11 mars.

Le prince de Condé, devenu le maître de la cour par le service important qu'il venoit de rendre à la régente, ne déploya pas la modération et la prudence qu'exigeoient sa propre situation et les circonstances difficiles où se trouvoit l'Etat. Egaré par une présomption trop commune à son âge, il témoigna un égal mépris, et pour le ministre qu'il avoit maintenu contre la haine publique, et pour le parti qui s'étoit vainement efforcé de le renverser. Cette conduite l'ayant rendu odieux à tout le monde, Mazarin se rapprocha des Frondeurs, entama une négociation avec le fameux coadjuteur qui s'étoit déclaré leur chef, et leur accorda tout ce qu'ils voulurent, pourvu qu'ils le secondassent dans le projet de faire arrêter un prince dont la tyrannie lui paroissoit plus insupportable que l'esprit d'indépendance du parti opposé. Gaston ne souffroit pas avec moins d'impatience ce joug, dont la Reine avoit encore plus que lui à se plaindre ; mais il étoit retenu par l'abbé de La Rivière, qui, se figurant que le pouvoir de Condé étoit solidement affermi, vendoit à ce dernier les secrets de son maître.

Madame de Chevreuse, qui avoit été plusieurs fois proscrite sous le ministère de Richelieu, et qui se trouvoit actuellement l'ame du parti des Frondeurs par la liaison que le coadjuteur avoit avec sa fille, dessilla les yeux de Gaston, dont elle avoit été autrefois la maîtresse. Il consentit à l'arrestation du prince de Condé, du prince de Conti son frère, et du duc de Longueville son beau-frère. Ce coup d'Etat ayant été exécuté avec beaucoup d'habileté dans le Palais-Royal le 18 janvier 1650, l'abbé de La Rivière fut disgracié, et le coadjuteur lui succéda dans la faveur de Gaston. La Fronde crut gagner beaucoup à cet arrangement ; mais elle se trompa, car les indécisions de Gaston furent la principale cause de la ruine de ce parti. Ce prince alloit souvent au parlement, il y parloit avec élégance et facilité : ses triomphes oratoires le flattoient beaucoup ; mais, comme il n'avoit aucun plan, comme il ne craignoit pas de se contredire suivant les circonstances, il n'inspiroit ni confiance ni estime.

Cependant la tranquillité obtenue par la prison des

princes, et par le traité fait avec les Frondeurs, ne fut pas de longue durée. Ces derniers se plaignirent bientôt de ce que Mazarin ne tenoit pas les engagemens qu'il avoit pris avec eux. Le coadjuteur, trompé dans l'espoir que le rôle qu'il jouoit lui procureroit bientôt le chapeau de cardinal, fit partager son humeur à Gaston; et, quoique l'intérêt bien entendu de ce prince fût de prolonger la prison de Condé, il s'unit à la Fronde, qui, déterminée à renverser le ministre, embrassa le parti des princes captifs. Mazarin, obligé de céder à l'orage, alla lui-même au Havre délivrer ces princes [13 février 1651], puis il partit pour Cologne, d'où il continua de diriger la conduite de la Régente.

Gaston, parvenu pour quelques momens au faîte du pouvoir, ne se conduisit pas avec plus de modération que Condé. Il tint la Reine et le jeune Roi prisonniers dans le Palais-Royal, refusa même de les voir, et fit dévorer à la Régente les plus horribles humiliations. Lorsque les princes arrivèrent à Paris, il les accueillit comme ses amis les plus intimes, et ceux-ci eurent l'air d'oublier que c'étoit lui qui les avoit fait arrêter. Cette bonne intelligence cessa bientôt : Condé, que sa prison n'avoit pas corrigé, méprisa les Frondeurs auxquels il devoit sa liberté, ne tint aucune des promesses qu'il leur avoit faites, afficha les prétentions les plus exagérées ; ce qui fournit de nouveau à la Régente l'occasion de négocier avec ce parti, qui, indigné de la conduite du prince, se déclara volontiers contre lui. Gaston, quoique dominé par le coadjuteur, voulut garder une sorte de neutralité : ainsi les mesures prises contre Condé manquèrent d'ensemble ; et ce prince eut le temps de disposer dans la Guienne tous les préparatifs d'une guerre civile. Il partit pour cette province immédiatement après la déclaration de la majorité de Louis XIV, qui eut lieu le 5 septembre 1651.

Mazarin, qui, de sa retraite, avoit dirigé toutes les opérations de la Régente, vit que les partis, se trouvant dans une fausse position, ne pouvoient plus s'opposer à son retour : il rentra donc en France avec une petite armée dans les premiers jours de l'année 1652, et il alla trouver à Poitiers la cour qui s'y étoit rendue pour observer les mouvemens du prince de Condé.

Gaston, qui haïssoit également Condé et Mazarin, montra plus d'incertitude que jamais ; et le coadjuteur, ayant su persuader à la Reine qu'elle lui devoit cette inaction, obtint le chapeau de cardinal. Il prit le nom de cardinal de Retz. Condé ayant été battu en Guienne par le comte d'Harcourt, l'armée royale quitta le Poitou, et voulut occuper Orléans, capitale de l'apanage de Gaston. Ce prince sentit l'importance de conserver cette ville à la Fronde ; mais, n'osant aller la défendre lui-même, il y envoya sa fille, *Mademoiselle,* qui, beaucoup plus déterminée que lui, trouva le moyen d'empêcher le Roi d'y entrer.

Cependant Condé avoit une petite armée dans le voisinage d'Orléans, et quelques troupes soldées par Gaston s'y étoient jointes : hors d'état de tenter en Guienne de grandes opérations, il prit la résolution hardie, non-seulement de se rendre presque seul à cette armée, mais de lutter contre les troupes où se trouvoit le Roi, et dont le commandement venoit d'être confié à Turenne. Ces deux généraux célèbres se mesurèrent à Bleneau le 7 avril, et, malgré leur habileté, ils ne remportèrent l'un sur l'autre aucun avantage décisif. Condé, s'attribuant la victoire, vint à Paris, où le rétablissement de Mazarin avoit ranimé les fureurs du peuple. Mais Gaston tint avec lui une conduite équivoque, évita de se déclarer contre l'ennemi commun, et empêcha que les troupes qui l'avoient suivi n'entrassent dans Paris.

Ces troupes, pressées à Saint-Cloud par l'armée royale, voulurent se retirer à Charenton : elles furent obligées de livrer bataille au faubourg Saint-Antoine, où Condé et Turenne eurent une lutte encore plus violente que celle de Bleneau [2 juillet]. L'armée de Condé, inférieure en nombre à celle du Roi, commençoit à plier ; ses principaux officiers étoient presque tous blessés ou tués ; le prince, réduit au désespoir, faisoit en vain des prodiges de valeur, et le peu de troupes qui lui restoit, alloit être exterminé s'il ne trouvoit pas une retraite dans Paris ; mais les portes en étoient fermées par ordre de Gaston. Alors Mademoiselle, encore enivrée de la gloire que lui avoit procurée son expédition d'Orléans, conjura son père de lui permettre d'aller secourir les vaincus. Ayant arraché cette autorisation, elle vola dans la rue Saint-Antoine, fit ouvrir les portes de la ville aux débris de l'armée de Condé, et ordonna, pour protéger cette retraite difficile, que le canon de la Bastille fût tiré sur les troupes du Roi.

Cette action téméraire, qui devoit avoir pour Mademoiselle les suites les plus funestes, força Gaston à faire désormais cause commune avec Condé. Ils se liguèrent de nouveau contre Mazarin, et résolurent d'employer tous les moyens pour consommer sa ruine. Mais les magistrats et la bonne bourgeoisie de Paris, fatigués des discordes civiles, avoient des intentions absolument opposées. Les princes, pour allumer le feu de la révolte, indiquèrent, le 4 juillet, une grande assemblée à l'Hôtel-de-Ville : ils s'y rendirent, et s'efforcèrent, mais en vain, d'échauffer les esprits : indignés de se voir abandonnés, ils sortirent très-mécontens, et Gaston eut l'imprudence de dire au peuple *que l'assemblée n'étoit composée que de Mazarins.* Il n'en fallut pas plus pour porter aux derniers excès cette populace, à qui l'on avoit fait le matin une distribution d'argent. Elle enfonça les portes de l'Hôtel-de-Ville, y mit le feu, et assassina ou rançonna plusieurs membres de l'assemblée.

Ce massacre et ce pillage décréditèrent entièrement la Fronde et les princes : tout le monde fit des vœux pour le retour de l'ordre ; et Mazarin, sans abandonner le timon des affaires, se retira momentanément dans le duché de Bouillon, afin de lever les obstacles qui pouvoient entraver un arrangement définitif. Condé, n'ayant plus l'espoir de trouver des ressources dans l'intérieur de la France, quitta la capitale où il étoit devenu odieux, pour aller commander les troupes espagnoles : Gaston n'eut la force, ni de le suivre, ni de s'opposer au retour du Roi, qui rentra dans Paris, tout-puissant, le 21 octobre. Alors le rôle politique de ce prince, qui n'avoit jamais su profiter des avantages de sa position, fut tout-à-fait terminé. Un ordre du Roi le relégua pour toujours à Blois; le cardinal de Retz, qui avoit été si long-temps son confident et son favori, fut arrêté au Louvre le 19 décembre; et Mazarin, vainqueur de tous ses ennemis, fit dans la capitale une entrée triomphante le 9 février 1653.

Gaston dans sa retraite ne conserva pas la dignité qui convenoit à son rang, et ne jouit pas de la tranquillité, unique moyen de bonheur qui lui fût laissé. Il avoit, dès sa jeunesse, aimé les lettres : Voiture et Vaugelas qui lui avoient été attachés, s'étoient efforcés de nourrir ce goût; mais il n'y trouva aucune consolation, soit parce que, ayant passé presque toute sa vie dans les grandes affaires, il n'y vît qu'une occupation frivole, soit parce que, désabusé de toutes les illusions, il fût devenu incapable d'en sentir le charme. Se consumant dans de longs procès contre sa fille aînée, Mademoiselle, qu'il avoit eue de son premier mariage, et dont il voulut conserver les biens, il ne trouva de distractions que dans l'exercice de la chasse, et dans la culture d'un jardin de botanique qu'il établit près de son château de Blois.

Quoique dévoré du désir de reprendre de l'influence à la cour, il affectoit d'en être entièrement dégoûté. « Je n'y retournerai jamais, disoit-il : si on m'ôte « mes revenus, si on veut me prendre par famine, « je camperai à Chambord avec tout mon train : il y a « assez de gibier pour me nourrir long-temps : j'y « mangerai jusqu'au dernier cerf avant de revenir à « la cour. » Son mécontentement l'aveugloit sur les grandes qualités du jeune Roi : il ne voyoit en lui qu'un prince imprudent et inhabile. « La monarchie « va finir, répétoit-il souvent : au point où en est le « royaume, elle ne peut subsister : dans tous les « Etats qui ont fini, leur décadence a commencé par

« des mouvemens pareils à ceux que nous voyons. » Tel étoit le pronostic de Gaston sur le règne, depuis si fameux, de Louis XIV.

Ce prince ne survécut que sept ans à sa disgrâce : attaqué, au commencement de 1660, d'une maladie douloureuse, il mourut à Blois le 2 février, âgé de cinquante-deux ans. On raconte que l'abbé de Rancé, son premier aumônier, qui ne put l'assister dans ses derniers momens, fut tellement touché du récit qu'on lui fit de sa mort, qu'il entreprit aussitôt la réforme de la Trappe.

Nous avions eu d'abord le projet de faire entrer dans notre collection les Mémoires d'*un favori de Son Altesse Royale Monseigneur le duc d'Orléans*, qui contiennent ce qui s'est passé de plus considérable depuis sa naissance en 1608 jusqu'à la mort de Chalais en 1626, et qui furent publiés, pour la première fois, à Leyde en 1667; mais, après avoir examiné un autre ouvrage intitulé : *Mémoires du duc d'Orléans, contenant ce qui s'est passé de plus considérable en France depuis l'an 1608 jusqu'à l'année 1635*, nous avons cru devoir préférer cette dernière production qui est plus étendue et plus complète. Le style en est souvent lourd et entortillé; mais elle offre plusieurs particularités curieuses, et porte surtout un grand caractère de vérité. Ces mémoires ont été attribués à Gaston, mais il est difficile de croire qu'un prince se peigne lui-même sous des couleurs aussi peu favorables; on peut penser qu'ils ont été rédigés par Algay de Martignac, qui, à ce qu'il paroît, en fut le premier éditeur. Les mémoires du duc d'Orléans parurent en 1683, Amsterdam, in-12;

deux ans après ils furent réimprimés à Paris dans le même format ; et ils font partie de la collection intitulée : *Mémoires particuliers pour servir à l'Histoire de France, sous les règnes de Henri* III, *de Henri* IV, *sous la régence de Marie de Médicis, et sous Louis* XIII. *Paris; Didot,* 1756, 4 *vol. in-*12.

AVERTISSEMENT.

Comme ces Mémoires viennent d'un homme qui est long-temps entré dans la plus secrète confidence de feu M. le duc d'Orléans, il y a lieu de croire qu'ils ne seront pas inutiles au public, puisqu'ils contiennent plusieurs faits, et beaucoup de circonstances qui peuvent donner un grand éclaircissement touchant les affaires importantes du règne de Louis XIII. On verra dans ces écrits la candeur et la sincérité, qui sont les parties essentielles d'un historien, et que l'on rencontre rarement parmi les anciens et les modernes. Le fameux Montagne loue avec raison Philippe de Comines d'avoir raconté naïvement ce qu'il avoit vu; nous pouvons donner la même louange à l'auteur de ces Mémoires, car il ne s'attache qu'à rapporter les choses comme elles se sont passées, sans les avoir embellies des ornemens du langage. Ainsi nous avons laissé ces écrits dans leur style simple et négligé, pour ne rien ôter à l'original. Il arrive bien souvent que la vérité toute nue a plus de force et d'agrément que si l'on prenoit soin de l'accompagner d'un discours poli.

MÉMOIRES

DE

GASTON, DUC D'ORLÉANS.

Monseigneur le duc d'Anjou, troisième fils de Henri IV et de Marie de Médicis, naquit le jour de Saint-Marc 1608, et fut nommé par le cardinal de Joyeuse et la reine Marguerite, le 5 juin 1614, Gaston Jean-Baptiste. La mort de M. le duc d'Orléans étant arrivée, il prit, avec la qualité de fils de France, celle de frère unique du Roi; et lorsqu'il fut marié à Nantes à mademoiselle de Bourbon, duchesse de Montpensier, le duché d'Orléans lui ayant été donné en apanage, il lui fut permis de prendre le nom et la brisure de duc d'Orléans, appartenans au second fils de France, et de quitter celle d'Anjou, qu'il avoit prise auparavant comme troisième fils de France. Ainsi il prit depuis le titre de Gaston fils de France, frère unique du Roi, duc d'Orléans, etc.

Ceux qui firent l'horoscope du Roi et de Monsieur, trouvèrent que le Roi devoit être le plus heureux et le plus redouté prince de l'Europe; celui de Monsieur, au contraire, ne lui prédisoit que disgrâces, malheurs et désastres jusques à un temps.

En l'année 1615 il est tiré des mains de madame de Monglat, gouvernante des enfans de France, et on lui donne pour gouverneur M. de Brèves, gentilhomme de Nivernais, duquel je crois être obligé de dire en passant les qualités et mérites, avec les autres considérations qui portèrent la Reine à lui confier la personne de Monsieur.

Le sieur de Brèves avoit servi le Roi et l'Etat l'espace de trente ans et plus en Levant, où il fut honoré de la qualité d'ambassadeur en l'année 1592. Il se maria, à son retour en France, avec une fille de la maison de Thou, qui étoit alliée du sieur de Villeroy, par la faveur duquel il obtint presqu'en même temps l'ambassade de Rome. Quelque adresse qu'il eût au seigneur Conchine et à sa femme, lui ayant donné leur connoissance, il eut grand soin de l'entretenir, et s'insinua si avant dans leur confiance, qu'il passa depuis dans leur esprit pour l'une de leurs plus affidées créatures. Pendant qu'il fut à Rome il se rendit comme solliciteur des affaires qu'ils avoient en cette cour, pour eux ou pour leurs amis, allant au-devant de celles qu'il croyoit leur être agréables, et ne faisoit rien dont il ne leur rendît compte, et n'essayât de découvrir quel intérêt ils y prenoient, afin de se conformer entièrement à leurs volontés.

Tous ces devoirs, joints aux longs et recommandables services du sieur de Brèves, et à l'alliance du sieur de Villeroy, le mirent en telle considération à la cour, qu'ayant depuis fait instance pour la charge de gouverneur de Monsieur, il trouva les puissances très-disposées à la lui accorder; et en obtint dès lors le brevet de retenue. M. le duc d'Orléans étant décédé quelque temps auparavant, le sieur de Béthune, qui avoit été retenu son gouverneur par le feu Roi, prétendit la même charge près M. le duc d'Anjou;

mais il trouva le sieur de Brèves tellement appuyé près de la Reine, qu'il n'en put venir à bout.

Le sieur de Brèves, avec la qualité de gouverneur, eut encore celle de surintendant de la maison, de premier gentilhomme de la chambre, et de capitaine-lieutenant de la compagnie de deux cents hommes d'armes de Monsieur, toutes insérées dans son pouvoir.

La cour étant résolue de partir pour le mariage du Roi, et la Reine conseillée de laisser Monsieur à Paris, Sa Majesté ne fit point de difficulté, sur la parole du seigneur Conchine qui fut depuis appelé maréchal d'Ancre, et de sa femme, de le laisser entre les mains du sieur de Brèves.

Avant le départ de Leurs Majestés, ayant fait le serment et pris possession de toutes ces charges, le sieur de Brèves fit régler par la Reine le temps des exercices de Monsieur, sa façon de vivre, les termes avec lesquels il avoit à traiter avec le Roi, les Reines, Mesdames, et avec les princes, princesses et principales personnes de l'État, lorsqu'il les verroit ou leur écriroit, et fit entendre à la Reine l'ordre qu'il prétendoit tenir en l'éducation de Monsieur, tel qu'il sera décrit ci-après, qui fut grandement approuvé de Sa Majesté.

Il fut depuis dressé un petit état des officiers les plus nécessaires au service de Monsieur, dont les gages avec les autres dépenses ne se montoient au commencement qu'à deux cents et tant de mille livres; mais il augmenta depuis de jour en jour. Pendant le voyage de Leurs Majestés, Monsieur alla demeurer à l'Arsenal, où M. de Mets (qui est mort duc de Verneuil) eut aussi son logement, afin de lui tenir compagnie.

On donna pour sous-gouverneurs à Monsieur le sieur de Mansan, capitaine au régiment des Gardes, et le sieur de Puylaurens, le premier mis de la main du maréchal d'Ancre, à la prière du sieur d'Epernon, l'autre cousin du sieur de Brèves, qui n'étoient pas en estime de grands personnages, mais c'étoient gens dont on étoit bien assuré, et auxquels le gouverneur laisseroit peu de chose à faire auprès de son maître. Ils furent couchés et employés dans l'état, comme furent pareillement le sieur de Wailly en qualité de capitaine des Gardes, le sieur marquis de Cœuvres en qualité de maître de la garde-robe, dont il tira depuis 100,000 livres de récompense du fils aîné du sieur de Brèves; le sieur de Monglat (1) premier écuyer, en considération des services de madame sa mère; le sieur d'Escures premier maître d'hôtel, le sieur de Castille Vilemareuil intendant de la maison, à la recommandation du président Jeannin; le sieur Le Royer secrétaire des commandemens, à la recommandation du sieur de Villeroy; le sieur de Loménie trésorier, par la faveur du sieur de Loménie, secrétaire d'Etat, son oncle; le sieur de Voiture (2) contrôleur général de la maison, moyennant 20,000 écus de récompense au commandeur de Sillery, à qui la charge avoit été donnée.

(1) *Le sieur de Monglat :* Il mourut jeune. Sa sœur, Jeannin de Monglat, apporta cette baronnie dans la maison de Clermont, lorsqu'elle épousa, en 1599, Hardouin de Clermont, seigneur de Saint-Georges, qui en prit le titre. De ce mariage naquit François de Paule de Clermont, marquis de Monglat, auteur des mémoires. — (2) *Le sieur de Voiture :* Il ne peut être ici question du poëte Voiture, que Gaston fit depuis introducteur des ambassadeurs. Ce dernier, fils d'un marchand de vin, n'avoit alors que dix-sept ans.

Il fut ainsi pourvu aux autres charges de personnes qui étoient recommandées par les principaux de la cour, ou bien par leurs services particuliers.

Pour le regard de ceux qui devoient approcher Monsieur de plus près, et être dans son entretien ordinaire et familier, la Reine en remit le choix audit sieur de Brèves. Le sieur de Guitault Cominges avoit déjà été retenu pour être de ce nombre en qualité d'écuyer ordinaire, étant aimé du maréchal, outre qu'il étoit cavalier de mérite, bien fait de sa personne, et qui parloit agréablement de toutes choses. La Reine avoit aussi arrêté le sieur du Pont pour la charge de précepteur, lui ayant été recommandé, tant pour les mœurs qui étoient sans reproche, que pour la méthode d'enseigner qui étoit bonne et fort accommodante aux humeurs du prince, outre que son esprit doux et gracieux revenoit fort à Sa Majesté.

Comme le sieur de Brèves connoissoit Monsieur d'un esprit prompt, actif, et qui prenoit plaisir à l'entretien des habiles gens sur toutes sortes de sujets qui se pouvoient présenter, il eut un soin particulier de lui trouver des personnes qui pussent satisfaire à cette louable curiosité, et lui remplissent en même temps l'esprit de choses bonnes et dignes d'un grand prince.

Il commença par la charge d'aumônier ordinaire, de laquelle il fit pourvoir le sieur de Passart, gentilhomme de Picardie, très-savant, et d'une conversation très-divertissante, homme de bien, et qui avoit de bons sentimens de la religion. Sitôt que Monsieur étoit éveillé, c'étoit lui qui commençoit de l'entretenir, selon que l'occasion s'en offroit, et ne manquoit pas de faire toujours tomber le discours sur quelque moralité tirée de l'Ecriture-Sainte, ou de quelque autre bon livre, et cela avec tant d'adresse qu'il ne se rendoit jamais ennuyeux.

Le sieur de Brèves donna en même temps quatre gentilshommes ordinaires de sa main, qu'il avoit choisis pour être toujours près de la personne de Monsieur, savoir : le sieur de Machault, le sieur de Poysieux, le sieur Gedoyn et le sieur du Plessis de Bièvre. Le sieur de Machault étoit de Paris, fort universel en toutes sortes de sciences, surtout à la carte et aux mathématiques, qui s'en savoit servir à propos et avec jugement, personnage, au reste, fort sage et fort civil. Le sieur de Poysieux, dauphinois, n'étoit pas de cette force d'esprit, mais fort sensé, et d'une humeur un peu retenue. Le sieur Gedoyn avoit beaucoup d'esprit et grande connoissance des choses du monde ; bien qu'il fût en estime d'être un peu libertin, il ne le faisoit pas paroître, et sa façon d'agir et de parler étoit toujours fort composée et fort accorte, s'accommodant au goût de ceux avec lesquels il s'entretenoit. Le sieur du Plessis de Bièvre étoit d'une humeur joviale, qui avoit toujours mille contes à faire, et rencontroit heureusement de quoi que ce soit que l'on parlât ; mais avec cela ses discours n'avoient rien de bas, ni de mauvais exemple. Ils se rendoient tous assidus aux heures qui leur étoient ordonnées, et, connoissant que leur maître se plaisoit à leur entretien, ils ne recevoient pas moins de satisfaction de le voir avancer de jour en jour, et parler pertinemment de toutes choses en l'âge où il étoit.

Le sieur de Brèves, avec sa prestance, tenoit bien

sa partie parmi ce monde-là, et ne manquoit pas de marquer à Monsieur toutes les choses qui pouvoient servir à son instruction. Il avoit accoutumé d'attacher des verges à sa ceinture, mais ce n'étoit pas pour s'en servir que très-rarement, et le ramenoit le plus souvent par quelque signe des yeux, ou par la force de la raison, quand il étoit tombé en quelque faute, plutôt que par aucun châtiment de sa personne; de quoi je me contenterai de rapporter ici un exemple. Monsieur ayant dit un jour, sans y penser, quelque parole fâcheuse à l'un de ses gentilshommes qui le servoient à table, le sieur de Brèves ne lui en voulut pas faire sur-le-champ la réprimande telle qu'il le méritoit, et se contenta de lui marquer la chasse, comme l'on dit; mais le temps de souper étant venu, le sieur de Brèves fait venir les galopins de cuisine pour le servir; de quoi Monsieur se trouva surpris, et voulut en savoir la raison. Le sieur de Brèves lui dit que, puisqu'il traitoit mal les gentilshommes, il ne lui falloit que ces sortes de gens pour le servir; ce qui lui fut une correction bien douce en apparence, mais qui ne laissoit pas de le toucher sensiblement, et lui fit comprendre le cas qu'il devoit faire de la noblesse.

Le sieur de Brèves lui recommandoit sur toutes choses l'obéissance qui étoit due au Roi, tant parce que Dieu l'ordonne, que parce qu'il devoit attendre de la pure grâce de Sa Majesté tout le bien qu'il pouvoit jamais posséder, et qu'il dépendoit d'elle; quand il lui plairoit, et que Monsieur lui en donneroit sujet, de le rendre aussi pauvre que le moindre gentilhomme du royaume, puisque le Roi étoit maître de l'Etat, et que, selon les lois, Monsieur n'y pouvoit rien prétendre qu'avec le gré et sous le bon plaisir de Sa Majesté.

Le sieur de Brèves ayant établi cet ordre, il se rendoit si assidu à le faire observer, qu'il sembloit n'avoir de plaisir ni de passion pour aucune autre chose qu'à faire dignement cette charge; et il y réussit si heureusement pendant deux ans qu'il l'exerça, que ceux qui voyoient ce prince demeûroient autant étonnés de l'excellence de son esprit et de sa gentillesse en tous ses discours et reparties, qu'ils s'en retournoient contens de la façon libre et gracieuse avec laquelle il recevoit un chacun, n'y ayant jamais eu de prince de cet âge de qui l'on ait tant espéré que l'on faisoit de celui-ci; mais comme la grande vertu est d'ordinaire plus inutile aux courtisans qu'elle ne sert à avancer leur fortune, ce qui devoit principalement maintenir le sieur de Brèves fut la cause de son éloignement d'auprès de Monsieur, incontinent après la mort du maréchal d'Ancre, arrivée le 24 avril 1617. Ceux qui approchoient le Roi lui ayant donné jalousie de ce que Monsieur avoit été beaucoup mieux institué, et étoit en estime d'avoir plus d'esprit, il fut résolu, dans le conseil étroit, de donner un autre gouverneur à Monsieur, qui le servît au goût de Sa Majesté, et qui fût plus dépendant du sieur de Luynes que n'étoit le sieur de Brèves. Il fut mandé un jour au conseil, qui se tenoit exprès au logis de M. le chancelier de Sillery, où il n'assista que le garde des sceaux du Vair, Villeroy et le président Jeannin, avec le sieur chancelier; et au lieu de lui reprocher aucun manquement en l'éducation de Monsieur, ils lui donnèrent des éloges du bon devoir qu'il y avoit apporté, sans s'expliquer toutefois des motifs que le Roi avoit eus à faire ce changement, sinon qu'il ne s'en devoit mettre en peine, étant assez de lui dire que Sa Majesté avoit une entière satisfaction de ses services ; que non-seulement elle leur avoit commandé de l'en assurer par la bouche de M. le chancelier, elle avoit voulu encore lui en donner des effets par la récompense de 50,000 écus, que Sa Majesté lui avoit ordonnée, à prendre en trois années sur le fonds de l'épargne. Le sieur de Brèves reçut ce commandement avec grand respect, et usa de telle modération en sa réponse, qu'il sembloit avoir moins de regret de sa destitution qu'il ne ressentoit de contentement des bonnes paroles qu'il venoit de recevoir. Le Roi trouva bon aussi qu'il rendît quelquefois ses respects à Sa Majesté, et outre cela lui fit expédier un brevet de 6,000 livres de pension. Après que la Reine-mère fut de retour d'Angers, et la bonne intelligence rétablie entre Leurs Majestés, le sieur de Brèves s'attacha entièrement à elle, et eut la charge de son premier écuyer. Le sieur Le Royer fut aussi obligé de se défaire de celle de secrétaire des commandemens de Son Altesse Royale, que le sieur de Luynes fit donner au sieur de Chazan, pour reconnoître le service qu'il en avoit reçu en ses amourettes avec La Clinchamp.

[1618] Le sieur de Luynes voulant s'assurer de bonne heure de l'esprit de Monsieur, et le mettre entre les mains d'une personne de ses amis, il fait choix pour ce sujet du comte du Lude. Ce nouveau gouverneur renverse d'abord toutes les manières de son devancier, donne pour sous-gouverneur à Monsieur, en la place du sieur de Puylaurens, un nommé Contade, qui étoit homme de peu, rustique et grossier en toutes ses façons de faire. Comme le comte du Lude étoit sujet à ses plaisirs, et ne se pouvoit captiver, il se reposoit le plus souvent de la conduite de ce prince sur Contade, qui effaça bientôt les bonnes impressions données à Monsieur, et lui communiqua ce qu'il avoit de vicieux, qui étoit le jurement.

Le comte du Lude étant venu à mourir à la fin de l'année 1619, le Roi jeta les yeux pour cette charge sur la personne du sieur d'Ornano, colonel des bandes corses, gouverneur du Pont-Saint-Esprit, et lieutenant général pour le Roi en Normandie, seigneur de mérite et recommandable par plusieurs belles qualités. Au commencement il eut un peu de peine à ôter à Monsieur beaucoup de mauvaises habitudes qu'il avoit prises sous son dernier gouverneur. Pour y parvenir et ne point rebuter cet esprit déjà accoutumé à ses plaisirs, il fut besoin d'user d'adresse ; et celle dont se servit le sieur colonel ne fut pas mauvaise, qui fut de faire le sévère et de montrer quelquefois les verges, pendant que madame la colonelle, sa femme, d'autre côté, essaieroit de l'adoucir, et empêcheroit le châtiment que son mari feignoit de vouloir faire. Par ce moyen ils remirent Monsieur dans le bon train, et peu à peu le rendirent susceptible à l'ordre que le colonel tint depuis pour la conduite de Son Altesse.

[1624] Le colonel, qui se voyoit applaudi de toutes parts de cette éducation et des grandes espérances que son maître continuoit à donner de son esprit, ainsi que de ses généreuses inclinations, à mesure qu'il s'avançoit en âge, s'avise de le porter incontinent aux choses qu'il croit être dues à la qualité de Monsieur, et lui devoir être d'autant moins refusées que le Roi se trouvoit lors sans enfans. La principale fut de lui faire demander l'entrée aux conseils, à dessein de pousser aussi sa fortune particulière, et de prendre part aux plus importantes affaires de l'Etat sous le nom et l'autorité de son maître. Il commence de se rendre plus indulgent que de coutume envers lui, afin de se le concilier davantage, et de l'avoir entièrement à sa dévotion.

Le marquis de La Vieuville, qui avoit lors la principale confiance et gouvernoit toutes choses auprès du Roi, ayant connu les desseins du colonel, qui ne pouvoient être que très-préjudiciables à sa fortune particulière, ne fut pas de cet avis, et trouva le Roi pareillement disposé à en empêcher l'effet, l'ayant fait arrêter, et depuis envoyé prisonnier au château de Caen. Monsieur se tient offensé de ce traitement fait à son gouverneur, en fait ses plaintes au Roi, et s'intéresse hautement pour sa liberté. M. le duc d'Elbeuf l'y pousse aussi tant qu'il peut, comme ami du colonel. Le Roi remplit à l'heure même cette place du bonhomme le sieur de Préaux, qui avoit été autrefois sous-gouverneur du Roi étant dauphin. C'étoit un vieux Gaulois que le Roi avoit choisi exprès pour n'avoir autre dépendance que de Sa Majesté ; mais ce ne fut pas pour long-temps. Le marquis de La Vieuville venant à déchoir de faveur, on fut bien aise de contenter Monsieur, et de charger ce marquis de toute la haine de cette action. Trois jours avant sa disgrâce, Monsieur, en ayant eu quelque pressentiment, lui fit faire un charivari par les officiers de sa cuisine, la cour étant à Saint-Germain-en-Laye.

Le colonel se voyant en liberté, et sachant en avoir l'obligation aux instantes prières et poursuites de son maître, il ne pensa plus dès lors à faire l'office de gouverneur de Monsieur, de peur que ce nom commençât d'être odieux à Son Altesse, mais bien de son principal ministre et confident. Le sieur de Raré, qui étoit devenu favori de Monsieur pendant la prison du colonel, fut depuis disgracié sur quelque avis qu'il eut de l'obstacle que ledit Raré avoit suscité sous main à sa sortie, au lieu d'en être servi comme il s'étoit promis. Le sieur Quenault, étant tombé dans le même soupçon du colonel, demanda lui-même à se retirer, ne pouvant pas souffrir d'être regardé de travers. Il eut quarante-cinq mille écus de récompense de sa charge de secrétaire des commandemens, qu'il avoit eue par le décès du sieur de Chazan, que le sieur Goulas lui donna de ses deniers.

Monsieur, tout glorieux d'avoir obtenu la liberté du colonel, croit être hors de page, comme il le dit, et qu'il peut bien faire d'autres demandes sans craindre d'être refusé ayant fait instance. A même temps il demanda le bâton de maréchal de France, qui lui est accordé aussitôt pour le colonel. Mais il ne se contenta pas [1626] de cet honneur, prétendant le faire entrer avec lui au conseil, suivant la parole qu'il en avoit eue autrefois à la recommandation du sieur de Luynes, ce qui fut cause de sa perte. Le cardinal de Richelieu ayant de là pris sujet de le rendre suspect au Roi pour sa trop grande ambition, et de le faire arrêter pour une seconde fois, la cour étant à Fontainebleau, Monsieur se persuade qu'il n'y a point de meilleur expédient pour obtenir derechef la liberté de son serviteur que de faire le fâché, et fut trouver Leurs Majestés pour leur faire ses plaintes; et comme il rencontra en son chemin M. le chancelier d'Aligre, auquel il les adressa en premier lieu, comme au chef du conseil, lui demandant la cause de cet arrêt, ce bon seigneur s'étant dispensé de lui en rien dire, pour n'avoir point été du conseil, ni avoir eu aucune part à cette résolution, l'on trouva qu'il n'avoit pas répondu en chancelier, qui doit appuyer tout ce que le maître fait et ordonne, encore que ce soit à son insu, mais en personne privée qui eut peur de se mettre Monsieur sur les bras dans la colère où il étoit, et ne pensoit qu'à se retirer de la presse. Aussi eut-il bien de la peine à s'excuser de cette foiblesse envers ceux-là mêmes qui faisoient profession d'amitié avec lui; et Leurs Majestés prirent de là sujet de lui ôter les sceaux peu de jours après, et de les mettre entre les mains du sieur de Marillac, surintendant des finances, homme ferme et résolu, le jugeant plus propre à soutenir le poids de cette importante charge. Monsieur passe de là chez le Roi, et lui en fait ses plaintes en des termes pleins d'aigreur et de ressentiment contre le cardinal de Richelieu, comme l'auteur de ce conseil, avec menaces de l'aller trouver le lendemain à Fleury pour en tirer raison sur-le-champ, et de le traiter de sorte qu'il ne pût jamais plus lui faire aucun déplaisir, si on ne lui accordoit la liberté du maréchal. De quoi le Roi et la Reine-mère eurent soin de l'avertir aussitôt, l'assurant de leur protection afin qu'il n'eût rien à craindre. Mais tant s'en faut qu'il redoutât l'abord de Monsieur, que dès les premiers avis qu'il en avoit déjà reçus d'ailleurs il prévient Son Altesse; et l'étant allé trouver de grand matin à son lever audit Fontainebleau, sous prétexte de lui offrir son logement en sa maison de Fleury, où Son Altesse étoit allée plusieurs fois se divertir, témoignant que ce lieu-là et les promenades lui étoient bien agréables, il rompt adroitement le coup, sans lui parler d'autre chose; tellement que Son Altesse ne pensa plus d'en venir à la voie de fait, et reconnoissant en cette action, comme en beaucoup d'autres, que la plupart des siens sont gagnés, et qu'il ne dit ni fait chose quelconque que le cardinal ne sache à l'heure même, il ne sait en qui se fier. Il dépêcha dès l'instant le sieur Capestan, lieutenant d'une des compagnies corses entretenues dans la garnison du Pont-Saint-Esprit, et qui avoit été nourri page dudit maréchal, colonel des bandes corses, et gouverneur de cette place, avec lettre de créance à la maréchale qui étoit à Paris, l'assurer que Monsieur s'intéressoit de telle façon à tout ce qui regardoit la liberté de son mari et sa satisfaction, qu'il étoit résolu d'employer tout son crédit pour les tirer d'oppression, et n'auroit jamais de repos qu'il ne l'eût obtenu. Le Roi ayant eu avis de cette dépêche, plusieurs gardes furent mis aussitôt, par ordre de Sa Majesté, sur les passages de la forêt pour arrêter Capestan, et se saisir de sa dépêche; mais il eut tant de bonheur qu'avec la résolution qu'il avoit prise de mourir plutôt que de manquer à faire ce qui lui avoit été ordonné, il força les gardes après en avoir blessé deux ou trois, et par ce moyen s'acquitta dignement de sa commission avec beaucoup de courage et de fidélité. Monsieur ayant mandé par cette lettre à la maréchale qu'il ne vouloit agir ni prendre aucune résolution en ce rencontre, que ce ne fût par ses avis et de concert avec elle, pour lui témoigner d'autant plus sa bonne volonté et la bonne correspondance qu'il vouloit tenir avec elle, la maréchale eut grand soin d'y faire réponse sur-le-champ par un homme déguisé en laquais, afin que l'on n'eût aucun soupçon du sujet de son envoi, ayant eu son adresse à l'un des principaux officiers de Son Altesse, avec ordre de ne le point abandonner qu'il ne lui eût vu rendre la lettre en main propre à Son Altesse, qui fut bien surprise deux heures après de voir cet officier jouer à l'ébahi sur le grand degré de Fontainebleau, disant ne savoir ce que la lettre étoit devenue, et qu'il falloit qu'elle lui fût tombée de la pochette ; mais elle se retrouva bientôt après, car l'homme qui l'avoit portée la rapporta après l'avoir fait voir au cardinal. Et comme Monsieur pensa parler de ce dont il étoit supplié par la maréchale, il trouva Leurs Majestés si bien averties et préparées au refus sur le contenu en ladite lettre, que non-seulement il fut frustré de ses demandes, on lui fit appréhender une plus fâcheuse suite de l'affaire du maréchal s'il insistoit davantage pour sa liberté : ce qui fit connoître de plus en plus à la maréchale le peu de fondement qu'il y avoit à faire en la plupart de ceux qui approchoient Son Altesse. De sorte que comme elle reconnut ne pouvoir plus traiter d'aucune affaire avec Monsieur, ni par écrit ni par envois de personne, elle se vit contrainte de se servir de Delfin, gentilhomme corse de nation, ancien domestique du maréchal, qui l'avoit depuis introduit près de Son Altesse pour servir à ses plaisirs et aux ballets, où il savoit bien tenir sa place, comme d'un organe le plus assuré qu'elle eût lors pour s'expliquer et faire entendre à Monsieur ce qu'elle croyoit être à propos de dire et faire pour les intérêts du maréchal. Cet ordre ayant donc ainsi été établi et approuvé de Son Altesse, la première chose que fit la maréchale fut de faire supplier Son Altesse par Delfin qu'il lui plût transférer la confiance qu'il avoit eue auparavant au maréchal et à elle, en quelque personne qui lui fût fidèle et affectionnée, et lui nomma le jeune Puylaurens (1), qui avoit été nourri enfant d'honneur de Son Altesse, et étoit neveu de madame de Verderonne, bonne amie du maréchal et de la maréchale; ce Puylaurens leur ayant été fort recommandé de cette part, s'étant mis depuis entièrement dans leurs intérêts, la maréchale le fit substituer en la place que Raré tenoit auparavant de confident principal de Monsieur, et pria Son Altesse de n'ajouter foi à qui que ce fût pour tout ce qui regardoit le maréchal, qu'à ce qui lui en seroit représenté par ledit Puylaurens.

Delfin ayant dessein d'obliger le président Le Coigneux son ami, qui étoit déjà chancelier de Monsieur, et président à la chambre des comptes de Paris, donne à entendre à la maréchale que Puylaurens étoit encore bien jeune pour ménager seul les intérêts du maréchal avec toute la prudence et la circonspection qui seroit nécessaire; que Monsieur même ne se pouvoit

(1) *Le jeune Puylaurens*: Antoine de L'Age, seigneur de Puylanrens. Il devint, comme on le verra, confident intime de Gaston, le fit servir d'instrument à son ambition, parvint à la pairie après l'avoir en quelque sorte vendu au cardinal de Richelieu, épousa mademoiselle de Pont-Château, parente de ce ministre, et mourut en 1635, un an après avoir fait cette brillante fortune.

passer d'un homme de conseil et qui eût de l'expérience pour la conduite de ses affaires, propose le président Le Coigneux pour remplir cette place, comme une personne qui avoit déjà passé par plusieurs charges où il s'étoit signalé en diverses occasions, et fait en sorte envers la maréchale qu'elle se résout de nommer ce président à Monsieur, pour partager sa confiance avec Puylaurens et lui servir de second, sur l'assurance que Le Coigneux tiendroit lieu aussi d'une seconde créature à la maréchale près de Monsieur, et qu'il la serviroit avec toute sorte d'affection et de fidélité. Delfin n'eut pas grande peine aussi à persuader Monsieur qu'il lui falloit un homme d'affaires sur les soins duquel il pût se reposer des siennes; et comme Son Altesse étoit d'humeur à se plaire surtout aux divertissemens que Paris et la cour lui fournissoient à tous momens, elle ne demandoit pas mieux que de se décharger sur quelqu'un de ce qui l'en pouvoit distraire; et il ne fut pas difficile non plus de lui faire agréer le choix d'une personne qui étoit dans l'approbation de la maréchale, et lequel, comme chancelier de Monsieur, avoit déjà pris habitude avec le maître, et parmi les principaux officiers de sa maison; étant outre cela homme de plaisir et de dépense, c'étoit le moyen d'être d'autant plus le bienvenu auprès d'un jeune prince. Après quoi, ce qui acheva de l'insinuer dans l'esprit et dans le secret de Monsieur, fut l'assistance que lui rendit Puylaurens de son chef; étant bien aise d'avoir un homme de robe pour compagnon de fortune, afin d'éviter l'émulation qui eût pû naître plus facilement entre lui et un autre qui auroit été de profession semblable à la sienne; outre que Le

Coigneux l'ayant assisté de conseil et même de sa bourse en diverses rencontres où il en avoit eu besoin, Puylaurens voulut faire paroître qu'il n'en étoit pas méconnoissant, et savoit aussi faire à propos l'affaire d'ami. Le sieur de Boisdanemets, gentilhomme normand, pour qui Monsieur avoit eu de la bonne volonté, ayant pressenti l'établissement que Son Altesse vouloit faire dans sa maison, fit effort pour n'être pas exclu du secret des affaires, dont il étoit déjà entré en quelque part avec Puylaurens; mais il y avoit beaucoup de vanité et de présomption en son fait, et il étoit malaisé que des jeunes gens pussent se modérer de telle sorte que chacun n'essayât d'emporter la faveur du maître par dessus son compagnon. En quoi l'avantage tourna du côté de Puylaurens, qui étoit d'un esprit plus traitable et accommodant; outre que la recommandation de la maréchale avoit suppléé à ce qui manquoit d'ailleurs à Puylaurens pour remplir cette place. Et le président Le Coigneux, ayant cru par toutes ces raisons devoir mieux trouver son compte avec ce dernier, s'étoit déjà accorporté avec lui, et tous deux travaillèrent depuis de concert à persuader leur maître qu'il n'étoit pas du bien de son service que tant de monde se mêlât de ses affaires. A quoi Son Altesse s'accorda volontiers, et résolut qu'elles passeroient par la direction de ces deux personnes seulement. Boisdanemets, se voyant ainsi exclu de sa prétention, joua un mauvais personnage, et, ne pouvant souffrir de la diminution en sa fortune, fit tôt après retraite, ayant été quelques jours auparavant le jouet du maître et des principaux de la maison.

Puylaurens ne pouvant non plus souffrir que Delfin continuât d'entrer aux conseils, et qu'il eût part aux affaires, Le Coigneux ne se mit pas beaucoup en devoir de l'y maintenir, pour ne pas choquer Puylaurens; et ce n'étoit pas seulement du côté de Monsieur que l'on vit concourir toutes choses au dessein du président Le Coigneux : son bonheur voulut que les dispositions ne s'y rencontrassent pas moins favorables auprès de Leurs Majestés, ayant considéré qu'un seigneur qui entreroit en cette place, quelque sage et modéré qu'il fût, n'y auroit de long-temps acquis assez de créance pour pouvoir porter Monsieur à ce qu'on désireroit de lui, ou que, se voyant au contraire bien voulu et appuyé de Son Altesse, il se laisseroit incontinent emporter à l'ambition, et croiroit se faire tort de ne pas prétendre aux mêmes honneurs auxquels le maréchal d'Ornano avoit aspiré; ne voulant pas d'ailleurs que Son Altesse s'acquît plus d'autorité, mais bien au contraire de le remettre, s'il le pouvoit, sous la discipline d'un gouverneur : ce qui sembloit du tout impossible, ce seul nom lui faisant de l'horreur, pour avoir même secoué ce joug long-temps avant la disgrâce du maréchal d'Ornano. Ils jugèrent par toutes ces considérations qu'un homme de robe seroit beaucoup plus commode aux intérêts de l'Etat, et plus sortable à leurs intentions; et il leur sembla aussi qu'il n'étoit pas besoin d'en chercher d'autre que le président Le Coigneux, autant soumis et traitable qu'on pouvoit désirer; et l'on voyoit d'ailleurs qu'il n'étoit pas d'un si grand mérite qu'il ne fût aisé de régler ses prétentions, comme il seroit facile par la même raison de s'en défaire, en cas que Leurs Majestés ne reçussent la satisfaction qu'elles se promettoient, et qu'il leur avoit fait espérer de sa conduite. Et ce lui fut encore un avantage très-considérable envers Leurs Majestés de ce qu'il étoit déjà chancelier de Monsieur, présupposant que cela le feroit d'autant plutôt agréer de Son Altesse que toute autre personne qu'on y pourroit établir de nouveau, joint que le changement ne paroîtroit pas si extraordinaire dans sa maison, quand on verroit un officier de cette qualité avoir la principale direction des affaires ; et il servit beaucoup encore au président Le Coigneux que le maréchal d'Ornano lui eût souvent fait refuser l'entrée du cabinet et même de la chambre de Son Altesse, et qu'il en eût fait souvent ses plaintes à plusieurs personnes de la cour; mais il fallut, pour rendre toutes ces raisons efficaces, que le cardinal de Richelieu prévînt Leurs Majestés en sa faveur, et que le président l'eût gagné et engagé à l'assister de son entremise pour avoir leur agrément; ce qui ne se fût pas fait si le cardinal de Richelieu n'eût déjà su ce que Delfin avoit négocié pour cela, et par son approbation. Mais ce qui se passa ensuite ne permit pas de douter que ces deux personnages ne fussent d'intelligence avec le cardinal de Richelieu, qui faisoit déjà la charge de ministre principal des affaires de l'Etat sous l'autorité de la Reine-mère, voyant Monsieur se détacher tout à coup de cette grande confiance et affection qu'il avoit au maréchal d'Ornano, abandonner messieurs de Vendôme, qui avoient été arrêtés à Blois, souffrir que l'on coupât le cou à Chalais (1), l'un de ses plus familiers serviteurs, et donner sitôt les mains au mariage de mademoiselle de Mont-

(1) *Que l'on coupât le cou à Chalais :* Le supplice de Chalais eut lieu

pensier, pour lequel le maréchal lui avoit fait avoir tant d'aversion.

La Reine-mère, ayant de longue main projeté ce mariage qui lui étoit fort à cœur, se persuade, après la prison du maréchal, qu'elle étoit venue à bout de tous les obstacles qui s'y pouvoient rencontrer; mais elle se trouve bien éloignée de son compte, et eut encore de grands combats à rendre, à quoi elle ne s'attendoit pas. Tronson, secrétaire du cabinet, et quelques autres serviteurs particuliers du Roi, qui regardoient seulement l'intérêt de sa personne royale, et non celui de l'Etat, ayant représenté au Roi de quelle importance il lui étoit de marier Monsieur, son frère, à une riche héritière, alliée comme celle-là à la maison de Guise, qui avoit autrefois voulu envahir la couronne, et avec un tel apanage qu'on lui donnoit, que Sa Majesté n'ayant point d'enfans, il ne seroit plus considéré que comme un roi languissant, et que toute la cour, qui ne se conduit que par intérêt, l'abandonneroit pour aller à Monsieur, comme à un prince vigoureux qui promettoit bientôt lignée, sur laquelle chacun fonderoit ses espérances, et feroit des desseins qui ne pourroient être qu'au préjudice de sa royale personne, Sa Majesté en fut tellement touchée de jalousie, que le père Souffran (1), son confesseur, l'étant venu trouver un matin dans son cabinet, Sa Majesté ne faisant que sortir du lit, elle se jeta à son cou tout éploré, dit qu'il connoissoit par effet que la Reine sa mère se souviendroit toute sa vie de ce qui

à Nantes le 26 août 1626, et Gaston épousa presque en même temps, et dans la même ville, mademoiselle de Montpensier.

(1) *Le père Souffran* : Le père Suffren.

s'étoit passé à la mort du maréchal d'Ancre, et que les avantages qu'elle procuroit à Monsieur ne permettoient pas de douter qu'elle ne l'aimât plus que lui. Le père, bien étonné de ce discours, essaie d'effacer doucement ces défiances de l'esprit du Roi, l'assure au contraire que, comme l'aîné et comme son roi, il tenoit aussi la première place dans le cœur de la Reine sa mère; que, faisant ce mariage, elle croyoit faire chose nécessaire à l'Etat et au service même de Sa Majesté, tant s'en faut que ce fût pour lui causer du préjudice, ainsi que le temps lui feroit assez connoître. Cependant la Reine-mère se trouve fort surprise de ces impressions données au Roi; et le cardinal de Richelieu, qui conduisoit l'affaire dudit mariage, n'attendoit que l'heure qu'on lui commandât d'aller prêter l'obédience au Pape, comme le plus honnête prétexte pour l'éloigner de la cour. Huit jours se passent dans cette inquiétude, sans que l'on en puisse découvrir l'auteur; mais les larmes de la Reine-mère avoient encore beaucoup de pouvoir sur le cœur du Roi. L'intérêt de l'Etat lui fut aussi en grande considération, et les ombrages causés par M. le comte, que l'on disoit vouloir enlever mademoiselle de Montpensier, fut encore une forte raison pour faire consentir le Roi à ce mariage, ainsi qu'à l'éloignement de Tronson, que l'on sut avoir été la cause de ce martel. Marsillac, qui avoit eu part à l'affaire, fut envoyé prisonnier au château d'Ancenis; et Sauveterre, premier valet de chambre, chassé de la cour; et pour Baradas, qui possédoit lors les bonnes grâces du Roi, bien qu'il eût été de tous les conseils tenus contre le mariage, Sa Majesté ne le voulut pas découvrir, et le sauva pour cette fois de la disgrâce (1).

Le mariage se fit à Nantes, au mois d'août 1626. Le Roi donna à Monsieur les duchés d'Orléans, de Chartres, avec le comté de Blois en apanage. La seigneurie de Montargis y fut depuis ajoutée par lettres séparées, pour jouir de tout jusques à la concurrence de 100,000 livres en revenu ordinaire, toutes charges payées. Outre cela il lui fut donné par brevet 560,000 livres de pension à prendre sur l'épargne, et 100,000 livres de pension viagère sur la recette générale des finances d'Orléans. Les parties casuelles pour la nomination aux offices de son apanage montoient encore à 120 ou 140,000 livres par an ; et de plus avoit-on commencé à lui donner un acquit patent de 50,000 écus pour les passes de sa maison, qu'on promettoit de continuer en fin de chaque année. Ainsi pouvoit-il faire état d'un million de livres pour son entretènement.

Madame lui porta de son chef la souveraineté de Dombes, la principauté de la Roche-sur-Yon, les duchés de Montpensier, de Châtellerault et de Saint-Fargeau, avec plusieurs autres belles terres portant titres de marquisats, comtés, vicomtés et baronnies, et quelques rentes constituées sur le Roi et sur plusieurs particuliers, le tout faisant 330,000 livres de rente ; et outre cela, madame de Guise la mère donna à Madame son beau diamant, estimé 80,000 écus. Le

---

(1) *Le sauva pour cette fois de la disgrâce* : Baradas fut renvoyé de la cour peu de temps après. Il avoit fait en six mois la plus brillante fortune ; il la perdit en un jour. De là vint l'expression proverbiale de *fortune de Baradas*, appliquée à une prospérité trop rapide pour être durable.

cardinal de Richelieu eut pour sa livrée, et en présent de noces, la terre de Champvaut, dont il avoit auparavant eu grande envie de s'accommoder, étant proche et à la bienséance de sa maison de Richelieu.

Après la disgrâce du maréchal d'Ornano, le sieur duc de Bellegarde fut donné par le Roi à Monsieur, pour tenir la place de surintendant de sa maison, et premier gentilhomme de sa chambre. La duchesse de Bellegarde fut aussi dame d'honneur de Madame, et tous deux tiroient 50,000 livres par an en gages, livrées et appointemens de leurs charges; et pour la lieutenance de la compagnie de gendarmes de Monsieur, ce maréchal en avoit auparavant traité avec le sieur de La Ferté-Imbault d'Etampes.

Monsieur commanda que l'on travaillât à même temps au grand état de sa maison, qui fut faite approchante de celle du Roi, et par la qualité et par le nombre d'officiers, avec cette différence toutefois qu'aucune des principales charges de sa maison ne porteroit le titre de grand comme chez le Roi, mais celui simplement de premier. Il fut dressé des états pour chaque dépense de sa maison, ainsi qu'en celle du Roi, savoir: l'état des officiers domestiques et commensaux, un état particulier des officiers de l'écurie, un autre pour l'entretènement de ses gardes-françaises, un autre pour les gardes-suisses, un autre pour la dépense des tables, cuisines, paneterie, échansonnerie, gobelet et fourrière, le tout compris sous le nom de la chambre aux deniers; un autre état pour la dépense des écuries, un autre pour la vénerie, un autre pour la fauconnerie, un autre pour la musique de la chapelle, un autre pour les bâtimens. On fit aussi la maison de Madame, dont la dépense ordinaire devoit monter à quatre cent tant de mille livres. Monsieur eut quatre-vingts gardes françois portant casaques et bandoulières de velours de ses livrées, leurs casaques chargées devant et derrière de ses chiffres en broderie rehaussée d'or.

Il eut aussi vingt-quatre suisses qui marchoient devant lui les dimanches et autres jours de fêtes, tambour battant, encore que le Roi fût à Paris ; mais il ne se trouvoit pas aux lieux où étoit Sa Majesté.

Au retour de Nantes, le cardinal de Richelieu reçut Leurs Majestés à sa maison de Limours, où Monsieur vint trouver Madame, qui avoit accompagné la Reine-mère durant le voyage, et crut-on que ce fut là que Madame devint grosse. De là à quelques jours Monsieur la mène à Chantilly, où elle eut le plaisir de toutes sortes de chasses, comme de toutes sortes de voleries d'oiseaux, et sans incommodité, puisque c'étoit des fenêtres de sa chambre qu'elle en avoit la vue. Les comédiens ayant été mandés avec la musique et les violons, ce petit voyage fut fort divertissant, et Madame s'en retourna bien satisfaite à Paris, vers la mi-octobre 1626.

Le bruit qui avoit déjà couru de sa grossesse, se trouva véritable par la déclaration qu'elle en fit elle-même après son retour ; et bien que cette princesse n'eût pas moins de pudeur que les autres mariées qui ont accoutumé de céler leur grossesse le plus long-temps qu'elles peuvent, la considération de son état, tel qu'il pouvoit même être envié de la Reine, ne vouloit pas qu'elle prît aucun délai pour publier un bien si désiré de toute la France, et on la vit peu de jours après faire parade de son ventre dans le Louvre, croyant déjà d'avoir un fils lequel dût tenir la place d'un dauphin. Chacun lui porte ses vœux et ses acclamations, et tout le monde va à Monsieur comme au soleil levant.

Dans ce haut point de félicité où Monsieur se trouvoit, on eut peine de s'imaginer qu'il se rencontrât quelqu'un si osé que de venir troubler la fête : et néanmoins un certain gentilhomme normand, nommé Montpinson, de la maison de Bacqueville, s'étant introduit auprès de Monsieur, le voulut persuader de se ressentir du traitement fait à messieurs de Vendôme, à Chalais et au maréchal d'Ornano, qui étoit décédé quelques jours auparavant dans le bois de Vincennes, lui proposant de se faire chef de parti, et l'assurant, s'il y veut entendre, que plusieurs princes et seigneurs de la cour seront de la partie, et que le secours étranger ne lui manquera pas. Monsieur rejette ces belles propositions, dont le Roi lui sait gré ; et, à la considération de Son Altesse, qui lui en donna l'avis aussitôt, se contenta d'envoyer ce Montpinson pour quelques mois à la Bastille ; Sa Majesté ayant été priée de ne lui pas faire recevoir un plus rude châtiment. Monsieur avoit grande raison de fuir l'embarras, ne pouvant espérer hors de la cour une condition meilleure que celle où il se trouvoit, demeurant près de Leurs Majestés : c'étoit le moyen de conserver ses avantages et d'y avancer ses affaires par le crédit et l'autorité de la Reine sa mère, qui étoit lors toute puissante. Ses plaisirs d'ailleurs s'y rencontroient ; aimant le jeu comme il faisoit, c'étoit le lieu pour trouver des joueurs et de quoi jouer. Madame, reconnoissant que c'étoit l'une de ses plus fortes passions, tâche de s'y rendre complaisante; et comme Monsieur revenoit souvent de mauvaise humeur, tout transporté de déplaisir d'avoir perdu son argent, elle croit que ce lui seroit une belle occasion de se le rendre plus familier et plus libre, si elle avoit quelque somme entre ses mains pour lui donner quand il se trouveroit en ces accessoires.

Sachant que ses gens d'affaires avoient fait un fonds de réserve pour les parties inopinées de sa maison, et qui pourroient survenir lorsqu'elle seroit mariée, elle se le fait apporter et départir en plusieurs bourses, qu'elle distribue de fois à autres à Monsieur, se persuadant que cet argent ne pourroit être employé à meilleur usage, quoique les joueurs en eussent le plus souvent tout le profit et tout le plaisir, pour n'être pas heureux au jeu.

Monsieur avoit d'autres sortes de divertissemens qui étoient d'un homme d'esprit et qui demandoit d'être occupé. Il faisoit venir une fois ou deux la semaine quelques-uns de ses principaux officiers et gentilshommes dans son cabinet, où l'on mettoit sur le tapis quelque question morale ou politique, dont chacun devoit dire son avis à l'assemblée suivante; et c'étoit là que Son Altesse faisoit paroître la gentillesse de son esprit. Il n'y en avoit aucun qui sût mieux résoudre le problème, ni qui fût plus assuré de prendre le bon parti. Il y avoit une autre assemblée à certains jours, où il se traitoit de choses plus libres, et pour cela on l'appeloit conseil de Vauriennerie : Son Altesse, s'étant figuré un royaume imaginaire du nom de ****, prenoit plaisir d'en faire la carte et à donner des noms qui fussent convenables et de rapport aux provinces, aux villes, fleuves, passages et autres choses dépendantes de ce royaume, ainsi qu'aux officiers principaux, auxquels il faisoit fort souvent des dépêches de sa propre main, et ce à l'exemple, disoit-il, du royaume de Narsingue, dont les courtisans avoient accoutumé de ne dire que des sottises. Le comte de Moret, qui étoit de toutes ces parties, fut déclaré grand-prieur de ce royaume de.****, l'abbé de La Rivière (1) le grand monacal, et Patris l'un de ses grands vicaires.

Son Altesse étoit fort curieuse de tableaux des meilleurs maîtres, comme aussi des antiques et autres raretés dont il avoit fait un beau cabinet, et s'appliquoit particulièrement à la médaille, à quoi il réussissoit, comme il fit ensuite à la recherche des simples qu'il avoit, ayant un soin particulier de les faire représenter au naturel, et d'insérer leurs noms dans un gros volume par le sieur Jules Donnabella, son peintre, et il alloit souvent herboriser lui-même ; et comme il avoit la mémoire très-heureuse, il s'en trouvoit peu dont il ne sût dire les noms et la vertu, comme eût pu faire le plus habile médecin de la Faculté. Avec cela il prenoit parfois le plaisir de la chasse, et néanmoins ce n'étoit pas un exercice qu'il prît par excès, comme faisoit le Roi son frère. Il

---

(1) *L'abbé de La Rivière* : Louis Barbier de La Rivière fut d'abord professeur au collége du Plessis, puis il devint aumônier d'Habert, évêque de Cahors, premier aumônier de Gaston. On voit que dès lors il étoit dans l'intimité du prince. Il fut son unique favori dans les premières années du règne de Louis XIV, et le gouverna entièrement au commencement des troubles de la Fronde. Disgracié en 1650, il obtint par la suite l'évêché de Langres.

prenoit plaisir outre cela de passer souvent la nuit à se promener dans les rues de Paris, et ce sans autre dessein que de suivre son inclination naturelle qui ne lui permettoit pas de demeurer long-temps en place ; c'étoit encore pour avoir tous les jours quelque nouvelle aventure à conter au Roi et à la Reine sa mère, surtout aux temps des bals et assemblées qui se faisoient, où il entroit à d'aucuns, et aux autres il y envoyoit de ses gens reconnoître le monde qui s'y trouvoit pour lui en faire le rapport, dont Madame ne prenoit point de jalousie, et rien ne l'inquiétoit que la crainte de quelque mauvaise rencontre qui pouvoit arriver à Son Altesse, ou que la peine qu'il prenoit d'aller à pied ne le fît tomber malade, ne pouvant pas douter qu'il ne lui fût bon mari.

Monsieur passoit ainsi son temps avec un grand repos et beaucoup de douceur, attendant l'heure que Madame dût accoucher. La princesse qui vint à naître ensuite lui promettoit bientôt un fils, et les vœux de tous les bons Français en général eussent été enfin pleinement accomplis par la naissance de plusieurs princes au présomptif héritier de la couronne, si Dieu, par des raisons qu'il n'est pas permis de pénétrer, n'eût retiré Madame de ce monde : mais sa mort survenue trois jours après convertit toutes ces espérances en deuil, et fut un présage trop certain à Monsieur de toutes les disgrâces qui lui arrivèrent depuis. Aussi parut-il autant affligé et touché de douleur qu'il pouvoit être par effet en une triste rencontre de la perte qu'il faisoit ; néanmoins, parmi tous ces sanglots, il eut des sentimens d'une ame vraiment chrétienne, par la reconnoissance publique qu'il fit de ne mériter pas une si vertueuse princesse, et que Dieu la lui avoit voulu ôter pour le punir de ses légèretés ordinaires, dont il promit de se corriger : ce qui apporta beaucoup de consolation à Leurs Majestés, et fut aussi de grande édification à toute la cour, selon la part et l'intérêt que chacun pouvoit prendre en son particulier dans une si funeste occasion.

Madame fut enterrée à St.-Denis, où est le sépulcre des rois, et la pompe funèbre ressentoit plutôt celle d'une reine que de la belle-sœur du Roi, tant elle fut magnifique. La Reine-mère prit beaucoup de part à l'affliction de Monsieur, se voyant frustrée des espérances qu'elle avoit conçues de ce mariage qui lui avoit coûté tant d'inquiétudes et tant de peines. Mais madame de Guise étoit inconsolable d'avoir perdu une fille qui lui avoit toujours été si obéissante, et qu'il lui fallût renoncer par un événement si soudain aux grands avantages qu'elle et sa maison avoient déjà reçus, et prétendoient encore de tirer à l'avenir d'une telle alliance.

Encore que le Roi trouvât son compte dans cette perte, et qu'apparemment il en dût être le moins fâché par raison de la jalousie qu'il avoit eue de ce mariage, que la grossesse de Madame lui avoit depuis donnée beaucoup plus grande, se trouvant libre de toutes ces craintes (1), Sa Majesté ne laissa pas de témoigner un extrême déplaisir pour avoir eu toujours en grande estime la vertu de cette princesse : mais

---

(1) *Se trouvant libre de toutes ces craintes*: La reine Anne d'Autriche, qu'on soupçonnoit de vouloir épouser Gaston si son mari mouroit, assista *incognito* à la pompe funèbre de Madame.

il ne fut pas marri qu'elle n'eût laissé qu'une fille.

Le président Le Coigneux et Puylaurens furent les plus aisés à consoler de cette mort, par la crainte qu'ils avoient déjà eue que Madame ne prît enfin toute autorité auprès de leur maître, ayant reconnu que c'étoit le dessein de la maison de Guise, et que l'abbé de Foix leur créature lui donnoit tous les jours de la tablature pour cela; et il fut remarqué en même temps de plusieurs qu'encore que Monsieur aimât beaucoup Madame, il vivoit néanmoins un peu réservé avec elle, comme s'il eût appréhendé qu'elle voulût trop faire la maîtresse à la maison.

Monsieur s'étant retiré, dès le même jour de cette mort, à la maison du président Le Coigneux à Saint-Cloud; tant s'en faut qu'il y trouvât de l'allégement à sa douleur, il y reçut un grand surcroît de douleur par l'accident survenu au sieur de Boutteville-Montmorency (1), lequel s'étoit battu en duel quelques jours auparavant, ayant le comte des Chapelles pour second, contre le jeune marquis de Beuvron et Bussy-d'Amboise, le combat s'étant terminé par la mort du dernier. Le Roi en fut d'autant plus irrité, que Sa Majesté avoit

---

(1) *Au sieur de Boutteville-Montmorency*: François, comte de Boutteville. Tourmenté par la fureur des duels, il avoit tué plusieurs gentilshommes. Depuis quelques mois s'étant réfugié à Bruxelles après un combat avec La Frette, il sollicita du cardinal de Richelieu la permission de revenir en France, et ne l'ayant pas obtenue, il dit: « Puisqu'on m'a refusé une abolition, je me battrai dans Paris, et « sur la place Royale. » En effet il rentra secrètement en France, et, s'étant glissé dans la capitale, il vida une querelle qu'il avoit avec le marquis de Beuvron. Boutteville étoit accompagné de des Chapelles et de La Berthe, Beuvron de Bussy-d'Amboise et de Buquet; ils se battirent trois contre trois sur la place Royale le 11 mai 1627, entre deux et trois heures après midi.

souvent fait grâce audit Boutteville pour de semblables fautes esquelles il étoit tombé ; outre qu'ayant pris la place Royale pour le champ du combat, il sembloit que c'eût été pour un plus grand mépris des édits de Sa Majesté. Ces illustres gladiateurs s'étant séparés de cette sorte, pensèrent à se retirer de bonne heure en lieu de sûreté pour laisser passer la colère du Roi; le marquis de Beuvron prit la route d'Italie, où il passa heureusement, et se signala depuis, comme l'on voit dans l'histoire, par la courageuse défense de Casal contre don Gonzale de Cordoue. Le duc de Mantoue reconnoissant devoir le salut de cette importante place à ce généreux cavalier, ne sait point de meilleur moyen de s'en ressentir, que d'employer son crédit et ses prières pour le pardon du marquis, qui lui fut accordé par le Roi; mais la mort, survenue presque en même temps par ses blessures, ne lui permit pas de recevoir les autres reconnoissances qui étoient dues à sa valeur.

Pour Boutteville et le comte des Chapelles, qui avoient dessein de passer en Lorraine, encore qu'ils fussent déjà bien avancés vers cette frontière, leur voyage eut un succès tout différent; car, outre qu'il falloit employer quelque temps à mesurer les épées et s'entrevisiter de part et d'autre, en mettant pourpoint bas, et même en l'action du combat où ledit sieur de Bussy fut tué, et depuis encore à changer d'habits, prendre des bottes et d'autres mesures pour leur voyage; tout cela ne se put faire plus tôt qu'en trois heures, non sans beaucoup de chaleur, et avec une telle dissipation d'esprit devant que de monter à cheval, qu'ils furent obligés de faire plusieurs pauses sur le chemin pour prendre haleine à tous momens, et un peu de repos leur fût venu bien à point pour pouvoir reprendre vigueur; mais ils jugèrent d'ailleurs qu'il leur importoit surtout de poursuivre la carrière et sans aucune intermission, afin d'arriver à temps au port; et quelque diligence qu'ils fissent pour cela, il fallut de nécessité qu'ils s'arrêtassent à Vitry en Perthois, n'en pouvant plus de foiblesse et de lassitude, s'imaginant pouvoir trois ou quatre heures après remonter à cheval; joint qu'ils ne pouvoient croire que personne sût au vrai la route qu'ils avoient prise, ni qu'on eût pu sitôt et à point nommé envoyer du monde suffisamment pour leur couper chemin et les mettre en arrêt, et qu'ainsi pourroient-ils avoir du temps pour achever le voyage et se mettre en lieu de sûreté. Cependant, dès que l'on sut à la cour le succès de ce combat, le Roi donna ordre aussitôt que l'on courût après, et ordonna nombre suffisant de ses gardes pour les arrêter, ou recevoir des mains des magistrats et autres officiers de justice des villes qui auroient déjà pu s'assurer de leurs personnes; et le président de Mesmes, beau-père de Bussy, qui étoit allé prier le Roi de vouloir employer son autorité pour cet effet, arriva tout à propos pour recevoir l'ordonnance qu'on avoit expédiée, et dont Sa Majesté trouva bon qu'il se chargeât pour en poursuivre l'exécution : comme il fit avec grand soin et sans y perdre temps, en mettant aux trousses de ces deux fugitifs des courriers assez diligens pour les devancer de beaucoup, et eurent encore tout le loisir de rendre ladite ordonnance aux magistrats et officiers de justice de ladite ville, qui n'eurent pas de peine, et trouvèrent assez de gens parmi eux pour exécuter les ordres de Sa Majesté par eux-mêmes, sans qu'il fût nécessaire de demander main forte aux gouverneurs particuliers, ainsi qu'il leur étoit enjoint en cas qu'ils en fussent requis. Et comme ces gardes furent arrivés, les prisonniers leur furent à l'heure même remis entre les mains par les magistrats et officiers de la ville, pour faire ce qui leur auroit été prescrit. La nouvelle de cette prise venue à la cour, il n'y eut personne qui ne tînt leur perte tout assurée. Monsieur jugea bien aussi qu'il n'y avoit point de salut pour eux qu'en les faisant recouvrer par les chemins. Il en donne aussitôt la commission à des gens de main, considérant combien il lui importoit de se conserver deux serviteurs de cette qualité et de ce mérite, surtout le sieur de Boutteville qui avoit toujours été dans ses intérêts, et lequel s'étoit outre cela tellement signalé par une infinité de combats, dont il avoit presque toujours remporté l'avantage, qu'il passoit pour le plus fameux et redoutable duelliste de la cour : mais la chose ne put être tenue si secrète que le Roi n'en eût l'avis, qui donna ordre à l'heure même au renforcement de l'escorte, et fit amener les prisonniers avec sûre garde à Paris dans les prisons du parlement ; de sorte que Son Altesse, voyant n'avoir plus que les très-humbles prières et supplications, fit tout ce qu'il put envers le Roi et la Reine sa mère pour tâcher de les sauver, ayant même ajouté les prières au cardinal de Richelieu, afin qu'il aidât à y disposer Leurs Majestés. Et à l'égard de M. le prince, il fit une lettre fort soumise et respectueuse au Roi, représentant les grands et considérables services rendus aux rois et à l'État par la maison de Montmorency, dont Boutteville avoit pris naissance, au moyen de quoi il touchoit d'alliance et de parenté fort proche à madame la princesse, et ce, plus pour rendre les offices de bon parent au sieur de Boutteville, que par espérance qu'il eût de pouvoir obtenir son pardon : ce qui n'empêcha pas aussi le parlement de travailler sans cesse au procès ; d'où s'ensuivit de là à peu de jours l'arrêt de mort. Le cardinal de La Valette et le duc de Bellegarde réitérèrent les prières et instances de Son Altesse avec toute la chaleur qui se pouvoit, proposant de faire changer la peine de sang en une prison perpétuelle, et le comte de Brion fit plusieurs allées et venues de Saint-Cloud à Paris, à même fin, depuis la prononciation de l'arrêt ; mais pour tout cela le Roi ne put en rien être fléchi, et tant s'en faut que l'on eût égard aux prières et soumissions de Son Altesse, qu'on lui fit sentir que c'étoit la raison pour laquelle le Roi étoit le moins porté au pardon des criminels, et il falloit donc que Son Altesse se résolût de boire ce nouveau calice d'amertume. A quoi elle eut d'autant plus de peine après l'exécution de Chalais, la prison de messieurs de Vendôme et celle du maréchal d'Ornano dans le bois de Vincennes, où il étoit décédé, non sans soupçon de mort violente, dont Son Altesse avoit encore la mémoire toute fraîche, et d'autant plus ulcérée qu'il falloit outre cela paroître sans ressentiment de tous ces mépris qu'on faisoit de lui. Mais le président Le Coigneux lui représentoit que d'en user autrement ce seroit offenser le Roi ; que c'étoit prudence de dissimuler et céder à l'autorité souveraine, lors même que l'on ne pouvoit en tirer raison par autre voie ; que ce seroit le moyen de trouver plus avantageusement son compte en d'autres rencontres, pourvu qu'il ne se brouillât point à la cour, ce qu'il falloit éviter autant qu'il seroit possible : cependant qu'il devoit avoir cette satisfaction d'avoir fait tout ce que l'on pouvoit raisonnablement désirer de lui pour sauver la vie à Boutteville et au comté des Chapelles, et que toute la cour eût connoissance du devoir où il s'étoit mis pour cela.

Il ne fut pas malaisé de rendre Monsieur capable d'un conseil qu'il avoit déjà commencé de pratiquer pour de semblables sujets; tellement qu'il demeura pleinement persuadé des raisons du président Le Coigneux : et croyant que c'étoit assez pour lors de faire le fâché, au défaut de pouvoir mieux, il se promettoit, pour sa consolation, d'être plus heureux une autre fois à protéger ses serviteurs.

Il revint incontinent à Paris trouver Leurs Majestés, et n'ayant pas voulu reprendre son logement au Louvre à cause que Madame y étoit morte, il alla demeurer pour quelque temps à l'hôtel de Montmorency, et continua dans sa façon de vivre ordinaire avec le Roi, sans faire paroître qu'il lui restât rien sur le cœur des choses passées : ce qui lui fit recevoir aussi un bon accueil du Roi, Sa Majesté lui témoignant en toutes occasions n'avoir point plus grande joie que quand il le voyoit. Mais elle avoit trouvé plusieurs fois à redire aux visites de Monsieur, qu'il se séparât aussitôt d'elle pour s'aller entretenir avec d'autres, lui tournant même le plus souvent le dos, et ne s'abstenant non plus devant elle qu'il faisoit en tout autre lieu de faire paroître ses chagrins à tous momens. Si Son Altesse eût voulu croire le duc de

Bellegarde, il se seroit rendu non-seulement plus complaisant au Roi, mais auroit perdu, dès le commencement que Leurs Majestés l'avoient mis auprès de Son Altesse, ces habitudes si messéantes à un grand prince, dont il a bien eu de la peine depuis à se défaire.

Encore que le Roi fît paroître beaucoup d'affection pour Monsieur, et eût accoutumé de dire qu'il le consideroit comme son fils, il ne voulut pourtant pas ouïr de long-temps parler de mariage pour Son Altesse, ayant même prié la Reine sa mère de n'y point penser. Et le conseil de Monsieur fut pareillement informé de l'intention du Roi, et il ne manqua pas de faire comprendre à Son Altesse comme il devoit, pour la satisfaction de Sa Majesté, rejeter toutes les propositions qu'on lui en pourroit faire. Et afin que Son Altesse eût moins de peine à demeurer dans la viduité, le Roi lui fit proposer toutes sortes d'exercices honnêtes, principalement celui de la chasse; où il ne se passoit guère de jour que Sa Majesté ne s'allât divertir, s'imaginant que Monsieur y dût prendre le même plaisir. Sa Majesté commanda aussi de ne plus tant blâmer la passion que Monsieur avoit pour le jeu, trouvant bon qu'il s'y entretînt, et même qu'il lui fût donné argent pour cela. Et d'autant que Monsieur n'avoit aucune maison proche de Paris pour y aller quelquefois prendre l'air, Sa Majesté eut bien agréable de lui donner celle de Limours appartenant au cardinal de Richelieu, et d'en gratifier Son Altesse dans la créance qu'il lui prendroit envie de l'enjoliver, ou bien d'entreprendre quelque nouveau dessein qui occuperoit l'esprit et feroit passer le temps à Son Altesse. Le remboursement s'en fit au même prix de l'acquisition, qui se montoit à 400 tant de mille liv. y compris le domaine de Montlhéry, et depuis il fut encore payé 300,000 livres au cardinal de Richelieu, tant pour les meubles qu'impenses et améliorations qu'il y avoit faites. Le cardinal étoit fort dégoûté de cette maison, la trouvant aussi déplaisante que malsaine pour sa situation, qui est en bas lieu, avec ce qu'il n'y avoit point de fontaine ni d'autre eau, et que beaucoup d'autres choses y manquoient, et il fut bien heureux de trouver une si belle occasion pour s'en défaire, et d'y trouver largement son compte : ce qu'il n'eût pas dû attendre avec toute autre personne, et son intérêt fut ce qui fit résoudre le Roi plus facilement, à la persuasion de la Reine-mère, à gratifier le cardinal sa créature, en qui elle avoit alors toute confiance. Ensuite de quoi Sa Majesté ordonna que l'un et l'autre comté sortiroient même nature que les autres terres de l'apanage de Monsieur, mais qu'elles seroient désormais de la mouvance du duché de Chartres, au lieu qu'ils relevoient auparavant de la tour du Louvre.

Toutes ces prévoyances étoient dignes de la piété du Roi; mais elles n'étoient pas beaucoup nécessaires pour dégoûter Monsieur du mariage, outre qu'il étoit d'âge à aimer sa liberté. Le président Le Coigneux et Puylaurens ne demandoient pas mieux que de gouverner seuls leur maître, et l'entretenoient volontiers dans cette aversion, afin d'avoir plus de sujet de se faire rechercher et de mériter de nouvelles gratifications en faisant condescendre leur maître aux volontés de Leurs Majestés, lorsqu'elles penseroient à le remarier, ne doutant pas qu'elles n'y fussent bientôt obligées par les raisons d'Etat. Mais il étoit malaisé, du tempérament qu'étoit Monsieur, et dans les plaisirs de la cour où il étoit incessamment, que Son Altesse pût garder la continence; joint que, comme les grands prennent plaisir d'être flattés dans leurs passions, il ne manquoit pas de gens à la cour qui, pour gagner les bonnes grâces de Son Altesse, lui insinuoient à tous momens que c'étoit assez d'avoir satisfait au désir du Roi, en perdant pour un si long temps les pensées du mariage; que non-seulement il lui devoit être permis de suivre l'inclination naturelle qu'il avoit pour les dames, qu'il y auroit même de l'injustice de l'en vouloir empêcher. De quoi Monsieur savoit bien se prévaloir pour s'excuser envers Leurs Majestés lorsqu'elles lui reprochoient ses excès; et c'étoit ce qui les rendoit aussi plus indulgentes et plus empêchées d'ailleurs à en arrêter le cours. Le père Souffran lui faisoit souvent des exhortations à même fin, et lui proposoit toujours l'exemple du Roi pour imiter Sa Majesté en l'aversion qu'il avoit pour ces désordres. Mais les raisons de conscience, non plus que celles de l'Etat, ne faisoient pas grand effet sur l'esprit de Son Altesse; et s'il y avoit de la différence d'humeur des deux frères, elle étoit encore plus grande dans leurs sentimens, et il sembloit que Monsieur affectoit de passer pour galant, plutôt que pour pieux et tempéré comme le Roi.

Le plus grand plaisir de Monsieur étoit la diversité des femmes, et avoit un soin particulier de savoir le nom de celles qui passoient leur temps, pour en faire des contes à rire parmi ses plus familiers; et ce qui étoit de fâcheux, c'étoit que la qualité de Monsieur ne le rendoit pas exempt des accidens auxquels les autres sont sujets : de quoi la Reine sa mère prenoit l'alarme d'autant plus grande, qu'elle appréhendoit que le Roi ne fût pas capable de donner des héritiers à la couronne, et que si on laissoit Monsieur plus long-temps dans ce désordre, il s'y rendroit pareillement inhabile par cette autre voie. Il n'y avoit que le mariage qui pût y apporter remède. La Reine-mère n'en trouvoit point aussi de meilleur ni de plus certain ; mais le Roi étoit toujours résolu à ne le point permettre, et elle considéroit que de vouloir rompre sitôt cette glace, ce seroit choquer inutilement le Roi, à qui l'intérêt particulier de sa personne touchoit beaucoup plus en cette occasion que celui de l'Etat, et croyoit au contraire qu'il lui faudroit renoncer à l'Etat si Monsieur se marioit et avoit des enfans. Voyant donc que ce n'étoit pas une affaire pour laquelle il fallût presser le Roi, elle ne pensa plus sinon de la recommander à Dieu, avec cette confiance que, comme il tient en sa main le cœur des rois, il feroit enfin incliner celui du Roi son fils à ce qu'elle désiroit, et susciteroit quelque autre moyen pour la tirer de perplexité.

Monsieur cependant ne pouvoit non plus être persuadé à changer de vie, ne demandant pas mieux qu'on le laissât comme il étoit pour la pouvoir continuer, et ne tenant pas plus de compte des remontrances de Leurs Majestés, qu'il faisoit des prières que ses bons serviteurs lui faisoient tous les jours à ce sujet. Ainsi cette grande Reine se trouvoit également impuissante envers ses enfans, et l'on ne pouvoit pas dire lequel des deux lui donnoit plus de mortifications. Elle ne laissa pas comme une bonne mère de veiller incessamment au bien de Monsieur, et comme elle jugeoit impossible d'empêcher qu'il ne vît point de femmes, et lui faisoit recommander de s'abstenir pour le monis de celles où il y auroit à craindre pour sa personne, et fît connoître à ceux qui avoient plus de privauté avec Son Altesse que le Roi ni elle ne trouveroient pas mauvais qu'ils le portassent à mettre ses affections en quelque personne de mérite qui pût l'empêcher d'avoir plus de commerce avec celles qui pouvoient être dans la prostitution; un des principaux officiers de Monsieur, croyant faire le service de Leurs Majestés, et se rendre par même moyen plus agréable à son maître, accepte volontiers la commission, et, durant le Carnaval, donna souvent la comédie, et fit plusieurs assemblées chez lui, où se trouvoient les plus belles femmes de Paris, à dessein que quelqu'une donnât dans la vue à son maître, et qu'il en fît sa maîtresse. A quoi il n'employa pas seulement les discours, mais lui en donna encore l'exemple depuis la mort de sa seconde femme, et Monsieur l'en railloit souvent dans le particulier.

La nouvelle étant venue de la descente de Buckingham dans l'île de Ré, le Roi tomba grièvement malade à Villeroy, et au défaut de se pouvoir transporter en personne aux côtes de Poitou, comme c'étoit le dessein de Sa Majesté, il fut conseillé d'y envoyer Monsieur pour son lieutenant général, afin de pourvoir en toute diligence au secours de la citadelle de Saint-Martin de Ré, que les Anglais avoient commencé d'assiéger. Monsieur part à l'heure même, prenant le chemin de Saumur, d'où il dépêcha le sieur de Saint-Florent, l'un de ses gentilshommes ordinaires, au comte de Grammont, gouverneur de Bayonne, le prier de lui envoyer bon nombre de pinasses et autres vaisseaux sous la conduite de quelque habile pilote, pour essayer de les jeter dans la place avec un secours de vivres et de munitions de guerre. Son Altesse entrant dans le Poitou, le duc de La Rochefoucauld, qui en étoit gouverneur, vint au devant de lui avec cinq ou six cents gentilshommes de ses amis, pour lui rendre ses honneurs. Monsieur se rendit tôt après au camp d'Aytré, et voulut d'abord faire savoir sa venue aux Rochelois. S'étant avancé avec la noblesse et autres volontaires soutenus du régiment de Piémont et de quelques troupes de cavalerie, jusques au fort de Bonnegreve, d'où il reçut le salut par plusieurs volées de canon tirées des remparts de la ville, ceux dudit fort firent en même temps une rude escarmouche sur les nôtres, lesquels, n'ayant eu autre dessein que de reconnoître l'ennemi et de faire voir leur bonne volonté, pensèrent incontinent à la retraite. Le sieur de Nantes, premier capitaine du régiment de Piémont, et le sieur de Maricourt, y furent tués avec quarante ou cinquante soldats. Ce fut là que le duc de Bellegarde fit l'office, non-seulement de lieutenant général de Son Altesse dans ladite armée, mais de simple soldat, ayant été des premiers à tirer le coup de pistolet et le dernier à la retraite. Le Roi blâma grandement cette entreprise, et en écrivit une lettre à Monsieur, pleine de ressentiment de ce qu'il avoit si légèrement exposé les troupes, sans qu'il en fût besoin, et contre les ordres exprès de Sa Majesté;

qui étoient de tenir seulement les choses en état et de ne rien hasarder jusqu'à son arrivée. Peut-être auroit-on trouvé encore plus mauvais que Monsieur eût réussi à ses premières armes, et l'on croit que cette crainte fut ce qui fit devancer au Roi le temps de sa parfaite convalescence, afin de pouvoir au plus tôt se rendre à son camp.

Le sieur de Saint-Florent, fit telle diligence, et s'acquitta si bien de sa commission, qu'en moins de trois semaines trente pinasses vinrent prendre bord au fort de Lacquilon, conduites par le sieur d'Andouins. L'ordre ayant déjà été donné pour les vivres aux Sables-d'Olonne et autres lieux de la côte, Monsieur eut le soin de les aller lui-même faire charger dans lesdites pinasses et autres vaisseaux que l'évêque de Mende avoit arrêtés, et tous étoient près de faire voile, sans qu'ils eurent un mois durant le vent contraire. Le sieur de Valins, l'un des plus hardis capitaines de mer, avoit déjà montré le chemin et jeté du secours dans la place, qui l'avoit fait subsister durant quelques jours ; mais les vivres étoient consumés, et les nécessités devenues plus grandes qu'auparavant, tellement qu'il falloit pourvoir à y en mettre d'autres, ou bien se résoudre à capituler. Le sieur de Saint-Preuil, qui étoit dans la place comme simple volontaire, et ami intime du sieur de Toiras, s'offre de passer à la terre pour aller rendre compte au Roi de l'état où se trouvoient les assiégés, et pour hâter le secours. M. de Toiras trouve l'entreprise fort hardie et périlleuse, et appréhende pour son ami ; néanmoins il ne l'en dissuade pas. Le sieur de Saint-Preuil passe heureusement et retourne de même à la citadelle ; ce qui ne fut pas sans essuyer plusieurs coups de canon et mousquetades des vaisseaux et chaloupes ennemis qui le suivirent. Le sieur de Toiras le reçoit à bras ouverts, admirant son courage et sa résolution, qui n'étoit pas à la vérité commune à beaucoup d'autres. Il apprend du sieur de Saint-Preuil que le secours étoit prêt, qu'il n'étoit besoin que de vent et de patience. Les Anglais, ayant su le passage du sieur de Saint-Preuil, serrent le port avec plus d'observation qu'auparavant, pour empêcher qu'aucun autre ne puisse plus aller ni venir ; si bien que les assiégés ne pouvoient plus envoyer de chaloupes à la terre pour faire savoir de leurs nouvelles. A ce défaut il se présente deux soldats qui entreprennent de passer à la nage, moyennant une bonne somme. Ils prennent le temps que la marée étoit basse et la nuit fort obscure, se sauvent tout le long de la côte, ayant l'eau jusqu'à la ceinture, et esquivent par ce moyen, et les chaloupes et les sentinelles des lignes ennemies. Comme ils se voient assez éloignés du camp des Anglais pour ne pouvoir être pris, tous deux se mettent à la nage ; mais il y en eut un à qui le cœur manqua, et fut contraint de tourner visage. L'autre, qui étoit un puissant garçon, continua sa route avec beaucoup de péril, ayant été obligé de faire souvent le plongeon pour se sauver de plusieurs chaloupes qui se mirent à le suivre. Il disoit avoir eu encore plus de peine à se défendre des poissons, qui se colloient à tous momens à son estomac et à ses cuisses, ayant les mains continuellement occupées à les arracher. Mais tous ces obstacles ne lui font point perdre courage, et il fait si bien qu'il aborde sain et sauf près du moulin de Laleu, d'où ayant été amené dans le camp, on lui trouva une lettre en chiffres, enfermée dans une balle de plomb qui étoit attachée à son cou. On apprend par cette lettre que les assiégés ne pouvoient pas tenir plus de cinq jours s'ils n'étoient secourus. Le Roi le fit appointer dans l'état de son régiment des Gardes à raison de vingt écus par mois, sa vie durant, pour récompense de ce service. Enfin le temps ayant changé tout à coup sur le point que le sieur de Toiras alloit capituler par la presse et importunité de sa garnison, le bonheur du Roi voulut que vingt-sept pinasses et quelque cinq ou six autres vaisseaux, chargés de vivres, entrèrent dans la place. Ayant été mis en délibération parmi les matelots si l'on iroit du côté de la mer Sauvage, ou par quel autre endroit l'on auroit à passer, ou bien si l'on prendroit la droite route, le sieur d'Andouins fut de ce dernier avis, et sa raison étoit que toutes les chaloupes anglaises devoient vraisemblablement tenir le large et être départies à tous les autres endroits, et que les ennemis ne se pourroient jamais imaginer que l'on dût aller donner dans le corps de leur flotte, où leurs ramberges et autres gros vaisseaux étoient plus que suffisans pour empêcher le passage à une armée tout entière. Le sieur d'Andouins soutenoit, au contraire, qu'il lui seroit beaucoup plus facile de s'en débarrasser que non pas de ces chaloupes armées, lesquelles étant plus fortes en nombre les auroient aussitôt accrochés et coulés à fond, au lieu que les canonnades des gros vaisseaux n'étoient pas tant à craindre pour les pinasses, à cause de leur petitesse, qui donnoit moins de prise sur elles. On reconnut depuis par l'événement que ce conseil avoit été le meilleur, les Anglais n'ayant pu empêcher que la noblesse qui s'étoit mise sur ces pinasses ne rompît les estacades de leurs vaisseaux, et ne se fît passage malgré leurs canonnades et feux d'artifice. Le sieur Desplan acquit beaucoup d'honneur en cette occasion, pour y avoir rendu de grandes preuves de son courage. Le secours donné si à propos à la citadelle de Saint-Martin fut cause du salut de toute l'île, dont on doit savoir le principal gré à Monsieur, ayant donné temps au Roi de faire de nouveaux préparatifs pour la descente de ses troupes et de sa noblesse, qui obligèrent ensuite le duc de Buckingham de se retirer avec honte et grande perte de ses gens.

Les Rochelois ne reçurent pas moins de confusion pour avoir consumé la plus grande partie de leurs vivres à la nourriture de l'armée anglaise, sur l'assurance qu'elle prendroit l'île, et qu'il leur seroit aisé d'avoir d'autres provisions pour remplacer celles qui avoient été tirées de leurs magasins : ce qui convia le Roi à former, dès l'heure même, le siége de La Rochelle ; et en facilita depuis la réduction, qui auroit autrement été du tout impossible.

Sa Majesté s'étant rendue au mois d'octobre 1627 dans son camp d'Aytré, devant La Rochelle, fit travailler aussitôt à la circonvallation, résolue de n'en point partir que la place ne fût prise. Monsieur s'en retourne à Paris, avec un peu de dégoût de voir que le Roi lui ôtât le commandement des armées pour le donner au cardinal de Richelieu, encore qu'en apparence le Roi se le fût réservé. Mais Son Altesse trouve d'autres divertissemens à Paris, qui lui font oublier ceux de la guerre. Il se fit plusieurs festins et assemblées où il étoit soigneux d'assister, principalement en celles auxquelles il croyoit que madame la princesse Marie de Mantoue dût aller, voulant faire croire qu'il en étoit fort amoureux. La plupart du monde louoit son dessein, et donnoit ses vœux pour le mariage de Monsieur avec cette princesse qui étoit de naissance et d'un âge sortable, outre qu'elle étoit belle, vertueuse et fort spirituelle. Pour tout cela la Reine-mère n'y pouvoit consentir, se souvenant toujours de l'offense qu'elle prétendoit avoir reçue du duc de Mantoue lorsqu'il n'étoit que duc de Nevers. Elle étouffa tant qu'elle put les bruits qui s'en publioient, faisant mettre en avant celui de la princesse de Florence sa parente ; et, afin que le Roi y consentît plus facilement, lui fait entendre sous main qu'elle étoit laide, contrefaite et incapable d'avoir de longtemps des enfans. Et pour se justifier dans le monde de l'opposition qu'elle formoit au mariage de la princesse Marie envers ceux qui le souhaitoient, elle faisoit en même temps dire partout que la princesse Marie étoit devenue impuissante par les remèdes que Sevirni, médecin chimique, lui avoit donnés pour la guérir de la grande maladie dont elle étoit relevée peu de temps auparavant. Mais le Roi ne vouloit en façon quelconque ouïr parler de mariage pour Monsieur, et par ce moyen mit d'accord ceux qui s'intéressoient à l'un et à l'autre de ces deux partis.

Le marquis de Spinola, passant de Flandre en Espagne, voulut avoir l'honneur d'aller saluer le Roi, et voir ce qui se passoit au siége de La Rochelle. Il salua auparavant Monsieur, qui étoit logé à l'hôtel de Montmorenci, et, après lui avoir rendu ses devoirs, Son Altesse l'entretint si pertinemment des siéges et expéditions de guerre qui s'étoient faites en Flandre pendant que ce marquis y commandoit les armées d'Espagne, qu'il fut ravi de l'esprit de ce prince, et tout glorieux des louanges qu'il lui donnoit, remportant une estime de Son Altesse plus grande que de tous les princes de son âge qu'il eût jamais vus.

Monsieur faisoit tous les jours sa cour aux Reines, qui étoient demeurées à Paris durant le siége de La Rochelle, et c'étoit avec beaucoup de franchise, même avec la Reine régnante, avec laquelle il avoit toujours été en bonne intelligence, et n'observoit pas trop de cérémonie. Dès qu'elle vint en France elle le traita de *Monsieur*, en parlant à lui et de lui, et a toujours continué. A quoi quelques-uns ont trouvé à redire, attendu qu'en lui écrivant elle ne le traitoit que de *mon frère*. Pendant le petit voyage que le Roi vint faire à Paris, Monsieur ayant rencontré la Reine une fois qu'elle venoit de faire une neuvaine pour avoir des enfans, il lui dit en raillant : *Madame, vous venez de solliciter vos juges contre moi ; je consens que vous gagniez le procès si le Roi a assez de crédit pour cela.*

Il y avoit déjà eu du malentendu entre la Reine-mère et le cardinal de Richelieu, que le Roi avoit rajusté par diverses fois, de lui-même et par l'entremise du père Souffran confesseur de Leurs Majestés ; mais pour cela il ne laissoit pas de rester toujours autant d'aigreur dans l'esprit de la Reine-mère que de défiance dans celui du cardinal. Néanmoins, pour faire paroître à la Reine son entière dépendance de ses volontés, voyant qu'elle avoit à cœur la promotion du père Bérule au cardinalat, pour lequel elle avoit fait instance avant le voyage de La Rochelle, le cardinal appuie l'affaire auprès du Roi, et, après avoir reçu les ordres de Sa Majesté, la recommande de la bonne sorte au cardinal Spada, auparavant nonce du Pape, croyant que cette promotion dût tirer de longue, et que le temps lui fourniroit assez de moyens de l'éluder, s'il vouloit et le jugeoit à propos.

Contre la créance du cardinal de Richelieu, qui se fioit aux longueurs ordinaires de la cour de Rome, le Pape fait promotion dans les trois mois, qui fut aux Quatre-Temps de septembre 1627, dans laquelle le père Bérule est compris. La nouvelle en étant venue au camp d'Aytré, le cardinal de Richelieu pensa se désespérer de se voir jouer de cette sorte, ne pouvant comprendre que le Pape eût précipité si fort la promotion dudit père, s'il n'y eût eu complot des Marillac avec le cardinal Spada; et, jugeant que cela tendoit à sa destruction auprès de la Reine-mère sa maîtresse, il pense de bonne heure à faire sa contre-batterie du côté du Roi, et croit n'en pouvoir trouver de meilleur moyen que de réveiller les jalousies qu'on avoit eues à Nantes de l'étroite union et intelligence de la Reine-mère avec Monsieur, donnant à entendre au Roi qu'elle avoit retiré ses tendresses et affections de Sa Majesté, pour les donner toutes à Monsieur, qui avoit toujours été le fils bien-aimé depuis l'exécution du maréchal d'Ancre, dont elle ne pouvoit perdre la mémoire.

Le Roi ayant laissé pour quelques jours le siège de La Rochelle à la conduite du cardinal de Richelieu, pour venir prendre le divertissement de la chasse de Saint-Germain-en-Laye et à Versailles, la Reine-mère connut aussitôt qu'il y avoit du changement en l'esprit de Sa Majesté, ne lui témoignant pas la confiance qu'il avoit accoutumé ; et, l'ayant depuis entretenu, elle en apprit la cause par la bouche même de Sa Majesté.

Pour rompre ce coup et faire voir au Roi que tant s'en faut qu'il y eût une liaison d'amitié et d'intérêt si étroite entre elle et Monsieur qu'on lui avoit voulu persuader, qu'il y avoit une antipathie, la plus grande qui pouvoit jamais être, entre eux, et que le sujet de leur brouillerie étoit toute confiance de part et d'autre, il fut convenu entre la Reine-mère et Monsieur d'user de ce stratagème, qui étoit que Monsieur visiteroit souvent la princesse Marie, et qu'il en feroit l'amoureux passionné, que la Reine-mère d'autre côté feroit la fâchée et s'opposeroit ouvertement à ce mariage.

La Rochelle s'étant réduite, le jour de la Toussaint 1628, à l'obéissance du Roi, Sa Majesté n'est pas sitôt de retour à Paris, que, nonobstant la mauvaise saison, il s'achemine vers la Savoie pour le secours de Casal. Monsieur part, sur la fin de janvier 1629, pour suivre Sa Majesté en ce voyage, et, étant déjà bien avant dans le Dauphiné, il a avis que l'on pressoit le départ de la princesse Marie pour Mantoue ; il rebrousse sur ses pas, et comme il arrive à Fontainebleau, il apprend que la Reine-mère a fait mettre la princesse dans le bois de Vincennes. Le sieur de Marillac va au-devant de Monsieur pour excuser l'action et lui en dire les motifs. Chacun blâme le conseil de la Reine-mère, et il y en avoit beaucoup qui croyoient que Monsieur dût faire un mauvais parti au maréchal ; mais ils ne savoient pas le secret (1). Monsieur s'en va à Orléans, où il fait le fâché, et dépêche d'Ormoy, l'un de ses gentilshommes ordinaires, à la cour pour faire plainte de cet emprisonnement, demande la liberté de la princesse, et surséance à son départ. L'intrigue n'étant pas encore découverte à la cour, comme elle fut tôt après, il sembloit que l'on n'eût pas été marri que Monsieur eût passé outre à ce mariage, par la seule considération du sanglant déplaisir que la Reine-mère en eût reçu. Enfin l'ordre venu pour la liberté de la princesse, à condition que Monsieur ne précipiteroit rien pour ce mariage, ni pour aucun autre, à quoi le Roi n'avoit encore voulu donner son consentement, la Reine-mère retira la princesse auprès d'elle dans le Louvre. Monsieur ne laissa pas depuis de faire paroître toujours beaucoup de passion. Etant venu un jour en poste trouver la princesse Marie pour se réjouir de sa liberté, la Reine-mère fait l'étonnée, et semble avoir beaucoup d'inquiétude de cette venue si soudaine. Mais le duc de Bellegarde, qui n'avoit pas la clef du chiffre, et que Monsieur avoit envoyé à la Reine-mère avec des paroles de créance, fut bien surpris en effet quand il vit Monsieur faire le contraire de ce qu'il lui avoit donné charge de dire.

Après cette cavalcade Monsieur va à Montargis, où le sieur de Monsigot fut appelé à la charge de

(1) *Mais ils ne savoient pas le secret :* Il paroît, d'après les mémoires du cardinal de Richelieu, qui étoit parfaitement instruit, et qui s'étend beaucoup sur l'intrigue de Gaston et de la princesse Marie, que cet accord n'existoit point entre le prince et sa mère. On ne devine pas du reste quel eût pu être l'objet de cette comédie.

secrétaire des commandemens de Son Altesse, comme une personne recommandable par son esprit et par sa fidélité, ayant outre cela grande connoissance des affaires du monde. Il avoit été autrefois secrétaire du connétable de Luynes, et étoit intime ami du président Le Coigneux, lequel avoit dit auparavant à Monsieur ne pouvoir pas bien faire son service dans la place qu'il tenoit près de Son Altesse, s'il n'y avoit une parfaite intelligence entre celui qui tiendroit la plume et lui. Le sieur de Monsigot eut la moitié de la charge du sieur de Goulas, auquel on donna 70,000 livres de récompense, qui furent tirées des coffres de Monsieur, qui s'en va de là à Saint-Dizier, où il fait quelque séjour, feignant toujours d'être mal satisfait de la répugnance que la Reine-mère apportoit à son mariage avec la princesse Marie.

Se trouvant si proche de Nancy, il envoya le sieur de Mouy-Mailleraye complimenter le duc de Lorraine, qui lui rendit quelques jours après les civilités par une ambassade magnifique du marquis d'Ermanville, qui l'assura que, s'il daignoit l'honorer de sa venue, il seroit le maître de la maison. Monsieur accepte l'offre, et va à Nancy au commencement de septembre 1629. La bourgeoisie de la ville se met sous les armes pour aller au-devant de Son Altesse. Le duc avec toute sa cour le va recevoir à deux lieues de la ville, et à l'entrée fait faire une salve de toute l'artillerie qui étoit sur les remparts; de là le mène loger au principal appartement de son palais, ne se présente jamais à Monsieur que le chapeau à la main, se laisse presser plusieurs fois avant que le mettre sur sa tête, et ne manque d'ailleurs aux autres civilités qui étoient dues à un fils de France, et à la qualité qu'il avoit lors d'héritier présomptif de la couronne.

Si Monsieur trouva de la satisfaction dans tous ces honneurs et dans les divertissemens que l'on essayoit de lui donner, les princes et princesses n'en recevoient pas moins de sa manière de traiter avec eux, qui étoit obligeante et pleine de bonne volonté. Sa cour étant fort leste, la noblesse et ses officiers bien payés de leurs gages et pensions, les bourgeois et artisans de Nancy n'étoient pas fâchés non plus du long séjour de Monsieur, pour le profit qu'ils en tiroient. L'on commença dès lors à jeter quelques paroles du mariage de Monsieur avec madame la princesse Marguerite, sœur puînée dudit duc de Lorraine. Le sieur de Puylaurens étant devenu amoureux de la princesse de Phalsbourg, sœur aînée de la princesse Marguerite, il étoit bien aise de l'entretenir dans cette espérance, afin de se mettre d'autant plus en considération auprès d'elle.

Sur la fin de l'année 1629, le maréchal de Marillac et le sieur Bouthillier, secrétaire d'Etat, vinrent solliciter Monsieur de son retour. Entre plusieurs grâces qu'ils lui promirent de la part du Roi, ils l'assurèrent du duché de Valois pour augmentation d'apanage, du gouvernement d'Amboise et de quelque argent, lui faisant espérer, au reste, toute sorte de bons traitemens de Sa Majesté. Après quoi Monsieur se licencie de la cour de Lorraine, et revient en France au mois de février 1630, voit le Roi en passant à Troyes, où il se fit un éclaircissement de plusieurs choses. Le cardinal de Richelieu (1) ayant découvert aupa-

(1) *Le cardinal de Richelieu :* On ne voit pas, dans les mémoires de

ravant que l'amour de Monsieur pour la princesse Marie n'étoit qu'une feinte à dessein de l'abuser, aussi bien que plusieurs autres, il s'en tient encore plus assuré, et la garde bonne à ceux qui en avoient été les artisans. Monsieur se rend à Orléans vers la mi-mars, et retourna à Paris à la fin d'avril pour y être lieutenant général, représentant la personne du Roi pendant le voyage de Sa Majesté à Lyon, où les Reines l'avoient suivie.

La maladie survenue au Roi vers l'automne fut fort périlleuse, et donna grande alarme à tous les bons Français. Plusieurs personnes, et surtout les courtisans, regardoient déjà Monsieur comme devant monter au premier jour sur le trône. Madame du Fargis, prévoyant le mauvais état où se trouvoit la Reine sa maîtresse, fit sonder adroitement Monsieur sur le fait du mariage en cas qu'il arrivât faute du Roi, ce que l'on ne pouvoit croire qu'elle eût entrepris sans ordre bien exprès de sa maîtresse : à quoi il fut répondu en termes fort civils et obligeans; mais la négociation ne passa pas plus avant, le Roi étant revenu aussitôt en convalescence.

Sa Majesté fut long-temps avec une santé fort frêle et altérée par les remèdes; et les médecins, non plus que les astrologues, ne croyoient pas qu'il la dût faire longue. Duval, entre autres, voyant que Monsieur s'aheurtoit à faire donner l'évêché d'Orléans, dont le Roi s'étoit réservé la nomination par l'apanage, à l'évêque de Madaure, suffragant à l'évêché de Metz, dit à l'un des principaux officiers de Monsieur que

Richelieu, que ce ministre ait jamais pensé que l'intrigue de Gaston et de la princesse Marie fût une feinte.

Son Altesse se donnoit de la peine bien inutilement, puisqu'il seroit bientôt en état de conférer, de plein droit, tous les bénéfices qui vaqueroient dans le royaume, ajoutant que, par l'horoscope du Roi, il trouvoit *Sol cancrum non peragrabit, quin valedicat.*

Il s'étoit passé beaucoup de choses pendant le séjour de Lyon, dont la Reine-mère se tenoit offensée contre le cardinal de Richelieu, et avoit résolu d'en tirer raison sur-le-champ, si les affaires d'Italie ne lui eussent fait remettre la partie à une autre fois, ne doutant point aussi qu'il ne fût en son pouvoir de s'en défaire quand elle voudroit l'entreprendre.

Le Roi étant venu tenir conseil chez la Reine en son hôtel de Luxembourg le jour de la Saint-Martin, soudain qu'il fut entré elle commanda à l'huissier de sortir, et de ne laisser entrer personne. Elle venoit auparavant de dire au cardinal de Richelieu qu'il eût à se retirer, et à ne se plus mêler de ses affaires, ayant trop long-temps souffert ses ingratitudes et ses infidélités, dont elle fit ensuite ses plaintes au Roi avec tant de chaleur, que beaucoup de gens parièrent d'abord sa perte, voyant même plier bagage à madame de Combalet sa nièce, et à toutes leurs créatures de la maison qu'ils entretenoient aux dépens de la Reine-mère, auxquelles elle avoit fait donner le même ordre. Mais à peine avoit-elle commencé de faire ses plaintes au Roi, qu'elle fut interrompue par le cardinal, lequel, contre les défenses de la Reine, avoit forcé l'huissier de lui ouvrir la porte; ce qui la mit en tel désordre qu'elle ne put achever son discours, et moins encore exécuter son dessein, qui étoit de faire commander au capitaine des gardes qu'il eût à l'heure même à mettre le cardinal en arrêt : et le Roi s'étant retiré pour éviter l'embarras, il y eut bien du monde trompé quand l'on vit le Roi sortir aussitôt, et se retirer à Versailles, où le cardinal se rendit à l'instant, ayant cru ne devoir pas quitter la partie sans entrer en quelque justification envers le Roi de tout le mal dont il avoit été chargé par la Reine sa maîtresse, fortifié qu'il fut en cela de l'avis et du conseil du cardinal de La Valette, et du sieur de Châteauneuf qui en fut fait garde des sceaux. Dès le lendemain le cardinal ayant été en effet fort bien reçu du Roi, jusqu'à lui témoigner de vouloir déférer autant ou plus qu'il n'avoit point encore fait à ses sentimens et à ses conseils, qui furent de faire reléguer sur-le-champ le garde des sceaux de Marillac en une maison de sa femme, et de faire dépêcher un courrier exprès à l'armée d'Italie, avec ordre aux principaux officiers de faire mettre en arrêt le maréchal de Marillac son frère, l'un des généraux de l'armée, à dessein de le faire périr, comme il arriva depuis s'étant imaginé que c'étoient eux avec la princesse de Conti qui avoient le plus travaillé à le ruiner dans l'esprit de la Reine-mère sa maîtresse, ce qui étant arrivé le jour de la Saint-Martin, on prit de là sujet de l'appeler *la journée des dupes*. La Reine-mère se trouva bien éloignée de son compte, quand elle sut que Sa Majesté n'avoit pas laissé de voir le cardinal à Versailles. Je lui ai entendu dire souvent, quand on parloit de ce voyage et de la faute qu'elle avoit faite d'abandonner le Roi, et de ne le suivre pas pour achever de mettre à fin ce qu'elle avoit commencé, qu'elle ne se repentoit d'autre chose sinon d'avoir oublié à pousser le verrou de la porte du cabinet, et que si elle l'eût fermée à double tour, elle ne faisoit nul doute que le cardinal n'eût été perdu, présupposant que le Roi se seroit rendu à ses raisons et prières. Mais l'opinion commune étoit que le cardinal s'étoit assuré du Roi dès Lyon, et que tous deux jouoient cette bonne princesse : ce qui a été assez confirmé par la suite que prit cette affaire, le contre-coup en étant tombé aussitôt sur elle. Monsieur, qui avoit toujours été dans le même sentiment que la Reine sa mère pouvoit ruiner le cardinal quand elle voudroit, ne fut pas moins surpris de voir que le serviteur eût prévalu contre sa maîtresse et sa bienfaitrice, qu'une grande reine se trouvât opprimée par un ver de terre, et que l'ordre des choses eût été ainsi renversé. Il faut voir maintenant quelle résolution il prendra.

Comme les sentimens de fils et son honneur propre le portoient d'un côté à prendre les intérêts de la Reine sa mère, et à la venger de son valet, il étoit d'ailleurs retenu d'en venir à cette extrémité par la considération du Roi, voyant que ce ne seroit plus au cardinal à qui il auroit affaire, mais à Sa Majesté, qui avoit fait sa cause propre de cette querelle. Il est donc conseillé de céder à la nécessité des affaires, de remettre ses ressentimens à une autre saison, et de s'accommoder aux volontés du Roi. La chose ainsi résolue, il fait sa déclaration à Sa Majesté, qui étoit en substance qu'encore qu'il fût obligé de la vie à la Reine sa mère, et tout près de la perdre pour son service, il ne pouvoit pourtant et ne vouloit rien faire contre le gré et le respect qu'il devoit au Roi, son seigneur et son souverain; sachant bien que la qualité de fils ne le pouvoit pas dispenser des lois auxquelles la Reine-mère étoit elle-même sujette, qu'il souhaitoit passionnément une parfaite réconciliation entre Leurs Majestés; mais, quoi qu'il arrivât, il ne savoit ce que c'est de prendre jamais autre parti que celui du Roi; supplie Sa Majesté l'honorer de ses bonnes grâces, et croire qu'il vouloit demeurer toute sa vie inséparablement attaché à ses intérêts et à ceux de l'Etat; ajoutant qu'il aimeroit le cardinal, puisque Sa Majesté le désiroit ainsi, et comme une personne que Son Altesse reconnoissoit par effet être très-utile au service de Sa Majesté et au bien de son Etat.

Ce discours fut fort bien reçu du Roi, et le cardinal de Richelieu témoigna aux ministres de Monsieur de s'en sentir fort obligé. Le Coigneux eut une charge de président à mortier, avec parole qu'on lui feroit avoir un chapeau de cardinal pour sa récompense; et l'on donna trois cent mille livres à Puylaurens pour mettre en une terre qui devoit être érigée en duché, outre cent mille livres que Le Coigneux suppléa de son argent, afin que la récompense fût égale de part et d'autre, sur le pied de cinq cent mille livres que la charge de président fut évaluée. Ce qui fit dire par grande merveille qu'un homme avoit été vendu huit cent mille livres. Ainsi Monsieur se tira heureusement de ce premier pas, et eut loisir durant quelques jours de penser plus mûrement à ce qu'il avoit à faire dans une conjoncture si délicate.

Mais, comme il étoit bien difficile de demeurer long-temps dans la tempête sans avoir part à ses agitations continuelles, les choses s'aigrissant de jour en jour contre la Reine-mère, on prenoit de nouvelles jalousies contre Monsieur et ses ministres; tellement que le cardinal de Richelieu fit dire un jour au président que le Roi désiroit qu'il s'éloignât, ne pouvant s'assurer de son maître tant qu'il seroit auprès de lui. Il fit tenter aussi Puylaurens, croyant faire ce qu'il voudroit de son esprit; et à défaut de le pouvoir gagner, son dessein étoit de mettre d'autres personnes près de Monsieur, en qui le Roi se pût fier. Le Coigneux et Puylaurens ne pouvant donc plus douter que l'on ne veuille jouer au boute-hors, jugent qu'il est temps de penser au salut de leur maître et au leur particulier, disposant Monsieur à s'éloigner de la cour; mais qu'il falloit auparavant retirer la parole qu'il avoit donnée au cardinal d'être son ami, et user même de menaces, s'il continuoit ses persécutions contre la Reine sa mère et contre lui.

Ce fut le 31 janvier 1631 au soir que cette résolution fut prise, qui devoit être exécutée le lendemain. Le Coigneux cependant mande ses amis particuliers, Monsigot entre autres, et le père Murice, cordelier, évêque de Madaure, suffragant de Metz, pour mettre derechef l'affaire sur le tapis et en délibérer. Cet évêque ne peut approuver ce conseil, et qu'on ne fasse autre chose en cette visite que d'user de menaces; qu'il croyoit même que Son Altesse feroit mieux de ne rien précipiter et de ne point quitter la cour, où sa présence pouvoit mieux parer aux coups contre les mauvais offices que ses ennemis lui voudroient rendre auprès du Roi, qu'il ne feroit en s'éloignant; qu'il avoit d'ailleurs assez d'amis et de serviteurs pour en être servi et assisté au besoin, en cas qu'on voulût entreprendre sur sa liberté, et que c'étoit en une telle conjoncture qu'il falloit témoigner plus de vigueur. Monsigot insista au contraire qu'il falloit partir dès le lendemain, et sans plus attendre, sur les avis qui lui vinrent de toutes parts que l'on pensoit à s'assurer, en quelque façon que ce fût, de la personne de Monsieur, et d'arrêter ses ministres en même temps.

Le président Le Coigneux se trouvant combattu de cette contrariété de pouvoir dépêcher l'un de ses gens à l'hôtel de Bellegarde, pour dire à Puylaurens, qui logeoit près de Son Altesse, qu'il le prioit de faire surseoir l'affaire dont on étoit demeuré d'accord, pour des raisons qu'il lui diroit; sur ces entrefaites le président donna ordre à ses domestiques de se tenir prêts à partir et faire marcher son train dès qu'ils auroient reçu de ses nouvelles, et lui se mit en carrosse pour se rendre auprès de Monsieur : mais il crut devoir passer en premier lieu au logis du maréchal d'Efiat, assez proche de celui du cardinal, pour le prier de vouloir donner les assignations au trésorier de Monsieur lorsqu'il l'en iroit prier, celles particulièrement sur la recette générale d'Orléans, pour fournir à la dépense journalière de la maison, comme l'argent le plus présent qu'il y eût, lui disant adieu après cela, et que Son Altesse partoit à l'heure même pour se retirer dans ses apanages. Le maréchal surpris d'une telle résolution, qui marquoit de plus en plus la mésintelligence et le divorce qui avoit déjà commencé d'éclater dans la famille royale, dit au président, la larme à l'œil, qu'il étoit au désespoir de voir les choses réduites à cette extrémité, dont le service du Roi et l'Etat auroient beaucoup à souffrir ; mais, quoi qu'il pût arriver, il ne manqueroit jamais de rendre à la Reine-mère et à Monsieur les respects et très-humbles services qu'il leur devoit, non plus qu'à l'amitié qu'il avoit promise au président. Et s'étant séparés de la sorte, le président sut que Monsieur sortit de l'hôtel de Bellegarde, suivi et accompagné de douze ou quinze de ses gentilshommes, pour aller chez le cardinal, qui s'y trouva. Il lui dit qu'il venoit rétracter la parole qu'il lui avoit donnée peu de jours auparavant d'être son ami, lui déclarer au contraire qu'il n'étoit pas pour demeurer sans ressentiment qu'un homme de sa sorte se fût tant oublié que de mettre toute la famille royale en combustion ; que devant sa fortune et toute son élévation à la Reine sa bienfaitrice, au lieu de lui en témoigner sa gratitude, ce qu'un homme sage et un fidèle serviteur eût fait, il fût devenu au contraire son plus grand persécuteur, continuant par ses artifices ordinaires à la noircir dans l'esprit du Roi : et comme à son égard, tant s'en faut qu'il lui eût non plus gardé le respect, qu'il en eût usé encore avec plus d'insolence, qu'aussi n'auroit-il pas tant attendu de l'en réprimer s'il n'en eût été retenu par la qualité de prêtre, mais qui ne le garantira pas à l'avenir d'un traitement tout extraordinaire et tel que la griéveté des injures et des offenses faites à des personnes de cette dignité le requerra. Ce discours fut poussé avec tant de chaleur et de menaces des gestes des mains et du mouvement des yeux, que le cardinal fut sans réplique, ne sachant si c'étoit tout de bon ou seulement pour lui faire peur, lui semblant même à la mine des gens de Son Altesse qu'ils n'attendissent que l'heure qu'ils fussent hors de la chambre pour faire ce qui leur avoit été commandé; et comme en sortant sa mauvaise humeur ne l'avoit point encore quitté, n'ayant fait que pester et user de menaces jusqu'à ce qu'il fût monté en carrosse, le cardinal, qui l'avoit toujours accompagné, n'osant pas lui répondre de peur de l'irriter encore davantage, il n'eut pas peu de peine à composer son visage et sa contenance, et même ne put pas se rassurer entièrement que Monsieur et ses gens ne fussent sortis de chez lui. Mais il fut bientôt délivré de toutes ces frayeurs, et se vit un quart d'heure après en état de pouvoir donner bien plus de terreur à ses ennemis; car le Roi, qui étoit parti dès le premier avis qu'il eut du dessein de Monsieur, vint à toute bride descendre au logis du cardinal, pour lui dire qu'il seroit son second et le protégeroit hautement envers et contre tous sans exception, fût-ce même contre Monsieur, son propre frère, qui avoit déjà pris la route d'Orléans pour y faire sa retraite après avoir exécuté son intention, qui n'étoit que de faire peur au cardinal.

Encore que cette action fût condamnée de la plupart des gens de la cour, il y en eut d'aucuns qui voulurent néanmoins l'excuser, disant que Monsieur au contraire avoit bien fait de se tirer d'un lieu où, après la disgrâce de la Reine sa mère, il ne pouvoit subsister avec honneur ni même avec sûreté, puisque comme c'étoit par elle que lui venoient auparavant les grâces, et qu'elle avoit eu déjà assez de peine à détourner le mal qu'on lui avoit souvent voulu faire pendant qu'elle étoit en quelque considération auprès du Roi, et qu'à présent qu'elle-même se voyoit comme réduite à la discrétion de son ennemi qui disposoit absolument de l'autorité royale, et Monsieur se trouvant dénué de ce support, il seroit plus que jamais exposé à la haine et aux outrages du ministre; et tant s'en faut qu'il fût au pouvoir de Monsieur de le ruiner, demeurant à la cour, comme d'aucuns le vouloient persuader, il seroit même assez empêché à se sauver des piéges qu'il lui tendroit tous les jours, et qu'au moindre soupçon que l'on prendroit de Son Altesse, il seroit facile au cardinal d'attenter à sa liberté, comme il fut fait autrefois en la personne du duc d'Alençon.

Mais il n'y eut personne qui approuvât que Monsieur fût allé trouver le cardinal pour user seulement de menaces, qui ne pouvoient faire autre effet, sinon d'engager le Roi de plus en plus à sa protection, et le rendre plus puissant à mal faire.

Les plus passionnés soutenoient qu'il n'y avoit point de créature, ni de prêtre ni de cardinal, qui pût retenir Monsieur de se défaire d'un homme lequel, après avoir désuni la Reine-mère, sa maîtresse et sa bienfaitrice, d'avec le Roi son fils par des moyens et calomnies détestables, rendu l'héritier présomptif de la couronne odieux à Sa Majesté par les mêmes voies, et mis toutes choses en confusion au dedans et au dehors du royaume, ne pensant plus qu'à se rendre maître de la personne du Roi et de l'Etat; que pour prévenir des maux de telle conséquence, tant s'en faut qu'il y eût du crime d'en venir à la voie de fait, que toutes sortes de moyens par lesquels on peut assurer le repos et la tranquillité publique, doivent être permis et trouvés légitimes, et même en la personne de Monsieur, lequel après le Roi y avoit le principal intérêt; et qu'il demeureroit au contraire coupable envers Dieu et envers l'Etat de ne s'en être pas voulu servir : alléguant à ce propos l'exemple du cardinal Georges (1), que l'empereur Ferdinand fit mourir, et celui du cardinal de Guise tué à Blois ; desquels la fin tragique ayant sinon éteint du moins ralenti beaucoup de maux que chacun d'eux avoit préparés à sa patrie, fut non seulement exécutée, mais approuvée depuis de tout le monde, comme l'unique remède que l'un et l'autre Etat pouvoit lors attendre pour son salut.

Ceux qui parloient avec plus de modération trouvoient grandement à redire, puisque Monsieur avoit si fort en horreur le sang d'un homme de cette profession, qu'il ne se fût du moins servi de l'expédient des deux archiducs de l'empereur Mathias à l'endroit du cardinal Gleyssel (2) leur ennemi commun, qu'ils firent arrêter un jour, de leur autorité privée, dans le palais même de l'Empereur qui étoit encore au lit, et le firent conduire à l'instant au château de Prague, d'où il fut depuis traduit à Inspruck, où il finit ses jours. Après quoi, au lieu de s'absenter comme Monsieur avoit fait, ce fut eux qui en dirent les premières nouvelles à l'Empereur long-temps après qu'il fut levé, afin que ceux qui étoient ordonnés pour la conduite dudit cardinal eussent tant plus de loisir de le

(1) *L'exemple du cardinal Georges* : Georges Martinusius, régent de Transylvanie, cardinal et archevêque de Gran. Il fut assassiné le 19 décembre 1551, dans son château de Vintz, par ordre de Ferdinand 1, roi de Hongrie, et depuis Empereur. — (2) *Du cardinal Gleyssel* : Les archiducs Maximilien et Ferdinand firent arrêter le cardinal Klesel, ministre de l'empereur Mathias, le 20 juillet 1618. Klesel ne mourut pas dans sa prison, comme le dit l'auteur des mémoires. Sur les instances du Pape il fut mis en liberté en 1623.

rendre audit lieu de Prague, devant que l'on eût pu le recourre par les chemins ; et cette résolution qu'ils témoignèrent après le coup fit l'effet qu'ils s'étoient promis : en sorte que ce qui eût été pris autrement pour un attentat à l'autorité impériale, fut approuvé comme un service signalé fait à l'Empire et à l'Empereur, qui reçut leurs soumissions, à raison de leur entreprise, en bonne part, et les remit à l'heure même en ses bonnes grâces. « Pourquoi, disoit-on, Monsieur n'a-t-il fait enlever le cardinal quand il est allé à son logis, et l'amener avec sûre garde en son château d'Amboise? Qu'y avoit-il à craindre pour Son Altesse quand il seroit venu trouver le Roi, et auroit demeuré à la cour, ou bien s'il avoit voulu se retirer en quelque lieu de ses apanages? Qui eût été si osé de soutenir la cause du cardinal, et porter le Roi à des conseils violens contre Monsieur? Ceux qui fussent entrés dans les affaires en eussent été retirés par la crainte d'un semblable traitement; ses ressentimens étoient trop justes, et, s'il eût témoigné la fermeté qu'il devoit en ce rencontre, il auroit non-seulement eu toute la cour de son côté, mais le Roi même auroit volontiers acquiescé à leurs sentimens et approuvé l'action de Monsieur, son frère. » C'est ainsi que chacun en discouroit parmi le monde. Il faut voir maintenant les raisons avec lesquelles le président essayoit de l'excuser.

Il disoit en premier lieu que Monsieur n'avoit eu autre dessein en se retirant de la cour que de mettre sa personne en assurance; que c'étoit assez qu'en partant il eût montré les verges au cardinal, pour le rendre plus retenu et moins entreprenant; qu'il n'y avoit pas d'apparence qu'il osât s'attirer tout à la fois deux si puissans ennemis sur les bras; que le Roi même ne seroit pas conseillé d'entreprendre sa défense à force ouverte, pour ne pas courir le hasard d'une guerre civile pour la querelle d'un serviteur contre la Reine sa mère et contre Monsieur son frère; partant qu'il falloit de nécessité que le cardinal se modérât et en vînt à quelque traité avec l'un ou avec l'autre, dans lequel il ne se pouvoit que tous deux ne trouvassent leur commune satisfaction, et que le cardinal se sentiroit encore trop heureux qu'on le souffrît après cela en quelque autorité auprès du Roi; que la voie de douceur étoit la meilleure et la plus certaine pour éviter de plus grands maux que l'État pourroit ressentir de la continuation de telles brouilleries, avec ce qu'elle se trouve la plus conforme au naturel de Monsieur, prince fort humain et ennemi de toutes cruautés; qu'ainsi seroit-elle par toutes sortes de raisons louée et approuvée des personnes les plus sages et les plus affectionnées au bien de l'État.

Mais la plus commune opinion après tout, étoit que Monsieur et ses principaux ministres ne voyant pas que le Roi fût encore bien remis de sa grande maladie de Lyon, bien que la cause en eût cessé par l'évacuation de l'abcès qu'il avoit au mésentère, dont il se sentit dès l'heure même entièrement soulagé, que sa santé néanmoins étoit encore si frêle et peu affermie, qu'il étoit à craindre qu'il s'en fût formé quelque autre, et s'arrêtant peut-être trop long-temps aux discours qui s'en faisoient dans le monde, ensuite du papier trouvé dans le cabinet du médecin Duval, qui portoit que *Sol cancrum non peragrabit, quin valedicat,* et pour lequel il fut mis à la Bastille et de là envoyé quelques jours après en galères, ils ne pensèrent plus à d'autres choses qu'à pourvoir sérieusement à leur salut, en s'assurant de quelque lieu hors du royaume, où la personne de leur maître et eux-mêmes pussent attendre en repos et avec toute sûreté l'événement des affaires de la cour, lesquelles selon toute apparence se trouvoient en une assiette de n'y pouvoir pas long-temps subsister sans qu'il arrivât quelque changement notable, lequel, bien qu'on ne dût pas s'assurer qu'il tournât entièrement au bénéfice de Monsieur, que sa condition du moins n'en pouvoit-elle pas beaucoup empirer pour raison de sa qualité d'héritier présomptif du royaume, et qu'ainsi n'avoit-il besoin que d'un peu de temps et de patience pour voir succéder enfin les choses au point qu'il pouvoit désirer.

Cependant, comme Son Altesse fut outrée de douleur dans la conduite qu'il avoit tenue, d'avoir voulu témoigner au cardinal qu'il ne pouvoit jamais être son ami après toutes les offenses qu'il en avoit reçues, et dont il avoit un juste sujet de s'en ressentir, tant s'en faut que le Roi eût pris les intérêts de Monsieur en une cause de cette nature, qu'oubliant même la bonté avec laquelle Sa Majesté lui avoit souvent dit qu'elle l'aimoit, non-seulement comme son frère unique, mais comme s'il étoit son propre fils, Sa Majesté, au contraire, se fût déclarée si ouvertement en faveur de son ennemi que de l'assurer de sa protection royale contre son propre sang; Son Altesse ne pouvant pas douter après cela que le cardinal ne sût bien se prévaloir d'un tel avantage pour se rendre enfin maître de l'État, le Roi se remettant tout-à-fait à sa conduite pour toutes sortes d'affaires, et que, se voyant ainsi absolu, il ne se vengeât encore avec plus d'audace de ceux qu'il avoit déjà offensés, et qu'il croyoit lui devoir faire le plus d'obstacle dans l'exécution de ses pernicieux desseins; qu'ainsi, ne pouvant plus y avoir de sûreté à la cour pour Son Altesse, ils se confirmeroient de plus en plus dans leurs premiers sentimens, que le meilleur conseil qu'ils pussent prendre en une telle conjoncture seroit d'abandonner le royaume, pour se mettre au plus tôt en état de n'avoir plus à dépendre des caprices d'un ministre insolent comme celui-là.

Mais avant que d'entreprendre un voyage qui seroit de longue course, et pourroit recevoir beaucoup d'oppositions, traverses et difficultés, il falloit donner ordre à beaucoup de choses qui ne se pouvoient exécuter qu'avec un peu de temps. A quoi Son Altesse avoit déjà commencé de travailler dès son arrivée à Orléans, où les corps de la maison-de-ville et du présidial ayant été mandés, et après que Monsieur leur eut dit qu'il ne pouvoit plus demeurer à la cour avec honneur et sûreté, il l'étoit venu chercher parmi ses bons et fidèles officiers et sujets, desquels il avoit su gagner les cœurs et les affections de telle sorte qu'il n'avoit pas eu de peine de les disposer à faire la garde aux portes de la ville, non pour autre fin que pour maintenir et conserver la ville dans l'obéissance et la fidélité qu'ils devoient au Roi en premier lieu, et à Son Altesse ensuite, contre toutes les pratiques, factions et entreprises des personnes malintentionnées et ennemies de l'État, qui voudroient troubler le repos et la tranquillité publique ; se promettant de leur fidélité, zèle et affection au bien et au service du Roi et de Son Altesse, qu'ils y tiendroient volontiers la main, comme ils firent. Et quoique Son Altesse se trouvât en un poste assez fort pour qu'il n'y eût rien à craindre, elle jugea néanmoins qu'il étoit bon d'user de prévoyance, et de s'assurer de bonne heure de tel nombre de gens qu'il lui seroit besoin lorsqu'il sortiroit de leur ville, afin de pouvoir tenir la campagne contre ceux qui se voudroient opposer. Ils parurent après tellement soumis et obéissans aux volontés de Son Altesse, de ne trouver rien à redire au rendez-vous qu'il avoit fait donner aux troupes, tant cavalerie qu'infanterie, levées partout aux environs, ainsi qu'en Poitou et au Limousin, où Puylaurens avoit ses habitudes particulières, pour être de ce pays-là, y en ayant déjà quantité d'armés à Orléans, depuis que le comte de Moret, le duc de Roannez, et quelques autres gens de la noblesse plus qualifiée, mal satisfaite du gouvernement présent, s'étoient rendus près de Son Altesse pour suivre son parti, et qu'il avoit reçus à bras ouverts, étant bien avertis d'ailleurs des courriers que Monsieur dépêchoit tous les jours à Besançon, en la Franche-Comté, en Lorraine, pour s'y assurer des retraites, que Son Altesse même se disposoit de partir au plus tôt pour se rendre en Bourgogne, et y passer quelques jours dans les maisons du duc de Bellegarde, qui l'en avoit invité.

Mais comme ce n'étoit pas encore assez que d'avoir travaillé à se tenir les chemins et les passages libres partout, si l'on n'avoit de quoi soutenir et faire subsister la maison de Monsieur durant tout le voyage, le président Le Coigneux, qui avoit le faix de tout, considérant qu'on ne devoit point faire état de l'argent que Monsieur avoit à prendre à l'épargne, qui étoit ordinairement sujet à un trait de plume, et qu'il lui seroit refusé dès qu'il seroit hors du royaume ; aussi sut-il si bien ménager le crédit de son maître et le sien, avant que de sortir de Paris avec les sieurs de Montmort, Habert et Choisy de Caen, réputés parmi les gens d'affaires pour les plus riches et pécunieux de la place, qu'il se tint tout assuré que rien ne lui manqueroit de tout ce qu'il pourroit désirer, selon la parole qu'ils lui en donnèrent, pourvu qu'il leur donnât un peu de temps pour fournir l'argent de fois à d'autres, et non tout à coup ; et d'autant qu'un plus long séjour de Monsieur étoit bien nécessaire pour qu'ils pussent s'acquitter ponctuellement de leur promesse, le cardinal de La Valette arriva tout à propos à ce dessein, ayant été dépêché exprès pour convier Son Altesse de s'en retourner prendre sa place auprès du Roi; pour lequel effet il fut depuis dépêché plusieurs courriers de part et d'autre; et le président eut le moyen de tirer des sommes notables pendant tout ce temps-là, et ne partit point d'Orléans que la main bien garnie.

L'ordre du Roi étoit exprès pour que ledit cardinal témoignât d'abord, et avec ces propres termes, à Monsieur le déplaisir que Sa Majesté avoit reçu de ses menaces et emportemens contre le cardinal de Richelieu, ayant encore trouvé fort mauvais qu'il fût sorti de la cour sans sa permission; mais comme Sa Majesté avoit toujours eu beaucoup d'affection et de tendresse pour Monsieur, que Sa Majesté ne pouvoit pas lui en donner des marques plus certaines et plus essentielles que celle de l'inviter et exhorter, comme il faisoit par l'envoi de ce cardinal, de rentrer au plus tôt en son devoir, en venant reprendre sa place auprès du Roi ; et cela étant, que Sa Majesté oublieroit volontiers sa faute, et pardonneroit de plus, pour l'amour de lui, à ceux qui lui avoient donné ce mauvais conseil ; ajoutant que ce ne seroit pas en cela seulement qu'il trouveroit sa satisfaction ; qu'il devoit attendre toutes sortes de faveurs et de bons traitemens de Sa Majesté ; et qu'afin que Monsieur n'eût plus rien à désirer pour être parfaitement content, comme il savoit que Son Altesse avoit fait paroître autrefois beaucoup d'inclination pour la princesse Marie de Mantoue, le cardinal avoit charge de dire et donner parole à Monsieur que Sa Majesté consentiroit qu'il se mariât sans plus de remise avec elle. Monsieur sut bien que repartir à une offre si spécieuse, en disant qu'il se sentoit infiniment obligé à la bonté du Roi de la pensée qu'il avoit pour lors de le remarier ; que volontiers accepteroit-il le parti pour l'exécuter en même temps, mais bien souhaiteroit-il que ce fût de l'avis et avec l'agrément de la Reine sa mère, à laquelle il se sentoit d'autant plus obligé de rendre ce respect, qu'il s'étoit engagé de parole de ne penser point du tout au mariage que ce ne fût de son consentement, soit avec cette princesse, ou avec tel autre parti qu'il plairoit à Leurs Majestés. Et quoique l'excuse fût bien prétextée, on ne laissa pas de la prendre pour un honnête refus ; et à l'égard des autres grâces qu'on lui promettoit, sans s'expliquer autrement, Son Altesse n'y répondit qu'en termes généraux, et par un très-humble remercîment de toutes les bontés de Sa Majesté, et fit assez connoître qu'il ne prétendoit plus rien de la cour. Il ne pensa donc plus sinon à exécuter ce qu'il avoit projeté de longue main, qui étoit d'aller chercher chez les étrangers le repos qu'il ne pouvoit plus trouver en France, s'en étant expliqué de la sorte avec le cardinal de La Valette, ainsi que du voyage qu'il méditoit de faire en Bourgogne, où le duc de Bellegarde, qui en étoit gouverneur, et de plus comme principal officier domestique de Son Altesse, lui avoit offert ses maisons pour y faire sa demeure tant qu'il lui plairoit, attendant qu'il pût prendre d'autres mesures. Monsieur ne put pas céler non plus au cardinal les choses qui se passoient tous les jours à sa vue, tant à l'égard des gens de guerre qu'il avoit fait venir à Orléans, où le comte de Moret, frère naturel du Roi, et quelques seigneurs, s'étoient déjà rendus pour accompagner Son Altesse en ce voyage et s'attacher à lui, que des courriers qui avoient été dépêchés à Besançon et autres lieux de la Franche-Comté, pour de là passer en Lorraine, n'attendant plus que le jour qu'on s'étoit proposé pour le départ. A quoi les deux ministres de Son Altesse inclinoient d'autant plus; que tant s'en faut que l'on fît instance pour le chapeau de cardinal, on suscitoit des difficultés auprès du Pape pour empêcher la promotion du président Le Coigneux, et l'on ne parloit pas non plus de faire expédier des lettres de duc et pair au sieur de Puylaurens, dont on l'avoit leurré en même temps que l'on menaçoit hautement Le Coigneux, comme celui qui menoit toute l'affaire, et à qui tout le mal étoit im-

puté. Et comme le cardinal ne put pas s'empêcher de
leur dire que dès que Monsieur auroit levé le piquet,
le dessein du Roi étoit de suivre Monsieur partout jusque sur la frontière, jugeant par là qu'on pourroit
leur tendre des piéges pour les surprendre s'ils demeuroient plus long-temps si proche de la cour, et qu'il
n'y avoit plus de temps à perdre pour se libérer de
toutes ces craintes, cela les fit résoudre à partir d'Orléans le 13 mars 1631. Cependant, sur ces entrefaites, le duc de Bellegarde, qui s'étoit retiré en
son gouvernement de Bourgogne, ne trouvant pas ses
sûretés à la cour, pour être soupçonné de la cabale des
conjurés de Lyon, jugeant assez par les avis qu'il recevoit à toute heure de la cour que sa condition
n'étoit pas pour y devenir de long-temps meilleure,
cela fit qu'il s'attacha plus fortement qu'il n'avoit
point fait encore à la fortune de Monsieur, lui ayant
dépêché souvent des courriers pour l'attirer en son
gouvernement, où il ne pourroit qu'il ne se rendît
nécessaire à Son Altesse et à ses ministres, avec lesquels il n'avoit pas été en trop bon ménage; se persuadant même qu'il pourroit dans peu de jours s'acquérir assez de créance près de Son Altesse, pour qu'il
eût part aux conseils et délibérations qui se tiendroient
pour le service et les affaires de Monsieur, de même
que les deux ministres. Et comme il arrive d'ordinaire à ceux qui ont été autrefois en froideur, que
leur commune disgrâce est un bon moyen pour les
réunir contre une puissance qui leur est également
contraire, cela feroit aussi qu'ils en deviendroient
meilleurs amis, et qu'il y auroit après une confiance
tout entière entre eux; et c'étoit encore dans la

pensée qu'il dût enfin arriver bientôt telle conjoncture qu'on pourroit avoir besoin de lui à la cour, pour s'en servir d'entremetteur entre le Roi et Monsieur, comme il étoit arrivé souvent entre le Roi et la Reine sa mère, et pour trouver, ce faisant, quelque moyen de se raccrocher à la cour, hors de laquelle il sembloit n'y avoir point de demeure agréable pour lui. Et à l'égard du président Le Coigneux, trouvant ce poste de la Bourgogne, éloigné de la cour et proche de la Franche-Comté, beaucoup plus sûr et commode pour une négociation, que ne seroit désormais la ville d'Orléans pour être trop près de Paris, il s'y accorda tant plus facilement, qu'à défaut de pouvoir porter le Roi à quelque accommodement, et dont il étoit d'avis de faire une dernière tentative avant que de franchir la carrière, Monsieur auroit le passage libre par la Franche-Comté dans la Lorraine, où il méditoit sa retraite ; tellement que Son Altesse fut fort exacte à partir d'Orléans le jour qu'il avoit résolu, qui fut le 13 mars 1631, qui ne fut pas sans un peu d'inquiétude, sur ce que le cardinal de La Valette fit entendre, à son dernier abouchement avec Son Altesse, que le Roi étoit résolu de partir le même jour pour suivre Son Altesse partout, jusque sur la frontière du royaume. Mais il ne parut rien dans toute la marche dont on dût prendre l'alarme. Monsieur étant bien avancé sur le chemin de Dijon, dépêcha le sieur de Manzay, vieux gentilhomme du pays, de l'avis du duc de Bellegarde, faire quelques propositions au Roi. A quoi il ne rapporta point d'autre réponse, sinon que Sa Majesté étoit résolue de suivre Monsieur partout, jusqu'à l'extrémité du royaume, et d'attendre qu'il recourût à sa bonté, sans qu'on se fût expliqué d'aucune autre chose. Ce fut à Seurre, maison du duc de Bellegarde, où cette réponse arriva; et Monsieur ayant appris en même temps que le Roi étoit à Dijon, Son Altesse se résolut d'aller en Lorraine et de passer par Besançon, et après avoir dépêché en l'un et l'autre lieu pour être assuré d'y être reçu, il partit le 26 mars 1631, de Bellegarde, et alla coucher à un quart de lieue de Dôle. Il y avoit déjà quelque temps que le duc d'Elbeuf s'étoit retiré à Pagny, maison de madame sa mère, en Bourgogne, pour n'être pas bien en cour. Il vint trouver Monsieur à Bellegarde pour suivre sa fortune, dont Son Altesse témoigna lui savoir gré, encore qu'elle eût été auparavant mal satisfaite de ce duc. M. et madame du Fargis se réfugièrent aussi près de Monsieur pour éviter la persécution du cardinal, qui avoit fait chasser madame du Fargis d'auprès de la Reine, à cause qu'il la soupçonnoit être de la faveur des Marillac, qu'il tenoit pour ses ennemis.

Ceux de Besançon promettoient de le recevoir dans leur ville, mais ce ne fut que pour peu de jours, crainte de fâcher le Roi, et reçurent Son Altesse d'assez mauvaise grâce, ayant tenu grande rigueur à toute sa cour, tant pour les logemens que pour les vivres, qu'ils mettoient à un prix excessif. Le premier jour d'avril 1631, le comte de Briançon fut dépêché au Roi avec une lettre pleine d'exclamations, non tant sur le mauvais traitement fait à Son Altesse, que sur la détention de la Reine-mère à Compiègne; dont le Roi se sentit fort offensé, et fit arrêter le comte de Briançon, qui fut peu de jours après mis en liberté à la recommandation du sieur de Schomberg, son allié. Monsigot avoit été dépêché en même temps vers le duc de Lorraine, lui dire que Monsieur ne pouvant plus demeurer à la cour avec honneur et sûreté, depuis l'injure et l'attentat contre la personne de la Reine sa mère, Son Altesse s'étoit retirée à Orléans, principale ville de ses apanages, pour éviter la persécution du cardinal de Richelieu, leur ennemi commun, qui s'étoit emparé de l'esprit et de l'autorité du Roi; que le cardinal ne l'ayant pu non plus souffrir en ce lieu-là, il avoit été contraint d'en partir et de prendre le chemin de la Bourgogne, gouvernement du duc de Bellegarde, son domestique et principal officier, où le Roi l'avoit suivi à main armée, et contraint de sortir du royaume comme un ennemi de l'Etat; que, se trouvant réduit à cette extrémité de chercher retraite ailleurs, il s'adressoit pour cela à ce duc, avec toute sorte de franchise, comme à l'un de ses meilleurs amis, s'assurant que ce ne seroit pas en cette occasion qu'il voudroit cesser d'être généreux envers lui; que Monsieur allant en ses Etats, c'étoit à dessein d'entrer en son alliance, et d'étreindre plus fortement par ce nouveau lien l'amitié qui avoit toujours été entre eux, ayant donné charge expresse audit Monsigot de lui en faire la proposition, et de lui mander au plutôt la réponse du duc.

Monsigot ne manqua pas ensuite de lui renouveler la mémoire de l'affront qui lui avoit été fait en la personne de milord Montaigu (1), arrêté quelque temps auparavant dans les états de la Lorraine, par

(1) *Milord Montaigu:* C'étoit un agent secret que le roi d'Angleterre Charles 1 entretenoit près du duc de Savoie, et dont la mission étoit de

l'ordre du cardinal de Richelieu, lors du siége de La Rochelle, comme aussi des chicaneries que ce cardinal lui avoit depuis suscitées pour raison des limites et enclaves de ses Etats dans les Trois-Evêchés; que la Reine-mère et Monsieur avoient beaucoup de serviteurs et de partisans parmi les princes et seigneurs du royaume; qu'ils étoient déjà assurés de plusieurs bonnes places, entre lesquelles l'on comptoit Sedan, Calais, La Capelle et la citadelle de Verdun, et que Monsieur n'auroit pas plus tôt une armée en campagne, qu'il n'y eût des provinces entières qui se déclareroient pour lui; que, comme il ne se pouvoit faire que ce duc n'eût du ressentiment des injures qu'il avoit reçues en son particulier, ce lui seroit un beau moyen d'en tirer raison s'il vouloit s'intéresser à la cause de la Reine-mère et de Monsieur, et entrer à cette fin en ligue avec eux contre le cardinal.

Le duc dit à Monsigot qu'il étoit très-humble serviteur de Monsieur, qu'il recevoit à grand honneur qu'il lui plût venir dans ses Etats, et lui rendroit toujours ses services avec passion; mais qu'il avoit à craindre que le Roi n'en prît ombrage et ne lui vînt fondre sur les bras, attendu même qu'il lui avoit su mauvais gré du premier voyage de Monsieur à Nancy. Pour ce qui est du mariage de Monsieur avec la princesse Marguerite, il témoigna grand ressentiment de l'honneur que Monsieur lui faisoit de le vouloir non-seulement recevoir en ligue avec lui, mais encore dans son alliance si proche; mais ce ne fut que

---

soulever ce prince contre la France. Richelieu l'avoit fait arrêter sur le territoire du duc de Lorraine qui avoit part à cette cabale.

par cérémonie et avec assez d'indifférence, se défiant que ce fût une ruse du Coigneux qui gouvernoit Monsieur, lequel, n'étant pas d'humeur ni de profession à vouloir la guerre, se contenteroit d'en faire les mines pour obliger le cardinal d'en venir à un traité avec Monsieur, lequel, y trouvant son compte, seroit conseillé à l'heure même d'abandonner le duc, et ne penseroit plus à la ligue ni au mariage proposé, et ce faisant que le duc demeureroit chargé de toute la haine du Roi.

N'ayant point fait de réponse précise pour la retraite de Monsieur, qui étoit le principal sujet de l'envoi de Monsigot, comme celui qui pressoit le plus, le duc s'étant plaint au contraire du trop de liberté qu'aucuns de la noblesse de Monsieur avoient pris à sa cour, et de quelques discours impertinens qui s'en étoient faits, ne dit autre chose sinon qu'il y aviseroit. Monsigot en donne avis par courrier exprès qui fut dépêché à l'heure même, avec ordre de protester et assurer de nouveau de la sincérité avec laquelle Monsieur désiroit effectuer toutes les choses qu'il lui avoit fait proposer, sans aucun délai ni tergiversation. Après quoi le duc ne fit plus de difficulté, donna parole que Monsieur seroit le bienvenu, quand il lui plairoit, dans ses Etats, dont il pouvoit disposer ainsi que de sa personne. Monsieur, en ayant avis, partit aussitôt de Besançon, passa par Vesoul et Luxeuil, qui sont petites villes de la Franche-Comté, arriva le troisième jour à Remiremont en Lorraine, et le lendemain à Epinal, où le duc n'ayant pu se rendre que quelques heures après, Monsieur lui fut deux ou trois cents pas audevant.

Le duc mit pied à terre le premier, de tant loin qu'il l'aperçut, et dit que Monsieur savoit bien qu'il étoit maître de la maison, et qu'il en avoit voulu faire les honneurs: L'on alloit entrer dans la semaine sainte, si bien qu'il fallut passer les fêtes de Pâques en ce lieu-là ; mais les dévotions n'empêchèrent pas que l'on ne parlât bien fort de guerre et de mariage. A la fin d'avril Monsieur s'en alla, avec toute sa cour, à Nancy saluer les duchesses et les princesses ; et y ayant passé le mois de mai, la contagion étant survenue nous fit retourner à Epinal. Peu de jours après, la nouvelle arriva que la Reine-mère s'étoit sauvée de Compiègne et depuis refugiée en Flandre, les portes de La Capelle lui ayant été refusées par le sieur de Vardes père qui en étoit gouverneur, encore que le marquis son fils eût donné parole de l'y recevoir, et qu'elle eût résolu d'attendre des nouvelles du Roi en ce lieu-là, avant que de passer plus avant ; en quoi cette bonne princesse fut mal servie. Le sieur de Besançon, qui avoit été le négociateur de cette retraite, fut soupçonné d'avoir joué le double en avertissant à l'heure même le cardinal de Richelieu, lequel fut bien aise, en pourvoyant secrètement à la sûreté de la place, de voir cette Reine nécessitée par ce refus à sortir du royaume et de se jeter entre les bras des Espagnols, qui étoit ce qu'il demandoit. Elle dépêcha aussitôt le sieur de La Mazure à Monsieur, pour lui donner part de son évasion et de sa santé ; et comme elle avoit déjà su les termes où il en étoit pour son mariage avec la princesse Marguerite, non-seulement elle y donna son approbation, mais fut d'avis que l'on dépêchât l'affaire le plus tôt qu'il se pourroit, pour diverses raisons : la première,

8.

afin que Monsieur pût avoir des enfans ; secondement, pour empêcher qu'on le mariât à la princesse Marie, ou à quelque autre parti qui ne lui fût pas agréable ; en troisième lieu, pour engager Monsieur tout-à-fait dans les intérêts de la maison de Lorraine, qu'elle affectionnoit, et par le moyen de laquelle elle espéroit quelque ressource en ses affaires et en celles de Monsieur. Le père Chanteloup (1), principal confident de la Reine-mère, avoit suivi Monsieur en Lorraine, auquel elle envoya pouvoir de consentir en son nom au mariage avec la princesse Marguerite. On fut d'accord aussitôt des articles, mais l'exécution en fut remise après la campagne, durant laquelle Monsieur devoit entrer en France avec une puissante armée, qui nécessiteroit le Roi de donner son consentement.

Le Coigneux étoit bien d'avis aussi de ne rien précipiter en une affaire de cette importance, qui rendoit son maître à jamais irréconciliable avec le Roi s'il la faisoit contre son gré, étant bien aise d'avoir la porte toujours ouverte à son commandement, et s'imaginant que le temps feroit enfin naître quelque rencontre qui donneroit moyen à Monsieur de se pouvoir honnêtement dégager de sa parole envers ledit duc. La Rivière et Goulas, qui le connoissoient et n'étoient pas de ses amis, le décrioient partout comme un homme qui bernoit le monde avec ses belles propositions de guerre et de mariage, encore qu'il eût aussi peu de dessein pour l'un que pour l'autre, s'étonnant que le duc fût si dupe que d'y faire aucun fondement : ce qui fut cause que Monsieur les chassa, et obligea aussi Le Coigneux de publier ce grand mani-

(1) *Chanteloup* : Chanteloube.

feste contre le cardinal de Richelieu, qui fut présenté au parlement par le sieur de Sannes. C'étoit encore à dessein de faire perdre l'opinion à plusieurs que Le Coigneux s'entendît avec le cardinal; et pour cet effet il fut depuis présenté une requête au parlement signée du sieur Roger, procureur général de Son Altesse, tendante à être reçu partie formelle contre le cardinal comme usurpateur de l'Etat et autorité royale.

Il fut donné en mariage à Monsieur cent mille pistoles de Lorraine, dont la plupart fut employée à lever des troupes; et en moins de six semaines le duc avoit mis sur pied dix à douze mille piétons et quatre à cinq mille chevaux fort lestes. Il n'étoit plus question que de les mettre en besogne et d'entrer en France : mais il fallut être auparavant assuré de quelque retraite, afin que les serviteurs de Monsieur pussent en même temps se déclarer sans crainte. M. de Bouillon s'excuse pour Sedan, et le sieur de Valençay est dépossédé de Calais, sur un soupçon qu'eut le cardinal que c'étoit de lui que Puylaurens avoit entendu parler dans une sienne lettre interceptée, écrite à la princesse de Phalsbourg, qui portoit qu'ils n'attendoient sinon que La Cave fût retournée à son lit, pour faire ce dont on les sollicitoit; joint que le sieur de Valençay se trouvoit lors absent de sa place. Il y avoit eu aussi quelque intelligence sur la citadelle de Verdun, laquelle fut découverte, et l'entrepreneur pendu. Le sieur de Mouy de La Meilleraye s'étoit séparé mal content de Monsieur dès le précédent voyage de Lorraine, à cause qu'on lui avoit refusé un brevet de retenue de la charge de chevalier d'honneur de Madame. Il prit le prétexte de quelques affaires particulières qui l'appeloient à sa maison. Sur quoi Monsieur lui demandant quand il reviendroit, il dit que ce seroit lorsque Son Altesse feroit cas des gens de bien; et Son Altesse lui répliqua que les gens de bien et ses bons serviteurs ne le quittoient pas en l'état où il étoit. Le sieur de Mouy, ayant depuis nouvelles de l'armement que Monsieur faisoit pour entrer en France, voulut faire paroître qu'il étoit homme à préférer les occasions d'honneur et qui regardoient le service de Son Altesse à son intérêt particulier, et lui offrit, par un gentilhomme dépêché exprès, de le venir servir de sa personne avec deux cents maîtres, si Son Altesse l'avoit agréable, sans autre condition sinon qu'il lui plût oublier ce qui s'étoit passé à sa séparation d'auprès de Son Altesse, et de le croire son très-humble serviteur. Monsieur, prévoyant qu'il ne s'accorderoit pas mieux avec ses ministres qu'il n'avoit fait par le passé, ne le voulut recevoir, et se priva de son secours, assez considérable dans le dessein qu'avoit lors Son Altesse; ce qui donna occasion au sieur de Mouy de prendre parti ailleurs, comme il fit depuis avec le cardinal de Richelieu, qui lui donna la charge de capitaine lieutenant de sa compagnie de gendarmes, et l'eût poussé ensuite à des emplois plus dignes de sa naissance et de son courage, sans la blessure mortelle qu'il reçut à la retraite de M. le cardinal de La Valette devant l'armée de Gallas.

Monsieur dépêcha Monsigot à Bruxelles, où la Reine-mère avoit été reçue honorablement par l'Infante, pour leur rendre compte de tout ce qui se passoit en Lorraine, et pour demander du secours à l'Infante pour les frais de cette guerre, qui se faisoit de concert avec elle et les ministres d'Espagne ; desquels il reçut à diverses fois jusques à la somme de cinq cent vingt-cinq mille florins, que l'on employa, partie à la subsistance de la maison, l'autre à la levée de quelques troupes de cavalerie que Monsieur avoit fait faire en France. Le duc de Bellegarde, voyant qu'il n'étoit pas de tous les conseils, et ne pouvant souffrir le peu de compte que l'on faisoit de lui, se résout de retourner en France prendre congé de Monsieur, et s'avance une lieue ou deux dans le Bassigny, d'où il dépêche en cour pour avoir un sauf-conduit du Roi, donnant avis en même temps de son dessein au sieur du Châtelet qui étoit intendant de cette province, lequel promet d'écrire en cour à ce sujet. De là à quelques jours il donne rendez-vous pour voir le duc de Bellegarde, lequel s'y devoit trouver : mais l'avis qu'il eut, que l'on croit lui avoir été donné sous main par le sieur du Châtelet, qu'il n'y faisoit pas bon pour lui, et qu'il y avoit de la cavalerie sur son chemin pour l'arrêter, lui fit éviter l'embuscade, et il partit si à propos du lieu où il étoit, que s'il eût tardé encore un quart-d'heure il étoit enveloppé de cette troupe ; tellement qu'il fut trop heureux de revenir prendre son logis à Epinal, où la demeure étoit encore plus douce qu'à la Bastille, quoiqu'il ne reçût pas plus de satisfaction des ministres de Monsieur que par le passé. Monsieur dépêcha aussi l'abbé d'Obazine au Pape pour lui donner part de son mariage, jugeant bien que cette affaire recevroit de grandes difficultés, et que la faveur de Sa Sainteté lui seroit nécessaire pour les surmonter.

Cependant le Roi envoie au duc de Lorraine demander le sujet de cet armement, et ce qui étoit de ce mariage de Monsieur, son frère, avec la princesse Marguerite, dont le bruit étoit tout commun. Il désavoue le mariage, et dit que son armée étoit pour servir l'Empereur contre le roi de Suède. Il est sommé de là à peu de jours de lui faire passer le Rhin; qu'autrement le Roi iroit à lui avec toutes ses forces pour être de la noce.

Le duc voyant que l'orage alloit fondre sur lui s'il reténoit plus long-temps cette armée dans son pays, et que Monsieur se trouvoit court pour toutes les choses qu'il lui avoit promises, sur lesquelles on s'étoit engagé à cette guerre, il fut résolu entre eux que l'armée passeroit en Allemagne; et le duc voulut l'aller commander en personne. Le prince de Phalsbourg y alla aussi pour ne laisser passer aucune occasion d'acquérir de l'honneur. Il étoit d'ailleurs piqué jusques au vif de voir tous les jours Puylaurens cajoler sa femme, et de n'en oser faire ses plaintes, lui disant, pour les prévenir, qu'elle ne recevoit ses visites et ses soins qu'à dessein qu'il portât son maître à l'accomplissement du mariage, qui avoit bien été résolu, mais dont il étoit à craindre que Monsieur se dédît et ne changeât de volonté, attendu que l'armée de M. de Lorraine n'avoit pas fait l'effet principal qu'on s'étoit proposé, qui étoit de faire autoriser par le Roi ce mariage; ce qui ne se pouvoit que par la force des armes et avec un long temps, qui ruineroit l'affaire et donneroit lieu à Monsieur d'éluder, s'il n'étoit convié d'ailleurs de la mettre présentement à sa perfection, qui devoit être leur but principal, et à quoi Puylaurens seul le pouvoit disposer; que c'étoit pour la seule raison de l'avantage qu'elle et sa maison pouvoient espérer de cette alliance, qu'elle s'entretenoit civilement avec Puylaurens, sachant assez au reste la différence de condition de l'un à l'autre, pour avoir souffert sans cela une seule de ses visites. Cette princesse s'imaginoit en effet que madame sa sœur étant mariée dût être reine le lendemain, et elle de gouverner toutes les affaires du royaume par le moyen et sous la faveur de Puylaurens. Le prince de Phalsbourg trouva en ce voyage ce qu'il avoit témoigné tant désirer en partant, qui étoit la mort, étant trop généreux pour vouloir vivre davantage avec quelque sorte de déshonneur. Plusieurs crurent que Puylaurens épouseroit la princesse de Phalsbourg, ayant l'exemple du duc de Joyeuse, qui fut marié à la sœur de la reine Louise, femme de Henri III son maître; mais le temps fit bientôt naître d'autres pensées à l'un et à l'autre.

Toutes les espérances de Monsieur lui ayant manqué du côté de France, il pensa à prendre d'autres mesures avec les étrangers; et comme il jugeoit bien ne pouvoir trouver de ressource ailleurs en ses affaires, au dessein qu'il avoit, qu'avec les Espagnols, il dépêcha Puylaurens à Bruxelles, afin de négocier un nouveau projet de guerre avec les ministres espagnols pour la campagne suivante, et ménager cependant la retraite de Monsieur en cette cour, en cas qu'il se vît pressé de quitter la Lorraine. Monsieur s'approcha du Luxembourg, et alla attendre le retour de Puylaurens à Vaudrevange, pour être plus tôt informé du succès de son voyage, et sur la fin de l'automne il s'en retourna à Nancy. Ce fut là que l'on vit éclater la brouillerie de Coigneux avec Puylaurens, le premier n'étant point d'avis que l'on passât outre au mariage sans le consentement du Roi, mais bien d'entendre à l'accommodement que l'on avoit de nouveau proposé à Monsieur. A quoi le duc de Bellegarde inclinoit, et plusieurs officiers principaux de Son Altesse, pour les raisons qui ont déjà été déduites.

Puylaurens au contraire dit qu'il iroit trop de l'honneur de son maître, s'il retournoit en France sans tirer aucune raison de tant d'injures reçues du cardinal de Richelieu; et, quoi qu'il arrivât, il lui seroit plus glorieux de périr les armes à la main que par celles du cardinal en se soumettant de nouveau à sa tyrannie; qu'outre qu'il n'y auroit plus de sûreté pour Son Altesse à la cour, il seroit en mépris à toute la terre, et se ruineroit tellement de crédit, que personne ne voudroit jamais plus le suivre ni s'attacher à sa fortune; que sa réputation et sa conscience d'autre côté ne lui permettoient pas de rétracter sa parole, si saintement donnée pour son mariage avec une princesse de vertu et de naissance comme étoit la princesse Marguerite; que bien loin de le remettre à un autre temps, comme c'étoit l'avis de quelques-uns, c'étoit par là qu'on devoit commencer, afin que le duc et ses amis étant entièrement assurés de la foi de son maître, il pût tirer d'eux plus aisément les assistances nécessaires pour faire réussir ses desseins; qu'il n'étoit pas encore si désespéré du côté de la France, qu'il n'y eût beaucoup de princes, seigneurs, et même des provinces entières qui lui tendoient les bras, ne doutant point que les autres ne fissent le semblable quand on le verroit à cheval, les armes à la main; que non-seulement il espéroit, en ce faisant, de faire approuver au Roi son mariage, mais bien d'autres avantages pour lui et pour les siens ; qu'il étoit malséant à un grand prince qui étoit dans la vigueur de son âge comme Monsieur, de faire à tous momens le fâché et ne jamais tirer l'épée ; qu'il devoit pour le moins une fois tenter la fortune, et ne plus faire de traités qu'il n'y trouvât son honneur et sa sûreté tout entière.

Ces sentimens de générosité étoient fort au goût de la princesse de Phalsbourg et du duc d'Elbeuf, qui ne manquoient pas de le piquer d'honneur. Il faut ajouter que son principal motif étoit l'espérance de devenir beau-frère de son maître, et peut-être quelque jour de son roi ; lui disant qu'il entreroit en part à toute la gloire que son maître recevroit d'une si généreuse entreprise, et que jamais le brave Bussy (1) n'a tant acquis d'estime et de louanges sous le feu duc d'Anjou son maître, que celui-ci en remporteroit. Et comme Puylaurens tenoit la première place dans la confiance de son maître, il n'eut pas de peine à le rendre capable de ses raisons, ni à renverser celles de Coigneux et de ses partisans. L'on n'attendoit donc plus pour mettre fin au mariage, sinon que le duc de Lorraine fût de retour d'Allemagne, d'où il ramena son armée en piteux état. Il fut avisé que peu de gens (2) assisteroient à la fête, pour ne la pas divulguer, d'autant

(1) *Le brave Bussy* : Louis de Clermont de Bussy-d'Amboise. Il fut favori du duc d'Alençon, frère de Charles IX et de Henri III. Ses succès dans les duels et auprès des femmes lui donnèrent une réputation qui lui devint funeste. Attiré par un mari outragé dans le château de Courtancières, il y fut assassiné. — (2) *Il fut avisé que peu de gens* : Le mariage eut lieu dans un couvent de Nancy. Il fut célébré à sept heures du soir par un religieux, et n'eut pour témoins que le duc de Vaudemont, l'abbesse de Remiremont, le comte de Moret, et madame de La Neuvillette, gouvernante de la jeune princesse.

que le Roi se trouvoit lors à Metz pour le siége de Moyenvic, et que Sa Majesté seroit possible venue à lui, si la chose eût été avérée, pour en tirer dès lors sa raison. Aussi le duc étant allé saluer le Roi assura Sa Majesté qu'il n'étoit rien de tous les bruits qui s'en étoient publiés.

[1632.] Le Roi ayant témoigné au duc ne trouver pas bon le plus long séjour de Monsieur, son frère, dans ses Etats, il fallut partir le même jour aux flambeaux, et que les nouveaux mariés se séparassent et tinssent leurs amours secrètes, attendant une autre saison pour les déclarer. Madame de Verderonne ayant dépêché le sieur de Malvoisine à Puylaurens son neveu, pour essayer de rompre ce mariage, ayant toujours eu beaucoup plus d'inclination pour celui de la princesse Marie, comme elle apprend que l'affaire s'échauffe, elle lui envoie un nouveau courrier, de l'avis et par l'ordre du garde des sceaux de Châteauneuf, pour même effet : mais le mariage étoit consommé huit jours auparavant, et Monsieur étoit déjà sur le chemin de Luxembourg, où Son Altesse ayant fait rencontre d'une voiture de cinq cents et tant de mille livres que le Roi envoyoit aux troupes qu'il tenoit en cette frontière, elle fut tentée de l'arrêter et se l'imputer sur ce qui lui étoit dû de ses pensions et apanages; mais il craignit une représaille sur M. de Lorraine, contre qui Sa Majesté n'étoit déjà que trop irritée pour la retraite donnée à Monsieur dans ses Etats.

Monsieur étoit déjà assuré de sa retraite à Bruxelles, où la Reine sa mère et l'Infante l'attendoient en bonne dévotion. Il fit quelque pause à Longwy pour donner temps à son bagage de le joindre, ayant eu beaucoup de peine à se tirer des chemins : il traversa le Luxembourg avec sa maison, non sans beaucoup d'incommodité, à cause des mauvais logemens des Ardennes, et se rendit à Bruxelles sur la fin de janvier 1632. Le duc de Bellegarde s'excusa du voyage pour avoir été d'avis contraire, ne voulant pas qu'il lui fût reproché d'avoir eu aucun commerce avec les Espagnols. Il prit de là sujet de quereller Puylaurens, et de le faire appeler par le marquis de Montespan son neveu; mais Monsieur les accommoda aussitôt. A quoi le comte de Moret contribua beaucoup, comme ami du duc de Bellegarde et du duc d'Elbeuf, qui s'intéressoit lors pour Puylaurens. Il y eut encore brouillerie pour même sujet entre ledit sieur de Montespan et de La Vaupot, qui fut aussi accordée. Les sieurs Le Coigneux et Monsigot eurent en même temps leur congé, avec parole toutefois d'être établis quand on seroit en France. Le sieur de Lasseré, conseiller au conseil de Son Altesse et l'un des secrétaires ordinaires de sa maison, fut choisi par Monsieur pour faire la charge de secrétaire de ses commandemens, et eut ordre de retirer les sceaux du sieur Le Coigneux, qui refusa de les donner; à défaut de quoi on se servit du grand placard pour les expéditions.

Monsieur arrivant à Bruxelles, l'Infante fit sortir toute sa cour pour aller au devant. Le marquis d'Aytone, don Gonzalès de Cordoue, le duc de Veraguaz, et les autres principaux officiers de la guerre, lui allèrent aussi rendre leurs honneurs. On le logea dans le principal appartement du palais, où il y avoit des tables préparées pour sa personne et pour toute sa cour. Outre celle de Monsieur, le sieur de Puylaurens en tenoit une qui étoit de quinze couverts. Les maîtres d'hôtel, contrôleurs généraux, gentilshommes ordinaires et autres appointés, avoient la leur, qui étoit pour vingt personnes. Il y en avoit encore une autre de trente couverts pour la noblesse qui avoit suivi Monsieur, et n'étoit pas à ses gages. Les officiers de la chambre et de la garde-robe avoient aussi la leur à part, et il y en avoit encore une particulière pour les menus officiers; toutes ces tables servies de la viande, et par les officiers du palais, durant le séjour que Monsieur fit en Flandre, qui fut depuis le 28 janvier 1632 jusques au 18 mai ensuivant. On travailloit à Ruel au procès du maréchal de Marillac, que le cardinal de Richelieu avoit fait arrêter en Piémont, et auquel il avoit fait donner des commissaires à sa dévotion. La Reine-mère ayant protesté aux juges de les prendre à partie en leurs propres et privés noms, s'ils venoient à le faire mourir, Monsieur usa des mêmes menaces, qui ne servirent qu'à avancer l'exécution du prisonnier. Soudain que Monsieur fut arrivé à Bruxelles, il ne perdit aucun temps de pourvoir à ses affaires : encore qu'il fût asssuré de sa subsistance de la part des Espagnols, il ne laissa pas d'aviser avec la Reine sa mère aux autres moyens de pouvoir faire de l'argent, jugeant qu'ils n'en pouvoient avoir en trop grande quantité pour subvenir à une telle entreprise. Tous deux dépêchèrent à Amsterdam pour engager leurs pierreries, dont ils donnèrent la commission au sieur de Dourchant, lui ayant envoyé lettres à M. le prince d'Orange et à M. de Bouillon qui étoit lors en grand crédit auprès de messieurs les Etats, pour les prier de vouloir favoriser le sieur de Dourchant de leur crédit et autorité. Le sieur d'Estissac fut depuis dépêché à même effet, sur un passeport que le sieur de Dourchant avoit de messieurs les Etats, lequel étoit venu trouver la Reine-mère et Monsieur à Bruxelles.

La venue de Monsieur donna de la joie aux Espagnols et les remplit de grandes espérances, présupposant que la guerre qu'il alloit faire en France feroit une diversion fort considérable aux forces du Roi, et qu'ayant affaire chez lui, il ne pourroit plus continuer des secours si puissans aux rebelles et ennemis de la maison d'Autriche; de quoi il ne se pourroit que leurs affaires de Flandre ne reçussent un notable avantage.

Le projet de cette guerre étoit fondé sur deux principes : le premier, sur le secours étranger que les Espagnols avoient promis; l'autre, sur la parole que M. de Montmorency avoit donnée à Monsieur de le servir et recevoir en son gouvernement de Languedoc, qui fut une négociation de l'évêque d'Alby et des Delbenne ses neveux.

M. de Montmorency, ayant porté hautement les intérêts du cardinal de Richelieu contre la Reine-mère pendant leur brouillerie de Lyon, pensoit que la récompense dût suivre immédiatement un service si signalé, et qu'on lui donneroit pour cela la citadelle de Montpellier, pour laquelle il avoit eu long-temps auparavant une grande passion : comme il se vit frustré de son espérance, et qu'on ne lui parloit de rien, il ne put supporter qu'on se soit moqué de lui, et dans le désir qu'il a de s'en ressentir, madame sa femme [1],

---

[1] *Madame sa femme :* Marie-Félicie des Ursins, proche parente de la Reine-mère.

qui l'avoit sollicité dès Lyon et depuis encore de prendre le parti de la Reine-mère, trouve en lui grande disposition à la contenter sur ce sujet. L'évêque d'Alby, voyant une conjoncture si favorable au dessein de Monsieur, pousse à la roue de son côté, représente à ce duc la gloire que ce lui sera d'avoir servi de restaurateur à des personnes de cette haute dignité, qui n'attendent leur rétablissement que de lui seul : ajoutant que ce n'étoit chose qui fût sans exemple ; qu'il savoit et se pouvoit souvenir du service signalé que M. d'Epernon rendit à la même Reine, lors de la faveur des Luynes, qui la tenoient comme captive dans le château de Blois; qu'il entreprit de la délivrer de cette oppression, comme il fit fort heureusement, étant parti de la ville de Metz avec deux cents gentilshommes, capitaines ou officiers d'infanterie, étant sous la charge du colonel général, pour la venir recevoir à Loches, assisté de l'archevêque de Toulouse, son fils, qui a été depuis cardinal de La Valette, d'où ils la conduisirent ensuite comme en triomphe en son gouvernement d'Angoulême; que de là ayant fait entendre au Roi les justes plaintes d'un traitement si injurieux qui lui avoit été fait par les Luynes, le Roi oublia bien volontiers en sa considération tout ce qui se passa depuis en la guerre du Pont-de-Cé, que l'évêque de Luçon avoit suscitée exprès sous main pour se frayer plus facilement le chemin au cardinalat, à quoi il aspiroit long-temps auparavant, et pour lequel effet il avoit fait plusieurs intrigues et libelles diffamatoires contre les vieux ministres, pour parvenir ensuite au gouvernement de l'Etat; que le Roi reçut, non-seulement la Reine sa mère en ses bonnes grâces, la remettant même en autorité, et avec la part qu'elle avoit auparavant en sa confiance et aux affaires de l'Etat, mais encore obtint du Roi que le duc d'Epernon fût déclaré absous de l'attentat prétendu en la délivrance de la dame du château de Blois, à main armée et contre l'autorité de Sa Majesté, reconnoissant même par ladite déclaration que ce qui s'étoit passé à ce sujet n'avoit été que pour le service de Sa Majesté et le bien de son Etat. Partant que M. de Montmorency, étant de la première qualité, et de la plus illustre et ancienne maison du royaume, pouvoit avec son crédit, et l'affection qu'il s'étoit acquise non-seulement parmi la noblesse, mais parmi tous les peuples du Languedoc, venir facilement à bout d'un pareil dessein, dont le succès lui tourneroit à d'autant plus de gloire qu'il auroit vengé en même temps la mère et le fils de l'oppression d'un ministre, reconnu de tout le monde le plus ingrat et le plus méchant qui eût jamais été, appuyé qu'il étoit de l'autorité du Roi; mais que pour lever les difficultés que le duc prévoyoit à l'exécution de l'entreprise, qui lui furent souvent représentées par Soudeille son domestique, gentilhomme limosin, son confident, qui ne le faisoit néanmoins que par pure affection au service de son maître, l'évêque d'Alby et ses neveux exagéroient en même temps les forces que Monsieur devoit amener avec lui, le crédit que le duc de Montmorency avoit dans son gouvernement, avec les bonnes volontés de toute la France pour son nom et pour sa personne ; qu'il ne devoit au reste moins espérer que d'être le troisième connétable de sa maison, et d'y rendre cette épée comme héréditaire ; que tout ce qu'il pourroit d'ailleurs désirer, soit au Languedoc, soit à la cour, ne lui pourroit non plus être refusé. Ces considérations, jointes aux ressentimens particuliers du duc, le portèrent enfin à franchir le saut auquel il avoit un peu hésité, et accorda enfin la demande de l'évêque, et de bouche et par écrit, qui fut envoyée à Monsieur à condition qu'il ne partiroit de Bruxelles qu'à la fin d'août, pour donner loisir aux Etats du pays de résoudre le secours d'argent qu'ils dévoient donner au Roi, duquel il prétendoit se servir au dessein de Monsieur, l'assemblée ne pouvant finir avant le mois de septembre. Il recommanda aussi le secret, et pria Monsieur de ne pas trouver mauvais s'il mandoit le contraire à la cour, puisque ce ne seroit que pour mieux couvrir le jeu et pour avoir plus de moyen de servir Son Altesse, joint que l'on devroit se fier à sa parole. On lui avoit aussi autrefois ouï dire à Monsieur, sur d'autres rencontres, qu'il vouloit lui faire un jour quelque signalé service, et ne mourroit jamais content qu'il n'eût accompli sa promesse. Monsieur eût bien voulu demeurer dans ces termes et ne point devancer son départ; mais il ne put dénier aux instances du duc de Lorraine de faire son irruption avant le temps, pour tâcher à détourner les forces du Roi qui menaçoient la Lorraine; ce qui ne fit pourtant pas l'effet que le duc s'étoit promis, le Roi n'ayant pas laissé d'envoyer de ce côté-là ce qu'il avoit lors de troupes, qui prirent le duc au dépourvu, et le réduisirent à un traité pour Clermont et Stenay, auquel il auroit eu peine autrement de consentir.

Il étoit déjà le 18 mai, et le duc de Lorraine continuoit à presser Monsieur de son départ. Trèves étoit le rendez-vous des troupes, qui faisoient quatre à cinq mille chevaux, et consistoient en dix régimens de cavalerie allemande, liégeoise et napolitaine, dont il y en avoit trois ou quatre assez bons, entre autres celui de Desgranges, liégeois; le reste étoient voleurs et le rebut de l'armée espagnole, don Gonzalez les ayant livrés à Monsieur suivant l'ordre qu'il en avoit d'Espagne. Son Altesse y joignit encore des troupes de cavalerie française, outre lesquelles étoient les compagnies de gendarmes et de chevau-légers, qui faisoient mille à douze cents chevaux, et donna la lieutenance générale de son armée à M. le duc d'Elbeuf.

Mais avant que de passer en France, il faut dire adieu à la cour de Bruxelles jusques à ce que la mauvaise fortune de Monsieur l'y ramène une seconde fois. L'Infante ne se contenta pas d'avoir si bien fait l'honneur de sa maison durant quatre mois, elle voulut continuer à Monsieur et aux siens les effets de sa générosité et de sa magnificence jusques à son départ. Il n'y eut prince, seigneur, ni aucun officier principal qui ne reçût son présent, ou de pierreries, ou de chaînes d'or, avec la médaille du roi d'Espagne. Elle eut le soin de faire remplir plusieurs coffres d'habits de guerre, linge et autres hardes pour l'usage de Monsieur, et lui fit compter par son pagador 100,000 patagons pour les frais de son voyage; et comme elle prévoyoit que les gens de Monsieur auroient besoin de leur argent pour leur voyage, elle eut la bonté de défendre bien expressément à tous les officiers du palais de leur demander ni recevoir aucune chose pour les services qu'ils leur avoient rendus, à peine d'être cassés de son service, se réservant de les récompenser elle-même. Ainsi Monsieur se sépare avec beaucoup de satisfaction et de ressentiment des faveurs et bons traitemens de cette princesse, après avoir même pris congé de la Reine sa mère, et reçu de toutes deux les souhaits d'un heureux voyage. Il fallut aussi dire adieu à dona Bianca, fille de don Carlos Colonia, qui étoit l'une des filles de l'Infante, de laquelle Monsieur s'étoit déclaré galant, pour l'assurer que sa passion ne le quitteroit point, encore qu'il fût contraint de se séparer d'elle. Les autres filles du palais eurent aussi chacune leur galant français, de qui elles recevoient tous les jours les soins, mais c'étoit à l'espagnole, ne se voyant que par une jalousie fort haute d'où il étoit très-difficile de se faire entendre, et n'y avoit qu'aux jours d'audience qu'il étoit permis aux cavaliers d'entretenir leurs dames à la vue de l'Infante et de toute sa cour. Le comte de Buquoy s'étoit déjà déclaré serviteur de mademoiselle de Bergues ; mais sa beauté avec sa bonne grâce méritoient bien qu'elle eût plusieurs adorateurs. Le comte de Brion fut l'un des premiers, lequel, d'ami qu'il étoit du comte de Buquoy, ne put s'empêcher de devenir son rival et de se brouiller avec lui ; ce qui les auroit obligés d'en venir aux mains si leurs soins n'eussent été reçus de leur dame avec une pareille indifférence. Elle étoit déjà en pourparler de mariage avec le duc de Bouillon, auquel elle réservoit toutes ses faveurs, s'étant congédiée aussitôt de la cour de Bruxelles pour aller terminer cette affaire. Ces deux cavaliers furent également frustrés de leur attente, et se séparèrent depuis en aussi bonne intelligence qu'ils étoient auparavant. Il y eut plusieurs querelles et quelques combats entre les principaux de la cour de Monsieur, lesquelles furent accommodées par les soins de Son Altesse; mais ce ne put être sans la perte du baron de Vaucelas, qui servoit de second à Rochebonne, lequel après avoir été grièvement blessé mourut de là à quelques jours, fort regretté pour être généreux cavalier et bien fait de sa personne.

Monsieur ayant passé quinze jours à Trèves et reçu les troupes des Espagnols, il ne peut plus se dédire d'entrer en France. Son Altesse se trouve néanmoins combattue des raisons de M. de Montmorency, en jugeant bien la conséquence; mais comme elle a grand chemin à faire, et que de long-temps l'on ne pourra savoir de quel côté elle aura à tourner, du Poitou, de la Guienne ou du Languedoc, donnant jalousie en même temps à toutes ces provinces, ainsi qu'à plusieurs autres, elle croit que son dessein pourra demeurer caché, et donne assez de loisir, par sa longue marche, à M. de Montmorency de mettre ordr à toutes choses pour sa venue.

Le cardinal de Richelieu est averti de toutes parts que Monsieur prend la route du Languedoc, mais il ne peut s'imaginer qu'il y soit appelé par M. de Montmorency, outre qu'il avoit été son meilleur ami pendant le voyage de Lyon, et ne croyoit pas lui avoir depuis donné sujet de changer cette bonne volonté. Le cardinal ne voit point quel avantage M. de Montmorency peut espérer en ce parti, mais bien sa ruine toute certaine. Les protestations qu'il avoit faites, par plusieurs de ses lettres, de sa fidélité inviolable au service du Roi, ne permettoient pas non plus à Sa Majesté d'ajouter aucune foi à ce qui s'en publioit au contraire.

Monsieur, étant parti de Trèves le 4 juin 1632, prend le chemin de Lorraine pour aller voir madame sa femme à Nancy en passant et à la dérobée, n'ayant même que fort peu de monde, où, après avoir demeuré un jour seulement, et assuré de lui être toute sa vie bon et fidèle mari, il lui dit adieu, et retourna à son armée pour continuer son voyage par le Barrois, et faire son entrée en France par le Bassigny. La Rivière et Goulas furent remis en grâce par la princesse de Phalsbourg, à condition qu'ils prendroient les intérêts de la maison de Lorraine, et ne feroient rien contre le mariage; ce qu'ils promirent avec serment et protestation de mieux faire encore s'ils pouvoient. Au seul bruit de la venue de Monsieur, chacun abandonne la campagne et se retire aux villes. L'armée trouve les villages et les maisons désertes à la campagne, sans vivres et sans meubles. On ne laissoit pas de faire subsister les troupes, ayant leurs coudées franches et la liberté d'élargir leurs quartiers, sans craindre d'être chargées, pour n'avoir point encore d'ennemis en tête. Ceux des villes qui avoient des maisons aux champs, craignant qu'on les démolît, se rachetoient par argent, ou bien par des rafraîchissemens qu'ils envoyoient; et par ce moyen l'armée n'eut pas beaucoup à souffrir, joint que c'étoit la saison des fruits et des fourrages, qui étoient partout en grande abondance. Les Allemands, Croates et Napolitains faisoient de grands désordres, et le plus souvent dévalisoient les gens mêmes de Monsieur, allant et venant à la provision. L'ordre n'étoit guère mieux observé par les Français.

Langres nous refuse ses portes, et n'y a que les
bicoques qui soient ouvertes. Au sortir du Bassigny
nous entrons dans la Bourgogne. Monsieur avoit quelque intelligence dans Dijon, et prétendoit y être
reçu ; mais ceux de Langres leur ayant donné l'exemple, ce n'étoit pas chose que l'on dût se promettre
de la capitale d'une grande province où il y a un
parlement. Monsieur ne laisse pas d'y dépêcher le
sieur de Valbelle, l'un de ses gentilshommes ordinaires, qui étoit enfant de la ville, pour les y obliger
par les menaces en cas qu'ils ne le voulussent
de bon gré ; ce qui ne servit qu'à les irriter davantage et à les maintenir plus fortement dans le service du Roi, ayant tiré plusieurs volées de canon
sur notre passage, dont la personne même de Monsieur courut le hasard. Cela fut cause de quelque
désordre qui se fit aux environs de la ville, particulièrement en la maison de l'un des juges du maréchal de Marillac.

Nous traversons la Bourgogne et le comté de Charollais, et venons passer la Loire à Digoin : étant
entrés dans le Bourbonnais, on a nouvelle que M. de
Montmorency se plaint de la précipitation de Monsieur, et dit qu'il lui ôte le moyen de le servir, supplie Son Altesse de voir si elle ne pourra point mieux
faire ses affaires en une autre province; mais qu'à ce
défaut il est résolu de mettre le tout pour le tout, et
de faire du mieux qu'il pourra pour son service.
Nous continuons le voyage, et passons l'Allier au
pont de Vichy pour entrer dans l'Auvergne, après
avoir été salués de plusieurs canonnades sur le chemin
de Cusset, où étoit le baron de Saligny. Encore que

l'armée ne fît que de fort petites traites, elle ne laissoit de se plaindre d'une marche si continue, principalement les étrangers ; ce qui obligea Monsieur de faire une pause durant quelques jours au même lieu de Vichy. On ne faisoit point de gîte qu'ils ne demandassent de l'argent, et bien que l'on ne leur en donnât jamais, M. d'Elbeuf savoit si bien les amadouer, qu'ils s'en retournoient toujours contens, les payant d'espérance et de belles paroles, dont il étoit fort libéral. Nous entrâmes bientôt après dans la Limagne, qu'il faisoit beau voir en cette saison des fruits, si la licence des gens de guerre ne lui eût en un moment fait changer de face. De là nous suivîmes la route du Rouergue ; et quoique nous eussions déjà traversé plus des deux tiers du royaume, nous n'avions vu encore ni ville ni communauté, ni même aucun gentilhomme se déclarer pour Monsieur, ainsi que l'on s'étoit promis dès lors qu'il seroit entré, vu le grand nombre de mécontens qu'il y avoit en France : et c'est ce dont Monsieur se plaignoit souvent et sur quoi il s'excusoit depuis lorsqu'on vouloit l'engager à prendre les armes pour le bien public et pour le soulagement des peuples. Le sieur de Chavagnac avec quelque noblesse de ses amis furent les premiers qui vinrent trouver Monsieur, pour le servir et suivre durant le voyage, que nous continuâmes sans autre plus grande incommodité que celle que recevoient nos chariots au passage des montagnes de l'Escarpolette et de Milan (1), d'où nous ne laissâmes pas de les tirer, et d'arriver enfin à Lodève, première ville pour entrer de ce côté-là dans le gouvernement de M. de Montmo-

(1) *Milan* : Milhaud.

rency, qui fut au commencement du mois d'août.
Nous y passâmes trois jours pour nous rafraîchir.
De là nous allâmes coucher à Pésenas, où M. de
Montmorency vint trouver Monsieur, et le lendemain
nous nous rendîmes à Béziers. Ce fut là que l'on s'arrêta quelques jours pour laisser reposer nos troupes,
et donner loisir aux levées d'infanterie qui avoient
été ordonnées au Languedoc de les venir joindre. Il
falloit aussi pourvoir à beaucoup d'autres choses qui
regardoient l'établissement de Monsieur en cette province, et les moyens de faire réussir son entreprise,
sans y perdre temps, pour n'être prévenu des forces
du Roi. Les Etats du pays ne faisoient que de se séparer, où M. de Montmorency ne fit pas ce qu'il avoit
projeté, et eut le sieur d'Emery en tête, qui y assistoit
avec le sieur de Verderonne en qualité de conseillers
d'Etat et intendans de la part du Roi, qui lui ôtèrent
la disposition de l'argent accordé par lesdits Etats,
suivant l'ordre exprès qu'ils en avoient de la cour.
Le Roi, ayant été déjà assuré de la défection de M. de
Montmorency, fit publier une déclaration contre lui
et contre ceux qui suivroient le parti de Monsieur. Le
maréchal d'Effiat mourut en ce temps-là, commandant
l'armée d'Allemagne, et le cardinal de Richelieu, qui
l'aimoit et estimoit beaucoup, en ayant eu la nouvelle,
dit qu'il ne savoit laquelle des deux lui avoit apporté
plus de déplaisir, ou de l'infidélité de l'un de ses
amis, ou de la mort de l'autre. Il fut résolu au conseil
de Sa Majesté de faire deux corps d'armée, l'un sous
le maréchal de La Force, qui devoit entrer par le
bas Languedoc, l'autre par le maréchal de Schomberg, qui iroit droit au lieu où seroit Monsieur.

M. de Montmorency d'autre côté persuade Monsieur d'aller à Beaucaire, pour tâcher de s'assurer de la ville comme on l'étoit du château, dont le sieur de Perolz, sa créature, étoit gouverneur. Monsieur s'y achemine dans la créance que les habitans se rendroient à son approche. Sur le refus qu'ils en font, il fut résolu de leur donner l'assaut, encore que l'on n'eût pas eu le temps de préparer les choses qui étoient nécessaires pour cela, et que Monsieur n'eût lors auprès de lui que les volontaires et les gentilshommes de sa maison, qui ne pouvoient faire en tout que cinq ou six cents hommes. Monsieur les ayant fait départir en deux troupes, l'une sous le duc d'Elbeuf, l'autre sous le duc de Montmorency, l'on étoit sur le point de faire la tentative, n'eût été que l'on vit au même instant passer le Rhône à cinq cents soldats que le maréchal de Vitry qui avoit accouru à Tarascon envoyoit au secours des habitans de Beaucaire. Pour tout cela nos chefs ne changeoient point d'avis, croyant qu'il y fût allé de leur honneur s'ils eussent décliné cette occasion : mais ce fut un grand bien pour tous que Chaudebonne entreprît de faire la charge de généralissime, et représentât hautement l'impossibilité de ce dessein, puisque vraisemblablement toute cette noblesse y devoit faire naufrage, comme chacun depuis en demeura d'accord. Au sortir de là M. de Montmorency dit au sieur de Puylaurens : « Quand nous aurons battu M. de Schomberg nous ne manquerons pas de villes ; allons à lui, et si le bonheur ne nous en dit pas davantage, il faudra aller faire sa cour à Bruxelles. »

Monsieur ayant été obligé de se retirer après avoir manqué son coup, il s'avisa de partager son armée en deux, et d'en laisser une partie au duc d'Elbeuf pour faire tête au maréchal de La Force; et Son Altesse s'en retourna avec l'autre du côté de Béziers, marchant en ordre de bataille. L'on eut nouvelles que le maréchal de Schomberg, qui avoit pris la route du Limosin, s'étoit déjà avancé jusques à Saint-Félix, petite ville située à trois lieues de Castelnaudary, ayant les gendarmes et les chevau-légers de la garde du Roi, et d'autres compagnies d'ordonnance, qui faisoient trois mille chevaux, et outre ce quinze cents mousquetaires d'élite, tirés du régiment des Gardes, que l'on avoit montés à cheval pour faire plus de diligence. M. de Montmorency fait hâter l'infanterie, et donne ordre à l'attirail du canon, afin que tout fût prêt quand Monsieur voudroit marcher, qui fut presque au même temps de son retour à Béziers, sur l'avis qu'on eut du siége de Saint-Félix, que M. de Montmorency désiroit secourir afin de donner réputation aux armes de Son Altesse.

Nous partons de Béziers vers la fin d'août, et le premier septembre, ayant quitté le quartier de Villepinte, l'on tire dès l'aube du jour vers Castelnaudary, afin de s'emparer de ce poste avant l'arrivée du maréchal de Schomberg, que l'on croyoit encore occupé au siége de Saint-Félix; mais il s'en étoit déjà assuré par le moyen d'une capitulation avantageuse à ceux qui étoient dans la place, ayant le même dessein pour Castelnaudary où il s'étoit depuis acheminé, et avoit pris ses mesures si justes, que nous le vîmes paroître presque à égale distance que nous étions de cette ville.

L'armée de Monsieur étoit sur une éminence, ayant

la ville à la gauche, et n'en étant qu'à un quart de lieue. Le maréchal de Schomberg étant sorti d'un petit bois, passe au travers d'une prairie en fort bel ordre, à dessein de se mettre entre nous et la ville ; ce qui lui fut aisé, Monsieur ayant un petit pont à passer avant que se pouvoir mettre en ordre de bataille pour aller à lui, et la plupart de son infanterie avec l'artillerie étoit encore à une grande lieue. Cependant le maréchal de Schomberg s'empare d'un poste fort avantageux, dont plusieurs fossés et chemins creux rendoient les avenues très-difficiles. M. de Montmorency voulut aussitôt aller reconnoître l'ennemi lui seul avec son écuyer, et en demande la permission à Monsieur, lequel, se doutant qu'il en viendroit aux mains et voudroit tirer le coup de pistolet avant que de revenir, lui représente, pour l'en dissuader, qu'il a la fortune de la Reine sa mère et la sienne entre ses mains, le prie et lui ordonne de ne s'engager que bien à propos ; commande, outre cela, au comte de Rieux de le suivre partout où il ira, et le faire souvenir de la parole qu'il avoit donnée à Son Altesse, qui étoit de retourner sur ses pas et de venir recevoir ses ordres pour le combat. Comme l'on en étoit en ces termes, il fut fait quelque proposition d'accommodement de la part du Roi par le sieur de Cavois, à laquelle on remit de faire réponse après que le combat seroit donné, l'honneur de Monsieur ne lui permettant pas d'y entendre sur le point qu'il avoit déjà l'épée hors du fourreau, prêt à décider la querelle par la voie des armes ; mais il n'y avoit plus lieu aussi d'espérer aucune grâce après le malheur qui survint tôt après, sinon de la pure bonté du Roi.

Le comte de Moret avoit son poste à la gauche, et
M. de Montmorency à la droite ; mais l'ordre étoit que
les uns et les autres ne feroient point leurs attaques
que toute l'infanterie et l'artillerie n'eussent joint, et
qu'il n'eût été tenu auparavant conseil de guerre. Il
arriva que le comte de Moret, qui brûloit d'envie
d'acquérir de l'honneur à ses premières armes, voyant
une compagnie de cavalerie proche de lui, ne put
s'empêcher de l'aller affronter, et de tirer le coup de
pistolet. Le capitaine, qui s'appeloit Bideran, l'attend
de pied ferme, et lui lâche le sien dans le petit ventre,
dont il mourut (1) deux heures après. Pesché, son
écuyer, fut tué sur la place, et l'un de ses gens blessé.
M. de Montmorency entend ce bruit, et quelqu'un
lui dit que le comte de Moret avoit commencé l'attaque. Il se tient offensé que l'on ait entrepris sur sa
charge et sur son honneur : la colère et la jalousie lui
font oublier ce qu'il est, et la parole qu'il avoit donnée
à Monsieur. Il franchit plusieurs fossés, et s'en va à
la désespérade se précipiter parmi les royaux, comme

---

(1) *Dont il mourut :* Antoine de Bourbon, comte de Moret, étoit fils
de Henri IV et de Jacqueline de Beuil. Cinquante ans après le combat
de Castelnaudary, on prétendit qu'il n'avoit pas péri ; et Grandet,
curé de Sainte-Croix à Angers, publia en 1699 un ouvrage dans lequel
il avança que le prince s'étoit fait ermite, qu'il avoit survécu soixante
ans à la défaite de Castelnaudary, et qu'il n'étoit mort qu'en 1692 dans
l'ermitage de Gardelles, à quatre lieues de Saumur, sous le nom du
frère Jean-Baptiste. Le père d'Avrigny, dans ses Mémoires (tome 2,
pages 153 et suivantes), cherche, mais vainement, à résoudre ce problème historique. Après avoir cité les contemporains, qui tous s'accordent à dire que le prince mourut de ses blessures quelques heures
après le combat, il conclut ainsi : « Qu'on lise l'ouvrage de Grandet,
« et l'on demeurera convaincu que, si le comte de Moret n'est pas
« mort à Castelnaudary, il y a tout lieu de croire qu'il devint par
« la suite l'ermite connu sous le nom du frère Jean-Baptiste. »

s'il eût été en pouvoir de les défaire tout seul. Son écuyer eut son cheval tué sous lui, et un bras cassé. Le comte de Rieux, voulant tenter pour une seconde fois le passage d'un fossé, reçut une mousquetade au milieu du ventre, qui le porta mort par terre.

L'on ne devoit pas attendre une meilleure fortune, le duc de Montmorency s'étant porté encore plus avant dans le péril, et néanmoins dix ou douze blessures qu'il reçut n'étoient pas mortelles, et même ne l'eussent pas mis hors de combat si son cheval ne fût tombé mort entre ses jambes. Etant à terre, sans cheval et grandement affoibli du sang qu'il perdoit par ses plaies, il s'appuie contre le talus d'un fossé, attendant que quelqu'un vienne à son secours. Saint-Preuil, qui faisoit la charge de sergent de bataille en l'armée du Roi, l'entendit plusieurs fois ainsi qu'il crioit *à moi, Montmorency!* à quoi il fit la sourde oreille pour donner temps aux siens de le recouvrer; mais un sergent des gardes n'eut pas le même respect, l'ayant pris et amené audit sieur de Saint-Preuil, qui le reçut son prisonnier. Les autres seigneurs et volontaires de l'armée de Monsieur, qui étoient attendant les ordres de M. de Montmorency pour le soutenir en cas de besoin, ayant su qu'il étoit pris, se mirent en devoir de le dégager; mais il n'étoit plus temps, d'autant qu'il avoit déjà été envoyé à Castelnaudary. Le comte de La Feuillade, le chevalier de La Frette, le baron de Congis, le sieur de Lordoys, le sieur de Villeneuve et le sieur de La Forêt y furent tués; le sieur de Monymes et le sieur de Monthedon blessés, le premier grièvement; le chevalier de Bueil et le sieur de Saint-Florent prisonniers. La prise de

M. de Montmorency renversa en un moment toutes les espérances de Monsieur ; et comme ce parti ne subsistoit dans cette province que par le crédit du duc de Montmorency qui en étoit gouverneur, et où il avoit beaucoup de crédit, on en vit à l'heure même la ruine tout entière. Les troupes que l'on avoit levées en Languedoc se débandèrent sur-le-champ ; et ce qui acheva d'ôter le courage aux autres, fut le triste spectacle des corps morts qui furent exposés au passage du pont. M. de La Ferté-Imbault sollicite tant qu'il peut les gendarmes de Monsieur d'aller au combat ; l'épouvante est trop grande et il n'y a pas moyen de les y faire résoudre. On ne voit de tous côtés que des compagnies tout entières se sauver à course de cheval. Le sieur d'Elbène l'oncle va au devant pour ramener les fuyards ; mais il n'en peut venir à bout ; et si le maréchal de Schomberg eût envoyé deux cents chevaux sur le passage, il prenoit Monsieur et tous ceux qui restoient avec lui, tant le désordre et la consternation étoient grands. Je puis dire avec vérité, pour m'être lors trouvé auprès de Son Altesse et l'avoir observé assez soigneusement, que non-seulement il parut sans appréhension du péril où il étoit, mais il ne tint pas à lui qu'il n'allât par diverses fois tête baissée aux ennemis avec ce peu qui lui restoit de monde, s'il n'en eût été empêché par ses principaux serviteurs et conseillers, qui jugeoient bien que c'eût été pour n'en pas revenir. Il assemble son conseil de guerre, et voyant son malheur sans remède, et qu'il n'y avoit plus autre chose à faire, sinon de penser à sauver sa personne, et d'apporter le meilleur ordre qu'il se pourroit pour la retraite, l'on se résolut de la faire à l'entrée de la nuit, et d'aller reprendre le logement de Villepinte, d'où nous étions partis le matin. Le lendemain on alla à Montréal. Trois jours après, Monsieur, ayant repris ses esprits, fut conseillé par les siens et par la nécessité de ses affaires de recourir à la bonté du Roi. A quoi madame de Montmorency, qui l'étoit déjà venue trouver, joignit ses prières, croyant que Monsieur obtiendroit bien plutôt la liberté du duc son mari par la voie des soumissions qu'en se retirant au comté de Roussillon, comme c'étoit l'avis d'aucuns; d'autant plus que le sieur du Fargis (que Monsieur avoit envoyé en Espagne dès son entrée en Languedoc), étant arrivé au même temps, portoit assurance d'hommes et d'argent que le roi d'Espagne lui devoit envoyer au premier jour, avec quoi Monsieur pourroit se remettre en état de revenir les armes à la main, et de pouvoir délivrer M. de Montmorency : mais ce secours étoit imaginaire, et il étoit besoin d'effets plus prompts pour un mal si pressant.

Monsieur envoie le sieur de Chaudebonne au Roi, et le sieur d'Aiguebonne son frère fut en même temps dépêché de la cour, pour dire à Monsieur que Sa Majesté avoit toujours les bras ouverts pour le recevoir en grâce, pourvu qu'il retournât à son devoir avec une ferme résolution de ne plus tomber en pareille faute. Son Altesse va à Béziers attendre les nouvelles de la cour, et pour s'assurer aussi de la ville qui faisoit mine de lui vouloir refuser les portes. Au premier avis que le duc d'Elbeuf reçut de cette déroute, il s'en vint trouver Monsieur avec ses troupes pour voir ce qui se passoit au traité, n'étant pas sans appréhension que Monsieur ne fût contraint de consentir à l'annulation de son mariage, pour lequel toute la maison de Lorraine, et lui particulièrement, avoient tant pris de peine.

Les sieurs de Bullion et marquis des Fossés vinrent apporter les volontés du Roi, auxquelles il fallut que Monsieur s'accommodât; elles étoient: 1°. de renoncer à toute intelligence avec l'Espagne, la Lorraine et la Reine-mère; 2°. de demeurer en tel lieu que le Roi auroit agréable; 3°. de ne se point intéresser au châtiment que le Roi feroit de ceux qui l'auroient suivi, à la réserve de ses domestiques étant lors près de lui; 4°. que les étrangers se retireroient six jours après dans le Roussillon; 5°. qu'il ne recevroit aux principales charges de sa maison que des personnes agréables et nommées par Sa Majesté; 6°. que Monsieur éloigneroit ceux qui seroient désagréables au Roi; 7°. que le sieur de Puylaurens avertiroit le Roi de tout ce qui avoit été traité avec les étrangers contre le service du Roi et le bien de l'Etat, et contre les personnes principales qui servoient Sa Majesté en ses affaires, à peine d'être déchu de sa grâce; 8°. et que Monsieur commanderoit à tous les siens d'avertir le Roi de tout ce qu'ils connoissoient se passer au contraire, et que ceux que Sa Majesté désireroit en feroient le serment. Moyennant ce que dessus, à quoi Son Altesse souscrivit, il fut remis aux bonnes grâces de Sa Majesté, rétabli en ses biens, et lui fut permis d'aller à Tours ou à Champigny, maison de feu Madame, avec ses domestiques, auxquels le pardon étoit pareillement accordé avec le rétablissement en leurs biens; de quoi il devoit être expédié des lettres particulières, à la réserve du duc de Bellegarde, du président Le Coigneux et du sieur de Monsigot, qui étoient demeurés en Lorraine et en Flandre. Le Roi pardonna aussi au duc d'Elbeuf, le remit en ses biens, et permit qu'il allât en l'une de ses maisons ; ce qui ne fut qu'après plusieurs contestations que Monsieur eut pour cela avec les commissaires du Roi. Ils sondèrent Monsieur plusieurs fois sur le fait de son mariage, et le sieur de Puylaurens aussi, pour savoir ce qui en étoit ; à quoi il fut répondu par Son Altesse qu'il y avoit bien eu des paroles données, mais que l'exécution en avoit été remise au retour de ce voyage. Monsieur congédia ses troupes étrangères, et, n'ayant point d'argent, fit mettre sa vaisselle d'argent en gage pour avoir de quoi les renvoyer ; pour les autres troupes, elles étoient déjà débandées d'elles-mêmes, sans attendre l'ordre de Son Altesse, qui partit de Béziers le premier jour d'octobre pour prendre le chemin de Tours, l'entrevue de Sa Majesté et de Monsieur ayant été remise à une autre fois. Le comte d'Alais, comme colonel général de la cavalerie, eut ordre d'accompagner Son Altesse par les chemins, pour le faire recevoir par les villes par où il passeroit ; et l'on ne fut pas sans soupçon que ce ne fût pour l'observer et empêcher qu'il s'évadât encore une fois : mais l'on connut depuis que c'avoit été pour éloigner ce comte de la cour, pendant que l'on travailleroit au procès de M. de Montmorency son oncle.

Le Roi ayant eu à Lyon les nouvelles de la déroute de Monsieur, et qu'il n'y avoit aucun prisonnier de sa part, voulut faire exemple, partout où il passeroit, de ceux du parti de Son Altesse qui auroient été mis en arrêt, et commença par le sieur de Cabestan, qui fut exécuté ainsi que Sa Majesté partoit de Lyon. En passant au Pont-Saint-Esprit, le vicomte de L'Estrange, qui avoit pris les armes pour Monsieur, reçut le même traitement; et le sieur des Hayes, qui avoit été arrêté en Allemagne, allant négocier avec l'Empereur et avec le duc de Bavière de la part de la Reine-mère et de Son Altesse, fut amené à Béziers où il ne trouva pas une plus heureuse fin. Mais ce n'étoit pas assez de ces trois têtes, il en falloit une plus illustre pour satisfaire pleinement à la justice du Roi, et celle du duc de Montmorency, comme chef de la révolte de Languedoc, finit la catastrophe de cette sanglante tragédie dans la capitale de son gouvernement, qui fut le dernier jour d'octobre 1632. La France, qui savoit les grands services que les ancêtres de ce seigneur et lui-même avoient rendus à cet Etat, ne put s'empêcher de pleurer son malheur. L'affliction fut encore plus grande au Languedoc, où il avoit tellement gagné le cœur des peuples par sa courtoisie et par sa générosité, que dès lors qu'on sut sa détention il fut fait des prières publiques pour sa liberté.

Mais Monsieur fut le plus outré de douleur, quand il sut que le Roi n'avoit considéré en aucune façon les prières et les très-humbles remontrances que le sieur de La Vaupot lui fit de sa part pour la vie de M. de Montmorency, et qu'on n'avoit pas laissé de passer outre à l'exécution. Se voyant réduit à ce piteux état, et prévoyant que son mariage, que tout le monde tenoit pour certain, ne fût un nouveau sujet à la cour de le quereller et les siens, pour se délivrer de toutes ses craintes il se résolut de retourner en Flandre, et, en passant par Montereau-Faut-Yonne, écrivit au Roi que ne pouvant plus demeurer en France avec honneur après la mort de M. de Montmorency, auquel le sieur de Bullion lui avoit promis que le Roi feroit grâce; ne pouvant non plus après cela trouver de sûreté en France, il étoit contraint de quitter le royaume, et d'aller chercher du repos parmi les étrangers. Il passe par la Lorraine sans s'y arrêter, pour ne pas irriter le Roi davantage contre le duc; de là traverse le Luxembourg, et arrive sur la fin de janvier à Bruxelles.

Bien que les Espagnols, qui avoient fourni aux frais de la guerre de Monsieur, n'en eussent pas tiré l'avantage qu'ils s'étoient promis, ils ne laissèrent pas de le bien recevoir, et de lui faire tout le bon traitement que leurs affaires pouvoient permettre. L'Infante lui laissa le même appartement qu'il avoit déjà eu au palais, et les Espagnols lui donnèrent 30,000 florins par mois pour entretenir sa maison.

[1633] La Reine-mère avoit pris grande part à la disgrâce que Monsieur venoit de recevoir au Languedoc, en ayant eu avis par le sieur de Biscarat qu'elle tenoit auprès de Son Altesse; mais ce qui accrut son déplaisir fut d'apprendre que Monsieur l'eût abandonnée par le traité, et ne put s'empêcher d'en faire de grandes plaintes à la cour de Bruxelles, ne considérant pas, comme elle fit depuis, que c'étoit un effet de la mauvaise fortune de Monsieur, plutôt que manque de respect et d'affection pour Sa Majesté, et que la nécessité de ses affaires le devoit mettre à couvert de tout blâme pour cela envers elle. Aussi la trouva-t-il toute consolée de le voir retourner sain et sauf auprès d'elle et hors des mains de leur ennemi commun; et

c'étoit aussi sur l'espérance qu'étant en même lieu et
agissant de concert, comme elle se proposoit de faire,
leurs affaires en iroient beaucoup mieux, et qu'on les
considéreroit davantage aux rencontres que le temps
pourroit faire naître. Après avoir protesté souvent d'une
union réciproque de volontés et d'intérêts, l'intelligence fut, durant quelque temps, aussi bonne entre
eux qu'il se pouvoit désirer entre des personnes si
proches, qui se trouvèrent embarquées en même vais-
seau et pour une même cause : et il est certain que,
si les ministres de l'un et de l'autre se fussent mieux
accordés, ils n'eussent pas été si fort agités de la tempête, et seroient possible plutôt et plus heureusement
parvenus au port ; mais l'on vit bientôt la défiance se
mettre parmi eux, et chacun ne penser qu'à son fait
particulier, comme il sera dit en son lieu. Cependant
Monsieur ayant donné charge au sieur d'Elbène de
déclarer son mariage au Roi, Sa Majesté le reçoit à
injure d'autant plus grande, que c'a été contre les
défenses expresses qu'elle en avoit faites au duc de
Lorraine, et contre la parole que ce duc lui avoit
donnée de l'empêcher. Son honneur ne lui permettant pas de laisser un tel attentat impuni, Sa Majesté
résout d'aller en Lorraine et d'assiéger Nancy pour en
tirer raison. Le duc connoît sa faute, mais il est malaisé de la réparer. Il sait que la place n'est pas trop
bien pourvue, et qu'il court fortune de la perdre. Il
fait faire divers voyages au cardinal de Lorraine son
frère vers le Roi. Ce sont de grandes soumissions et
protestations de service qu'il fait au commencement
de la part du duc son frère, qui offre même l'inves-
titure du duché de Lorraine en faveur dudit cardinal

de Lorraine, et en fait expédier sa renonciation. Enfin comme il voit Nancy en péril évident, il en accorde la reddition à telles conditions qu'il plaira à Sa Majesté, si dans dix jours la place n'est secourue; offre même de faire mettre entre les mains de Sa Majesté la princesse Marguerite sa sœur. Le cardinal de Lorraine demande ensuite un passeport pour faire sortir son équipage, qui lui est accordé. A la faveur de ce passeport il fait évader la princesse Marguerite (1) sa sœur, en habit déguisé, qui alla trouver Monsieur en Flandre. Nancy se trouvant pressé, et le duc de Feria, qui venoit à son secours, encore bien éloigné; le duc de Lorraine d'ailleurs n'ayant pu consentir qu'il

(1) *Il fait évader la princesse Marguerite*: Les circonstances de cette évasion sont curieuses. La princesse prit la résolution de se faire passer pour l'un des gentilshommes qui devoient accompagner les équipages du cardinal François de Lorraine son frère. Elle s'habilla donc en homme, prit une perruque noire, et se barbouilla le visage avec de la suie. A cinq heures du matin, elle alla dans le couvent où elle avoit été mariée, dire adieu à madame de Remiremont, et l'on peut se figurer la terreur des religieuses, qui chantoient l'office, lorsqu'elles virent au milieu d'elles un homme armé. Ayant bientôt reconnu la princesse, elles firent des vœux pour le succès de son voyage, et elle partit en se recommandant à leurs prières. Le carrosse où elle étoit fut visité dans le quartier du maréchal de camp du Chatelier: il la connoissoit, et elle eût été infailliblement arrêtée s'il fût venu lui-même vérifier son passeport; mais du Chatelier étoit encore au lit, et l'officier qui le remplaçoit laissa passer la princesse. Après avoir traversé l'armée royale elle monta à cheval; et, accompagnée de deux domestiques, elle alla d'une seule traite à Thionville, qui appartenoit aux Espagnols. Elle n'osa y entrer avant d'avoir fait avertir le comte de Wilthz, gouverneur, à qui elle envoya un de ses domestiques. Accablée de lassitude, elle se coucha sur l'herbe à la porte de la ville. « Voilà, dit la sentinelle, « un jeune cadet qui n'est guère accoutumé à la fatigue. » Le gouverneur s'empressa de l'envoyer chercher; madame de Wilthz lui donna des habits de femme, et elle partit quelques jours après pour Bruxelles, où elle arriva heureusement.

fût consigné entre les mains des Espagnols en cas qu'ils fissent lever le siége, comme le duc de Feria lui avoit envoyé proposer par un homme exprès, aima mieux qu'un seul des deux Rois tînt tout son pays que non pas de le voir partager entre les deux, croyant qu'il en auroit plus facilement la restitution, joint qu'il ne désespéroit pas de son chef secourir Nancy. Il juge qu'il est besoin pour cela d'en aller lui-même faire l'essai, et n'en trouve point de meilleur moyen que de se jeter dans la place. Pour cet effet il feint de vouloir tenir le traité fait par le cardinal de Lorraine son frère, mais qu'il désiroit s'aboucher auparavant avec le cardinal de Richelieu, et de rendre ses devoirs au Roi, et fait prier Sa Majesté de lui accorder un sauf-conduit, s'imaginant qu'il lui seroit facile d'exécuter son dessein quand il seroit au quartier du Roi ; mais il fut donné si bon ordre pour observer le duc, qu'il lui fut impossible de s'échapper, et il fut contraint de consentir la reddition de la place entre les mains du Roi le 24 septembre 1633.

Madame, s'étant sauvée de cette façon, fit grande diligence pour se rendre à Thionville, dont elle fut extraordinairement fatiguée. Soudain qu'elle eut dit son nom et sa qualité au comte de Wilthz, gouverneur, et à sa femme, et qu'ils surent son aventure, ils la reçurent avec honneur, et lui donnèrent asile, où elle demeura quelques jours, tant pour se délasser que pour attendre ses hardes et un équipage plus convenable et plus commode pour continuer son voyage. Le comte et la comtesse d'Emden lui rendirent aussi leurs honneurs et respects à son passage par le Luxembourg, et Madame se loua fort depuis de leurs bonnes volontés. Monsieur, ayant été averti par courrier exprès de son heureuse évasion, et des journées qu'elle devoit faire, l'alla trouver à Namur, où l'un et l'autre ne reçurent pas peu de joie de se voir réunis après plusieurs périls que chacun d'eux avoit courus en son particulier; et, sachant combien Madame étoit désirée de la Reine-mère et de l'Infante, il la mena dès le lendemain à Bruxelles. Ce fut à l'envi de ces deux princesses qui la chériroit le plus, et qui témoigneroit plus de contentement de sa vue; mais étant logées au palais, et recevant à toute heure les soins et les libéralités de l'Infante, on l'eût prise plutôt pour la belle-mère que la Reine, qui avoit un autre logement, et se trouvoit en état de recevoir plutôt que de faire des présens. Les Espagnols augmentèrent la pension de Monsieur de 15,000 livres par mois pour l'entretien de Madame, et toute la cour la vint féliciter de son heureuse arrivée.

La Reine-mère tomba malade, de là à quelque temps, d'une fièvre double-tierce dans la ville de Gand, que le Roi envoya visiter par le sieur de Roches; et l'ayant fait pressentir si elle auroit agréable les respects du cardinal de Richelieu, qu'il avoit ordre en ce cas de lui rendre, elle dit que ses persécutions lui étoient plus agréables que ses complimens; et par ce refus se donna depuis l'exclusion pour son retour en France. Le Roi ne laissa pas de lui faire dépêcher les sieurs Pietre et Riolan, fameux médecins de la faculté de Paris, pour l'assister en sa maladie.

Le duc de Marse, de la maison de Colonne, qui commandoit un régiment de cavalerie en l'armée de Flandre, se trouvant un jour chez la Reine-mère ainsi que Monsieur y étoit, et que l'on s'entretenoit des affaires du temps, leur dit qu'il savoit un bon moyen de les tirer l'un et l'autre de peine et pour peu de chose, qui étoit d'assigner une somme de deux mille pistoles à celui de ses compagnons qui tueroit le cardinal de Richelieu, et en cas de mort à sa veuve ou héritiers, s'assurant qu'il n'y en auroit pas un qui ne prît volontiers ce hasard, en donnant cinquante pistoles d'entrée à chacun de ceux que l'on voudroit mettre en besogne pour les frais du voyage. La Reine-mère et Monsieur furent sans repartie, et toute la compagnie auroit été grandement surprise et scandalisée d'une semblable proposition faite à des personnes de cette dignité et piété, n'eût été que le duc venoit de dîner en débauche, où il avoit bu plusieurs santés. L'on croit que le père Chanteloube avoit déjà fait son profit par une pareille entreprise (1) qui devoit être exécutée par Alfeston, lequel ayant été découvert et mis ès mains du nouveau parlement de Metz, fut le premier criminel contre lequel il donna arrêt de mort.

Sur la fin de l'année 1633 l'Infante mourut d'une fièvre continue, dans l'estime d'une princesse des plus accomplies du siècle. Elle ne fut pas seulement regrettée en Flandre et en Espagne; ses propres ennemis la trouvèrent à redire, comme si le génie de la paix se fût retiré avec elle. Monsieur et Madame en furent d'autant plus affligés, que c'étoit d'elle qu'ils tiroient leur principale consolation dans leur mauvaise fortune.

(1) *Une pareille entreprise :* Les détails se trouvent dans les Mémoires de Richelieu. Il n'est nullement prouvé que le père Chanteloube ait eu part à cette criminelle entreprise. Voyez le tome XXVIII de cette collection, pages 46 et suivantes.

[1634] Les visites que le sieur de Puylaurens avoit faites chez la princesse de Chimay depuis le retour de Monsieur à Bruxelles, avec la beauté de la personne, l'avoient rendu tellement amoureux de mademoiselle de Chimay la fille, qu'il avoit oublié ses amours de Lorraine, et quitté la marque de chevalerie que madame la princesse de Phalsbourg lui avoit donnée en partant de Nancy, qui étoit un nœud bleu, traversé par le milieu d'une petite épée, avec cette inscription : *Fidélité au bleu mourant*, que Puylaurens avoit accoutumé de porter du côté du cœur, pour prendre au lieu le galant vert qui étoit la couleur de la demoiselle de Chimay. La princesse de Phalsbourg ayant su ce changement, ne peut souffrir d'être ainsi méprisée, et conçoit une haine mortelle contre Puylaurens. La passion qu'elle a d'en venir elle-même tirer raison sur le lieu, lui fait trouver moyen de se sauver des mains du sieur de Brassac, gouverneur de Nancy, prenant l'occasion du carrosse dans lequel le colonel Brono alloit et venoit tous les jours dans la ville avec ses hardes, sans être visité ni fouillé aux portes, et s'étant enveloppée dans une robe de chambre, trouva facilité à faire réussir son entreprise, et se rendit à Bruxelles au mois de mars 1634. On lui donna son logement au palais proche celui de Madame.

Le bruit ayant été commun partout que le cardinal de Richelieu avoit entrepris de faire déclarer nul le mariage, comme il fut depuis, et de donner à Monsieur la duchesse d'Aiguillon sa nièce, toute la maison de Lorraine, et particulièrement la princesse de Phalsbourg, en eut l'alarme, et elle ne fut pas plutôt arrivée en Flandre, qu'elle pourvut autant qu'il lui fut possible à maintenir ce qui avoit été fait, et empêcher qu'il ne pût être donné atteinte à ce mariage. Pour cela elle crut n'avoir que trois choses à faire : la première, puisque Monsieur savoit en son ame avoir bien et valablement contracté son mariage, faire instance à Son Altesse qu'il lui plût le répéter solennellement pour plus grande sûreté ; la seconde, de le faire confirmer et approuver par les docteurs de la faculté de Louvain ; la troisième, d'écrire une lettre bien expresse au Pape, par laquelle Monsieur déclareroit qu'il tient en son ame son mariage bon et valable, et que ce qu'il lui en écrivoit étoit la pure vérité, se trouvant lors en lieu où il étoit maître de ses actions et de ses volontés, suppliant Sa Sainteté n'ajouter aucune foi à d'autres lettres ni actes qu'il pourroit faire ci-après, soit en public ou en particulier, au préjudice de la déclaration qu'il en faisoit lors à Sa Sainteté, et de s'assurer qu'à moins que d'y être forcé par une puissance supérieure, il ne peut jamais être dému d'une si sainte résolution, en quelque façon que ce puisse être.

Monsieur lui accorda de bonne grâce tout ce qu'elle demandoit, comme un homme qui étoit dans la bonne foi, et vouloit tenir religieusement sa parole. L'archevêque de Malines fut mandé à l'heure même, entre les mains duquel Monsieur et Madame se promirent de nouveau la foi conjugale l'un à l'autre, en présence du duc d'Elbeuf et de tous les principaux officiers de Leurs Altesses.

Les mémoires concernant le mariage furent envoyés aux docteurs de Louvain (1), qui en firent deux

(1) *Envoyés aux docteurs de Louvain :* Voyez dans la note de la

consultes séparés en latin, l'un suivant le droit canon, l'autre suivant le droit civil, et au bas de chacun déclarèrent le mariage bien et valablement contracté, avec cette clause même que, encore que par une force majeure quelque mariage que ce fût vînt à être déclaré nul, en sorte qu'il intervînt un décret du Pape confirmatif de la sentence, et portât peine d'excommunication, celui qui auroit contracté le mariage étoit tenu en conscience de subir l'excommunication plutôt que de rompre ce mariage, sachant en son ame l'avoir bien et valablemem contracté, et ce conformément à l'opinion de Sanchez et autres casuistes. La lettre pour le Pape fut aussi expédiée dans les termes que la princesse avoit désiré, et fut avisé, pour donner plus de poids au sujet pour lequel elle étoit écrite, d'envoyer personne expresse au Pape. Le sieur Passart, contrôleur général des finances de Monsieur, fut choisi pour cela, lequel, s'étant mis en chemin pour s'acquitter de sa commission, fut arrêté dès la frontière, et envoyé à la Bastille. On fut fort offensé à la cour de cette dépêche, dont Monsieur ne laissa pas depuis d'envoyer un *duplicata* par autre voie à Sa Sainteté.

La princesse de Phalsbourg, ayant obtenu ce qu'elle désiroit pour le mariage de Monsieur et de madame sa sœur, il lui restoit une autre chose à faire qui ne lui tenoit guère moins au cœur, qui étoit de réduire Puylaurens à lui faire réparation de l'injure qu'elle prétendoit en avoir reçue. Peu de jours après la mort de l'Infante, le marquis d'Aillon fit arrêter le prince de

---

page 474 du tome VIII des Mémoires de Richelieu (tome XXVIII de cette collection), la division que cette question fit naître parmi les théologiens français.

Barbançon, et avoit ordre de faire le semblable du comte d'Egmont, du prince d'Espinoy et du duc de Bournonville, qui avoient traité avec le Roi pour la conservation de leurs priviléges ; mais les trois derniers en ayant eu avis se sauvèrent en France, et le duc d'Arscot, qui s'étoit acheminé à la cour d'Espagne, y fut arrêté prisonnier comme chef de cette ligue. Le sieur de La Vieuville fut relégué à Oudenarde, soupçonné d'avoir eu part à cette pratique, y ayant grande familiarité entre lui et le duc d'Arscot qui le chargea depuis par sa déposition.

La princesse de Phalsbourg trouva les affaires fort disposées à Bruxelles pour l'exécution de son dessein contre Puylaurens, et prit incontinent le parti de la Reine-mère qui étoit fort mal satisfaite de lui. Il y avoit long-temps qu'il ne voyoit point le père Chanteloube, et celui-ci n'alloit pas non plus chez Monsieur. Il sembloit aussi que Son Altesse n'allât pas tant chez la Reine pour s'acquitter de ses devoirs que pour lui faire bravade, et même que Son Altesse trouvât à redire que Madame eût des conférences si fréquentes et si particulières avec elle.

Le père Chanteloube, qui prétendoit avoir la surintendance de toutes ses affaires comme principal conseiller de la Reine-mère, lui faisoit entendre que Monsieur ne se devoit conduire que par ses avis, et que c'étoit elle, comme mère et comme reine, qui devoit avoir la principale autorité aux choses qui regardoient leur commun intérêt. Puylaurens, d'autre côté, vouloit bien que l'on sût le peu de considération où se trouveroit la Reine-mère, tant au dedans que hors du royaume, si elle étoit désunie d'avec Monsieur, qu'il importoit peu à la France qu'elle y retournât ou non; mais que c'étoit la personne de son maître qui y étoit désirée, comme le plus nécessaire, et sans lequel elle ne se pouvoit remettre en crédit; que comme Monsieur ne pouvoit espérer aucun avantage de la Reine sa mère, mais bien un obstacle perpétuel à ses affaires particulières tant qu'il se tiendroit joint à elle, sa mère et son conseil n'auroient pas raison de vouloir que Son Altesse dépendît si absolument de ses volontés; qu'il tenoit la loi du père Chanteloube, qui étoit un pauvre prêtre à qui les douleurs de la goutte avoient estropié l'esprit aussi bien que le corps.

Cette brouillerie de Monsieur avec la Reine-mère engendra plusieurs querelles parmi leurs gens. Le Sec, qui tenoit le parti du père Chanteloube, se sentit offensé de quelque action de mépris que le comte de La Rochepot, fils de du Fargis, avoit faite de lui à la messe aux Jésuites; et d'autant que ce comte étoit jeune, il prétend que le sieur du Fargis son père en doit faire la raison. Heurtaut va trouver le sieur du Fargis à ce sujet, lequel ayant répondu en riant à Heurtaut: « Quoi! ce méchant homme voudroit-il bien mettre l'épée à la main contre moi? ». Heurtaut lui donna le démenti, disant que Le Sec étoit homme de bien, tira l'épée en même temps, et blessa dangereusement le sieur du Fargis qui n'avoit pu encore se débarrasser de sa casaque, lui ayant percé le poumon à côté, dont il fut quatre mois à guérir. De cette querelle il en naquit de là à quelques jours une autre entre le même Heurtaut et un gentilhomme allié du sieur du Fargis, nommé Fontaine, qui fut tué sur la place après avoir bien fait de la peine à Heurtaut. Il y en eut beaucoup d'autres entre divers particuliers et pour différens sujets qu'il seroit trop long de raconter. Le marquis d'Aytone n'avoit la tête rompue d'autre chose, et disoit que les gens de la Reine-mère et de Monsieur lui faisoient plus de peine qu'il n'en avoit à gouverner tous les sujets du Roi son maître en Flandre.

Monsieur ayant reçu quelques ouvertures d'accommodement de la part du Roi, il en donne part aux ministres d'Espagne afin de leur faire voir sa franchise, et déclare qu'il ne veut rien faire sans eux, leur étant trop obligé pour en user d'autre façon. De leur avis, Monsieur demanda Châlons-sur-Sâone pour retraite, ou que l'on consente à son mariage. L'un et l'autre lui ayant été refusés, le traité se tourne en fumée. Pour tout cela les soupçons ne laissent pas de continuer dans l'esprit de la Reine-mère, parmi les Espagnols et les Lorrains, que Puylaurens entretient toujours commerce avec le cardinal de Richelieu, pour soustraire Monsieur au premier jour de leurs mains, et lui faire abandonner sa mère, sa femme, et payer d'ingratitude ceux auxquels il est d'ailleurs obligé pour tant de bons traitemens reçus en sa mauvaise fortune. La princesse de Phalsbourg et le duc d'Elbeuf fomentent de plus en plus ces jalousies, sur les avis qu'ils ont de la cour que le traité continue, voyant aussi qu'il y avoit tous les jours des courriers en campagne dépêchés par les d'Elbène, qui en étoient les négociateurs à cause de quelque habitude que l'abbé d'Elbène avoit avec le sieur de Chavigny, fils du sieur Bouthillier, qui étoit le principal confident du cardinal de Richelieu.

Son Altesse avoit promis au sieur Le Coigneux, lorsqu'elle lui donna son congé, de le remettre bientôt dans l'exercice de sa charge de chancelier, comme j'ai déjà dit. Il passa néanmoins deux années et plus dans cet exil avec beaucoup d'incommodité, ne lui étant pas seulement défendu de retourner en France où son procès étoit fait, mais trouvant encore beaucoup de difficulté d'en tirer de quoi subvenir à ses besoins : et ce qui rendoit sa condition plus malheureuse, c'étoit que Monsieur ne pensoit nullement de le rappeler auprès de lui tant qu'il seroit hors de France. Cependant il étoit averti des grabuges d'entre la Reine-mère et Monsieur, de la haine que la princesse de Phalsbourg et toute la maison de Lorraine portoient à Puylaurens, et croyoit que tout cela dût faire pour lui, avec le mécontentement presque général de ceux de la cour de Son Altesse, qui se lassoient d'un si long exil et portoient envie à la faveur de Puylaurens.

Le Coigneux savoit aussi la négociation des d'Elbène, et ne doutoit point que Monsieur ne fût en volonté de se tirer au plus tôt de tous ces embarras, et que l'accommodement de Son Altesse avec le Roi ne pouvoit pas souffrir davantage de remise ; mais il craignoit d'être exclus de ce traité, ainsi qu'il l'avoit été de celui de Béziers ; s'il ne se trouvoit en meilleure posture auprès de son maître. Il y avoit déjà quelque temps que ses amis le sollicitoient de venir, l'assurant que s'il pouvoit s'aboucher avec Son Altesse seul à seul l'espace d'une demi-heure, non-seulement il seroit rétabli aussitôt dans sa place, mais qu'il pourroit donner à son tour la chasse à Puylaurens, et s'imaginoient que Monsieur étoit autant las qu'eux de la conduite de celui-ci. Le Coigneux se flatte d'espérance, et se laisse aisément persuader à faire cette tentative, après s'être assuré de la protection de la Reine-mère par l'entremise du duc d'Elbeuf, avec lequel il étoit lors en bonne intelligence. Il entreprend le voyage, et surprend Monsieur un jour que Son Altesse étoit seule dans son cabinet. Elle le reçut fort humainement, mais elle lui sut mauvais gré de ce qu'il étoit venu contre ses défenses, l'interrompit souvent en son discours, et le laissa incontinent sans lui avoir fait autre réponse, sinon qu'il penseroit à le tirer au plus tôt d'affaire. Puylaurens étoit lors chez la princesse de Chimay, qui ne se mit pas beaucoup en peine quand il eut avis de cette venue, tant il se tenoit assuré de l'esprit de son maître.

Au commencement du mois de mai 1634, Puylaurens reçut un coup de carabine, montant le grand escalier du palais pour aller souper à son appartement; la carabine étoit courte et de gros calibre, qui fut tirée de l'autre côté de l'escalier. Les sieurs de La Vaupot et Roussillon-Daradous, qui étoient avec lui, furent blessés, le premier à la mâchoire, et l'autre à la tête. Pour Puylaurens, il n'eut que la peau de la joue un peu effleurée, et les autres balles furent arrêtées par la touffe de ses cheveux, sans lui faire d'autre mal. L'assassin se sauva par un petit degré qui étoit à l'un des côtés de ce grand escalier ayant issue à une rue fort basse, après avoir laissé son manteau et sa carabine dans la cour du palais. Monsieur et toute sa cour accoururent incontinent au bruit. Son Altesse commande au sieur de Lasseré d'aller demander justice au marquis d'Aytone; le juge criminel est mandé et l'ordre donné sur-le-champ pour faire exacte recherche de l'assassin et de ses complices et en faire le châtiment. Deux soldats étant à la suite du père de Chanteloube sont pris et interrogés en présence dudit de Lasseré; et l'on eût pu tirer lumière de l'affaire par la suite de leurs dépositions, si le marquis d'Aytone n'eût dit à Monsieur qu'il n'étoit pas besoin de s'en mettre davantage en peine, qu'il savoit bien celui qui avoit entrepris de faire le coup, et le déclareroit à Son Altesse quand il en seroit temps, mais qu'il ne le pouvoit faire encore, pour ne point choquer des personnes très-puissantes, et supplioit Son Altesse pour cette raison de l'en vouloir dispenser. Le soupçon tomba sur Clausel, à cause qu'il étoit de la faction du père Chanteloube (1) et du duc d'Elbeuf; mais on en eut un plus fort indice sur ce que la casaque ou manteau se trouva toute parfumée, et que Clausel avoit accoutumé de mettre des senteurs à ses cheveux; ce qui fut confirmé depuis par le marquis d'Aytone, après que ledit Clausel fut sorti de Bruxelles.

Monsieur avoit déjà fait ce jugement de Clausel, qu'il croyoit avoir été mis en besogne par le père Chanteloube, et à toutes les fois qu'il parloit de l'action, il l'appeloit du nom de Chanteloubade. Puylaurens disoit aussi avoir de l'obligation à la princesse de Phalsbourg, de ce qu'elle ne l'avoit pas voulu faire saluer d'une balle seule, et qu'elle en eût fait mettre vingt dans la carabine, qui furent ramassées sur les marches du grand escalier. L'on jugea bien en effet que cette

---

(1) *De la faction du père Chanteloube* : Cette insinuation contre le père de Chanteloube ne paroît pas plus fondée que celle dont nous avons déjà parlé.

action n'étoit pas d'un homme seul, et que d'autres lui avoient aidé à charger la carabine. L'on ne put pas croire non plus que l'entreprise fût faite à l'insu des Espagnols. Madame du Fargis avoit déjà dit au sieur de Puylaurens les plaintes qu'ils faisoient du peu de sûreté qu'il y avoit en ses paroles. Elle lui fait appréhender un second arquebusier qui soit plus adroit que le précédent, et que les Espagnols ne se mettent pas plus en peine de les avertir qu'à la première fois. Ayant donc considéré que sans leur protection il lui étoit impossible de résister à tant de puissances qui avoient conjuré sa ruine, il entend aux expédiens qui lui furent donnés par madame du Fargis, qui étoient de faire une liaison plus étroite que jamais avec les Espagnols, et d'en faire passer un écrit authentique par Son Altesse, ce qui fut fait. Ensuite de quoi ils promirent une armée à Monsieur ; et Puylaurens fut depuis en assurance, ayant aussitôt commencé à sortir du palais, ce qu'il n'avoit osé faire auparavant ; mais il étoit toujours fort accompagné, rendant ses soins ordinaires à la princesse de Chimay la fille. L'amour qu'il avoit pour elle ne déplaisoit pas aux Espagnols ; le marquis d'Aytone lui promit de la part du roi d'Espagne un honnête établissement dans le pays s'il vouloit entendre à ce mariage. Puylaurens témoigne se sentir obligé de cette bonne volonté ; et, après lui avoir avoué sa passion, lui dit qu'il souhaiteroit pouvoir dès l'heure même exécuter ce qu'il lui faisoit l'honneur de lui proposer, puisqu'il l'assuroit de l'agrément de Sa Majesté Catholique ; mais qu'il falloit que la fortune de son maître fût plus certaine et arrêtée avant que de penser à établir la sienne particulière.

De là à quelques jours, Monsieur se rendit à l'armée des Espagnols, qui étoit lors au pays de la Campine, aux environs de Maestricht. Le duc de Lerme reçut Monsieur à son quartier, et voulut faire paroître la magnificence espagnole, ayant traité trois jours durant Son Altesse et toute la noblesse qui étoit du voyage, avec grand apparat. Les mets étoient accommodés à la française ; et, à la fin des repas, il faisoit apporter deux sacs, chacun de mille pistoles, au bout de la table pour ceux qui voudroient jouer, sans autre condition sinon qu'ils rendroient l'argent s'ils vouloient, ou quand ils en auroient la commodité. Son Altesse s'en retourna incontinent à Bruxelles, disant au marquis d'Aytone qu'il s'en alloit donner ordre à son armement, ayant dépêché auparavant Le Coudray-Montpensier à l'Empereur, duquel devoient venir les principales forces de cette armée. Monsieur se moquoit en lui-même de ce beau dessein de guerre dont ils pensoient l'amuser, connoissant leur impuissance : néanmoins il ne leur faisoit point paroître de s'en apercevoir, et jouoit fort bien son personnage.

Il arriva en ce temps-là un accident à sa cour, qui causa grande rumeur et faillit à faire couper la gorge à plusieurs gentilshommes français. Vieuxpont discourant un jour dans la chambre de Monsieur avec un gentilhomme de Champagne nommé Brantigny, et ayant tenu un discours injurieux à la personne du Roi, Brantigny releva la parole et dit qu'il parloit mal. Vieuxpont reconnut sa faute, et tâcha de la réparer sur-le-champ le mieux qu'il put, priant Brantigny de n'en pas faire plus de bruit ; mais il n'y eut pas moyen de tenir la chose secrète. Besançon, qui étoit proche d'eux, avoit entendu le dialogue, et, comme il cherchoit quelque occasion de se tirer de la misère où il étoit et de se raccommoder à la cour, crut que celle-ci se présentoit favorable à son dessein, s'il faisoit le zélé pour l'honneur et pour la réputation du Roi. Il en fait grand éclat, et tâche d'intéresser tout ce qu'il y avoit de Français à la cour de Son Altesse. Vieuxpont, ayant avis qu'il vouloit faire le bon Français à ses dépens, lui voulut faire mettre l'épée à la main, l'ayant vu passer dans la rue, ce que Besançon tâcha d'esquiver, voyant Senantes venir en même temps à lui, et croyant que ce fût une partie faite pour l'assassiner. Il rencontra quelque embarras qui l'empêcha de gagner son logis, et le fit tomber à terre, où Vieuxpont le blessa de plusieurs coups. Brantigny et Jacquinot le firent depuis appeler en duel avec Senantes, où le premier fut tué sur la place. Besançon s'adresse au secrétaire d'Amontot, étant lors pour le service du Roi à Bruxelles, pour avoir la protection du Roi, puisque c'est pour son service qu'il avoit souffert injure d'Amontot, et demande réparation à Monsieur ; mais Vieuxpont et Senantes s'étoient déjà évadés, et Besançon eut ordre du conseil d'Espagne de sortir du pays dans deux fois vingt-quatre heures.

Le retour de Monsieur si prompt de l'armée espagnole, étoit pour voir ce qui se passoit en la négociation des d'Elbène qui avoit eu quelque intervalle depuis l'écrit donné aux ministres d'Espagne ; mais elle n'avoit pas été entièrement rompue, et s'étoit de nouveau réchauffée, encore que ce fût plus secrètement que par le passé.

Les négociateurs ayant été rebutés plusieurs fois,

trouvèrent enfin disposition de part et d'autre à l'accord projeté de si longue main.

Les états de Hollande pressoient le Roi d'en venir à une rupture ouverte avec l'Espagne, autrement ils menaçoient Sa Majesté de faire la paix avec le roi d'Espagne, ou du moins une trève à longues années. Le cardinal de Richelieu désiroit non-seulement les conténter pour le premier chef, mais encore les obliger d'entrer de nouveau en ligue avec le Roi, jugeant bien ne pouvoir pas faire grands progrès du côté de Flandre s'ils n'étoient de la partie. La personne de Monsieur étoit nécessaire sur toute autre chose à son dessein, vu que ces Etats et autres alliés, qui voyoient le Roi sans enfans, et sa santé fort douteuse, faisoient grand scrupule d'entrer en cette nouvelle ligue, tant qu'ils verroient l'héritier présomptif de la couronne entre les mains des Espagnols.

D'autre côté, Monsieur s'ennuyoit d'une si longue demeure aux pays étrangers, faisant réflexion sur ses malheurs passés, et en appréhendant encore de plus grands s'il tentoit derechef la voie des armes pour se rétablir en France, ne voyant pas aussi les Espagnols en état de lui pouvoir donner les choses nécessaires pour cela. Les brouilleries continuelles de sa maison lui faisoient aussi beaucoup de peine, et outre cela ayant eu nouvelle de la bataille de Nordlingen, il appréhendoit la venue du cardinal Infant, auquel il falloit quitter le logement du palais, ne sachant d'ailleurs comment ils se pourroient accommoder ni de quelle façon ils auroient à traiter l'un avec l'autre. Puylaurens se voyoit aussi menacé de la venue du duc de Lorraine à la cour de Bruxelles; et bien que, laissant l'affaire du mariage de Monsieur indécise, comme il s'y voyoit contraint, il prévit beaucoup de péril en France, il trouve encore moins de sûreté pour lui à Bruxelles, et se résout en premier lieu de parer au coup qui lui pendoit sur la tête, espérant qu'il trouveroit quelque moyen d'esquiver avec le temps le mal qui étoit le plus éloigné.

Monsieur tenoit son traité fort secret, particulièrement à Madame, de peur qu'elle n'en donnât avis à la princesse de Phalsbourg sa sœur, s'étant même abstenu près de six semaines de coucher avec elle. Il garda le même secret envers le sieur du Fargis et sa femme, à cause de l'attachement qu'ils témoignèrent d'avoir aux Espagnols en toutes sortes de rencontres, joint que, lors de l'écrit que Monsieur signa aux Espagnols, la dame du Fargis leur avoit été comme garante de la parole de Son Altesse et de celle de Puylaurens, qui étoit de n'entendre jamais aucun traité avec le Roi que ce ne fût avec leur participation; et jusqu'au jour que Monsieur partit de Bruxelles, il continua à se servir du sieur du Fargis pour maintenir la bonne intelligence entre Son Altesse et les Espagnols, et pour leur ôter les ombrages que la Reine-mère et les Lorrains leur donnoient à tous momens de son traité.

Mais, quelque soin que Monsieur apportât pour le tenir caché, il ne se put faire que l'on n'en eût le vent à Bruxelles. La princesse de Phalsbourg et le duc d'Elbeuf dépêchent au marquis d'Aytone qui étoit encore à l'armée, pour lui en faire part, et lui demandent raison de la perfidie de Puylaurens, auquel il avoit naguère donné protection. Monsieur s'en va à Namur, sous prétexte de se vouloir justifier au marquis d'Aytone sur tous les bruits que l'on avoit publiés de ce traité; mais c'étoit en effet pour en aller attendre la dépêche à Dinant au Liége, où l'ordre avoit été donné qu'on lui en enverroit un *duplicata*, et un autre à Bruxelles par la voie du messager ordinaire, croyant de là continuer son voyage en France. Il fut bien surpris quand il sut que le marquis étoit à Namur : il le va trouver, et lui fait ses plaintes de quelques mauvais esprits qui tâchoient à les brouiller, protestant qu'il vouloit demeurer dans les termes de son écrit. Le marquis lui dit qu'il savoit de bon lieu que son accommodement étoit fait avec le Roi, et s'en réjouissoit comme serviteur de Son Altesse ; qu'il n'avoit rien à lui dire là-dessus que ce qu'il lui avoit souvent déclaré de la part du Roi son maître, que tant qu'il plairoit à Son Altesse demeurer dans les Etats de Sa Majesté Catholique, Monsieur y seroit toujours le maître ; mais quand Son Altesse trouveroit sa sûreté et sa satisfaction en France, bien loin que Sa Majesté Catholique se voulût opposer à son retour, elle seroit la première à le lui conseiller, lui faisant excuse de ce que les affaires du pays ne lui avoient pas permis de le traiter avec plus de dignité, et suppliant Son Altesse de le faire avertir de son départ, afin qu'il pût lui rendre les honneurs qui étoient dus à un si grand prince, en le conduisant jusqu'à la frontière.

Monsieur ne voulut pas avouer le traité, mais il ne s'en défendit pas trop bien, et parut un peu embarrassé. Le comte de Salazar s'en étant aperçu, demanda au marquis pourquoi Monsieur ne lui tenoit pas grand discours contre sa coutume. Il lui répondit : *Sa Al-*

teza quiere scapar. Bien que son jeu fût découvert, il ne laissa pas de faire la meilleure mine qu'il put, et s'en retourna à Bruxelles attendre la venue du messager ordinaire. Les ennemis de Puylaurens, ne doutant plus de ce traité, conspirèrent ouvertement sa ruine, et résolurent de l'attaquer en quelque lieu qu'ils le rencontreroient, quand ce devroit être dans les bals de Bruxelles, et de faire main basse sur tout ce qui seroit dans son carrosse plutôt que de le manquer. Le jour étoit pris au 9 d'octobre, auquel se devoient faire les feux de joie de la victoire remportée à Nordlingen par le cardinal Infant; mais dès le jour précédent la partie fut rompue.

Monsieur étant sorti de grand matin, sous prétexte d'aller à la chasse du renard, prit la route de La Capelle où il arriva dès le soir même. Il emmena Puylaurens et quelques autres avec lui; et, prévoyant les reproches que les Espagnols feroient au sieur du Fargis de ce départ si précipité, encore qu'il se fît à son insu, il eut soin aussi de l'emmener, après l'avoir envoyé quérir par trois fois à son logis, afin de l'ôter des mains des Espagnols, qui adressèrent leurs plaintes à madame sa femme, et la reléguèrent à Gand; mais ayant été depuis assurés qu'elle n'avoit eu non plus aucune connoissance du traité de Monsieur, ils la laissèrent retourner à Bruxelles, et lui continuèrent son entretènement à raison de 600 livres par mois, sans ce qu'elle tiroit de la charge de dame d'honneur de Madame, qui montoit à pareille somme.

La première chose que fit Monsieur étant en France, fut de dépêcher le sieur de Saint-Quentin à Madame, et l'assurer qu'il lui seroit partout bon et inviolable mari. Il envoya ordre par écrit au sieur de Chaudebonne, chevalier d'honneur de Madame, et au sieur de Lasseré, secrétaire des commandemens, de demeurer auprès d'elle pour lui continuer leurs services. Outre cela il laissa les officiers de sa maison qui avoient accoutumé de la servir, étant au nombre de soixante et quinze, entre lesquels il y avoit des suisses, pages, valets de pied et des cochers, vêtus des livrées de Son Altesse, et fit faire fonds de 15,000 livres par mois pour toute la dépense de la maison de Madame. Le sieur de Chaudebonne eut depuis ordre des Espagnols de se retirer, et le sieur Goulas aussi, qui étoit resté pour faire partir la maison, sachant qu'ils avoient contribué à la négociation des d'Elbène.

Le sieur Bouthillier, surintendant des finances, étoit venu au-devant de Monsieur à Soissons avec 45,000 écus en lettres de change, qui le firent d'autant mieux recevoir de Son Altesse. Elles furent aussitôt envoyées à Bruxelles, et servirent à dégager la maison de Son Altesse. Bautru avoit aussi été envoyé à Monsieur pour se réjouir de son retour de la part du cardinal de Richelieu, auquel Son Altesse fit pareillement de grandes caresses. Il s'entretint en particulier avec le sieur de Puylaurens sur le fait du mariage de Monsieur; et lui ayant demandé l'état auquel étoit demeurée cette affaire, Puylaurens lui dit que la décision en étoit remise à Paris, et ne croyoit pas que l'on désirât rien de son maître qui fût contre sa conscience; à quoi Bautru répondit qu'il voudroit comme son ami qu'il fût encore en Flandre, puisque Monsieur et lui n'avoient point résolu de consentir à la nullité du mariage. C'étoit bien aussi le sentiment d'aucuns, particulièrement de Son Altesse et de madame du Fargis, qu'il ne falloit point penser de retourner en France que l'on ne fût déchargé de ce fardeau et vidé la question.

Mais M. de Puylaurens fut pressé d'ailleurs, comme il a été dit, et n'eut pas le temps de faire tout ce qu'il eût bien voulu pour sa propre sûreté. Il fut encore blâmé de ses proches et de ses amis, que pour faire ce traité qui lui étoit de si grande importance, il se fût servi des d'Elbène, qui ne lui étoient ni obligés ni assez confidens, ayant même à considérer l'intérêt qu'ils avoient à se faire dédommager de l'évêché d'Alby qu'on leur avoit ôté, et que pour faire leur condition meilleure, ils n'auroient possible point fait scrupule de le sacrifier en lui célant le péril visible où il s'alloit jeter. Le Coudray-Montpensier eut peine de consentir à ce traité ; mais ce fut parce que son intérêt ne s'y trouva pas dès le commencement ; et soudain que d'Elbène lui eut porté parole de 50,000 liv. il fut le premier à y donner les mains.

Monsieur vint saluer le Roi à Saint-Germain-en-Laye, qui témoigna beaucoup de joie de sa venue, et le fit souper avec lui. Le cardinal de Richelieu le traita aussi, et c'étoit de grandes acclamations de toute la cour de la réconciliation de Monsieur avec Sa Majesté.

Peu de jours après, il se fit trois mariages à la cour, des filles du baron de Pont-Château et de celle de du Plessis de Chivray, toutes trois cousines du cardinal de Richelieu. L'aînée Pont-Château fut mariée au duc de La Valette ; la seconde au sieur de Puylaurens ; mademoiselle du Plessis de Chivray au comte de Guiche, fils du comte de Grammont. En faveur de ce mariage, le sieur de Puylaurens fut fait duc et pair, et la terre d'Aiguillon, qu'il avoit acquise auparavant, devoit porter le nom et titre de duché de Puylaurens ; mais il fut tellement aveuglé de sa faveur et de tous ces honneurs qu'on lui faisoit avec tant de précipitation et quasi avant qu'il les eût demandés, qu'il ne considéra pas que c'étoit à dessein qu'il en seroit reconnoissant, et feroit de même les choses qu'on désireroit de lui, sans attendre qu'on s'en expliquât davantage ; et comme le cardinal de Richelieu le trouva ferme sur le fait du mariage de son maître, et qu'il n'en pouvoit rien tirer de précis non plus qu'au premier jour, il conseilla au Roi de s'en défaire. Incontinent après que Puylaurens eut été complimenté de toute la cour sur son mariage et sur sa nouvelle dignité, Sa Majesté l'ayant fait arrêter et mener au bois de Vincennes le 14 février 1635, les sieurs du Fargis et Coudray-Montpensier furent envoyés en même temps à la Bastille.

Le marquis de Celade, s'en allant de Flandre en Espagne sur la fin de décembre 1634, avoit salué Monsieur en passant à Blois, et pressentit que Son Altesse commençoit d'avoir quelque dégoût de la cour, qui l'obligeoit de s'en éloigner et de se tenir à Blois. Il en donne avis aussitôt au marquis d'Aytone en Flandre, lequel, sachant la confiance que Son Altesse et le sieur de Puylaurens avoient au sieur de Lasseré, qui étoit demeuré près de Madame à Bruxelles, vint avec le duc de Lerme et le président Rose au logis de la princesse de Chimay, où étoit madame du Fargis, et mandèrent ledit Lasseré pour faire savoir par lui à Monsieur qu'ils étoient bien informés du peu de satisfaction que Son Altesse avoit depuis son retour en France; qu'encore qu'il ne se fût pas bien séparé d'eux, ils ne laissoient pas d'avoir toujours grand respect pour sa personne, et la même passion de le servir; qu'ils lui offroient de nouveau la retraite dans les Etats du Roi leur maître, et que Son Altesse pouvoit s'assurer d'y trouver la même liberté et sûreté qu'il avoit toujours fait, et même qu'ils essaieroient de le traiter avec plus de dignité qu'auparavant. Ils furent d'avis d'abord qu'il dépêchât courrier exprès à Son Altesse, mais sous autre prétexte; de quoi il se défendit, disant qu'il n'avoit ordre d'écrire que par la voie du courrier ordinaire, par lequel l'avis pourroit arriver aussitôt et sans soupçon; ce qu'ils approuvèrent depuis, et firent prier Lasseré, par madame du Fargis, leur faire savoir sa réponse sitôt qu'il l'auroit reçue. Lasseré ne manqua pas d'avertir Monsieur et le sieur de Puylaurens de ce nouvel office que lui faisoient les Espagnols; et bien que ce fût avec tout le secret et la fidélité de sa part que l'on pouvoit désirer, il ne put si bien faire que le cardinal de Richelieu n'en eût l'avis d'ailleurs et que la dépêche ne tombât entre les mains du cardinal; ce qui fit encore hâter l'arrêt du sieur de Puylaurens.

Le cardinal Infant étoit arrivé à Bruxelles dès le 2 novembre 1634, et, afin de rendre son entrée plus célèbre, s'étoit fait accompagner par dix mille chevaux armés de toutes pièces, tant de l'armée de Flandre que de ceux qu'il avoit amenés d'Allemagne. Il avoit cent gardes tudesques vêtus de ses livrées, qui étoient moitié de velours et moitié de taffetas jaune, à bandes garnies de passement, houppées de cette couleur, mêlée de tané et ginjolin, et marchoient au devant de lui avec leurs timbales. Il étoit vêtu en cavalier à la française, portant le même habit qu'il avoit à la bataille de Nordlingen. On dressa depuis quantité d'arcs de triomphe à Bruxelles et à Anvers, et fut reçu par tout le pays avec des joies et acclamations nompareilles, comme leur restaurateur. Il vint descendre au logis de la Reine-mère, et alla de là à quelques jours visiter Madame, qu'il traita de *Votre Altesse*. La Reine-mère fut d'avis que Madame le traitât de la même façon, encore que tous les princes et états d'Italie l'eussent traité d'Altesse royale. On commença dès lors en France de traiter aussi Monsieur d'Altesse royale. Les Français qui étoient restés à Bruxelles eurent un peu à souffrir depuis le départ de Monsieur; les Espagnols leur donnoient souvent des nazardes par les rues, et reprochoient leur ingratitude. Ils se vengèrent aussi sur un portrait de Monsieur qui servoit d'enseigne à la boutique de son cordonnier, l'ayant abattu et mis en pièces.

[1635] Le Roi, ayant résolu de déclarer la guerre au roi d'Espagne, envoya l'un de ses hérauts à Bruxelles au cardinal Infant, qui refusa de le voir, après l'avoir fait attendre au logis du major de la ville depuis les dix heures du matin jusqu'à six heures du soir du 19 mai 1635. Personne ne se voulut non plus charger de son exploit, tellement qu'il fut contraint de le laisser dans la place du Sablon et de s'en retourner, après avoir fait les chamades accoutumées à l'entrée et à la sortie de la ville. L'on eut avis presque en même temps de la défaite du prince Thomas à Avein, qui causa une grande consternation à tout le pays. L'armée française s'étant depuis avancée jusqu'aux portes de Bruxelles, il ne s'est jamais vu une telle épouvante parmi ces peuples. Le cardinal Infant avoit déjà fait transporter les plus précieux meubles du palais à Anvers et border le canal de toute son armée, résolu d'abandonner lui-même Bruxelles si la faim et Piccolomini, qui arriva avec le secours d'Allemagne, n'eussent contraint nos gens de se retirer. On disoit aussi que le prince d'Orange n'étoit pas trop aise de les voir si avancés dans le pays. La Reine-mère et Madame s'étoient déjà réfugiées à Anvers, où leurs officiers furent contraints de se tenir cachés assez long-temps pour éviter la fureur de ce peuple, qui avoit la nation française en horreur depuis le saccagement de Tirlemont. Le Roi avoit permis à Monsieur d'envoyer la subsistance à Madame durant dix-huit mois. Sur le refus que Sa Majesté fit depuis de la continuer plus long-temps, Madame fut obligée, par la permission de Monsieur, de la demander aux Espagnols, et de congédier les officiers que Monsieur lui avoit laissés, qui fut à la fin de janvier 1636.

FIN DES MÉMOIRES DE GASTON, DUC D'ORLÉANS.

MÉMOIRES

DU

SIEUR DE PONTIS,

QUI A SERVI DANS LES ARMÉES CINQUANTE-SIX ANS, SOUS LES ROIS HENRI IV, LOUIS XIII ET LOUIS XIV;

Contenant plusieurs circonstances remarquables des guerres, de la cour, et du gouvernement de ces princes.

NOTICE
SUR PONTIS
ET SUR SES MÉMOIRES.

Louis de Pontis naquit en 1583 dans le château de Pontis, sur les confins de la Provence et du Dauphiné. Privé, dès l'enfance, de ses parens, et ayant à se plaindre de l'avarice d'un frère aîné, il prit à quatorze ans le parti des armes, et trouva bientôt le moyen d'entrer, comme cadet, dans le régiment des Gardes de Henri IV. Il s'y distingua par une conduite régulière, un courage brillant, une prudence qui sembloit au-dessus de son âge; et le monarque, qui eut l'occasion de l'employer dans une circonstance délicate, put apprécier son dévouement et sa rare intelligence.

Après quelques écarts de jeunesse qui lui attirèrent des désagrémens mérités, Pontis obtint une enseigne dans le régiment de Champagne; et, sous la régence de Marie de Médicis, lorsque, en 1614, les princes prirent les armes contre cette princesse, il devint lieutenant de roi dans la petite ville de Nogent-sur-Marne. Ce fut alors que, animé du zèle le plus ardent pour la cause royale, il montra une capacité que son éducation négligée étoit loin de faire attendre. Ferme, mais conciliant, il sut calmer les fureurs de l'esprit de parti, réprima dans son arrondissement les désordres et les brigandages, et acquit l'estime de ceux mêmes dont son devoir lui prescrivoit de combattre les prétentions.

Lorsque ces troubles peu sérieux furent étouffés, et que la guerre eut été déclarée aux protestans, il suivit Louis XIII au siége de Montauban, et on le désigna à ce prince comme l'un des officiers les plus intelligens et les plus intrépides de l'armée.

[1621] A ce titre il fut chargé des reconnoissances les plus périlleuses, et il justifia par des succès inattendus la haute idée qu'on avoit donnée de lui. Le monarque, témoin de ses succès, assuré de son dévouement, résolut dès lors de se l'attacher.

Il devint donc peu de temps après lieutenant dans le régiment des Gardes, et il fut chargé par le Roi de réformer ce corps, dont la discipline s'étoit considérablement relâchée depuis la mort de Henri IV. Il s'acquitta de cet emploi difficile avec un zèle, une persévérance et une sagesse qui lui valurent de justes éloges. Sévère envers ceux qui causoient des désordres, quelles que fussent les protections dont ils s'appuyoient, mais toujours prêt à pardonner à leur repentir, il sut garder la plus juste mesure entre une indulgence excessive et une trop grande rigueur.

Aussitôt que le cardinal de Richelieu fut entré dans le ministère [1624], le gouvernement s'occupa des moyens d'enlever aux protestans La Rochelle, que l'on considéroit comme l'une des places les plus fortes de l'Europe. Louis XIII, sans consulter son ministre, chargea Pontis d'aller prendre des renseignemens positifs sur cette place près de Pierre Arnauld, commandant du fort Louis. Cet Arnauld, oncle du fameux docteur de ce nom, s'étoit distingué dans les dernières guerres.

et passoit pour un militaire très-instruit. Pontis passa quelques mois auprès de lui, acquit son amitié, travailla sous ses yeux, et se trouva bientôt en état de faire un rapport dont le Roi fut satisfait.

Lorsque le siége de cette place fut entrepris [1627], il y suivit Louis XIII. Richelieu, qui, dans les justes appréhensions que lui inspiroit l'acharnement de ses ennemis, cherchoit à s'attacher des serviteurs intelligens et dévoués, jeta les yeux sur Pontis, et lui fit entrevoir, par l'entremise du père Joseph, l'espoir d'une grande fortune s'il vouloit prendre un commandement dans sa garde particulière. Mais Pontis, qui avoit pour système de ne reconnoître d'autre maître que le Roi, rejeta les avances du négociateur; et, quoiqu'il eût mis dans ce refus tous les ménagemens convenables, il s'attira la haine du ministre, qui s'opposa toujours à son avancement. Chargé, comme au siége de Montauban, des commissions les plus périlleuses, il les remplit de manière à mériter les louanges du monarque.

Après la prise de La Rochelle [1628], quand l'armée royale marcha en Piémont, il alla reconnoître les passages des Alpes, et donna les avis les plus utiles. Il se distingua dans cette expédition, qui se termina par la délivrance de Casal, et, en 1632, il revint prendre son service auprès du Roi. Les supplices du maréchal de Marillac et du duc de Montmorency, qu'il regardoit comme les victimes de Richelieu, l'affligèrent profondément; mais il n'entra dans aucune faction, et demeura fidèle au monarque dont il haïssoit le ministre.

Ses longs services, sa fidélité constante, sembloient exiger une récompense. Louis XIII étoit fort disposé à l'accorder ; mais Richelieu fit en sorte qu'elle ne pût être d'aucune utilité pour Pontis. Il fut nommé en 1634 commissaire général des Suisses, place honorable qui alloit très-bien à un grand seigneur, mais qui ne pouvoit convenir à un officier sans fortune ; aussi ne la garda-t-il que quelques mois. Remarquant qu'il falloit contracter des dettes énormes pour en soutenir l'éclat, il remit sa démission entre les mains du Roi, qui, à l'instigation de Richelieu, lui sut mauvais gré de cette démarche. Voulant acquérir de nouveaux droits à la reconnoissance dont il se croyoit digne, il alla joindre l'armée des maréchaux de Brézé et de Châtillon qui partoit pour la Hollande. Sur la route, cette armée fut attaquée par le prince Thomas, général des troupes espagnoles ; et Pontis eut beaucoup de part à la victoire d'Avein, où il fit prisonnier le duc de Feria. [20 mai 1635.]

Après avoir passé quelque temps en Hollande, et s'être acquis l'estime du prince d'Orange, qui fit de vaines tentatives pour l'attirer à son service, Pontis revint à la cour, où il vécut dans une sorte de disgrâce. En 1640, il fut dépouillé de tous ses emplois, et il reçut la défense de sortir de Paris. Une lettre peu mesurée qu'il eut l'imprudence d'écrire à l'époque de la conjuration de Cinq-Mars, pensa le perdre entièrement ; mais Richelieu, quoique très-prévenu contre lui, ne douta pas un moment de son inébranlable fidélité.

Il se trouvoit dans cette position quand la régence d'Anne d'Autriche sembla promettre de grands avantages à ceux qui avoient eu à se plaindre du règne précédent; mais les espérances de Pontis ayant été trompées, comme celles de bien d'autres, il céda aux sollicitations du maréchal de Vitry, qui désira qu'il fût le guide de son fils dans sa première campagne. L'expérience d'un homme qui avoit fait la guerre toute sa vie fut très-utile au jeune seigneur. Le régiment de la Reine, dont il étoit colonel, se distingua plus d'une fois; mais, à la suite d'une affaire malheureuse, Pontis fut fait prisonnier et conduit en Allemagne [1644]. Il eut beaucoup à souffrir pendant près d'une année que dura sa captivité; ce qui l'affligea le plus, ce fut l'oubli de la Régente, qui n'accorda rien pour sa rançon. Heureusement un riche négociant de Hollande, auquel il avoit autrefois rendu des services importans, en fit les frais, et il put revenir dans sa patrie en 1645. Ayant témoigné trop ouvertement le mécontentement que lui inspiroit l'ingratitude de la cour, il demeura quelques années sans emploi; et ce ne fut qu'en 1649, époque de la première guerre de la Fronde, qu'il fut chargé d'une mission en Provence. Il se flattoit, en persistant dans ses anciens principes de fidélité à la cause royale, qu'il obtiendroit enfin les récompenses auxquelles il croyoit avoir droit, lorsqu'il lui arriva un événement dont il fut profondément frappé, et qui changea toutes ses idées.

Se trouvant dans un château en 1650, il en vit périr le maître, qui étoit son ami particulier, d'une manière subite et extraordinaire. Ce spectacle terrible lui fit faire des réflexions sur la vie qu'il avoit menée jusqu'alors; il vit le néant des choses humaines, renonça à toutes ses vues ambitieuses, et prit la résolution de terminer ses jours dans des exercices de piété. Il avoit alors soixante-neuf ans. Lié avec Arnauld d'Andilly, mais ne prenant aucune part aux controverses dans lesquelles étoit engagée la famille de son ami, il se retira, en 1651, à Port-Royal-des-Champs, où il passa plusieurs années avec les hommes célèbres qui étoient venus habiter ce désert.

Le récit des longues guerres où il s'étoit trouvé faisoit souvent diversion aux occupations pénibles que s'étoient imposées ces solitaires; ils prenoient plaisir à entendre Pontis, et conçurent bientôt le projet de conserver des récits qui leur sembloient pleins d'intérêt. Ils chargèrent l'un d'entre eux, Thomas du Fossé, de les recueillir : cet écrivain, qui travailloit à des vies de saints, suspendit cette pieuse occupation pour mettre en ordre les souvenirs d'un officier des gardes de Louis XIII; et, en le faisant parler à la première personne, il sut donner à son récit beaucoup de naturel et d'agrément. On sera probablement satisfait de voir comment du Fossé, dans ses propres mémoires, raconte la vie que Pontis menoit à Port-Royal.

« Ce fut vers ce temps, dit-il [1657], et même
« depuis, que je travaillois à recueillir les mémoires
« de M. de Pontis. Ce saint vieillard, qui avoit cou-
« tume de marcher à la tête des régimens, étoit oc-
« cupé, pendant ce temps-là, à aplanir un endroit
« qu'on nommoit *la Solitude*, et à le défricher.
« Tout courbé sous le poids de ses années et de ses
« services, il consacroit les restes précieux de sa vie
« et de ses forces par un travail laborieux et utile,
« en sorte qu'il fit un endroit fort agréable sur une

« montagne inculte. Il avoit toujours dans le cœur,
« et souvent dans la bouche ces paroles : *Regi secu-*
« *lorum immortali, soli deo honor et gloria, in*
« *secula seculorum, etc.* Celui qui, depuis plus
« de cinquante ans, s'étoit fait une habitude de
« commander d'une manière absolue aux officiers
« subalternes et aux soldats qui servoient sous lui,
« sembloit alors comme un enfant, ayant une telle
« soumission pour M. de Saci qui le conduisoit,
« qu'il paroissoit ne se souvenir de son ancien com-
« mandement, comme cet officier si loué dans l'E-
« vangile, que pour en être plus soumis à l'égard de
« Dieu, pour témoigner une plus grande foi par
« toutes ses actions (1). »

Peu de temps après la mort de Mazarin, en 1665, des ordres supérieurs forcèrent Pontis à quitter la solitude de Port-Royal-des-Champs; il vint s'établir à Paris, où, fidèle à ses amis, mais étranger aux mouvemens qu'ils se donnoient pour faire prévaloir leur cause, il continua de se livrer à des exercices de charité et de piété. Il y mourut le 14 juin 1670, âgé de quatre-vingt-sept ans, et il fut enterré dans le chœur de l'église de Port-Royal de Paris.

Ses mémoires, rédigés par du Fossé, ne parurent qu'en 1676, six ans après sa mort. L'effet qu'ils produisirent est parfaitement exprimé dans une lettre de madame de Sévigné, datée de Livry, 11 mai de cette année : « Je suis seule, dit-elle, le bon abbé est
« à Paris, je lis avec le père prieur, et je suis attachée
« à des mémoires d'un M. de Pontis, provençal, qui

---

(1) Mémoires sur messieurs de Port-Royal, par M. du Fossé. Utrecht, 1739, page 160.

« est mort depuis quatre ans à Port-Royal à plus de
« quatre-vingts ans. Il conte sa vie et le temps de
« Louis XIII avec tant de *vérité*, de naïveté et de bon
« sens que je ne puis m'en tirer. M. le prince l'a lu
« d'un bout à l'autre avec le même appétit. Ce livre
« a bien des approbateurs; il y en a d'autres qui *ne le*
« *peuvent souffrir :* il faut ou l'aimer ou le haïr, il n'y
« a pas de milieu ; je ne voudrois pas jurer que vous
« l'aimassiez. »

On trouve les motifs des critiques que l'on faisoit
d'abord de cet ouvrage dans les Mémoires de l'abbé
Arnauld qui furent terminés l'année suivante (1). « J'en
« ai vu, dit-il, qui n'approuvoient pas les Mémoires
« de M. de Pontis qui ont paru depuis quelque temps.
« *Il ne parle que de lui, observoient-ils, et qu'a-*
« *vons-nous affaire de ce qui le regarde ?* Mais je
« leur demanderois volontiers de qui ils veulent que
« parle un homme qui ne prétend écrire que ses Mé-
« moires, et non ceux des autres, quoique, si l'on
« vouloit rendre justice à cet auteur, on ne laisseroit
« pas d'avouer qu'on trouve dans ses ouvrages beau-
« coup de particularités agréables et des traits même
« de l'histoire de son temps, soit par rapport aux
« faits auxquels il a eu part, soit par rapport à ceux
« qu'il raconte des autres, selon les connoissances
« qu'il en a eues. Ce n'est pas mon dessein de faire
« ici l'apologie de M. de Pontis, mais j'avouerai in-
« génument qu'ayant lu ses Mémoires avec plaisir,

(1) Les Mémoires de l'abbé Arnauld ne parurent qu'en 1756, Amsterdam, Dresde et Léipsick ; mais on voit par une lettre de madame de Brissac qu'ils furent terminés en 1677. Ces Mémoires font partie de cette série.

« j'en ai conçu la pensée de faire ceux-ci. » (Avertissement des Mémoires de l'abbé Arnauld, pages 3, 4 et 5.)

On voit par ce que dit madame de Sévigné que les mémoires de Pontis firent beaucoup de bruit au moment où ils parurent ; que le mérite du style fut apprécié, mais qu'on en fit une affaire de parti, et que les adversaires de Port-Royal *ne les pouvoient souffrir.* Cependant on remarque, par ce que dit l'abbé Arnauld, que les critiques ne révoquoient pas en doute l'exactitude des faits, mais qu'ils reprochoient à l'auteur de ne parler que de lui et de ses affaires particulières. D'ailleurs il n'est pas besoin d'observer que le suffrage du grand Condé, qui, comme on sait, connoissoit parfaitement l'histoire de Louis XIII, pouvoit paroître d'un grand poids, principalement sous le rapport des détails militaires et des anecdotes de cour.

L'ouvrage continuant d'être beaucoup lu, il devint difficile de soutenir qu'il offroit peu d'intérêt : alors on éleva des doutes sur la vérité des récits ; mais tout parut éclairci et justifié par une préface que Nicole mit en tête de la seconde édition qui parut en 1678.

Cependant quarante-sept ans après, en 1725, on trouva dans la préface d'un des ouvrages posthumes du père d'Avrigny, jésuite [1], un passage où l'auteur essaie de démontrer que les Mémoires de Pontis ne sont qu'un roman, et s'y prend de la manière la plus piquante et la plus ingénieuse.

[1] Mémoires pour servir à l'Histoire universelle de l'Europe, depuis 1600 jusqu'en 1716. La meilleure édition de ces Mémoires très-instructifs et très-intéressans, est celle qui a été donnée par le père Griffet. Paris, 1757, 5 vol. in-12.

Le père d'Avrigny fait d'abord valoir un préjugé général contre l'ouvrage, qui consiste en ce qu'aucun historien contemporain ne fait mention des relations assez intimes que Pontis dit avoir eues avec Louis XIII, le prince d'Orange et le duc de Bavière ; puis il entre dans les détails, et fait huit observations qui tendent à prouver que le rédacteur des Mémoires s'est permis d'altérer plusieurs faits connus.

Première observation. Le rédacteur des Mémoires dit qu'après la levée du siége de Montauban Louis XIII distribua ses troupes en quartiers d'hiver, et revint à Paris [1621]. Cependant il est certain que l'armée fut employée au siége de Monheur, et que le Roi étoit encore à Bordeaux pendant les fêtes de Noël.

Deuxième observation. Il avance qu'à la fin de cette année Pontis eut avec le duc d'Epernon une altercation qui fut terminée à Cadilhac, tandis que le duc, d'après son historien, étoit alors devant La Rochelle.

Troisième observation. Il prétend que le duc de Rohan défendoit Montpellier lorsque Louis XIII l'assiégea en 1622. Il est néanmoins certain qu'il n'y entra que lorsque la paix fut faite.

Quatrième observation. Il parle, en racontant le siége de La Rochelle [1627], d'une grande dispute entre Pontis et Canaples, dans laquelle le duc d'Epernon devoit être juge. Or, d'Epernon étoit alors en Guienne ou en Languedoc, où il tenoit tête au duc de Rohan : « Ainsi, ajoute gaîment le père d'Avrigny
« en faisant allusion à sa seconde observation, on fait
« trouver d'Epernon à Cadilhac lorsqu'il est devant
« La Rochelle, et devant La Rochelle quand il est
« à Cadilhac ou aux environs. »

Cinquième observation. Le rédacteur rapporte une entrevue des généraux français et espagnols devant Casal [octobre 1630], et il se trompe sur les titres qu'avoient alors ces généraux.

Sixième observation. Il prétend que Marillac, lorsqu'il fut arrêté, se livra aux plus grands emportemens, et tous les contemporains s'accordent à dire qu'il montra au contraire beaucoup de résignation.

Septième observation. Il dit qu'en 1632 le duc de Montmorency engagea Monsieur dans son parti, tandis que ce fut le prince qui entraîna le duc.

Huitième observation. Il raconte que Pontis se trouva au combat de Castelnaudary, et que ce fut lui qui donna des ordres pour faire transporter Montmorency hors du champ de bataille : cependant les pièces du procès de ce seigneur ne font pas mention de cette circonstance. (Préface des Mémoires de d'Avrigny, édition de 1757, depuis la 23ᵉ page jusqu'à la 36ᵉ.)

On voit que le père d'Avrigny, en ne négligeant aucun moyen d'enlever toute confiance aux Mémoires de Pontis, ne va pas cependant jusqu'à révoquer en doute l'existence de cet officier. C'est ce qu'a fait Voltaire dans le catalogue des écrivains français qui précède le Siècle de Louis XIV : « Ses Mémoires, dit-il,
« ont été tellement en vogue qu'il est nécessaire de
« dire que cet homme, qui a fait tant de belles choses
« pour le service du Roi, est le seul qui en ait jamais
« parlé. Aussi ses Mémoires ne sont pas de lui; ils
« sont de du Fossé, écrivain de Port-Royal. Il feint que
« son héros portoit le nom de sa terre en Dauphiné.
« Il n'y a point en Dauphiné de seigneurie de Pontis.
« Il est même fort douteux que Pontis ait existé. »

Ce jugement a prévalu près de beaucoup de personnes qui ne connoissent cette époque que par le Siècle de Louis XIV. de Voltaire. Cependant il n'est pas difficile de prouver qu'on y retrouve la légèreté dont cet auteur ne s'est pas toujours garanti lorsqu'il a écrit des histoires. En effet l'existence de Pontis est certaine, puisqu'elle est attestée, tant par le nécrologe de Port-Royal que par le tombeau qui lui fut élevé dans l'église de ce couvent; et celle de sa terre ne l'est pas moins par le témoignage de Doisy, qui en fait mention dans son tableau du royaume de France.

Quant à l'exactitude des faits rapportés dans les Mémoires, il paroît que les contemporains, qui avoient encore le souvenir récent de tout ce qui s'étoit passé sous le règne de Louis XIII, devoient en être les meilleurs juges; et cependant on ne voit pas que les critiques qui en furent faites d'abord aient porté sur ce point. Elles rouloient principalement, comme on l'a vu, sur ce que le héros ne parloit que de lui, et ne devoit par conséquent intéresser que les partisans de Port-Royal.

Au reste, les erreurs qui ont été relevées par le père d'Avrigny, et dont la plupart sont peu graves, ont très-bien pu se glisser dans l'ouvrage, sans qu'il y eût précisément de la faute, ni du héros, ni de celui qui écrivoit son histoire. En effet Pontis, retiré à Port-Royal, et entièrement désabusé des chimères de l'ambition, racontoit presque malgré lui ses aventures à du Fossé dans les longues promenades qu'ils faisoient ensemble, et il n'y mettoit ni ordre ni suite. Le rédacteur, de son côté, privé de pièces originales et de documens écrits, ne pouvoit que recueillir les discours de Pontis, qui, parvenu à une extrême vieillesse, et devenu presque sourd, étoit probablement hors d'état de lui donner tous les renseignemens don il auroit eu besoin. Il n'est donc pas étonnant que l'ouvrage offre quelques imperfections sous le rapport des dates et des localités ; mais, dans son ensemble, il n'en paroît pas moins digne de confiance et d'intérêt.

Il reste à examiner pourquoi messieurs de Port-Royal y attachoient tant d'importance que Nicole ne dédaigna pas de faire l'avertissement de la seconde édition. D'après leur système d'opposition au gouvernement, assez ouverte dans les matières religieuses, mais secrète dans ce qui tenoit à la politique, ils ne furent pas fâchés d'offrir l'histoire d'un homme qui, après avoir rendu les plus grands services, étoit demeuré sans récompense. Il est probable aussi qu'ils eurent l'intention de détromper ceux qui les accusoient de professer des principes tellement rigoureux que les gens du monde se trouvoient hors d'état de les pratiquer, et qu'ils crurent ne pouvoir plus sûrement y parvenir, qu'en développant, dans un ouvrage à la portée de tous les lecteurs, leurs idées sur la conduite que doivent tenir ceux qui ont à fournir une carrière, soit dans les armées, soit dans les affaires. C'est ce qui paroît résulter de l'avertissement qu'ils placèrent en tête de la première édition. « On a regardé ces Mémoires, y est-
« il dit, comme pouvant servir beaucoup à tous les
« jeunes gentilshommes, et surtout à ceux qui veulent
« s'engager dans la cour ou dans les armes..... Cin-
« quante-six ans que M. de Pontis a passés dans un

« métier si pénible et dans un temps si difficile, l'ont
« rendu habile, et lui ont acquis le droit de donner
« quelques leçons à ceux qui n'ont pas encore
« l'expérience qui sert à former l'esprit et à perfec-
« tionner le jugement. » Cette dernière opinion se
rapproche de celle de Grosley, qui, dans une lettre
aux auteurs du *Journal encyclopédique,* mai 1776,
dit que le but du rédacteur des Mémoires de Pontis
paroît avoir été de présenter un modèle de conduite
aux officiers dans toutes les circonstances où le sort
peut les placer.

La première édition de ces Mémoires fut imprimée
à Rouen. (Paris, G. Desprez, 1676, deux volumes
in-12.) La seconde, qui parut chez le même libraire,
porte la date de 1679. L'ouvrage fut contrefait à Amsterdam, dans le même format, en 1678 et en 1694.
Ces deux dernières éditions sont parfaitement semblables : l'une a dû servir de type à l'autre, puisque
les pages, les lignes, les mots se rapportent exactement. Il faut un œil exercé pour reconnoître dans
le texte les différences qui les distinguent. Il en
parut ensuite diverses éditions, dont les plus estimées
sont celles de 1715 et de 1766, Paris, libraires associés. Nous avons suivi celle de 1715, qui est la
troisième édition publiée en France, et nous avons
placé en note un morceau assez curieux qui avoit
été supprimé par Nicole.

AVERTISSEMENT

DE L'ÉDITEUR DE LA PREMIÈRE ÉDITION.

Monsieur de Pontis a été connu de tous les grands de la cour, principalement sous le règne du feu roi Louis XIII. Il étoit de Provence, et il naquit vers l'an 1583. Son père étoit un gentilhomme de bonne maison, qui avoit servi long-temps dans les armées. Il avoit pour principal bien la terre de Pontis (1), qui est située sur les confins de la Provence et du Dauphiné, et qui a donné le nom à sa famille : ce que l'on sait être une marque d'ancienne noblesse. Comme il eut plusieurs enfans, et que celui dont on donne ici les Mémoires n'étoit pas l'aîné de la maison, il se trouva obligé de travailler par lui-même à son établissement dans le monde. Après donc la mort de son père et de sa mère, il s'engagea, étant encore fort jeune, dans le régiment des Gardes, et, passant ensuite par divers emplois, il commença à être connu du feu Roi, qui remarqua et estima dans lui, sur toutes choses, une fidélité inviolable jointe à une conduite et à un courage extraordinaire. Il lui donna une lieutenance dans ses gardes, et ensuite une compagnie, et l'obligea d'acheter une très-belle charge, qui étoit celle de commissaire général des Suisses, à laquelle même il attacha de nouveaux priviléges en sa faveur. Mais il arriva toujours, par je ne sais quelle disgrâce de la fortune, ou, pour parler plus chrétiennement, par un effet singulier de la miséricorde de Dieu sur lui, qu'il se rencontroit à toute heure de nouveaux obstacles à son établissement dans le monde ; car tantôt quelque

(1) M. Valckenaer observe, dans la *Biographie universelle*, que le tableau du royaume de France, par Doisy, porte le village de Pontis comme n'ayant qu'*un seul feu*.

ennemi secret le supplantoit, et lui enlevoit, sans qu'il le sût, les grâces du Roi ; tantôt le manque de bien, et sa générosité naturelle qui ne pouvoit lui permettre d'être à charge à ses amis, l'empêchoient de jouir long-temps des grandes charges où ce prince vouloit l'élever ; tantôt la puissance redoutable d'un ministre, qui ne pouvoit souffrir dans un simple officier comme lui une fidélité à l'épreuve de ses promesses et de ses menaces, le réduisoit dans la dernière extrémité. Ainsi toute sa vie n'a été qu'un enchaînement et une vicissitude continuelle de biens et de maux, de prospérités et de disgrâces.

La dernière occasion où il semble que Dieu ait voulu le convaincre plus fortement par sa propre expérience du néant de la fortune du monde, fut celle de sa prison d'Allemagne ; car, après avoir servi si long-temps sous trois rois, après avoir essuyé mille périls dans les armées de tous ces princes, après avoir eu assez de résolution pour tenir tête durant trois jours, avec quinze ou seize cents hommes seulement, à trois armées dans un méchant bourg, jusque-là que M. de Vitry qui commandoit le corps, mais qui n'agissoit que par son conseil à cause qu'il étoit encore fort jeune, a dit depuis à feu M. d'Andilly qu'il ne vit jamais un plus grand courage dans une occasion qui auroit pu épouvanter les plus braves. Après avoir procuré par ce moyen une capitulation avantageuse aux troupes du Roi, il fut enfin oublié dans la prison, et oublié jusqu'à un point qu'on s'efforça même d'étouffer l'action du monde la plus glorieuse, et qu'il se vit obligé par un grand malheur de payer deux fois sa rançon, sans que l'on pensât seulement à lui en France.

Tant de services si mal récompensés commencèrent à le dégoûter du monde ; et Dieu ayant achevé de le toucher par quelques autres événemens que l'on verra dans ces Mémoires, il résolut de ne plus penser qu'à son salut. Il renonça donc enfin au siècle, après avoir passé cinquante-six ans à la cour et dans les armées, où il avoit reçu dix-sept blessures, et il se retira en une maison de campagne, pour ne s'y plus occuper que de la pensée de la mort.

Comme il s'entretenoit souvent avec un de ses amis (1) à qui Dieu avoit fait la même grâce de quitter le monde, cet ami, qui avoit une attention particulière à remarquer les voies différentes par lesquelles Dieu se plaît de conduire ceux qu'il veut enfin attirer à son service, trouva quelque chose de fort extraordinaire dans les divers événemens de sa vie qu'il lui rapportoit. Il crut qu'il ne seroit pas inutile de les mettre par écrit, et que même, ayant eu part à beaucoup de grandes affaires, où le Roi et les généraux l'employoient souvent à cause de son courage et de sa conduite tant de fois éprouvés, le récit de tous ces événemens, soit particuliers ou publics, pourroit être favorablement reçu de ceux qui savent estimer les histoires particulières. Ce fut donc ce qui le porta à l'engager insensiblement à dire les principales circonstances de sa vie dont il pouvoit se souvenir. M. de Pontis le fit d'abord fort simplement et sans penser au dessein qu'avoit son ami; mais s'en étant ensuite douté, il ne vouloit plus parler, regardant tout ce qui étoit passé comme mort pour lui, et comme devant l'être aussi pour tous les autres. Mais enfin il consentit avec peine au désir de cette personne à qui il ne pouvoit rien refuser, laissant en sa disposition d'en user comme elle le jugeroit à propos. Aussi depuis qu'on eut achevé ces Mémoires il n'en a jamais parlé, et n'a pas même su positivement qu'on les eût faits, parce qu'il se contentoit de s'entretenir avec son ami, sans s'informer s'il écrivoit en son particulier quelque chose de ce qu'il lui avoit dit : ce que l'on a jugé à propos de marquer ici pour faire voir qu'il n'a eu aucune part dans la publication de ces Mémoires, et qu'on ne peut l'accuser en cela d'aucune ostentation.

(1) Pontis, comme on l'a vu dans la Notice, se retira à Port-Royal L'ami dont il est ici parlé étoit M. Thomas du Fossé.

L'on espère que ceux qui prendront la peine de les lire, pourront en porter un jugement semblable à celui qui a engagé à les donner au public; car il semble qu'on peut assurer qu'il est difficile de trouver dans la vie d'un seul homme tant d'exemples de sagesse, de conduite, de générosité et de vrai courage. Aussi l'on a regardé ces Mémoires comme pouvant servir beaucoup à tous les jeunes gentilshommes, et surtout à ceux qui veulent s'engager dans la cour et dans les armées. L'on sait combien il est difficile de se maintenir dans ces postes, au milieu d'une multitude de gens qui, étant presque tous d'humeurs assez différentes, n'ont tous néanmoins assez souvent qu'un seul et même but, qui est d'avancer leur fortune aux dépens de celle des autres. Cinquante-six ans que M. de Pontis a passés dans un métier si pénible, et dans un temps si difficile, l'ont rendu habile et lui ont acquis le droit de donner quelques leçons à ceux qui n'ont pas encore l'expérience qui sert à former l'esprit, et à perfectionner le jugement.

Ils apprendront par plusieurs exemples, qui sont comme autant de maximes réduites en pratique, en quoi consiste le vrai courage d'un gentilhomme, et qu'il est autant éloigné de cet excès de brutalité si ordinaire à la jeunesse, que de cet autre excès de foiblesse et de lâcheté. Ils verront qu'il y a une générosité qui sait se venger d'une manière beaucoup plus avantageuse et plus honorable que n'est celle de la passion et de la fureur; que la sagesse jointe à la fermeté acquiert souvent plus d'honneur et de plus grands avantages que l'emportement de la colère et de la vengeance; que c'est même ordinairement une preuve d'une très-grande foiblesse d'esprit, de ne savoir pas dans les rencontres modérer quelque léger ressentiment, et que le caractère d'un cœur vraiment généreux est de tendre à surmonter plutôt son ennemi par la bonté que par la violence. Ce n'est pas qu'il ne s'y rencontre aussi plusieurs fautes qu'il a faites; mais ces fautes mêmes qui lui ont beaucoup servi, pourront ne leur être pas moins utiles s'ils ont soin d'en tirer le même fruit qu'il en a tiré.

Quant à ce qui regarde la guerre, on peut assurer qu'ils y trouveront de quoi s'instruire beaucoup, puisque de grands généraux de son temps ont fort estimé ce qu'il a fait en diverses occasions, et particulièrement en la dernière, où n'ayant que très peu de troupes, et étant attaqué par trois armées victorieuses, et donnant en effet tous les ordres, quoiqu'il n'eût pas le souverain commandement, il fit paroître tant de fermeté et tant de sagesse, que s'il n'a pas été élevé aux plus grandes charges de la guerre, on conclura aisément, après avoir lu ces Mémoires, que plusieurs de ceux dont les grandes actions ont été si glorieusement récompensées ont eu assurément plus de bonheur que lui, mais n'ont pas toujours eu plus de mérite.

Au reste, on espère que les lecteurs auront la bonté d'excuser ce qu'ils pourront remarquer de moins exact et de moins propre dans les expressions qui regardent principalement la guerre. On ne doute point qu'il ne s'y rencontre quelques fautes, que les gens du métier attribueront, s'il leur plaît, plutôt à celui qui a recueilli et publié ces Mémoires qu'à celui dont il fait la vie.

Il croit aussi devoir avertir que, les ayant d'abord composés d'une autre manière qu'ils ne sont, c'est-à-dire, n'y faisant point parler M. de Pontis, mais parlant de lui et rapportant comme un historien tous les événemens qui y sont, il trouva que la répétition trop fréquente du sieur de Pontis, qu'il falloit nommer une infinité de fois, rompoit toute la suite de l'histoire. Il jugea d'ailleurs qu'elle auroit un tout autre poids étant dans la bouche même de celui qu'elle regardoit et qui en faisoit le principal sujet. Ainsi il n'eut pas beaucoup de peine à se résoudre de changer cette première manière dont il l'avoit composée, et de faire parler le sieur de Pontis lui-même au lieu de parler de lui. Mais comme d'abord on avoit toute liberté de louer ce qui paroissoit de grand et de louable dans sa conduite, quelque soin que l'on eût pris de retrancher ces éloges, il en étoit encore resté que l'on a ôtés en cette édition, parce qu'on ne parle jamais avec trop de modestie de soi-même. Ce défaut ne doit donc nullement être attribué au sieur de Pontis, comme étant infiniment opposé au caractère de son esprit, qui a été assez connu de tous ses amis; car, quoiqu'il ait eu des qualités vraiment grandes et extraordinaires, il a travaillé à les cacher et à les étouffer autant qu'il a pu depuis qu'il a eu quitté la cour, par la manière simple et commune dont il a toujours vécu depuis. Et c'est aussi ce qui a fait dire à quelques-uns, en voyant ces Mémoires, qu'ils n'y reconnoissoient point M. de Pontis tel qu'il leur avoit paru dans sa retraite; mais ce témoignage de ceux qui ne l'ont vu qu'en ce temps-là est un grand éloge de sa modestie.

AVIS

Placé en tête de l'édition de 1715.

Quoique ces Mémoires aient été fort estimés par un grand nombre de personnes très-judicieuses et très-habiles, ils n'ont pas néanmoins évité le sort commun aux meilleurs ouvrages, qui est d'être improuvés et contestés par quelques-uns ; car il y en a eu qui ont voulu disputer au sieur de Pontis la qualité de gentilhomme et de lieutenant aux gardes, et d'autres qui ont témoigné douter de la vérité de ces Mémoires.

Pour ce qui regarde sa personne, la terre de Pontis, qui est encore en Provence, exposée aux yeux de tout le monde, et qui a donné le nom à sa famille, est une preuve visible de sa noblesse. Ses alliances considérables et la qualité de chevalier de Malte qu'avoit l'un de ses frères dont il est parlé dans ces Mémoires, confirment la même chose.

Pour ce qui est de sa qualité de lieutenant aux gardes, que quelques-uns ont voulu mettre en doute, il y a encore quelques gentilshommes qui l'ont vu dans cette charge, qui soutiennent qu'il n'y a point d'homme si hardi qui osât soutenir cette chimère devant eux, et qui témoignent qu'ayant été voir quelques personnes de grande qualité que l'on citoit comme les auteurs de ce conte, ils l'ont désavoué hautement, et ont confirmé au contraire tout ce qui se pouvoit dire de plus avantageux sur ce point à la mémoire de M. de Pontis ; et depuis même qu'il se fut retiré de la cour, ceux qui l'ont connu particulièrement sont témoins qu'il étoit encore alors en une si grande considération dans le régiment des Gardes, que tous les lieutenans du régiment le choisirent un jour pour leur arbitre dans un différend considérable qu'ils eurent avec tous les capitaines.

Quant à ce qu'ils disent contre la fidélité et la vérité de ces Mémoires, il semble qu'on ne doit pas s'en étonner beaucoup, après qu'on a bien osé dire la même chose de ceux qui ont été attribués à M. le duc de La Rochefoucault, et que l'on a regardés avec raison comme les plus beaux Mémoires qui aient paru de notre temps; car un gentilhomme louant un jour ces Mémoires, un des ses amis lui dit froidement qu'un seigneur de la cour devant qui il les louoit de la même sorte lui avoit répondu qu'ils étoient à la vérité fort beaux, mais que c'étoit dommage qu'ils ne fussent vrais, et, que s'étant trouvé en plusieurs occasions dont il étoit parlé dans ces Mémoires, il savoit que bien des choses s'étoient passées d'une autre manière. Ce gentilhomme repartit alors avec un peu de chaleur à son ami que, si ce seigneur dont il lui parloit avoit écrit des Mémoires sur un semblable sujet, M. le duc de La Rochefoucault en auroit pu dire sans doute la même chose qu'il disoit de ceux qu'on lui attribue, qu'il étoit rare de voir deux personnes convenir ensemble dans la relation d'un même fait dont elles auroient été également témoins, et que les événemens de la guerre étoient encore plus sujets à cette diversité de rapports, parce que le tumulte et la confusion, jointe à l'éloignement des quartiers et à l'exactitude avec laquelle chacun est obligé de garder son poste, ôte presque toujours une connoissance exacte à chacun en particulier de ce qui se passe dans un combat.

Ainsi, pour revenir à ce qui regarde les Mémoires du sieur de Pontis, l'on peut, ce semble, considérer ce qui y est rapporté en deux manières différentes. Il y a des choses qui se sont passées en particulier, comme, par exemple, tous les entretiens qu'il a eu l'honneur d'avoir avec le Roi et avec le cardinal de Richelieu, et tout ce qui s'est passé entre le père Joseph, ou M. des Noyers et lui. Il y en a d'autres qui ont été publiques et exposées à la vue de tout le monde, comme divers événemens de la guerre. Quant aux premières, comme elles n'ont plus d'autres témoins que celui même qui les raconte, on en doit juger sans doute par sa bonne foi, connue de tous ses amis, dont plusieurs vivent encore, et par la conformité qui se trouve entre ce qu'il dit et la notion générale qu'a le public de ceux dont il parle.

Pour les autres qui ont été publiques, il est certain que la plupart de ceux qui ont pu en être témoins sont morts, et que le témoignage de ceux qui sont encore vivans ne peut raisonnablement être préféré au sien, qu'en tant que plusieurs s'accorderoient de bonne foi dans les faits qu'ils contrediroient; car de citer, comme ont fait quelques-uns, l'oubli d'un grand seigneur en une chose particulière qui ne le regardoit point et qui s'est passée il y a quarante ans, c'est sans doute trop mal connoître les grands, qui ne s'occupent guère que d'eux-mêmes, et qui ne songent presque jamais aux autres qu'en passant ou par quelque rapport à eux.

L'on ne prétend pas néanmoins pour cela soutenir qu'il n'y ait rien que de très-assuré dans ces Mémoires. Le sieur de Pontis n'étoit pas d'une autre nature que les autres hommes, qui sont tous sujets à se tromper. Sa mémoire a pu, en effet, lui manquer pour quelques circonstances particulières; mais ce qu'on peut dire avec certitude, c'est qu'il n'a point manqué à son honneur et à sa conscience, et qu'il étoit incapable de rien avancer dont il ne se crût assuré.

Il seroit très-aisé de faire passer ainsi pour une fable les Mémoires les plus estimés, comme, entre autres, ceux du maréchal de Montluc; car il vient aisément dans l'esprit que, se représentant lui-même d'une humeur hautaine, étant d'un pays où l'on aime assez à se vanter, il a apparemment embelli diverses choses qui le regardent, et qu'il se sera un peu flatté dans le tableau qu'il fait de lui-même. C'est pourquoi un ministre célèbre en nos jours, que l'on soupçonnoit n'être pas favorable à la maison de ce maréchal, l'ayant fait peindre avec plusieurs hommes illustres, fit mettre ces mots sous son portrait : *Multa fecit, plura scripsit*. Il a été grand dans ses actions, et il s'est fait encore plus grand dans son histoire. Cela n'empêche pas néanmoins que ses Mémoires ne soient fort estimés, et que des personnes très-habiles ne reconnoissent qu'ils sont véritables.

La manière même dont quelques-uns ont voulu rendre suspecte la fidélité des Mémoires du sieur de Pontis paroît plus propre à l'établir qu'à la détruire; car ils ne désavouent pas que les amis du sieur de Pontis(1), auxquels il a dit tout ce qui lui est arrivé, et qui l'ont depuis mis par écrit, n'y ont pas certainement ajouté de fables, parce qu'ils les reconnoissent pour ennemis déclarés du mensonge et des romans (2); mais ils soutiennent que le sieur de Pontis, par un manque ou de mémoire ou de sincérité, les a trompés, et qu'il s'est représenté tout autre dans ces Mémoires qu'il n'a jamais paru dans sa vie. Ainsi ces personnes changent cette histoire en une fable, et témoignent en même temps que c'est un des plus beaux romans qu'on ait jamais vus, et que l'on y garde partout d'une admirable manière le caractère d'un parfaitement honnête homme. Que si ce qu'ils disent est vrai, il faudra nécessairement que le sieur de Pontis, à l'âge de plus de quatre-vingts ans, s'entretenant familièrement avec ses amis, à diverses reprises et presque sans aucune application d'esprit, ait fait, sans y

---

(1) Messieurs de Port-Royal. — (2) Nicole avoit déclaré, au nom de Port-Royal, qu'il regardoit les auteurs de pièces de théâtre et de romans comme des *empoisonneurs publics, non des corps, mais des ames*. Cette déclaration, placée dans *la seconde Imaginaire*, ou *première Visionnaire*, donna lieu aux deux fameuses lettres de Racine contre Port-Royal.

penser, l'un des plus beaux romans qui fut jamais ; ce qui est sans doute plus incroyable que n'est la vérité de tous les faits qu'il rapporte.

On ne doit pas aussi se mettre fort en peine de répondre à ce qu'ont dit quelques-uns, qu'il n'a point paru que le sieur de Pontis ait été connu si particulièrement du feu Roi. Il est vrai, en effet, que s'il s'étoit attaché auprès du cardinal de Richelieu comme plusieurs autres de son temps, et comme on l'en pressa diverses fois, il auroit eu l'avantage d'être plus connu qu'il ne l'a été, et que ses bonnes qualités, très-estimées de ce ministre, l'auroient pu facilement élever à un rang considérable qui l'eût fait connoître à tout le monde pour ce qu'il étoit ; mais la forte attache qu'il eut toujours pour la personne et pour le service de son prince ne plut pas sans doute à bien des gens.

Et d'ailleurs le feu Roi lui-même, qui gardoit, comme l'on sait, beaucoup de mesures avec le cardinal de Richelieu, affectoit assez de ne pas trop témoigner publiquement connoître ceux qui lui étoient les plus fidèles ; et l'on avoue qu'en ce sens il est vrai de dire qu'il est souvent arrivé que le sieur de Pontis ne paroissoit pas être connu trop particulièrement de ce prince. Mais ceux qui savent juger des choses tireront sans doute de tout cela des conséquences très-avantageuses à celui qui a préféré à une fortune plus grande et plus éclatante le service qu'il a rendu au feu Roi, pendant le cours de plusieurs années, avec une fidélité que ni les promesses ni les menaces n'ont pu jamais ébranler ; ce que les princes les plus sages et les plus éclairés jugeront toujours digne d'une estime très-particulière et des plus grandes récompenses.

L'on a eu soin, dans cette nouvelle édition, de suivre l'avis qu'on a reçu de plusieurs personnes, en corrigeant et réformant diverses choses qui n'étoient pas dans l'exactitude ; l'on y a même ajouté quelques petites circonstances historiques, agréables et utiles, qu'on avoit omises et qu'on ami du sieur de Pontis a sues de lui-même pendant qu'il vivoit. Mais l'on s'est cru en même temps obligé *de retrancher la relation* (1) de ce qui se passa entre lui et ce fameux astrologue, aussi bien que l'histoire du gouverneur d'Aigues-Mortes, et la prédiction de Nostradamus sur son sujet. La plupart de ceux qui ont lu ces Mémoires ont témoigné être choqués de trouver des horoscopes, c'est-à-dire des prédictions vaines et superstitieuses, dans un livre qui leur paroissoit d'ailleurs très-utile, quoiqu'on ne les eût rapportées que pour avoir lieu d'en faire voir la vanité; et ainsi on a jugé les devoir ôter tout-à-fait du corps de l'histoire.

Mais comme il arrive ordinairement que tous ne sont pas dans les mêmes sentimens, et que par un effet de la curiosité si naturelle à tous les hommes, quelques-uns pourroient peut-être désirer dans cette nouvelle édition ce qu'ils ont vu une fois dans la première, on a rapporté en peu de mots la même chose, et on s'est obligé en même temps de faire connoître avec plus de force qu'on ne l'a fait, combien c'est une chose vaine, ridicule, et indigne non-seulement d'un chrétien, mais d'un homme de bon sens, de s'arrêter à toutes ces sortes de prédictions.

On ne doute point de la sincérité du rapport du sieur de Pontis, et de la vérité de ce qu'il dit de cet astrologue nommé Hieronymo, lorsqu'il assure que l'étant allé voir avec le procureur général d'un parlement, et un officier des gardes, ils ne purent le surprendre, et qu'il reconnut aussitôt ce procureur général, quoique travesti et vêtu en cavalier. L'on ne peut pas nier non plus qu'il ne leur ait dit à tous quelques circonstances particulières de leur vie; mais il est bon de remarquer qu'il n'étoit pas impossible que le procureur général du parlement d'Aix fût connu, soit pour le visage, soit pour des désordres assez publics, à

(1) *De retrancher la relation*: Cette relation, supprimée par Nicole, est rétablie en note à l'endroit même où le premier éditeur l'avoit placée.

un astrologue italien qui avoit passé sans doute par la Provence lorsqu'il étoit venu d'Italie, et à qui il étoit, comme à tous les autres de sa profession, d'une grande conséquence de connoître les personnes les plus considérables des provinces, et les principales intrigues de leurs familles. Car l'on sait assez que la réputation de toutes ces sortes de gens ne subsiste guère que sur la créance que peuvent avoir en eux quelques personnes de considération. Et après qu'ils les ont trompées par quelques fausses apparences, il leur est facile de s'acquérir une plus grande créance dans leurs esprits, aussi bien que dans tous les autres qui n'y regardent pas de si près, par la hardiesse avec laquelle ils leur parlent ensuite de l'avenir, comme s'ils en avoient une vue claire et assurée, quoiqu'ils ne le fassent jamais qu'au hasard, ou en suivant quelquefois des conjectures assez bien fondées.

Il n'étoit pas, par exemple, fort difficile à cet astrologue de prédire à ce procureur général qu'il seroit poussé à bout, et obligé de sortir de la province, puisqu'ayant su une fois qu'il avoit affaire à une personne très-puissante, telle qu'étoit un président à mortier, qu'il avoit choqué dans la chose du monde qui lui devoit être la plus sensible, qui étoit l'honneur de sa fille, il pouvoit, par une conjecture très-bien fondée, prévoir les suites malheureuses d'une affaire de cette nature et l'en avertir. Ce n'étoit pas non plus une chose fort surprenante qu'il eût prédit à un homme de guerre assez déterminé et souvent fort exposé, tel qu'étoit le sieur de Pontis dans sa jeunesse, qu'il courroit grand risque de sa vie en une telle année qu'il lui marqua. Il auroit pu sans doute, avec une aussi grande certitude, lui faire une semblable prédiction pour chaque année, qui ne se passoit guère sans être exposé à de grands périls, puisqu'il est certain que la même année ou celle d'auparavant il s'étoit vu deux diverses fois aussi près de perdre la vie, lorsqu'il se trouva engagé malheureusement à se battre pour servir un de ses amis, et lorsqu'il tomba ensuite entre les mains de la justice, d'où il paroissoit difficile qu'il pût échapper s'il ne s'étoit lui-même sauvé.

Il est donc visible qu'il y a souvent beaucoup de surprise, de vanité et de fourberie dans les diverses prédictions de ces devins, et que si ceux qui les vont trouver pour satisfaire misérablement leur curiosité s'appliquoient à approfondir un peu davantage tout ce qu'ils disent, ils les convaincroient souvent d'artifice et de mensonge.

C'est en effet la raison pour laquelle on s'est cru aussi obligé de retrancher de ces Mémoires, l'histoire de ce gouverneur d'Aigues-Mortes, qui, pour se venger du connétable qui vivoit un peu librement avec sa femme, résolut de remettre sa place entre les mains du roi d'Espagne, et voulut ainsi trahir la fidélité qu'il devoit au Roi, à cause d'un outrage particulier fait à sa personne, mais qui néanmoins, avant que d'exécuter son dessein, alla consulter le sieur Nostradamus, alors célèbre dans toute la France par sa prétendue connoissance de l'avenir.

Il est vrai qu'il paroît d'abord quelque chose de fort extraordinaire dans ce que le sieur de Pontis raconte, comme l'ayant su du neveu de Nostradamus, lorsqu'il dit que le gouverneur étant arrivé chez cet astrologue, après avoir couru beaucoup de périls dans son voyage, lui entendit dire d'abord tout ce qui lui étoit arrivé, et apprit de lui ensuite, quoique en des termes fort ambigus, qu'il avoit lieu d'appréhender quelque grand malheur des caresses de sa femme. Mais quoique le sieur de Pontis assure encore, sur le témoignage peu certain du même neveu de Nostradamus, que ce gouverneur vit arriver quelques jours après l'accomplissement de cette prédiction, ayant été arrêté chez lui par l'ordre du connétable qui découvrit sa trahison, et son procès ayant été fait sur les lettres mêmes qu'il avoit écrites en Espagne et qui furent interceptées, on sait toutefois que Nostradamus, qui a passé dans l'esprit de plusieurs pour un prophète, n'a pas laissé d'être convaincu en beaucoup de choses de tromperie et de fausseté.

Il seroit facile de le prouver par plusieurs histoires connues de personnes habiles qui ont eu soin de rechercher la vérité des choses, et qui ne souscrivent pas si facilement à l'illusion. Si l'on considère en effet tout cet appareil de sphères et de globes dont il est parlé dans cette relation du sieur de Pontis, et qui fait toute la principale étude de ces astrologues, on en conclura aisément que Nostradamus n'étoit point prophète, non plus que tous les autres de la même profession, puisque les prophètes ne cherchent point dans les globes ni dans les astres, mais puisent dans la lumière de Dieu même la connoissance véritable et assurée de l'avenir; car nous devons établir comme un principe constant de notre foi, que c'est Dieu seul qui préside sur le sort des hommes, et que rien ne dépend plus immédiatement de son pouvoir que leur vie, puisque, comme il les a tirés du néant par sa main toute puissante, ils y retomberoient infailliblement si cette même main ne les soutenoit. Il est donc indigne de notre religion d'attribuer à des astres ce pouvoir, qui ne peut appartenir qu'à Dieu, comme au Créateur et à l'Être souverain, et c'est retomber dans l'idolâtrie de reconnoître ces astres comme dominant sur notre bonne ou mauvaise fortune, et même sur notre volonté.

Un des plus grands esprits de l'antiquité, et des plus grands saints qui aient jamais été dans l'Eglise, traitant cette même matière contre les païens, fait voir d'une manière très-sensible la vanité de cette pensée qu'ils avoient, et que plusieurs ont encore, que, selon certaines constellations sous lesquelles les hommes sont nés, ils sont engagés nécessairement à certaines actions, et exposés à divers accidens qu'ils ne sauroient éviter. « S'ils croient, dit ce grand homme,
« que c'est Dieu qui a donné à ces astres le pouvoir qu'ils
« leur attribuent sur les actions et les fortunes des hommes,
« quel jugement laissent-ils à Dieu des actions de ces

« mêmes hommes, puisque le ciel dont il est le souverain
« seigneur les rend nécessaires : que s'ils disent que les
« astres marquent plutôt en effet les évènemens qui doivent
« arriver qu'ils ne les causent, je veux qu'en cela les ma-
« thématiciens ne parlent pas tous aussi juste qu'ils devroient.
« Mais d'où vient donc qu'ils n'ont jamais pu rendre raison
« pourquoi dans la vie de deux jumeaux, dans leurs actions,
« dans leurs professions, dans leurs charges, dans leurs
« emplois, dans tous les divers accidens qui leur arrivent,
« et dans leur mort même, il se trouve quelquefois tant de
« diversité et une si prodigieuse dissemblance, que des
« étrangers leur sont souvent plus semblables qu'ils ne le
« sont entre eux, quoiqu'ils n'aient été séparés dans leur
« naissance que par un très-petit espace de temps, et que
« leur conception se soit faite en même moment ?

« Il est vrai qu'Hippocrate rapporte qu'ayant vu deux
« frères qui étoient tombés malades ensemble, et dont le
« mal augmentoit et diminuoit également, il jugea qu'ils
« étoient jumeaux. Mais ce qu'un astrologue attribuoit à la
« vertu d'une même constellation, ce médecin si fameux
« n'en attribuoit la cause qu'à un même tempérament : et
« la conjecture du médecin étoit en cela sans comparaison
« plus vraisemblable que celle du mathématicien ; car il
« pouvoit aisément être arrivé que ces deux frères, ayant
« été conçus en un même instant, avoient reçu conjointe-
« ment une même impression de la disposition présente du
« corps de leurs parens, de sorte qu'ayant pris ensuite un
« même accroissement dans le sein de leur mère, ils na-
« quirent avec une complexion toute semblable. Mais de
« prétendre que ce fut la constitution du ciel et des astres
« présidant à leur conception ou à leur naissance, qui
« causa cette ressemblance si parfaite dans les mêmes ac-
« cidens de leur maladie, je ne sais si on le peut dire sans
« démentir la raison même, puisque nous savons qu'il y a
« des jumeaux dont non-seulement les actions et les incli-

« nations, mais les maladies mêmes sont entièrement dif-
« férentes. Et, pour ne parler que des plus célèbres, l'on
« sait que du temps de ces anciens patriarches, les deux
« jumeaux Esaü et Jacob s'entre-suivirent de si près en ve-
« nant au monde, que l'un tenoit l'autre par le pied. Ce-
« pendant il y eut une si grande différence dans leur vie,
« dans leurs mœurs, dans toutes leurs actions, et dans l'af-
« fection même que leur portoient leurs parens, que cette
« même diversité fut cause que l'aîné conçut une grande
« haine contre le cadet.

« Il est vrai qu'ils ont recours sur cela à cet exemple fa-
« meux de la roue du potier, qu'on dit qu'un grand astro-
« logue allégua autrefois pour se tirer de cette même dif-
« ficulté ; car ayant tourné une roue de potier de toute sa
« force, pendant que cette roue tournoit il la marqua avec
« de l'encre deux fois de suite, tout le plus vite qu'il lui
« fut possible ; en sorte qu'on auroit cru qu'elle au-
« roit été marquée deux fois en un même endroit. Ce-
« pendant lorsqu'elle fut arrêtée il parut deux marques
« dans un intervalle assez grand de l'une et de l'autre. Ainsi,
« disoit cet astrologue, dans une aussi grande rapidité
« qu'est celle du ciel, encore que deux jumeaux se suivent
« l'un l'autre aussi promptement que j'ai marqué deux fois
« de suite cette roue, il ne se peut qu'il n'y ait une dis-
« tance considérable dans les cieux ; et c'est la cause
« de toute la diversité qui se trouve dans leurs mœurs et
« dans les accidens de leur vie. Mais si l'on veut appro-
« fondir cet argument, comme remarque encore le même
« saint, on reconnoîtra qu'il est plus frêle que les vais-
« seaux mêmes que l'on fait avec cette roue, et qu'il
« prouve plus que toute autre chose l'absurdité de la science
« prétendue de toutes ces sortes de gens. Car de quelque
« importance que l'on veuille dire qu'est ce petit intervalle
« de temps, il est néanmoins si insensible qu'un astrologue
« ne le sauroit remarquer, ni faire deux figures différentes.

« Et c'est en cela que se découvrent la fourberie et la fausseté
« de ses prédictions ; car, en observant deux figures tout-à-
« fait semblables, il auroit dû dire la même chose de ces
« deux frères dont j'ai parlé : et cependant la vie de ces
« deux frères ayant été si différente, la prédiction qu'il
« auroit faite toute semblable de l'un et de l'autre se seroit
« par conséquent trouvée fausse ; ou, s'il avoit prédit véri-
« tablement les divers événemens de leur vie, il n'auroit
« donc pas dit les mêmes choses de tous les deux, quoi-
« qu'il ne pût voir toutefois que les mêmes choses dans les
« figures toutes semblables de la nativité de l'un et de
« l'autre ; et ainsi ce seroit visiblement par hasard, et non
« par science qu'il auroit dit vrai.

« D'ailleurs, si cet intervalle qui se trouve dans le ciel à
« la naissance de deux jumeaux est si grand, quoiqu'un
« mathématicien célèbre avoue ne le pouvoir remarquer,
« qu'il soit cause que l'un des deux devienne riche, et que
« l'autre demeure pauvre, comment a-t-on la hardiesse,
« après avoir considéré l'horoscope de ceux qui ne sont
« point jumeaux, de vouloir leur prédire ce qui leur doit
« arriver, puisqu'il paroît impossible, vu la grande rapi-
« dité du ciel, d'y remarquer le moment de leur naissance ?
« Que si l'on demande comment donc il peut arriver que
« ces astrologues semblent souvent voir si clair dans l'avenir,
« et prédisent tant de choses dont l'événement ne peut guère
« être contesté, le même saint répond encore que les con-
« jectures des hommes rencontrent quelquefois par hasard
« la vérité ; et dans la multitude de choses qu'ils prédisent,
« il en arrive quelques-unes, non que ceux qui les assurent
« en aient aucune connoissance assurée, mais parce qu'entre
« tant d'événemens imaginaires qu'ils prédisent en l'air, il
« est difficile, selon le cours des choses du monde, qu'il ne
« s'en trouve quelqu'un de véritable. Et de plus, Dieu fait
« souvent par de secrets mouvemens, sans que ces astro-
« logues ni ceux qui les consultent sachent ce qui se passe

« dans eux, que les uns rendent des réponses, et les autres
« les reçoivent telles qu'ils méritent, selon la corruption
« qui est cachée au fond de leurs cœurs, et selon l'abîme
« impénétrable de ses justes jugemens.

« On peut croire aussi que lorsqu'ils prédisent quelque-
« fois d'une manière surprenante plusieurs choses véri-
« tables, cela se fait par une secrète inspiration des mau-
« vais esprits, qui travaillent à répandre et à établir dans
« l'esprit des hommes ces fausses et dangereuses opinions
« touchant la fatalité des astres, et non par aucune science
« de l'horoscope qui est entièrement vaine; car, quoique les
« démons ne contemplent pas dans la sagesse de Dieu,
« comme les saints anges, les causes premières et éternelles
« des temps et de toutes choses, néanmoins, par la con-
« noissance et la grande expérience qu'ils ont de certains
« signes qui nous sont cachés, ils découvrent beaucoup plus
« loin que nous dans l'avenir; et ils prédisent aussi quel-
« quefois les choses mêmes qu'ils doivent faire. Mais il ar-
« rive souvent qu'ils se trompent, parce qu'il ne leur est
« pas permis de faire tout le mal qu'ils se proposent, et que
« d'ailleurs toute la connoissance qu'ils peuvent avoir de
« l'avenir n'étant fondée que sur de simples conjectures,
« Dieu permet, pour les punir et pour humilier leur orgueil,
« que cette lumière dont ils se vantent soit reconnue tous
« les jours pour fausse et trompeuse, par ceux-mêmes
« qu'ils s'efforcent de surprendre. »

Voilà les raisons que l'on a eues de retrancher de ces
Mémoires ce qui regarde ces prédictions, et de le mettre
plutôt en ce lieu, pour avoir plus de liberté de faire voir
la vanité et la fausseté de la science sur laquelle elles
sont fondées. Quoique l'on se soit un peu étendu sur cette
matière, ceux qui savent combien on s'abandonne ordinairement à cette vaine curiosité, ne trouveront point sans
doute qu'on en ait trop dit. Et il seroit au contraire à souhaiter que l'on en eût dit assez pour donner non-seule-

ment du mépris, mais de l'horreur de toutes ces sortes de curiosités contraires à l'ordre de Dieu, qui s'est voulu réserver à lui seul la connoissance de ce qui doit arriver à tous les hommes dans la suite de tous les siècles, quoique par un privilége particulier il ait fait part quelquefois à ses saints de cette connoissance de l'avenir.

MÉMOIRES
DU
SIEUR DE PONTIS.

LIVRE PREMIER.

Récit de ce qui se passa dans le temps que le sieur de Pontis fut cadet au régiment des Gardes. Il est obligé de se retirer en Hollande, d'où il revient après avoir couru grand risque de sa vie. Il lève une compagnie et la mène au service du duc de Savoie. Il retourne en France, et soutient un siége dans le château de Savigny.

[1597] Étant âgé de quatorze ans, et ayant perdu mon père et ma mère, je sentis une inclination extraordinaire pour la guerre, et je résolus de commencer à en apprendre le métier. Je servis d'abord une année dans le régiment de Bonne, où je portai la carabine, le mousquet n'y étant point en usage [1598]. Je retournai ensuite à Pontis pour voir si mon frère aîné, qui avoit selon la coutume du pays tout le bien de la maison, seroit dans la disposition de faire quelque chose pour moi, et je passai quelques mois avec lui. Voyant qu'il ne me vouloit employer qu'aux soins du ménage, dont je me sentois fort éloigné, je pris résolution de m'en aller à Paris, et de travailler par moi-même à m'avancer comme je pourrois dans le monde. Je demandai à mon frère ce qui m'étoit nécessaire pour ce dessein ; mais son indifférence m'obligea d'aller trouver mes autres parens, et de m'adresser particulièrement à une tante que j'avois et qui m'aimoit beaucoup. Je reçus d'elle ce que je pouvois désirer pour mon voyage, et d'un oncle qui avoit aussi bien de l'affection pour moi, un petit cheval; et avec cet équipage de cadet je partis, après avoir pris congé de mes parens, pour m'en aller à Paris [1599]. Passant par Grenoble, qui est à deux journées du village de Pontis, je me crus obligé d'aller saluer M. de Lesdiguières, de qui j'avois l'honneur d'être parent. Il me reçut avec beaucoup de bonté, et me demanda quel étoit mon dessein dans le voyage que j'entreprenois. Je lui répondis que je désirois d'apprendre à devenir honnête homme, et de me rendre digne de lui offrir mon service. Il fut satisfait de ma réponse, et, voulant me servir dans le dessein que j'avois, il me donna un mot de sa main pour me recommander à M. de Créqui son gendre (1), qui traitoit alors du régiment des Gardes, lui mandant de m'y recevoir comme un allié, et comme un jeune gentilhomme qu'il considéroit particulièrement. Mais M. de Créqui ne conclut pas sitôt son marché, ce qui l'empêcha d'exécuter l'ordre de M. de Lesdiguières. Cependant la grande passion que j'avois d'entrer dans le régiment des Gardes, comme étant la meilleure école du métier que je désirois d'apprendre, me porta à aller me présenter à M. de Grillon (2) qui en étoit

(1) *M. de Créqui son gendre :* Charles de Créqui n'étoit pas encore gendre de Lesdiguières. Il n'épousa Madeleine de Bonne qu'en 1611. —
(2) *M. de Grillon :* Plus connu sous le nom de Crillon. Louis de Balbe de Berton, seigneur de Crillon, fut l'un des généraux les plus renommés de Henri IV, qui l'appeloit *le brave des braves.*

mestre de camp, pour lui demander la grâce d'être reçu dans le régiment. Mais M. de Grillon, qui ne permettoit point qu'on y entrât si jeune, me dit qu'il ne pouvoit pas m'y recevoir. Il accompagna néanmoins ce refus du plus grand témoignage d'amitié qu'il pouvoit jamais me donner, me promettant de me garder un an chez lui, jusqu'à ce que je fusse assez fort pour pouvoir entrer dans le corps. Il ne laissa pas quelque temps après de m'y faire entrer avec une affection particulière, qu'il me continua toujours depuis, ainsi que je le ferai voir dans la suite de ces Mémoires.

[1600] Comme les actions de générosité doivent être proposées pour servir d'exemple, je suis obligé de rapporter en ce lieu celle dont M. de Vitry (1), capitaine des gardes du corps, usa à mon égard dans ce temps que j'étois cadet au régiment des Gardes sous le roi Henri IV. Etant un jour à Melun, j'allai à la chasse avec trois de mes camarades dans la forêt de Fontainebleau. A l'entrée de cette forêt nous aperçûmes un grand cerf qui venoit à nous. L'ardeur de la chasse m'emporta à l'heure même, et, sans me mettre beaucoup en peine si cette bête étoit privilégiée, je lui déchargeai un grand coup de fusil dont je l'abattis. Je rechargeai aussitôt après mon fusil de peur de surprise, et presque dans le moment nous entendîmes les chiens qui le suivoient, et vîmes piquer à nous un cavalier

---

(1) *M. de Vitry* : Louis de L'Hospital, seigneur de Vitry. Commandant à Meaux pour la Ligue en 1594, il fut l'un des premiers gouverneurs qui reconnurent Henri IV. C'étoit un homme très-hardi : il arrêta en 1602 le maréchal de Biron. Il étoit d'une autre famille que celle du chancelier de L'Hospital.

qui étoit M. de Vitry, lequel commença à nous crier : « Allons, cadets, armes bas ! » Sur ce qu'il vit que nous n'étions pas disposés à le faire, il mit la main au pistolet ; et moi, le couchant en joue avec mon fusil en même temps, je lui criai de ne se pas approcher et de ne me pas obliger de tirer sur lui. Comme il y auroit eu de la témérité à s'avancer, il prit le plus sage parti, qui fut de tourner bride et d'aller s'en plaindre au Roi. Cependant, comme il ne faisoit pas sûr pour nous de demeurer là davantage, nous nous retirâmes à petit bruit vers Melun, et jugeant bien que cette affaire pourroit avoir quelques suites, je demandai à M. de Brissac, mon capitaine, congé d'aller faire un petit voyage à Paris, où je lui témoignai que j'avois affaire. Mes trois autres camarades trouvèrent moyen aussi de s'absenter de la compagnie. Ainsi le Roi ayant donné ordre aux officiers du régiment d'en faire la revue en présence de M. de Vitry, afin qu'il pût remarquer les coupables, il n'en put reconnoître aucun. On ne laissa pas néanmoins de m'en soupçonner, à cause que l'on savoit que j'étois un peu ardent à la chasse ; mais, comme j'avois demandé mon congé dans les formes, on eut peine à me juger tout-à-fait coupable. Cela se passa ainsi sans que l'on en parlât beaucoup davantage.

Au bout de deux ou trois mois il arriva que, lorsque j'étois en faction devant la porte du Louvre, M. de Vitry, en passant, me reconnut et s'adressant à moi aussitôt : « Ho, ho, cadet, me dit-il, c'est donc vous ! « vous souvenez-vous du cerf de Fontainebleau ? » Je me trouvai à la vérité fort embarrassé de son compliment, surtout dans le poste où je me trouvois, qu'il

ne m'étoit pas permis de quitter. Ne me restant que
la voie de la soumission et de la prière, je lui dis de
la manière la plus humble et la plus touchante qu'il
me fut possible : « Ah ! monsieur, voudriez-vous me
« perdre ? ayez pitié d'un cadet comme je suis. » Il
me répondit le plus généreusement du monde : « C'est
« assez que je vous connoisse ; et, bien loin de vouloir
« vous perdre, je veux vous servir. Venez me voir.
« Je vous donne ma parole, foi de gentilhomme, qu'il
« ne vous arrivera aucun mal. » Cependant, lorsqu'il
fut passé, comme je n'avois point encore l'honneur
de le connoître, et que l'appréhension où j'étois ne
me permettoit point de m'assurer trop sur sa parole,
je fis témoigner à mon caporal que j'avois quelque
incommodité qui m'empêchoit de pouvoir garder plus
long-temps ce poste, et le priai d'en mettre un autre
à ma place ; ce qu'il fit sans qu'il se doutât de rien,
et je me tins ensuite sur mes gardes. Je différai deux
ou trois jours à aller voir M. de Vitry, craignant toujours, et ne pouvant me résoudre, après la faute que
j'avois faite, de m'aller présenter devant lui. Mais enfin
je résolus d'y aller un matin avec deux ou trois de mes
camarades. Nous le trouvâmes encore au lit, et étant
entrés, je lui fis mon compliment avec mille excuses
du malheur qui m'étoit arrivé, et lui témoignai mon
extrême déplaisir de ce que j'en avois usé si brutalement
envers une personne de sa qualité, à la générosité de laquelle j'étois obligé de ma vie. Il me reçut avec de grands
témoignages d'affection, et m'embrassa en me disant,
avec la plus grande honnêteté du monde, qu'il étoit ravi
de me connoître, et qu'il se serviroit de moi dans les
occasions. Comme il jugea même que je pouvois avoir

besoin de quelque argent, il me présenta quelques pistoles avec beaucoup de bonté, et me força de les recevoir en me disant qu'un soldat ne devoit rien refuser.

Vers ce même temps j'eus une contestation assez extraordinaire avec un de mes amis, et pensai me faire une affaire pour m'être piqué d'agir avec amitié et générosité à son égard. Il s'appeloit Espérance, et étoit bâtard du fameux M. de Grillon. S'étant battu en duel après un édit très-sévère du Roi qui défendoit les duels, il fut arrêté et condamné à être tiré par les armes. Il me conjura, selon la coutume, étant son ami intime, de vouloir lui servir de parrain, c'est-à-dire de lui tirer le premier coup. Pour moi, ne pouvant pas régler mon amitié sur cette cruelle et fausse coutume, je lui dis tout net que c'étoit à cause de cela même que j'étois son intime ami que je ne voulois pas être son bourreau, et qu'absolument je ne pouvois pas tuer celui que j'aimois. Il me pressa et me fit de nouvelles instances pour me porter à lui rendre ce témoignage de mon amitié, me disant toujours que c'étoit une coutume pratiquée par les plus fidèles amis. Je lui repartis avec fermeté que je ne suivois pas la mode dans mon amitié, et qu'il étoit inutile qu'il me pressât sur une chose dont j'avois horreur et que je ne ferois jamais. Notre lieutenant colonel nommé de Sainte-Colombe, et M. de Brissac, mon capitaine, m'ordonnèrent tous deux de faire ce que mon ami me demandoit. Je leur répondis sans hésiter que l'amitié que je lui portois me le défendoit. On en vint ensuite aux menaces, et on me dit que, si je n'obéissois à la justice, je serois mis à la place du criminel. Je repartis avec la même fermeté que je ne pouvois point obéir en cela, et que j'étois prêt de mourir en la place de mon ami plutôt que de le faire mourir. On me mena aussitôt en prison, où j'allai sans peine pour une si bonne cause. Mais on reconnut enfin que ma résistance en ce point ne venoit pas d'entêtement ni de caprice, mais d'un vrai fonds d'amitié qui ne permet pas à un ami généreux d'ôter la vie à son ami pour se conformer à une fausse et ridicule coutume. Ainsi on me fit sortir bientôt après; et, quoique les règles de la discipline militaire obligeassent les officiers à me faire une réprimande, ils firent voir toutefois qu'ils ne m'en estimoient pas moins pour cela, et ils louèrent même la fermeté que j'avois fait paroître en cette rencontre.

J'eus ensuite une occasion d'être connu du Roi et de quelques-uns des principaux de sa cour, par une rencontre qui, bien que peu considérable en elle-même, ne fut pas désavantageuse à un jeune cadet comme j'étois. Le roi Henri IV, étant à Fontainebleau, eut quelque soupçon contre un des premiers seigneurs de sa cour sur le sujet d'une dame (1) qui étoit dans le château, et se douta qu'il l'alloit voir en secret. Mais, comme il le faisoit si adroitement qu'on ne pouvoit le découvrir, après que le Roi eut pensé aux moyens qu'il pourroit trouver de le surprendre, il crut enfin devoir choisir une personne fidèle, adroite et hardie pour exécuter son dessein et le tirer de l'inquiétude où il étoit. Il dit donc à M. de Belingan (2), un de ses

---

(1) *Sur le sujet d'une dame :* Il s'agit probablement de Henriette d'Entragues, marquise de Verneuil, qui avoit succédé à la faveur de la duchesse de Beaufort, morte l'année précédente. — (2) *M. de Belingan :*

premiers valets de chambre, qui étoit dans tous ses secrets, de lui trouver deux hommes tels qu'il les demandoit, pour les placer à deux avenues où ils pussent observer celui contre qui il avoit eu ce soupçon. M. de Belingan en ayant parlé à M. de Sainte-Colombe, lieutenant de la mestre de camp du régiment des Gardes, celui-ci alla commander au premier caporal de sa compagnie de lui choisir deux soldats qui fussent capables d'exécuter le dessein du Roi. Le sort tomba sur moi, et le caporal m'ayant choisi pour être un de ceux que l'on devoit présenter à Sa Majesté, il me mena à son lieutenant qui me fit parler à M. de Belingan; lequel me dit qu'il se présentoit une occasion avantageuse pour moi, qu'il y alloit de faire ma fortune, et de me faire connoître au Roi en lui rendant un service considérable. « On a cru, me dit-il, « que vous ne manqueriez ni de cœur ni de conduite « pour cette affaire ; et il vous est très-important de « faire connoître que l'on ne s'est pas trompé dans le « choix que l'on a fait de vous. » Je laisse à juger de la disposition où pouvoit être un jeune cadet comme j'étois, lorsque j'entendis parler du service du Roi et de ma fortune. Je remerciai M. de Belingan, en lui témoignant que je n'oublierois de ma vie la grâce qu'il me faisoit de me procurer une occasion si avantageuse,

Pierre de Beringhen, premier valet de chambre de Henri IV. Il étoit né dans le duché de Gueldre, et avoit d'abord été au service d'un seigneur de Normandie qui eut occasion de recevoir Henri IV pendant les guerres de la Ligue. Ce fut là qu'il fut connu du monarque, auquel il plut, et qui se l'attacha. Cette famille fit depuis une grande fortune ; et le petit-fils de Beringhen, devenu marquis, cordon bleu, et premier écuyer de la petite écurie, figura d'une manière brillante sous le règne de Louis XIV.

et je l'assurai en même temps que je m'acquitterois fidèlement de la commission qu'il me donneroit. Il me déclara la volonté du Roi, qui étoit que je me misse la nuit en sentinelle dans quelque endroit de la galerie où je ne pusse être vu, et d'où je pusse voir celui que Sa Majesté soupçonnoit d'entrer vers les onze heures dans une certaine chambre du château ; que je le suivisse partout jusqu'à ce qu'il fût rentré dans la chambre où il couchoit, afin qu'on pût être assuré qui il étoit ; et comme il pourroit ouvrir et fermer diverses portes pour empêcher qu'on ne le suivît, il me donna une clef qui les ouvroit toutes, ajoutant que je devois me contenter de le suivre sans lui rien dire, prenant garde seulement à ne le point perdre de vue jusqu'à ce qu'il fût rentré dans sa chambre. J'assurai de nouveau M. de Belingan qu'il se pouvoit reposer sur moi de cette affaire, et que j'espérois qu'il en auroit bientôt éclaircissement.

J'allai dans l'instant remarquer le poste le plus propre pour mon dessein, et, après l'avoir choisi, je m'en retournai en attendant l'heure qu'il y fallût aller, qui étoit celle du coucher du Roi, où l'on m'avoit dit que cette personne étoit d'ordinaire. Je revins donc sur les onze heures dans la galerie, et me plaçai en un lieu obscur où je ne pouvois être vu. Au bout d'une heure j'entendis venir celui de qui on m'avoit parlé ; mais comme il n'avoit point de lumière on ne pouvoit le connoître. Je ne lui donnai pas le loisir d'entrer dans la chambre où il alloit parce que je le suivis ; et lui, m'ayant entendu, tourna à côté dans une autre galerie, où il se coula si doucement et si vite qu'il s'en fallut peu qu'il ne m'échappât dans l'obscurité. Cela m'obligea de doubler le pas pour le suivre de plus près. Il se douta aussitôt qu'on le suivoit, et étant entré dans la galerie des Cerfs il tira la porte sur lui, espérant de m'arrêter tout court; mais il fut bien étonné d'entendre ouvrir la porte après lui et de se voir suivi comme auparavant. Alors, pour se délivrer de celui qui le suivoit si fidèlement, il fit cent tours dans les cours et basses-cours, et enfin il se sauva tout d'un coup dans le jardin, dont il ferma brusquement la porte, croyant m'échapper par ce moyen et se cacher en quelque lieu. Son dessein lui réussit assez heureusement d'abord; car, s'étant jeté dans une grande et épaisse palissade qui faisoit un grand ombrage et le mettoit à couvert de la clarté de la lune, je ne vis personne lorsque j'entrai dans le jardin. Je commençai à entrer dans une grande appréhension; je courus et fis divers tours dans ce jardin sans pouvoir rien découvrir; mais, lorsque j'étois comme au désespoir, et outré contre moi-même de l'avoir ainsi laissé échapper, retournant vers la porte et regardant dans l'épaisseur des plus proches palissades je l'y aperçus, et me résolus pour ne le plus perdre de le suivre de fort près. Lui, se voyant ainsi découvert, sortit de la palissade tout en colère, faisant mine de vouloir s'en aller fort vite; mais tout d'un coup il se retourna, et dit tout haut: « Ah! c'en est « trop. » Et il fit semblant de mettre l'épée à la main. Je m'arrêtai et demeurai ferme sans dire un seul mot, ainsi qu'il m'étoit ordonné. Comme je fis mine de me vouloir défendre, résolu de le faire si on m'y eût obligé, ce seigneur, jugeant à ma contenance que je n'étois pas d'humeur à me laisser pousser, fit encore quelques tours, et rentra ensuite dans la galerie, d'où il se retira dans sa chambre, à la porte de laquelle je demeurai comme en faction.

Mais je ne fus pas long-temps seul en ce lieu, parce que vers les deux heures après minuit M. de Belingan vint me trouver pour savoir ce que j'avois découvert. Je commençois à lui conter tout ce qui s'étoit passé, lorsque le Roi lui-même parut au bout de la galerie en robe de chambre avec une petite lanterne à sa main. Nous nous avançâmes aussitôt, et, quoique je n'eusse jamais eu l'honneur de parler au Roi, je tâchai de lui rendre compte de ma commission le mieux que je pus, en lui racontant sans m'étonner toutes les démarches que j'avois faites, et tous les tours et retours que j'avois fait faire à ce seigneur. Et lorsque je lui représentois, assez naïvement, la colère avec laquelle il étoit sorti tout d'un coup de la palissade, et avoit fait mine ensuite de mettre l'épée à la main, le Roi, m'interrompant, me demanda : « Mais qu'aurois-tu fait, « cadet, s'il étoit venu jusqu'à toi ? — Je me serois dé- « fendu, Sire, lui dis-je ; car Votre Majesté m'avoit « bien fait commander de ne point parler, mais non « pas de ne me point défendre. » Le Roi, éclatant de rire, ajouta : « Je le juge bien à ta mine. » Il voulut ensuite que je lui représentasse plus particulièrement la posture et l'action de ce seigneur, ce que je tâchai d'exprimer de la manière la plus vive et la plus agréable qu'il me fut possible, et que je jugeois devoir davantage lui plaire. Et toute cette petite comédie étant ainsi achevée, il me dit qu'il étoit parfaitement satisfait de mon service, et me promit de se souvenir de moi.

M. de Belingan me prit dès lors en une particulière affection, à cause de la manière dont j'avois reçu et exécuté la proposition qu'il m'avoit faite ; et, voulant avoir plus de lieu de me servir auprès du Roi, il me demanda si je n'avois point eu de parens qui eussent rendu quelques services considérables à Sa Majesté. Je lui nommai entre les autres un oncle que j'avois, qui s'appeloit d'Estoublon, et qui s'étoit fort signalé dans les guerres de Provence. Il en prit occasion depuis de dire au Roi, en parlant de moi, que ce cadet commençoit à suivre les traces d'un de ses oncles qui avoit très-particulièrement servi Sa Majesté, et qui se nommoit d'Estoublon. Le Roi témoigna s'en bien souvenir, et ajouta qu'il étoit un fort brave homme, et lui avoit rendu de grands services ; il donna ordre en même temps à M. de Belingan de me faire toucher cent écus. M. de Belingan prit la liberté de lui dire que je méritois bien de les toucher tous les ans à cause des bons services de mes parens et de celui que j'avois moi-même rendu à Sa Majesté. Ce prince y consentit aussitôt avec beaucoup de bonté, et ainsi je me trouvai tout d'un coup couché sur l'état ayant pension du Roi. Etant allé dès le lendemain chez M. de Belingan, j'y trouvai les cent écus tout comptés ; et il me promit de solliciter le brevet de la pension qu'il obtint quelques jours après. Je me sentis si fort obligé de la manière généreuse dont il me servit en cette rencontre, que j'ai recherché toute ma vie les occasions de lui témoigner ma parfaite reconnoissance, tant en sa personne qu'à l'égard de messieurs ses enfans ; car, quoique ce qu'il m'avoit procuré fût peu considérable, j'en jugeai plutôt par le cœur avec lequel il l'avoit fait que par la chose même; et je puis dire que j'avois dès lors un grand éloignement des amitiés intéressées qui se mesurent par le service que l'on espère recevoir de ses amis, et non par la confidence et l'union des cœurs. Je crus, ayant reçu l'argent dont j'ai parlé, ne pouvoir mieux reconnoître le choix que mon caporal avoit fait de moi, que de lui en donner une partie; et voulant aussi faire part aux autres des gratifications du Roi, j'en prêtai à quelques-uns de mes camarades qui en avoient assez grand besoin.

Je demeurai encore quelques années dans les gardes jusqu'à ce que je me visse obligé d'en sortir pour une misérable affaire dont j'ai honte de parler ici, si ce n'est pour faire voir avec combien de sagesse le Roi a flétri d'une tache honteuse des combats qui passoient auparavant pour honorables, quoiqu'ils fussent si contraires à toutes les lois divines et humaines, et que ce fût la ruine de la noblesse.

Un jeune cadet comme moi, nommé Vernetel, reçut un soufflet d'un autre gentilhomme, nommé du Mas, qui étoit dans la même compagnie, et qui, l'ayant de ce coup jeté par terre, lui marcha ensuite sur le ventre. Cet outrage le mit au désespoir; et dans la nécessité malheureuse où il crut être engagé par le faux honneur du monde de périr ou de s'en venger, ne voulant point entendre parler d'accommodement en cette rencontre, il s'adressa à moi qui étois son ami particulier, et me pria de l'aider à recouvrer son honneur. Comme j'étois alors dans les mêmes maximes que lui, je ne crus point lui pouvoir refuser ce service. J'eus grande peine à parler en particulier à du Mas, à cause que son action ayant éclaté ils étoient beaucoup veillés; mais enfin, au bout de quinze jours ou environ, lorsque tout le régiment étoit à Argenteuil, et que les officiers étoient assemblés au conseil de guerre pour juger un soldat qui avoit volé, je le fus joindre, et lui dis que Vernetel l'attendoit pour ce qu'il savoit. Il me répondit qu'il avoit deux amis dont il ne pouvoit se dégager. Je le priai de se contenter d'en exposer un pour le servir, parce que j'étois seul avec mon ami; mais comme je vis qu'il n'y vouloit point entendre, je le quittai en lui disant que je lui en rapporterois bientôt des nouvelles. Un cadet qui nous entendit me vint dire qu'il voyoit bien de quoi il s'agissoit, et me menaça en même temps de me découvrir s'il n'étoit de la partie, tant la fureur de ces sortes de combats passoit alors pour une action héroïque. Je fis d'abord ce que je pus pour le détromper du soupçon qu'il avoit eu; mais, ne l'ayant pu persuader, je me vis contraint de lui avouer l'état de la chose; à quoi il me repartit froidement : « La cause est trop bonne, on ne sauroit y périr. » La partie étant ainsi liée de part et d'autre, nous passâmes en bateau dans une île où le rendez-vous étoit donné, et nous attachâmes le batelier pour empêcher qu'on ne vînt à nous et pour pouvoir repasser après le combat, qui fut si sanglant que de six il y en eut cinq de fort blessés, dont un demeura sur le champ, et mourut vingt-quatre heures après, et un autre au bout de trois semaines.

Il arriva sur la fin que nous fûmes aperçus par les officiers du régiment qui étoient le long de l'eau. Ils se mirent en même temps dans des bateaux pour courir à nous; mais, ayant eu le loisir de nous remettre dans le nôtre, nous gagnâmes l'autre bord, d'où chacun fit ce qu'il put pour se sauver. Pour moi, comme j'avois été fort blessé de celui sur qui j'avois eu l'avantage, je fus pris avant que de pouvoir gagner le lieu où j'espérois de me retirer, et conduit en prison au faubourg Saint-Jacques, au même lieu où est présentement l'abbaye royale du Val-de-Grâce, qui étoit alors la prison des soldats du régiment. Il y en eut encore quelques autres d'arrêtés ; mais je fus seul mené en prison, n'ayant point trouvé de faveur comme eux. On travailla peu de jours après à me faire mon procès, dont la fin ne pouvoit sans doute m'être avantageuse ; mais le propre jour de la Pentecôte, pendant que le geôlier et sa femme étoient en dévotion à l'église, quelques-uns de mes camarades, songeant aux moyens de me sauver la vie, tant par leur inclination particulière que par celle de M. de Grillon qui leur avoit témoigné qu'il seroit bien aise qu'on pût le faire, trouvèrent moyen de me jeter par une cheminée une corde avec laquelle je montai jusqu'au haut, et me sauvai par dessus les toits. Je fus découvert, et on courut après moi ; mais je gagnai une cave du château de Bicêtre, où je demeurai caché. Ainsi Dieu me sauva doublement la vie, tant du côté de celui contre qui je m'étois battu, que du côté de la justice que je ne pouvois pas éviter.

Je fis alors une réflexion très-sérieuse sur l'action où je venois de me trouver ; et il est vrai qu'elle me parut si sanglante et si inhumaine, que, bien que je ne me sentisse pas encore de force pour me mettre au-dessus de ce qu'on appelle les règles de l'honneur, je fis néanmoins dès ce moment une ferme résolution d'user de toutes les adresses imaginables pour ne me trouver jamais engagé dans une si malheureuse nécessité.

[1602] Me voyant donc hors d'état de paroître, et contraint de me retirer en attendant que cette affaire fût assoupie, je résolus, en 1602, d'aller joindre plusieurs jeunes gentilshommes qui s'en alloient en Hollande, et d'y passer tout le temps de ma disgrâce. Ainsi nous y fûmes tous ensemble, et y demeurâmes environ dix mois.

[1603] Au bout de ce temps nous voulûmes passer en Allemagne, et aller ensuite jusques en Moscovie. Mais notre voyage fut bien abrégé ; car, étant à deux ou trois journées de La Haye, nous fûmes pris par des coureurs du prince d'Orange, qui nous traitèrent de déserteurs, et nous conduisirent dans la ville voisine où nous fûmes tous mis en prison. Comme la justice qu'on fait d'ordinaire aux déserteurs est fort courte, l'on ne délibéra guères à nous condamner; mais on eut égard à notre grand nombre, et ainsi il fut ordonné que nous serions décimés, afin que ceux sur qui le sort tomberoit fussent pendus. Cependant le sort étant incertain, chacun craignoit également pour soi, et tous prenoient le même intérêt à un malheur qui ne pouvoit néanmoins tomber que sur une partie. Un religieux vint nous voir dans la prison pour nous consoler et nous préparer à la mort : ce qui en porta quelques-uns à se confesser à ce bon père; mais, pour moi, j'avoue que je me trouvai dans un si grand étourdissement, et si effrayé d'un tel genre de mort, que je ne pus point penser à ma conscience.

Enfin, le péril pressant où nous nous vîmes nous ouvrit l'esprit, et nous priâmes l'un d'entre nous qui avoit beaucoup d'esprit, qui étoit savant, et qui surtout savoit fort bien parler latin, d'écrire au prince d'Orange une lettre en forme d'apologie, pour tâcher de le fléchir et d'obtenir notre grâce. Il le fit avec une facilité merveilleuse, et il représenta à Son Altesse que nous étions des gentilshommes français, et qu'après que la curiosité et l'ardeur que nous avions eue pour la guerre nous avoit fait quitter notre pays pour venir porter les armes en un pays étranger, et y apprendre les exercices militaires qui s'y pratiquoient, nous étions en quelque sorte excusables de ce que la même curiosité nous avoit poussés de nouveau à vouloir passer outre dans d'autres provinces, afin de connoître les différentes coutumes de diverses nations, et de prendre ainsi ce que chacune a de meilleur ; que ce désir étoit naturel aux Français plus qu'à tous les autres peuples, et que si nous avions fait une faute en cette rencontre, en ne demandant pas notre congé, nous espérions que Son Altesse auroit la bonté de nous pardonner et d'excuser l'humeur bouillante de la jeunesse française ; qu'il n'y avoit point eu de malice de notre part, mais un peu de cette légèreté naturelle à la nation ; qu'il étoit de sa grandeur de faire des exceptions des coupables, et de discerner la qualité des fautes par la disposition naturelle de ceux qui les commettoient. Enfin il composa cette petite apologie en si beau latin, et y employa tant de raisons prises d'une rhétorique militaire, que la crainte d'une mort présente animoit beaucoup, qu'il fut impossible au prince d'Orange de résister à une si juste et si douce violence, et qu'il nous accorda sur-le-champ notre grâce, à condition néanmoins que nous servirions encore dans ses troupes pendant quelque temps. Ainsi contre toute espérance nous échappâmes d'un si grand péril (1).

(1) Je me souviens sur cela de ce que m'avoit prédit, quelque temps auparavant, un homme qui m'avoit déclaré que je courrois grand risque de ma vie, mais que j'en sortirois heureusement.

Avant donc que je partisse pour m'en aller en Hollande, comme j'ai dit, je résolus d'aller, ou plutôt je fus entraîné par deux de mes amis chez un fameux astrologue nommé Hiéronimus, qui demeuroit en la place Maubert à Paris. L'un étoit procureur général au parlement d'Aix en Provence, et l'autre étoit enseigne aux Gardes. Le procureur général s'habilla en homme d'épée, et, afin de mieux tromper l'astrologue, il nous dit de faire mine d'être ses gentilshommes suivans. Lorsque nous fûmes entrés dans sa chambre, qui étoit fort propre et bien meublée, et où l'on voyoit sur la table quantité de beaux globes et de sphères qui faisoient le sujet de son étude, notre homme de robe travesti en cavalier lui fit le compliment ordinaire, en lui disant que la réputation qu'il avoit de s'être rendu habile dans la connoissance de l'avenir, l'avoit porté à venir chez lui pour connoître, par son moyen, ce qui lui arriveroit dans la suite de sa vie, et le pria de vouloir bien satisfaire sa curiosité en cela, l'assurant aussi de lui donner toute sorte de satisfaction de son côté, c'est-à-dire qu'il lui ouvrit en même temps sa bourse pour le porter davantage à lui découvrir les secrets de sa science. L'astrologue lui répondit avec beaucoup de gravité que, la réputation d'un homme étant souvent fort trompeuse, il vouloit lui donner d'autres assurances pour le porter à le croire. « Ainsi, monsieur, ajouta-t-il, avant que de
« vous dire ce qui vous doit arriver, je vous dirai ce qui vous est déjà ar-
« rivé, afin que vous soyez assuré de la vérité de l'avenir par la vérité du
« passé. Je n'ai pas l'honneur de vous connoître, ni ces deux messieurs
« aussi que je n'ai jamais vus, et dont je n'ai jamais ouï parler, non
« plus que de vous ; cependant je vous dirai qu'ils ne sont pas de votre
« suite : l'un est enseigne au régiment des Gardes, et l'autre est soldat
« dans le même régiment. Pour vous, monsieur, il me semble qu'une
« robe conviendroit mieux à une personne de votre condition. Cette épée
« n'est pas sans doute de votre métier ; il ne semble pas non plus que
« vous soyez de ce pays, vous tirez plutôt sur la Provence. » Il le supplia ensuite de l'excuser s'il ne pouvoit pas lui en dire davantage en notre présence, et le pria de prendre la peine d'entrer avec lui dans son cabinet. Là, il commença à lui découvrir le secret de sa conscience,

Après que nous eûmes encore passé quelques mois auprès du prince d'Orange, selon l'ordre qu'il nous en avoit donné en nous accordant notre grâce, nous résolûmes de nous en retourner en France. Nous

en lui disant ce qui se passoit entre lui et la fille d'un président du parlement d'Aix, et ajoutant qu'on pourroit bien l'obliger par justice de l'épouser ; mais que, comme son père ne voudroit pas y consentir, il seroit contraint de sortir de son pays et de se retirer à Venise, d'où il ne pourroit revenir qu'au bout de plusieurs années, et par le moyen d'une grande somme d'argent. La curiosité du procureur général étant plus que satisfaite d'en avoir tant su, il ne voulut point approfondir davantage les secrets de l'avenir, et il pria l'astrologue d'en demeurer là. Ils sortirent ainsi du cabinet. L'enseigne l'ayant ensuite questionné sur ce qui le regardoit, il mit tout d'un coup la main sur sa plaie, et lui découvrit une chose dont lui-même ne s'étoit pas encore aperçu. Il ajouta que, dans un tel mois qu'il lui marqua, il auroit un différend pour lequel il seroit cassé et perdroit sa charge. Pour moi, comme je n'étois venu chez cet astrologue que par compagnie, et que d'ailleurs ce qu'il avoit dit aux autres ne me donnoit pas une grande curiosité de connoître ce qui me touchoit, je lui témoignai peu d'empressement pour le savoir. Lui, de son côté, trouvoit quelque chose de plus embrouillé sur mon sujet ; et ne pouvant, à ce qu'il nous parut, pénétrer tout d'un coup dans l'obscurité de mes aventures, il me dit même, ce qui est assez remarquable, qu'il vouloit prendre plus de temps pour penser à moi. Il me déclara néanmoins, en attendant, que courrois grand risque de ma vie dans quelque temps, mais que j'échapperois à ce danger. Toutes ces choses qu'il nous avoit dites nous arrivèrent à tous trois ponctuellement, comme il nous les avoit déclarées. Le procureur général, ayant été poussé par le président dont il avoit abusé la fille, fut condamné à l'épouser ; et son père n'ayant pas voulu y consentir, peut-être à cause que cette fille n'étoit pas assez riche pour lui, il se vit contraint de se réfugier à Venise, d'où il eut toutes les peines du monde à revenir après plusieurs années, ayant été obligé de racheter sa liberté et son retour à force d'argent. L'enseigne aux Gardes fut cassé et chassé de sa compagnie environ trois mois après, qui étoit justement le temps qu'on lui avoit déclaré. Pour moi, comme j'ai dit, j'essuyai ensuite un assez grand péril, ayant été condamné en Hollande à être pendu *comme déserteur.*

Quoique je sache qu'on ne doit point ajouter de foi à ces sortes de prédictions, que ceux qui y ont recours offensent Dieu par une curiosité criminelle, et que *la piété chrétienne*, selon que nous l'ont appris les vînmes donc tous ensemble chez un parent de l'un de ceux avec qui j'étois, nommé Langlise, qui étoit de Picardie, où je fus traité comme un enfant de la maison, par un effet tout particulier de la générosité de

saints, *rejette et condamne cette science comme trompeuse et impie* (1), j'ai cru néanmoins pouvoir rapporter cette histoire qui me regarde, non pour donner aucune créance à tous ces faiseurs d'horoscopes, mais pour avoir lieu, au contraire, de faire connoître ici à ceux qui y ajoutent foi qu'ils sont misérablement trompés par le démon. Car, premièrement, il semble que nous devons établir, comme un principe constant de notre foi, que c'est Dieu seul qui préside sur le sort des hommes, et que rien ne dépend plus immédiatement de son pouvoir que leur vie, puisque, comme il les a tirés du néant par sa main toute puissante, ils y retomberoient infailliblement si cette même main ne les soutenoit. Il est donc indigne de notre religion d'attribuer à des astres ce pouvoir qui ne peut appartenir qu'à Dieu comme au créateur et au souverain ; et c'est retomber en quelque sorte dans l'idolâtrie, et reconnoître ces astres comme des dieux, de les regarder comme dominant et comme tout puissans, non-seulement sur notre vie, mais encore sur notre volonté. Que si l'on demande comment donc il peut arriver que ceux qui s'attachent à cette science, semblent souvent voir si clair dans l'avenir, et découvrent tant de choses qu'il paroît humainement impossible qu'ils puissent savoir, je réponds, premièrement, que j'ai vu dans le livre français des *Confessions* de saint Augustin, « que Dieu fait
« souvent par de secrets mouvemens que, sans que ces astrologues, ni
« ceux qui les consultent, sachent ce qui se passe dans eux, les uns
« rendent des réponses, et les autres les reçoivent telles qu'ils méritent,
« selon la corruption qui est cachée au fond de leurs ames, et selon
« l'abîme impénétrable de ses justes jugemens. » J'ai vu encore dans le même livre que « les conjectures des hommes rencontrent quelquefois
« par hasard la vérité, et que, dans la multitude des choses qu'ils pré-
« disent, il en arrive quelques-unes, non que ceux qui les assurent en
« aient aucune connoissance, mais parce qu'entre tant d'événemens
« imaginaires qu'ils prédisent en l'air, il est presque impossible que,
« dans le cours des choses du monde, il ne s'en trouve quelqu'un de
« véritable. » D'ailleurs la communication que peuvent avoir quelques-uns de ces astrologues avec le démon leur procure la connoissance de plusieurs choses qu'ils ignorent ; et Dieu lui donnant souvent par un effet de sa justice le pouvoir de faire du mal ou du bien à ceux qui

(1) Aug. Confes., lib. 4, c. 3, et liv. 7, c. 7.

M. et de madame Langlise. Et après avoir passé un mois chez eux, je résolus de m'en revenir aux Gardes, n'y ayant point de guerre en ce temps-là, et ce régiment étant l'école la plus ordinaire pour les jeunes

se confient en lui, il ne lui est pas fort difficile de leur prédire ce qu'il a résolu d'exécuter. Il est donc tout-à-fait ridicule d'attribuer à une certaine constellation la bonne ou la mauvaise fortune d'un homme, puisque, comme il est fort bien prouvé dans le même livre dont j'ai parlé, de deux personnes nées dans un même moment et sous un même regard de planètes, l'une est heureuse et élevée dans les charges les plus honorables, et l'autre vit dans la solitude et dans la dernière misère, et que, de deux jumeaux comme étoient Esaü et Jacob, qui se suivirent de si près en venant au monde qu'il étoit impossible à un astrologue d'en remarquer la différence dans les astres, l'un fut d'une inclination si différente de l'autre, que, bien loin de se ressembler comme jumeaux, à peine avoient-ils même la ressemblance ordinaire des hommes. Ainsi tout cet appareil de globes et de sphères dont se servent les mathématiciens ne me paroit proprement qu'un fantôme et qu'une chimère dont ces sortes de gens prennent plaisir à leurrer le monde.

Je sais qu'on a voulu faire passer les prédictions de Nostradamus pour de véritables prophéties. Mais, sans m'engager à examiner une chose que je reconnois être au-dessus de moi, j'assurerai hardiment ou que cet homme a eu l'esprit de prophétie, qui ne peut être qu'un don de Dieu, et qu'en ce cas on ne doit pas faire difficulté de regarder ses prédictions comme divines, ou qu'il a suivi l'art des mathématiciens, qui ne disent rien qu'avec incertitude, et plutôt en déclinant au hasard qu'en prévoyant l'avenir, et souvent même en suivant l'esprit d'illusion qui les trompe, et qui les fait d'autant plus tromper, que Dieu permet quelquefois qu'il leur prédise des choses véritables pour les aveugler davantage. Je ne prétends point, comme j'ai dit, rien décider sur le sujet de Nostradamus ; mais je rapporterai seulement ici une histoire que j'ai apprise de la propre bouche de son neveu, dont le monde jugera.

Comme je connoissois fort particulièrement ce neveu de Nostradamus, il me contoit diverses choses surprenantes de son oncle ; mais, entre les autres, il me rapporta celle-ci, qui me paroit assez considérable, touchant un gouverneur d'Aigues-Mortes. La femme de ce gouverneur ne se conduisoit pas avec la fidélité qu'elle devoit à son mari, et ayant eu le malheur de plaire au connétable de France, elle souffrit qu'il la vînt voir un peu trop souvent pour son honneur. Le gouverneur l'ayant su,

gentilshommes qui suivoient l'exercice des armes.
Mais comme le sujet pour lequel j'en étois sorti ne
pouvoit pas me permettre d'y rentrer, et qu'on n'avoit
pas parlé de mon affaire depuis mon absence, il fallut

voulut se venger du connétable aux dépens du Roi, et résolut de traiter avec l'Espagnol pour lui remettre sa place entre les mains. Il en écrivit en effet au roi d'Espagne, et entra en quelque traité avec lui. Dans ce même temps, et avant que d'exécuter son dessein, comme le sieur Nostradamus étoit célèbre par toute la France pour ses prédictions, il voulut l'aller consulter chez lui à Salon-de-Crau, qui est un village de Provence où il demeuroit, et il dit à sa femme, avant que de partir, qu'il s'en alloit faire un voyage de quinze jours. Montant à cheval, et ayant déjà le pied dans l'étrier, il se retourna pour lui dire adieu; mais comme il voulut ensuite s'élever sur l'étrier, l'étrivière se rompit, et il pensa lui-même se rompre le cou en tombant. Lorsqu'il fut proche de la Durance, petite rivière fameuse pour ses grandes inondations, voulant entrer dans le bateau pour la passer, il fit un faux pas, et étant tombé dans l'eau, il s'en fallut peu qu'il ne fût noyé. A deux ou trois postes du village de Salon-de-Crau, le cheval de poste qu'il montoit, étant en pleine campagne, se mit tout d'un coup à ruer, à se cabrer et à faire le furieux, sans vouloir ni avancer ni reculer. Ce nouvel accident le fit crier contre le postillon de ce qu'il lui avoit donné une si méchante bête. Le postillon lui répondit que c'étoit le meilleur cheval de l'écurie. Il le prit ensuite par les rênes de la bride, arrêta sa fougue, et le remit en son état ordinaire. Le gouverneur étant enfin arrivé à la porte de la maison du sieur Nostradamus, il y trouva un valet qui l'attendoit, et qui lui dit que son maître l'avoit envoyé pour le prier de monter. Il demeura fort surpris, et lui repartit que son maître ne pouvoit pas savoir s'il étoit venu, ni qui il étoit. Le garçon lui répliqua que son maître lui avoit commandé de venir attendre à la porte un gentilhomme qui venoit le voir, et de le faire monter. Lui, fort étonné, monta à la chambre, et, ayant salué Nostradamus, il lui dit que sa grande réputation l'avoit porté à venir d'assez loin pour le prier de lui découvrir quelque chose de l'avenir en ce qui le regardoit. Le sieur Nostradamus lui répondit qu'il avoit un extrême déplaisir de la peine qu'il avoit prise; « et Dieu
« même, ajouta-t-il, a voulu vous en détourner par trois fois. Vous auriez,
« monsieur, beaucoup mieux fait de demeurer au lieu d'où vous venez.
« Vous vous souvenez bien sans doute de ce qui vous est arrivé montant à cheval, du péril où vous avez été ensuite de vous noyer en
« voulant passer la Durance, et du dernier avertissement que Dieu

que je me tinsse caché durant quelques jours, pendant lesquels M. de Grillon, qui témoignoit avoir pour moi une tendresse de père, obtint ma grâce, à condition néanmoins que je me rendrois prisonnier pour deux

« vous a donné lorsque ce cheval vicieux vous a pensé tuer en pleine
« campagne. Tout cela, monsieur, a dû vous empêcher de venir ici, et
« vous ne deviez pas mépriser ces avis du Ciel. » Le gouverneur, étrangement surpris, lui avoua la vérité de tout ce qu'il venoit de lui dire. Le sieur Nostradamus tira en même temps un rideau de dessus un globe d'acier qui étoit sur sa table, et lui dit de regarder sur ce globe. Le gouverneur y ayant jeté les yeux vit, comme en un miroir ou en un tableau, tous les différens accidens de son voyage ; et l'étonnement extraordinaire que cette vue lui causa ne servit qu'à allumer encore davantage sa curiosité. Ne pensant donc plus au passé, mais craignant seulement pour l'avenir, il lui dit que la vérité du passé lui faisoit désirer plus ardemment de connoître l'avenir. Nostradamus lui témoigna qu'il ne pouvoit pas le lui dire, et qu'après qu'il avoit pris tant de peine pour le venir voir, il se sentoit obligé de l'épargner pour ne lui déclarer pas des choses qui l'affligeroient. Il ne se rebuta pas néanmoins pour cela, et il le pressa si fort de lui accorder ce qu'il demandoit, que Nostradamus, vaincu enfin par ses importunités, lui déclara qu'encore qu'il ne pût pas lui dire la chose, il l'avertissoit seulement qu'il avoit des ennemis puissans dont il devoit se garder. « Madame votre femme, ajouta-t-il,
« sera cause de votre malheur si vous ne pensez à vous. Défiez-vous
« plus que jamais lorsqu'elle vous témoignera plus d'amitié, car ce sera
« alors que vous aurez beaucoup de sujet de craindre. » Sur ce que le gouverneur le conjura de lui dire s'il n'y avoit donc pas moyen d'éviter le malheur qui le menaçoit, il lui repartit qu'il ne faudroit pas pour cela qu'il s'en retournât sitôt. Lui cependant, étant en partie dépité de son malheur, et en partie fâché de ce qu'on ne vouloit pas lui en dire davantage, témoigna n'avoir pas beaucoup de créance en ce que Nostradamus venoit de lui dire ; et, le quittant brusquement, il s'en retourna de fort mauvaise humeur. Etant de retour chez lui à Aigues-Mortes, lorsqu'il frappa à la porte de sa maison, le connétable qui y étoit se retira par une porte de derrière ; et sa femme, descendant aussitôt en bas au devant de lui, le reçut avec mille témoignages d'amitié pour mieux cacher sa mauvaise conduite, et, avec des empressemens extraordinaires, s'étudia à faire paroître au dehors ce qu'elle n'avoit pas au dedans. Comme il étoit un peu fatigué elle le fit coucher promptement afin qu'il pût se reposer ; mais il fut bientôt troublé et interrompu dans son repos : car,

ou trois heures seulement, afin d'observer les formes ordinaires. La justice de la prévôté de l'Hôtel où je devois être absous n'ayant pu se tenir ce jour-là, je fus bien surpris de me voir enfermé plus de vingt-quatre heures, sans entendre parler de rien. Je crus que l'on me manquoit de parole, et, craignant des suites fâcheuses de ce long retardement, je commençai à entrer dans une des plus grandes inquiétudes que j'aie eues de ma vie, me regardant à tous momens comme un homme condamné à la mort. Je fis dès lors une ferme résolution de ne plus commettre ainsi ma vie à une prison volontaire, d'où l'on ne sort pas quand on veut, et d'où l'on craint à toute heure de sortir pour aller où l'on ne voudroit pas. Je fus tiré néanmoins bientôt après de cette peine, étant sorti le lendemain de prison, et rentré en même temps dans les Gardes, comme je le souhaitois. J'y demeurai quelques années, au bout desquelles je commençai à m'ennuyer de ce qu'on ne faisoit rien en France, à cause qu'il n'y avoit point de guerre, et je résolus d'aller en Savoie avec un de mes camarades, mon ami intime, nommé Saint-Maury.

sur le minuit, le prévôt des maréchaux vint frapper à la porte de la maison, et étant entré avec ses archers dans sa chambre, il le fit prisonnier de la part du Roi. Il se souvint à l'instant de ce que Nostradamus lui avoit dit, qu'il se défiât des caresses de sa femme, et il jugea qu'il étoit perdu. Son procès fut en effet informé. L'intelligence qu'il avoit avec l'Espagne fut vérifiée par les lettres mêmes qu'il avoit écrites et qu'on avoit interceptées ; et, ayant été condamné comme criminel d'Etat, il eut la tête tranchée. Ainsi le connétable ménagea les intérêts du Roi en travaillant pour les siens particuliers, en même temps qu'en trahissant les intérêts du Roi ce pauvre misérable pensoit à venger un outrage fait à sa personne. (Extrait de la première édition des Mémoires de Pontis, tome 1, page 25 et suiv.)

[1604] La guerre commençoit en ce pays-là vers l'an 1604; et j'appris que Rose, ambassadeur du duc de Savoie, levoit sous main quelques soldats à Paris. J'allai le trouver, et lui promis que mon camarade et moi lui fournirions quarante hommes, s'il nous promettoit les charges de capitaine et de lieutenant, et l'argent qui nous étoit nécessaire pour les lever et les conduire sur les confins de Savoie. Il nous l'accorda, et je lui tins ma parole; mais n'osant faire marcher nos soldats ensemble, parce que le Roi ne vouloit pas qu'on levât de ses sujets pour aller servir un autre prince, je les envoyai par des chemins différens, étant bien assuré qu'ils ne me manqueroient pas, parce que la plupart étoient soldats du régiment des Gardes que je connoissois, et en qui je me confiois entièrement. Quelques-uns furent par la Suisse, et les autres par où ils purent. Pour moi et mon lieutenant, savoir Saint-Maury, qui avoit bien voulu prendre cette qualité, nous nous en allâmes par Lyon, où l'on faisoit garde pour empêcher de semblables gens de passer. La garde de la porte nous ayant arrêtés, je dis que c'étoit un gentilhomme qui passoit, et que j'étois à lui : car, comme j'étois plus connu que Saint-Maury, j'aimai mieux passer pour son domestique, afin d'être moins remarqué. On ne laissa pas de nous conduire chez le gouverneur, qui étoit M. d'Alincourt (1), afin d'avoir un passeport. Il se trouva là plusieurs personnes de la cour, dont une m'ayant reconnu me demanda s'il ne m'avoit pas vu aux Gardes. Je lui répondis de telle sorte qu'il crut me prendre pour un autre. Nous fûmes

---

(1) *M. d'Alincourt :* Charles de Neufville, seigneur d'Alincourt, fils unique de Villeroy, l'un des ministres de Henri IV.

néanmoins un peu veillés ; mais ceux de qui j'avois été reconnu, étant employés dans une querelle, ne songèrent pas davantage à nous ; et ainsi nous nous échappâmes, et allâmes joindre nos soldats, qui nous attendoient au rendez-vous. Nous les y trouvâmes en plus grand nombre, s'y en étant joints d'autres par les chemins : ce qui fit notre compagnie d'environ cinquante hommes, lesquels furent reçus du commissaire de M. d'Albigny, qui étoit notre mestre de camp. On leur donna quelques armes et un lieu de rafraîchissement, jusqu'à ce qu'on leur envoyât leurs ordres pour l'armée.

Mais ces ordres furent très-longs à venir ; et le pays où nous étions eut le temps de se lasser de nous. On nous fit dire de nous retirer, ou qu'autrement on nous chargeroit. Ainsi, nous nous vîmes tout d'un coup obligés ou de casser notre compagnie, ou de nous maintenir hautement par les voies d'une défense légitime. Nous embrassâmes ce dernier parti comme étant le plus honnête, et nous commençâmes à faire la guerre pour nous-mêmes, en attendant que nous la fissions pour son altesse de Savoie. Dans ce dessein, nous jugeâmes devoir avoir quelques cavaliers pour soutenir nos gens de pied ; et, pour ce sujet, nous nous accommodâmes de quelques chevaux d'un bourg dont les habitans nous voulurent charger. Avec ce petit nombre de soldats, qui étoit de quarante mousquetaires et vingt cavaliers ou environ, nous tînmes la campagne ; et nous trouvâmes en état de nous défendre contre tous ceux qui nous attaquèrent. Le premier de tous fut M. Debois-Pardaillan, gouverneur de Bourg en Bresse, sur les confins de France et de

Savoie. Il nous obligea de nous retirer de ses terres pour rentrer dans celles des Genevois, où nous vécûmes assez long-temps, et fîmes quelque butin, jusqu'à ce que, le bruit en étant venu à Genève, la république envoyât contre nous des troupes en si grand nombre, que nous fûmes obligés de reculer sur les confins de la Bresse.

M. de Saint-Chaumont, qui étoit gouverneur du pays, étant averti de notre marche, voulut nous en défendre l'entrée. Il assembla pour cet effet plus de cinq cents gentilshommes, avec lesquels il vint au-devant de nous. J'en eus avis, et me trouvai fort embarrassé avec le peu de monde que j'avois, n'ayant en tout que quatre-vingts hommes au plus, dont les cavaliers étoient assez mal montés. Ne me voyant pas en état de résister à un si grand corps, je crus devoir penser à la retraite, et au plus tôt. Il n'y avoit point de pays plus sûr pour nous que la Savoie, puisque nous marchions sous son étendard; mais la grande difficulté étoit d'y passer : car il falloit traverser le Rhône, qui étoit à plus de deux grandes lieues de là, ce qui paroissoit impossible, n'y ayant point là de bateaux. Ainsi, n'osant nous découvrir, dans l'assurance que nous avions d'être chargés, je m'avisai de mettre nos gens à couvert dans un bois, et d'envoyer cependant chercher un bateau le long de la rivière, pour l'amener au lieu où j'avois dessein de passer. Mais comme il falloit beaucoup de temps pour cela, je crus devoir amuser M. de Saint-Chaumont, en lui dressant une embuscade avec notre seule cavalerie, afin de pouvoir faire filer cependant l'infanterie vers la rivière, et la tenir toute prête pour passer; et, voulant fortifier cette embuscade, je retins les tambours avec les trompettes, afin de faire davantage de bruit. La connoissance que j'avois de la carte du pays me fit juger que M. de Saint-Chaumont, qui ne craignoit rien, passeroit assurément par un petit bois qui étoit entre lui et nous. Ainsi je me postai dans ce bois avec nos gens de cheval, les deux trompettes et les deux tambours, et j'attendis que les coureurs des ennemis vinssent à passer. Sur le minuit, ils ne manquèrent point de venir donner droit dans l'embuscade; et, étant sortis aussitôt sur eux avec grand bruit de trompettes et de tambours, lorsqu'ils ne s'attendoient à rien moins, nous leur donnâmes si bien l'épouvante qu'ils s'enfuirent sans tirer un coup de pistolet, et allèrent rapporter à M. de Saint-Chaumont que les ennemis étoient dans le bois, et avoient fait un si grand bruit de trompettes et de tambours, qu'il falloit qu'ils fussent beaucoup plus forts qu'on ne lui avoit dit. Cette nouvelle lui donna un peu l'alarme, aussi bien qu'à toute sa compagnie; ils délibérèrent long-temps de ce qu'ils feroient, et résolurent à la fin d'attendre le jour, pour ne se pas engager témérairement, sans savoir le poste et la force des ennemis.

C'étoit justement tout ce que je prétendois; car nous eûmes, par ce moyen, tout le temps de gagner la rivière, où nous trouvâmes le bateau qui revenoit de passer nos gens. J'y fis entrer ceux de nos cavaliers qui devoient passer les premiers, et j'attendis le retour du bateau, dans lequel je me mis ensuite avec le reste de nos gens. A peine étions-nous à la moitié du passage qu'on vit paroître toute la cavalerie de M. de Saint-Chaumont et lui à la tête, marchant tous au petit trot de peur de trop s'engager. Je laisse à juger de la satisfaction qu'il eut de nous voir en si petit nombre et de ne pouvoir nous approcher, surtout après s'être vu ainsi arrêté par un stratagème assez ordinaire dont avoient usé de jeunes gens comme nous, et qu'il avoit quelque confusion de n'avoir pu découvrir. Aussitôt que nous eûmes pris terre, je le saluai de loin et pris congé de lui, en gardant bien le batelier de notre côté de peur qu'il ne ramenât son bateau, et nous allâmes nous poster sous la première coulevrine de l'Etat du duc de Savoie.

J'envoyai de là donner avis de toutes choses à notre mestre de camp, et lui demander ses ordres, que j'attendois avec impatience, ne me trouvant plus en état de faire la guerre à mes dépens. Mais je fus bien étonné de sa réponse, qui fut que la paix étant déjà faite, il n'avoit plus besoin de nos troupes, car il en avoit tiré tout l'avantage qu'il prétendoit, qui étoit de se rendre considérable par son autorité auprès du duc. Il consentit donc facilement à l'ordre que le duc lui donna de licencier son régiment; et, m'étant venu ensuite trouver pour me témoigner l'extrême obligation qu'il m'avoit, il me dit, voulant me donner une marque plus particulière de sa gratitude, que, si je ne pensois point à m'en retourner en France, je l'obligerois de demeurer avec lui, et de ne point chercher d'autre établissement que le sien. Je reçus cette offre comme je devois, l'assurant que j'étois fâché qu'il ne s'étoit pas rencontré d'occasion où je pusse lui témoigner que je n'étois pas indigne de l'honneur qu'il m'avoit fait, et je pris ensuite congé de lui. Je donnai de l'argent à nos soldats afin qu'ils s'en retournassent à

Paris de la même manière qu'ils étoient venus, et je pris la poste avec Saint-Maury pour m'y en retourner aussi. Notre chemin étoit de repasser par Lyon, où nous avions une affaire assez importante, qui étoit de nous faire payer du reste de nos appointemens à cause de notre compagnie; mais, quoique deux trésoriers de la ville s'y fussent conjointement obligés, nous eûmes beaucoup de peine à toucher ce paiement, n'ayant point reçu d'abord d'autre réponse, sinon que nous étions venus trop tard, et qu'ils avoient ordre de ne plus rien payer parce que toutes les troupes étoient licenciées. Lorsque je croyois notre argent perdu, je fus plus heureux que je ne pensois, et obtins par l'entremise d'un commis ce que je n'avois pu en m'adressant aux trésoriers. Nous continuâmes notre voyage; et lorsque je fus arrivé à Paris, de capitaine que j'étois je me vis réduit à être encore une fois soldat.

J'avois un parent nommé M. de Boulogne, qui étoit de Provence, et qui avoit le gouvernement de Nogent-en-Bassigny avec une compagnie dans le régiment de Champagne. Il eût bien voulu me procurer quelque charge dans sa compagnie ou dans son gouvernement; mais comme il n'y en avoit point pour lors de vacante je ne pus point me résoudre de demeurer sans rien faire, et j'aimai mieux, comme j'ai dit, rentrer encore pour quelques mois dans les Gardes, ou M. de Créqui, qui en étoit alors mestre de camp, me reçut avec beaucoup de bonté.

[1605] A peine y étois-je entré qu'il m'employa dans une très-périlleuse affaire d'où j'eus bien de la peine de me tirer. M. de Monravel avoit épousé une sœur de M. de Créqui, laquelle pour son partage devoit avoir une terre nommée Savigny, proche de Juvisy, que M. de Créqui lui disputoit, et dont il étoit en possession. M. de Monravel tâcha de surprendre le concierge, et l'en mit effectivement dehors, quoique avec bien de la peine. Pour conserver ce château, dont il s'étoit ainsi rendu maître, il choisit trois soldats qu'il avoit commandés, et leur donna charge de garder cette maison comme une place de guerre, et de n'y laisser entrer personne sans le bien connoître. M. de Créqui, étant vivement piqué de cet affront, résolut à quelque prix que ce fût de se remettre en possession de son château. Il jugea pouvoir m'employer à cette entreprise; et, m'ayant communiqué l'affaire, il me pria de le servir de mon mieux. Il ne me parla point des moyens de l'exécuter, et s'en reposa entièrement sur moi, m'assurant qu'il me donneroit tout ce qui me seroit nécessaire pour cela, et, ce qui étoit beaucoup plus important, qu'il me soutiendroit puissamment en tout, comme il y étoit obligé. Je lui dis qu'il me faisoit honneur de me choisir pour lui rendre ce service, mais que l'affaire me paroissoit un peu difficile, puisque, connoissant cette maison, je savois qu'elle étoit entourée de fossés remplis d'eau qu'on ne pouvoit passer que sur un pont, qui ne seroit pas abattu étant gardé par des gens de guerre; mais que toutefois je tenterois l'entreprise; que, comme il ne vouloit pas que je fisse un siége en forme, je n'avois pas besoin de beaucoup de gens, mais seulement de deux ou trois hommes que je choisirois dans le régiment; et que je lui demandois la grâce qu'il me soutînt dans la suite, comme il me faisoit l'honneur de me le promettre. Il m'en assura de nouveau, et je partis avec cette assurance, ayant pris trois bons soldats avec moi.

Etant arrivé à Savigny, je fis semblant de chasser avec un de mes camarades, et, connoissant le premier des trois soldats qui demeuroient dans le château, je l'appelai de dessus le bord du pont qui étoit levé. Comme il se fut approché, je lui dis que j'étois venu jusque-là en chassant, et lui parlai ensuite d'un mail qui étoit proche la maison, lui demandant s'il ne seroit point d'humeur à y jouer une partie avec nous. Il me demanda à son tour si je ne voulois point entrer; et l'indifférence avec laquelle je lui répondis lui ôta tout sujet de me soupçonner. Un de ses deux camarades étoit déjà hors du château, et comme il voulut aussi sortir, lorsqu'il étoit encore sur la planchette, où il n'y avoit point de garde-fou, je le pris par la main et le tirai un peu ferme à moi; mais lui résistant, le pied lui manqua et il tomba dans le fossé. Je lui jetai aussitôt une perche pour l'aider à sortir de l'eau; et dans l'instant mes deux autres soldats, qui s'étoient cachés et mis à l'écart pour voir ce qui arriveroit, accoururent et se rendirent maîtres avec nous du pont. Nous levâmes ensuite la planchette, et je dis à celui qui étoit tombé dans l'eau qu'il s'allât sécher, et que, comme il étoit entré dans ce lieu par surprise pour M. de Monravel, il ne devoit pas trouver mauvais que j'y fusse entré par la même voie pour M. de Créqui, le véritable propriétaire. Le troisième soldat qui étoit resté dans le château, nous voyant quatre contre lui seul, ne fit aucune résistance, et se laissa mettre doucement dehors, aussi bien que plusieurs femmes qui y étoient.

Je fis promptement donner avis à M. de Créqui de ce qui s'étoit passé. Il nous envoya sur-le-champ deux chevaux chargés de vivres, et m'écrivit que nous tinssions bon contre tous, nous assurant de nouveau qu'il nous soutiendroit jusqu'à la fin, et y engageroit plutôt toute son autorité et tout son bien qu'il n'en vînt à son honneur. Je me crus avec cette lettre dans une entière assurance; mais je ne connoissois pas encore le train ordinaire des affaires du monde, ni les manières des grands, comme je les ai connues depuis.

On me vint dire peu de jours après qu'il y avoit au bout du pont un huissier du parlement qui me commandoit, en vertu d'un arrêt, d'ouvrir les portes dans l'instant, et de remettre ce château entre les mains de M. de Monravel ; à faute de quoi il seroit décrété contre nous, et ordonné aux prévôts voisins et aux communes de nous amener morts ou vifs. J'avoue qu'un tel compliment me surprit, ne m'étant point attendu à avoir en tête le parlement. J'avois cru que la promesse si authentique que M. de Créqui m'avoit faite de nous soutenir contre tous, nous mettoit entièrement à couvert. Cependant je m'imaginai qu'il pouvoit n'en être pas averti, et qu'en attendant je pouvois répondre à l'huissier que je ne le connoissois point, et qu'il falloit m'apporter une lettre signée de M. de Créqui qui m'avoit mis dans ce château. L'huissier retourna porter ma réponse à madame de Monravel qui l'avoit envoyé, et qui sollicitoit cette affaire au parlement avec une si grande chaleur, que sur-le-champ elle fut demander à Messieurs que, puisque la garnison n'avoit pas voulu obéir à leur arrêt, il leur plût d'y envoyer un conseiller, pour lequel on auroit sans doute plus de respect. Sa demande lui fut accordée, et la cour nomma un commissaire pour s'y transporter.

Comme j'avois pris ma résolution d'attendre l'ordre de M. de Créqui, ainsi que j'y étois obligé, je fis la même réponse au conseiller qu'à l'huissier, lui témoignant que j'avois le dernier regret de ne pouvoir lui obéir, par la nécessité indispensable où je me trouvois d'exécuter les ordres de mon mestre de camp. Le conseiller se tint extrêmement offensé de voir qu'on refusât ainsi de lui obéir, et il commanda aussitôt qu'on fît venir un bateau de Juvisy pour escalader les murailles. Son ordre fut exécuté dans le moment, parce que madame de Monravel, qui avoit prévu à tout, l'avoit déjà fait préparer. Le premier prévôt qui se trouva là commanda à un de ses archers de monter à l'escalade; mais cet archer, s'étant un peu trop hâté, n'eut pas plutôt mis la main sur le haut de la muraille qu'on le fit quitter prise et tomber dans l'eau. Cet accident mit en colère tous ceux qui étoient présens; et un autre qui faisoit le brave, ayant dit qu'on lui donnât un pistolet, et qu'il empêcheroit bien qu'on ne lui en fît autant, monta résolument le pistolet à la main; mais, lorsqu'il se croyoit déjà maître du château, un de mes camarades et moi, qui étions cachés contre la muraille, le prîmes par le collet du pourpoint aussitôt qu'il montra sa tête, le tirâmes fortement à nous, et l'ayant entraîné en bas, nous le liâmes et le mîmes en prison.

Après cette seconde aventure, nul des assaillans n'eut la hardiesse d'y monter. Ainsi madame de Monravel, jugeant bien qu'il lui falloit plus de monde, fit venir encore un prévôt avec tous les paysans de quatre ou cinq villages voisins, et de tous ces gens ramassés elle fit faire divers corps-de-garde qui bloquèrent le château; elle fit étayer les ponts-levis pour empêcher que les assiégés ne les pussent abattre et se sauver s'ils se trouvoient trop pressés ; elle manda du canon à Paris pour nous forcer, résolue de nous prendre vifs ou morts ; car elle étoit persuadée que nous étions plus de cinquante, à cause que toutes les nuits nous faisions paroître plus de cinquante mèches allumées sur des perches qui en portoient dix ou douze, chacune espacée ainsi que des mousquetaires. De plus, on en mettoit à tous les coins de la maison, et on les remuoit de temps en temps, pour faire croire qu'on relevoit les sentinelles. Cependant, nous voyant pressés, et ne recevant aucunes nouvelles de M. de Créqui, nous trouvâmes le moyen de lui faire savoir l'état où nous étions, et dès la nuit suivante il commanda deux cents hommes du régiment des Gardes avec quelques sergens pour partir de grand matin et venir à Savigny charger tous ces assiégeans, et entrer ensuite dans le château. Mais cet ordre ne put être si secret que madame de Monravel qui étoit retournée à Paris n'en fût avertie. Elle partit donc dans le moment, et fit si grande diligence qu'elle creva deux chevaux de carrosse; elle arriva un moment devant le secours, et, ayant mis son carrosse devant le pont, elle étant à pied, dit à ces sergens des gardes qui commandoient les deux cents hommes qu'ils ne passeroient point qu'ils ne lui marchassent sur le ventre; que c'étoit à eux à voir s'ils la vouloient écraser, parce qu'elle ne partiroit pas de la place. Ce discours étourdit si fort les commandans qu'ils changèrent de dessein, respectant une dame de qualité, et la sœur de celui pour qui ils marchoient. Ils essayèrent seulement de jeter quelques hommes dans le château par un petit pont de derrière ; mais il étoit si mauvais qu'il rompit sous dix ou douze qui y passoient, et il n'y en eut que deux qui purent gagner la porte, dont l'un étoit valet de chambre de M. de Créqui. Tout ce secours aboutit là, et le reste se retira sans avoir fait autre chose que de nous donner au moins quelque consolation par la réitération de la parole de M. de Créqui, qui nous assura de nouveau qu'à quelque prix que ce fût il nous dégageroit et en viendroit à son honneur.

Mais une journée s'étant passée, comme nous vîmes toutes les machines s'apprêter, et tout le monde se disposer pour donner l'assaut, nous commençâmes d'appréhender avec raison qu'en attendant plus long-temps l'effet des promesses de notre mestre de camp, nous ne fussions forcés, et en état ou de périr l'épée à la main, ou d'éprouver la rigueur d'un parlement offensé. Avant que de prendre notre parti dans cette étrange extrémité où nous nous trouvions, je posai une sentinelle pour regarder si elle ne découvriroit point quelques troupes qui vinssent à notre secours ; mais au lieu de troupes il vit un homme sur le haut d'une colline, qui, lui faisant signe de la main, lui jeta une pierre qui étoit enveloppée d'un papier où je lus ces mots : « Je suis au désespoir ; sauvez-vous « à quelque prix que ce soit, car il n'est plus en « mon pouvoir, sans périr moi-même, de vous déga- « ger ; mais si vous pouvez sortir, venez droit à Ju-

« visy où vous trouverez dans l'hôtellerie des chevaux
« tout prêts et toutes choses nécessaires. » DE CRÉQUI.

Ce billet ne nous mit pas moins au désespoir que notre mestre de camp, de nous voir ainsi engagés si avant sur sa parole tant de fois réitérée, et qu'il ne pouvoit plus nous tenir. Il fallut pourtant penser à sortir de quelque manière que ce fût; et puisqu'il falloit périr si nous nous fussions laissés forcer, nous résolûmes de prévenir l'assaut, ne désespérant pas de pouvoir nous ouvrir à nous-mêmes quelque voie pour nous sauver. Je m'avisai donc d'envoyer faire grand bruit la nuit suivante au derrière du château, pour y appliquer les assiégeans; et je travaillai cependant le plus doucement que je pus à déclouer un des ais du pont-levis pour nous faire passage. L'ayant enfin tiré à moi, je descendis par le haut de la muraille une échelle avec une corde, et la laissai poser par le bout d'en bas sur le pas du pont où j'arrêtai ce bout, et avec la corde qui tenoit le bout d'en haut je le laissai tomber doucement sur la masse qui soutenoit le pont-levis quand il étoit abattu. Ainsi cette échelle portant des deux bouts sur les deux masses du pont, je fis mettre par dessus afin qu'on y pût marcher l'ais que j'avois décloué de la porte; et après nous être ainsi fait un pont de cette échelle nous sortîmes tous six l'épée à la main, et allâmes d'abord au premier corps-de-garde, où avec grand bruit, et criant tue, tue, nous leur donnâmes une telle épouvante qu'ils firent large et nous laissèrent passer, comme si nous eussions été en grand nombre.

Mais ce n'étoit pas encore tout fait, et il fallut faire une merveilleuse diligence pour pouvoir gagner la rivière avant que les archers qui étoient de cette garde eussent repris leurs esprits et fussent montés à cheval pour venir fondre sur nous. Aussi ayant gagné Juvisy où je savois que des chevaux nous attendoient à l'hôtellerie, je ne voulus pas y entrer, de peur qu'en nous arrêtant pour aller prendre ces chevaux nous ne fussions tout d'un coup surpris; mais nous courûmes nous jeter dans un bateau, où nous passâmes la rivière. Nous aperçûmes à l'instant au bord que nous venions de quitter les archers qui nous poursuivoient et qui ne tentèrent pas de passer, parce que la forêt de Senar aboutit à la rivière du côté où nous étions. Nous y entrâmes pour nous reposer et y demeurâmes toute la journée, ayant envoyé querir par un paysan de quoi manger comme auroient fait des chasseurs.

La nuit suivante nous continuâmes notre chemin, et nous nous rendîmes chez M. de Créqui à Paris. Il nous reçut comme des personnes qu'il étoit au désespoir d'avoir ainsi engagées, et qu'il voyoit sauvées contre toute sorte d'espérance. Mais quoique sa maison nous servît d'asile pendant six semaines que nous demeurâmes cachés à cause qu'on avoit décrété contre nous, ce ne nous étoit pas une grande satisfaction de nous voir privés de la liberté, sans que celui pour les intérêts duquel nous l'avions perdue pût nous la rendre. Je me vis donc obligé de travailler par moi-même à une affaire qui me touchoit de si près, et de me tirer des mains de la justice après m'être sauvé de celles des assiégeans : c'est ce que je fis heureusement; en me servant pour cela d'une petite prévoyance que j'avois eue d'abord que j'entrai dans le château. J'avois fait un inventaire de tout ce que j'y trouvai, ne voulant pas qu'on pût m'accuser d'avoir manqué en un seul point à mon devoir. La principale pièce étoit une chambre où il y avoit beaucoup de vaisselle d'argent. Je l'avois fermée après y avoir fait apporter tout ce qui étoit de plus considérable dans les autres chambres du château, et j'en avois pris la clef; en sorte que personne n'y entra dans tout le temps que j'y fus, et qu'on ne put en détourner la moindre chose. Je pris occasion de cette exactitude que j'avois apportée à conserver ce qui appartenoit à madame de Monravel, pour faire ma paix avec elle; et je crus devoir m'adresser à elle-même sans employer d'entremetteur, espérant de sa générosité qu'elle voudroit bien se faire un honneur de pardonner à une personne dont la bonne conduite lui feroit connoître que le seul engagement de l'ordre de son mestre de camp l'avoit forcée de tenir contre elle dans son château.

Je me hasardai donc de lui écrire avec toute la civilité et la soumission possible, lui témoignant que j'étois au désespoir de ce que cet engagement de ma charge m'avoit commis avec elle malgré moi; mais l'assurant en même temps que si j'avois été fidèle à M. son frère, je l'avois aussi été pour ses intérêts, en conservant avec un soin très-particulier tout ce que j'avois trouvé dans sa maison, dont j'avois fait un mémoire exact que je prenois la liberté de lui envoyer. Je la priai de considérer que le seul devoir de l'obéissance m'ayant fait entreprendre cette action, et non la vue d'aucun intérêt dont je me sentois infiniment éloigné, il lui étoit honorable de vouloir bien pardonner une faute qu'elle auroit elle-même justifiée à l'égard d'un autre qui auroit été à son service; que si j'avois eu l'honneur d'être à elle comme à M. de Créqui son frère, je l'aurois servie avec le même zèle et aurois cru mériter son estime par un semblable service; ce qui me donnoit tout lieu d'espérer, connoissant sa générosité, qu'elle se regarderoit moins en cette rencontre que l'engagement de mon devoir, et que sur cette espérance j'osois bien de ma partie qu'elle étoit la faire mon juge, et remettre ma cause entre ses mains pour attendre d'elle la grâce qu'elle seule pouvoit m'accorder.

Cette lettre, jointe à la vérité du fait, eut tant de force sur l'esprit de madame de Monravel, qu'au lieu de poursuivre davantage contre moi, elle parla même en ma faveur, ayant commencé d'abord à adoucir M. son mari qui étoit extrêmement irrité, et ayant ensuite obtenu facilement l'abolition que je demandois. Ainsi celle qui m'avoit ôté la liberté me la redonna; ce qui l'avoit si cruellement aigrie contre moi d'abord me devint une occasion favorable de recevoir de sa part dans la suite tous les témoignages de la plus sincère amitié.

LIVRE II.

Le sieur de Pontis entre dans le régiment de Champagne. Grand accident qui lui arrive dans la forêt de Beaumont. Il est fait lieutenant de roi de la ville de Nogent pendant la guerre des princes. Il va forcer un capitaine de chevau-légers dans un château, et lui fait faire son procès comme à un incendiaire public, malgré la résistance de toute la noblesse du pays. Comment il vida toutes les querelles qu'il eut avec cette noblesse. Il tient tête en plaine campagne avec deux cents hommes de pied à six cents chevaux, conduits par le cardinal de Guise. Il va au siége de Saint-Jean-d'Angely.

Quelques mois après cette affaire que j'avois eue au parlement pour les intérêts de M. de Créqui, M. de Boulogne, dont j'ai parlé, me procura l'enseigne de sa compagnie. Ce fut pour moi le premier pas par lequel je commençai à entrer dans les charges et à commander, ne comptant pour rien l'emploi que j'avois eu en Savoie, qui avoit si peu duré. Il m'arriva dans le temps que j'exerçois cette charge une rencontre qui mérite bien que j'en parle ici.

[1611] Vers l'année mil six cent onze, notre régiment, qui étoit celui de Champagne, se trouvant fort à l'étroit dans Verdun où nous étions en garnison, fit demander au Roi permission de se loger aussi dans Montfaucon, qui est une jolie ville à quelques lieues de Verdun. M. de Ville, alors gouverneur de Verdun, en écrivit à la cour, et obtint de la Reine régente la grâce que nous demandions. Sa Majesté en écrivit à

M. de Nevers, gouverneur de la province, et lorsqu'on eut reçu cette lettre, on me choisit pour la porter à Cassine, lieu ordinaire de la demeure de M. de Nevers, et pour rapporter en même temps les lettres d'attache nécessaires pour le logement. Je partis donc, et, ayant trouvé que M. de Nevers étoit allé à Montaigu en Flandre, je m'y rendis, et reçus de lui toute la satisfaction que je pouvois souhaiter; mais le retour ne me fut pas si heureux.

Comme j'arrivois à dix lieues de Verdun, à un bourg nommé Raucourt, sur les trois ou quatre heures après midi, et que je me disposois à continuer mon chemin par une forêt qu'il falloit passer, on me dit à l'hôtellerie qu'on ne me conseilloit pas de passer seul cette forêt, parce qu'il y avoit beaucoup de voleurs, qu'il valoit mieux que j'attendisse au lendemain, qu'on me chercheroit quelque bon guide, et qu'il se pourroit rencontrer quelqu'un avec qui je passerois plus sûrement. Je crus devoir suivre ce conseil, et ne me piquai point de bravoure pour m'exposer témérairement lorsque mon devoir ne m'y engageoit pas. J'envoyai donc dans les autres hôtelleries pour savoir s'il ne s'y trouveroit point quelqu'un qui dût passer la forêt. Il arriva heureusement qu'un chanoine qui s'en retournoit à Verdun, étant dans la même peine où j'étois, envoya dans ce même temps à mon logis pour s'informer de la même chose que moi. Ainsi nous liâmes la partie pour faire ce voyage ensemble.

Le matin nous nous mîmes en chemin sur les huit heures, avec un guide dont on nous rendit un bon témoignage. Étant avancés dans la forêt, nous rencontrâmes un homme à pied qui avoit un haut-de-chausses rouge et un pourpoint bleu, et qui traversoit le chemin, ayant un fusil sur son épaule. Je demandai à notre guide ce que vouloit dire cet habit bizarre; il me répondit que c'étoit un homme du pays qui chassoit. Le chemin par lequel nous marchions étoit extrêmement incommode à cause des branches d'arbres qui étoient fort basses et qui nous obligeoient à baisser continuellement la tête : ce qui me fit dire au chanoine qu'il valoit mieux que nous missions pied à terre, et menassions nos chevaux par la bride. Et cette petite prévoyance ne servit pas seulement à nous soulager, mais encore à nous sauver la vie, puisque nous aurions pu difficilement échapper dans la rencontre qui nous arriva aussitôt après, si nous ne fussions descendus de cheval. Ayant donc encore un peu avancé dans la forêt, nous rencontrâmes trois hommes couchés sur le bord du chemin, avec des fusils auprès d'eux. Lorsque nous passâmes ils se levèrent, et, nous faisant compliment : « Dieu vous garde, messieurs! « nous dirent-ils; où allez-vous donc comme cela ? » Nous avions besoin en effet que Dieu nous gardât de la suite d'un tel compliment. Nous leur répondîmes que nous allions à Verdun. « Nous vous tiendrons, s'il vous « plaît, compagnie, nous repartirent-ils fort honnête- « ment; car nous y allons aussi bien que vous. » Moi qui ne jugeois pas qu'il nous fût avantageux de nous lier avec une telle compagnie, et qui franchement les prenois pour des voleurs, je leur repartis, quoique civilement, qu'il paroissoit un peu difficile que nous allassions loin ensemble, et qu'ils ne pourroient pas aisément nous suivre à pied, nous qui avions des chevaux.

Comme ils ne cherchoient qu'à commencer la querelle, ils prirent au point d'honneur ce que je disois, et me répondant brutalement : « Quoi ! messieurs, dirent-ils, à cause que nous sommes à pied, en sommes-nous moins gens d'honneur et moins gens de bien ? » Je repartis encore fort honnêtement à cette réponse d'Allemand, que j'étois bien éloigné de les mépriser, et que ce n'étoit pas mon humeur. Sur cela, au lieu d'écouter ce que je disois, ils s'échauffent et s'emportent. Trois ou quatre autres sortirent en ce même temps brusquement du bois, demandant à leurs camarades de quoi il s'agissoit; et, prévenant presque leur réponse, ils accoururent tous avec fureur, en criant : « Tue, tue, armes bas! » Je n'eus le loisir dans ce moment que de me jeter sur le bâton à deux bouts qu'avoit notre guide, lequel s'enfuit à l'instant avec tout le bon témoignage qu'on nous avoit rendu de lui; nous lâchâmes nos chevaux, et me serrant dos à dos contre le chanoine; à qui je dis de ne me point quitter, et de se défendre de son côté avec son épée le mieux qu'il pourroit, je commençai à me servir de ce bâton avec toute l'adresse et toute la force dont j'avois besoin en cette rencontre. Les grands coups que je leur allongeois de dix ou douze pas les écartoient et les empêchoient de s'approcher trop près de nous. Ils nous tirèrent d'abord quelques coups de fusil dont le chanoine seul fut blessé à la cuisse; mais la chaleur du combat l'empêcha de le sentir : car il se défendoit de son côté avec une ardeur incroyable, ayant sur lui une ceinture de trois cents pistoles, qui lui fournissoit un merveilleux courage.

Nous soutînmes de cette sorte plus d'un quart

d'heure, sans relâche, contre tous ces gens armés de hallebardes, d'armes à feu et d'épées. Ils se servirent peu de leurs fusils. Celui qui avoit la hallebarde faisoit de très-grands efforts pour nous enfoncer; mais comme je veillois continuellement sur lui, et que les grands coups que je leur portois à tous momens avec mon bâton les tenoient toujours en crainte, il ne put nous faire aucun mal, et n'osoit trop se hasarder. Le plus brave ou le plus furieux d'eux tous étoit un jeune rousseau qui me pressoit extraordinairement, et que je trouvois à tous momens en attaque. Comme je commençois à me lasser d'un si long et si rude combat, je fis un dernier effort, et, ayant comme ramassé toutes mes forces et fait une espèce de feinte, je portai un coup à ce jeune homme, qui le contraignit un moment après de se retirer à quarante pas, et de s'asseoir à terre. Jamais gens ne furent plus étourdis de nous voir si opiniâtres pour ne nous point rendre à tant de monde qu'ils étoient; et je m'assure que s'ils avoient pu prévoir une telle suite de leur premier compliment, ils se seroient épargné, à eux-mêmes et à nous, tant de fatigue inutile. Enfin, lorsqu'ils virent le plus hardi de leur compagnie blessé, ils commencèrent peu à peu à se relâcher et à parlementer entre eux; ce qui nous fit juger qu'il étoit temps de penser à la retraite. Nous nous jetâmes donc tout d'un coup dans le bois, et nous sauvâmes dans le plus étrange équipage que l'on puisse s'imaginer, n'ayant ni manteau ni chapeau, non plus que mon épée, que je ne retrouvai plus à mon côté. Comme nous étions hors d'haleine et dans le dernier épuisement, nous nous reposâmes un peu dans des buissons.

Nos chevaux, qui au premier coup de fusil avoient pris la fuite, nous attendirent à une lieue de là, tout essoufflés. Nous les trouvâmes en un si mauvais équipage, que leurs brides et leurs sangles étoient rompues, et les pistolets brisés. Nous ne laissâmes pas de gagner comme nous pûmes un bourg nommé Beaumont.

Le bruit de notre aventure s'étant répandu, les juges des lieux nous vinrent trouver, et nous obligèrent malgré nous de demeurer un ou deux jours, à cause qu'ils avoient ordre de faire le lendemain une recherche avec main forte dans la forêt pour découvrir ces voleurs, dont tant de personnes faisoient tous les jours des plaintes publiques, et qu'ils espéroient que nous pourrions peut-être en reconnoître quelqu'un. Il arriva en effet le jour suivant que ce jeune homme que j'avois blessé fut arrêté, n'ayant pu se sauver. Je le reconnus aussitôt, et il fut lui-même contraint d'avouer la vérité. Nous partîmes cependant nous autres, en laissant là ce misérable sur le point d'être pendu, et je me rendis à Verdun avec les lettres d'attache de M. de Nevers pour le logement de Montfaucon.

Le lieutenant de notre compagnie ayant été tué au bout de quelque temps, j'eus sa charge, et je remis le drapeau entre les mains de M. de Boulogne. Je demeurai dans Nogent-sur-Marne en garnison, dans le temps que les princes se brouillèrent avec le roi Louis XIII et commencèrent à lever des troupes, ayant pour eux beaucoup de noblesse du Bassigny, ce qui fut cause que Nogent se trouva environné d'ennemis. M. de Boulogne, qui avoit affaire pour lors à Paris, me confia la place avec la qualité de lieutenant de roi qu'il me fit avoir.

[1614] Quelque temps avant cette guerre (1), un gentilhomme de deux lieues de Nogent, nommé Guyonnel, se trouva si mal dans ses affaires qu'on lui décréta sa terre de Bonnecourt. M. de Boulogne l'ayant achetée, cet homme fut si désespéré de se voir contraint de sortir de sa maison, qu'il regarda cette nouvelle guerre comme une heureuse occasion de s'en venger, et qu'il prit parti avec les princes, afin de rentrer par force dans Bonnecourt; mais M. de Boulogne, ayant comme prévu son mauvais dessein, avoit mis quelques bons soldats pour la garde du château.

Guyonnel avoit encore un parent nommé Aurillot, qui étoit aussi dans le parti des princes, et avoit levé une compagnie de chevau-légers, avec laquelle il résolut de venir forcer et piller Bonnecourt. Il vint d'abord demander à y loger; et, se voyant refusé, il se mit à piller le village, et dit qu'il en feroit bientôt autant au château. Il s'en approcha en effet comme pour y entrer par force; mais les soldats qui le gardoient, témoignant être résolus de se bien défendre, et commençant à tirer sur lui, l'obligèrent à se retirer. Le dépit qu'il en conçut lui fit mettre le feu à la basse-cour, et le porta jusqu'à cet excès de barbarie que d'y brûler le fermier, sa femme et ses enfans, qu'il repoussa cruellement lorsqu'ils vouloient se sauver au

(1) *Quelque temps avant cette guerre :* Cette guerre fut suspendue par le traité de Sainte-Menehould (15 mai); elle recommença l'année suivante, et se termina par le traité de Loudun conclu au commencement de 1616.

17.

travers du feu. Bonnecourt étant proche de Nogent, cette nouvelle y vint bientôt ; car, outre qu'on avoit entendu tirer, et vu même la flamme, quelques habitans vinrent crier qu'on mettoit tout à feu et à sang. J'en fus surpris et affligé au dernier point, ayant une extrême horreur des moindres violences ; mais je me trouvai tout-à-fait embarrassé, n'ayant que très-peu de monde dans la garnison, et craignant d'exposer la place si j'en sortois avec nos soldats.

Je m'avisai néanmoins de faire monter à cheval les jeunes gens de la ville, et de commander avec eux cinquante mousquetaires de la garnison. Je leur dis tout haut la cruauté que l'on venoit d'exercer contre les habitans de Bonnecourt, et leur fis entendre qu'il falloit s'en venger, leur donnant parole que je les mettrois en un poste où ils pourroient sans péril charger les ennemis. Ils me promirent tous des merveilles, et ils me tinrent leur parole comme je leur tins la mienne. Je les mis en une embuscade où ils eurent tout l'avantage sans péril ; car, ayant fait donner une fausse alarme à un bout du village, qui fit sortir les ennemis par l'autre, ils y trouvèrent nos jeunes gens qui avoient marché toute la nuit sans qu'ils le sussent, et qui les chargèrent tout d'un coup si brusquement, lorsqu'ils ne s'y attendoient pas, qu'ils s'enfuirent sans aucune résistance. Ils laissèrent leur butin avec quelques-uns des leurs qui furent tués ou faits prisonniers. Je rendis à chacun des habitans ce qui lui appartenoit, fis éteindre le feu, et redonnai le cœur et la vie à ces pauvres gens. Je doublai la garnison du château, et leur commandai qu'au premier avis de l'approche des ennemis ils envoyassent en diligence m'en avertir, leur promettant que j'irois au-devant d'eux.

Je retournai ensuite à Nogent, pour tirer les habitans de la ville de l'inquiétude où ils étoient sur le sujet de leurs enfans, qu'ils croyoient aux prises avec l'ennemi. La joie qu'ils reçurent de les revoir tous avec la gloire d'avoir secouru si avantageusement leurs voisins, leur fit oublier la crainte qu'ils avoient eue de les perdre; et comme il ne faut souvent qu'une occasion assez légère pour acquérir ou l'affection ou la haine de tout un peuple, cette action seule m'acquit une entière créance dans toute la ville, en sorte que je n'avois plus qu'à dire la moindre parole pour être obéi dans le moment, et qu'ils m'appeloient le conservateur de leur pays.

Aurillot, désespéré de s'être vu ainsi poussé et mis en fuite avec ses gens, résolut de s'en venger à quelque prix que ce fût. Ayant beaucoup de gentilshommes pour parens, comme le marquis de Créance, de Clermont et autres, qui étoient aussi bien que lui dans le parti des princes, il les assembla pour leur dire l'affront qu'il avoit reçu de moi, et le dessein qu'il avoit de recouvrer son honneur. Il les pria donc de se joindre à lui pour cela, et de jurer tous ensemble une guerre mortelle au Gascon ; car c'est ainsi qu'il me nommoit par mépris. Ces messieurs n'eurent pas beaucoup de peine à lui promettre ce qu'il demandoit, et déclarèrent hautement la guerre au lieutenant de roi de Nogent.

Sur l'avis qu'on m'en donna j'assemblai quelques gens de cheval, et je me mis en état non-seulement de me défendre, mais même de les attaquer par diverses courses. Mon principal but étoit de prendre prisonnier Aurillot, pour lui faire réparer le crime horrible qu'il avoit commis dans Bonnecourt, ne pouvant pas oublier une si grande barbarie. Je mis en campagne des espions de tous côtés pour m'assurer des différens lieux où il alloit et demeuroit, afin de pouvoir choisir celui qui me seroit le plus propre pour exécuter mon dessein. Un de mes espions m'avertit un jour qu'Aurillot devoit coucher à trois lieues de Nogent, en un château nommé Persé, ou en un autre nommé Persigny, qui n'étoit qu'à une demi-lieue du premier, dans le dessein qu'il avoit d'aller en parti le jour suivant proche de Langres, qui tenoit pour le Roi. J'envoyai à l'heure même à toute bride dire à M. de Francières, gouverneur de Langres, à M. de Rhesnel, gouverneur de Chaumont, et à M. de Saint-Aubin, gouverneur de Montigny, qui étoient trois places unies à Nogent, et qui s'étoient promis réciproquement secours contre ces coureurs, que s'ils vouloient m'envoyer quelques troupes, je les assurois de faire le lendemain matin Aurillot prisonnier, et qu'il y alloit du repos public, puisque c'étoit presque lui seul qui tourmentoit tout le pays.

M. de Rhesnel et M. de Saint-Aubin m'envoyèrent aussitôt quelques gens de cheval, et M. de Francières voulut venir en personne, mais il arriva un peu tard : car dans le moment que le secours de ces deux autres messieurs fut arrivé, comme je n'avois point de temps à perdre, je disposai ce que j'avois de monde en état de sortir, qui fut environ soixante chevaux et autant de mousquetaires, et je partis avec ce monde sur le minuit, et vins investir le village de Persigny, où

Aurillot s'étoit retiré. Je plaçai des corps-de-garde à toutes les avenues, et j'allai avec le reste de mes gens, sans faire de bruit, escalader la maison. Je ne pus pas néanmoins le faire si doucement que ceux de dedans ne l'entendissent et ne fissent leurs efforts pour l'empêcher ; mais nous en fûmes les maîtres, et ayant enfoncé les portes, nous donnâmes une telle frayeur à tous ceux qui s'y trouvèrent, qu'ils ne firent presque point de résistance. Aurillot, ne voyant aucune voie pour se sauver, se barricada dans une chambre, et, ayant un pistolet à la main, il cria que le premier qui avanceroit il le tueroit, et qu'il mourroit plutôt que de se rendre à moi, se sentant sans doute assez coupable pour juger qu'il ne devoit pas attendre de moi une trop bonne composition. Il demanda en même temps s'il n'y avoit point d'autre commandant ; sur quoi on lui dit que M. de Francières venoit d'arriver, et que s'il vouloit se remettre entre ses mains je voulois bien y consentir. Aurillot prit ce parti, et fut fait ainsi prisonnier. Tous ses gens le furent aussi, hors quelques-uns qui, à la faveur de la nuit, se sauvèrent dans des maisons.

Nous jugeâmes, M. de Francières et moi, que nous devions amener nos prisonniers à Langres ; mais, étant près d'y entrer, nous fûmes bien étonnés de voir tous les bourgeois sortir de la ville au-devant de nous. La joie qu'ils eurent d'apprendre qu'on amenoit Aurillot prisonnier, ne leur put permettre de l'attendre dans les murailles de leur ville ; et l'un d'eux, plus prévoyant et plus zélé que les autres, ayant peur qu'il ne composât pour sa rançon, comme c'étoit l'ordre s'il n'eût point commis cette barbarie à Bonnecourt, crut qu'il valoit mieux y remédier de bonne heure, et tira sur lui un coup de mousquet ; mais il fut si maladroit qu'au lieu de sa tête il donna dans la mienne, ayant percé mon cordon et mon chapeau, sans toutefois me blesser. Cette chaleur nous surprit un peu, et me fit dire à M. de Francières qu'il n'y avoit pas là de sûreté pour Aurillot, et qu'il valoit mieux le conduire à Nogent : mais il repartit qu'il alloit parler à ce peuple ; et, s'étant à l'heure même avancé, il leur fit entendre que s'ils vouloient laisser faire la justice de cet ennemi public, ils auroient toute satisfaction, mais que s'ils usoient de violence on seroit contraint de le faire conduire ailleurs. Ce discours les arrêta, et ils donnèrent parole qu'on ne lui feroit aucun mal, aimant mieux le voir mourir sur un échafaud : ainsi on le fit entrer dans la ville et on le mit en prison.

Cette nouvelle de la prise d'Aurillot fit un grand bruit dans le pays. Toute la noblesse monta à cheval, et envoya le demander à rançon à M. de Francières, comme étant prisonnier de guerre. M. de Francières leur fit réponse que c'étoit moi qui l'avois pris, et que m'appartenant de droit ils devoient s'adresser à moi ; mais que, quand il en seroit absolument le maître, il ne pourroit pas le traiter comme un prisonnier de guerre, ayant été pris non-seulement comme ennemi du Roi, mais comme destructeur de tout le pays, et comme un incendiaire public qui avoit brûlé hommes et villages, et commis des cruautés qui n'étoient pas selon les règles ordinaires de la guerre. La noblesse lui renvoya dire que ce ne pouvoit être qu'un sujet de tirer une plus haute rançon pour le dédomagement, et qu'ainsi ils le supplioient de la taxer, et de vouloir bien qu'ils lui eussent tous ensemble une particulière obligation de cette grâce. M. de Francières se trouva embarrassé, ne voulant pas se brouiller avec la noblesse du pays; et, prévoyant toutes les suites de cette affaire, il me dit qu'il ne croyoit pas pouvoir garder davantage ce prisonnier, et que je visse si je voudrois le prendre en ma garde, parce qu'il seroit obligé de le donner à rançon. Pour moi, qui ne jugeois pas devoir préférer aucune considération à mon devoir, je lui répondis que je m'en chargeois de bon cœur et que je le garderois sûrement. Ainsi dès le lendemain, deux heures avant le jour, je le pris avec mes cavaliers, et le conduisis à Chaumont, où je le mis dans une bonne prison.

M. de Francières fit dire en même temps à la noblesse qu'il ne l'avoit plus, ne l'ayant pu refuser à celui qui l'avoit fait prisonnier, et à qui il appartenoit. Cette nouvelle les troubla fort, ne doutant pas que je ne fusse résolu de soutenir jusqu'au bout ce que j'avois commencé. La seule consolation qui leur resta fut qu'étant condamné à Chaumont il en appelleroit à Paris, et que dans un si long chemin ils pourroient bien trouver lieu de le sauver. Ils envoyèrent néanmoins me le demander; et, sur le refus que je leur en fis, ils dirent qu'on se hâtât donc de lui faire son procès, espérant, pour la raison que j'ai marquée, de le délivrer plus promptement. On leur donna satisfaction ; car, en peu de jours, il fut condamné à avoir le cou coupé, et à dédommager tous ceux qu'il avoit ruinés.

De cette sentence il en appelle à Paris, et demande

à y être conduit. Il fait avertir aussitôt tous ses parens que s'ils vouloient le sauver il étoit temps de le faire. Ses parens assemblèrent leurs amis, et, montant tous à cheval, ils se vinrent mettre en embuscade sur le chemin par où ils croyoient qu'il dût passer ; mais je leur donnai facilement le change, ayant envoyé retenir une hôtellerie de Bar-sur-Aube, qui étoit le grand chemin de Paris, et écrit au maître de me tenir une chambre prête pour le lendemain au soir. Tous ces messieurs qui en avoient été avertis s'assurèrent sur cet ordre que j'avois donné, et, n'ayant aucun soupçon d'autre chose, ils se postèrent au lieu où j'ai dit. Cependant je fis partir Aurillot dès le même jour sur les huit heures du matin à la vue de toute la ville, l'ayant fait mettre dans une charrette couverte, et lui donnai pour escorte trente bons soldats, dont vingt-quatre au bout de trois lieues s'en revinrent, et les six autres sous la conduite d'un sergent le menèrent, non par le chemin de Bar-sur-Aube que je leur avois bien recommandé de quitter, mais par un autre qui est tout de bois, et qui les couvrant les mit dans une entière sûreté. Ainsi tout cet arrière-ban de noblesse fut trompé, n'ayant pu s'imaginer que l'on dût prendre un chemin qui étoit plus long de trente lieues ; et après avoir été plus de quatre jours à cheval ils abandonnèrent leur entreprise. L'escorte conduisit heureusement le prisonnier jusqu'à Paris, où M. de Boulogne l'attendoit avec impatience et avec grande inquiétude, sachant que tant de monde étoit en campagne pour le sauver. Il le fit mettre dans la Conciergerie et poursuivit vigoureusement son procès.

[1616] Cependant la paix de Loudun se conclut,

et l'amnistie fut accordée sans réserve. M. de Boulogne en étant averti prit la poste et alla en cour demander que les incendiaires n'y fussent pas compris, au moins sans exception, comme ayant commis des actions trop noires et trop cruelles. Il obtint ce qu'il demandoit, et on en fit un article particulier dans le traité de la paix.

Tandis que M. de Boulogne étoit occupé à Paris à poursuivre son procès, je n'étois pas moins occupé que lui à Nogent à me soutenir contre toute cette noblesse, qui étoit au désespoir de l'affront qu'elle croyoit avoir reçu. Il y en eut même quelques-uns qui par bravade me firent dire que si je sortois les portes, on pourroit voir ce que j'étois à la campagne, et qu'on en jugeroit mieux que dans les murailles d'une ville. Il arriva de cette sorte qu'en travaillant pour les intérêts du Roi et pour le repos du public, je m'attirai cent affaires sur les bras dont j'eusse eu peine à sortir, si je m'étois abandonné inconsidérément au zèle et au feu de la jeunesse. Comme je ne croyois pas devoir reculer dans les rencontres, je ne jugeois pas non plus devoir faire des démarches trop précipitées. Aussi, m'étant fait tant d'ennemis à la fois, ou j'eusse été obligé d'engager tous mes amis, ce que j'ai toujours évité autant qu'il m'a été possible, ou je me fusse rendu ridiculement comme le but de tous les braves de ce pays-là. Je pris donc par nécessité le parti qui me parut le plus sage et le plus sûr, qui fut d'allier autant que je pourrois la prudence avec la fermeté dans toute la conduite de cette affaire; et par cette voie je vidai dix-sept querelles que j'avois en même temps, sans être obligé de tirer l'épée : ce que je remarque à dessein, parce qu'il me paroît que le vrai honneur ne consiste pas dans un courage aveugle et brutal, et que j'ai cru toute ma vie que rien n'étoit plus digne d'un homme vraiment généreux que de s'efforcer de gagner ses ennemis par des voies honnêtes, et de les vaincre par sa modération et par sa sagesse. Chacun en jugera comme il lui plaira ; mais enfin je puis dire que ceux-mêmes de ces gentilshommes dont je parle qui se croyoient le plus offensés, témoignèrent assez depuis qu'ils m'estimoient davantage d'en avoir ainsi usé à leur égard, et de les avoir comme forcés d'être mes amis. Il ne sera peut-être pas mauvais d'en rapporter ici un exemple afin de faire mieux comprendre ce que je dis.

Le Roi avoit ordonné à M. de Boulogne de faire contribuer cinquante villages des environs de Nogent pour la subsistance de sa place, ce qui n'étoit pas une chose fort nouvelle, puisqu'elle se pratiquoit depuis long-temps. Comme j'agissois pour lui en son absence, j'envoyai signifier à ces villages l'ordre du Roi ; mais je fus un peu surpris quand je sus que plusieurs de ces paroisses, qui appartenoient à un même seigneur, qui étoit le baron de Clermont, avoient répondu qu'elles ne paieroient rien et que leur seigneur le leur avoit défendu. On me rapporta de plus que ce seigneur avoit dit que, si de Pontis y trouvoit à redire et qu'il n'en fût pas content, il étoit aisé de le satisfaire d'une autre sorte. Je ne répondis autre chose à ce rapport sinon que je le verrois.

Mais, quoique je me sentisse fort piqué d'un tel compliment, je considérai que je ne devois pas mêler mes intérêts particuliers avec ceux du Roi, et que

j'étois obligé de tenter d'abord toutes les voies de
l'honnêteté pour m'acquitter de ma charge et mettre
ce seigneur dans son tort, afin que je ne me pusse rien
reprocher. C'est pourquoi quelques jours après je m'en
allai chez lui, et lui fis dire que j'étois venu pour avoir
l'honneur de le voir. Il en fut surpris ne m'attendant
pas, et il me vint recevoir. Je lui dis d'abord que je
venois lui rendre mes civilités ; et après quelque entretien indifférent, l'heure étant venue de dîner, il
m'en pria d'une manière que je ne pus pas le refuser :
il n'y avoit avec nous deux que madame de Clermont.
Après être sortis de table, je lui dis qu'outre l'honneur que j'avois voulu avoir de le saluer, j'étois venu
pour lui parler de l'ordre que j'avois reçu du Roi de
faire contribuer cinquante villages dont plusieurs lui
appartenoient, et que je le suppliois de leur commander d'obéir à cet ordre du Roi que je lui présentai en
même temps. Il me répondit que cette affaire étant
celle de M. de Boulogne et non la mienne, comme il
n'étoit pas bien avec lui, il ne pouvoit pas y consentir,
et que, si c'eût été pour moi en particulier, il me
l'auroit accordé de bon cœur. Je lui repartis qu'ayant
l'honneur d'être lieutenant de roi dans le gouvernement de M. de Boulogne, son intérêt étoit le mien,
et qu'il me fît la grâce de ne les point séparer ; que
d'ailleurs c'étoit l'affaire du Roi et non celle de M. de
Boulogne, et que si absolument il ne vouloit point
faire contribuer ses villages, je le suppliois de me
signer ce refus au bas de l'ordre du Roi, afin qu'il me
pût servir de décharge. Lui, fort surpris, me dit avec
chaleur qu'il ne le signeroit point, et ne feroit point
non plus contribuer ses paroisses; puis il ajouta brus-

quement en se tournant vers son page : « Apporte-moi « mon épée; » et il me dit : « Il vaut mieux que nous « allions nous promener dans le jardin. » Je compris ce qu'il vouloit dire; mais je me tenois bien assuré en faisant ma charge, et obéissant aux ordres du Roi.

Il me fit faire un tour de jardin, m'entretenant de choses générales, me mena ensuite dans un grand parc qui étoit beaucoup plus reculé, et m'en fit faire tout le tour, me regardant continuellement et observant ma contenance, qui fut toujours celle d'un homme qui ne craignoit rien en soutenant les intérêts du Roi et de sa charge. Enfin, comme il vit que j'étois toujours également ferme et également honnête, il s'avisa tout d'un coup de me dire qu'il faisoit tant de cas de moi qu'en ma considération, puisque je le désirois ainsi, il feroit payer ses villages, mais que ce n'étoit pas pour l'amour de M. de Boulogne. Je lui répondis que je lui étois obligé de sa civilité, que, pourvu qu'il fît exécuter les ordres du Roi, il n'importoit pas en faveur de qui il l'accordoit; mais que j'étois néanmoins obligé de lui dire qu'il devoit se souvenir qui étoit M. de Boulogne, et ne pas oublier la liaison qui avoit toujours été entre leurs maisons; qu'ainsi il ne devoit pas la rompre lorsqu'il y avoit autant de raison que jamais de la conserver, et que les qualités si avantageuses qu'ils possédoient l'un et l'autre, sembloient devoir être comme un nouveau lien pour les unir davantage; qu'au reste je le suppliois encore une fois de croire que les intérêts de M. de Boulogne étoient les miens, et ne devoient point être séparés. Je le priai en même temps de me donner par écrit l'ordre qu'il vouloit envoyer à ses villages, afin qu'ils ne pussent douter de ce que je leur dirois, ni avoir aucune excuse si je les contraignois d'obéir. Il m'accorda tout ce que je lui demandai, marquant dans l'écrit qu'il commandoit à tous ses villages de contribuer, et qu'il prioit M. de Pontis de les y forcer s'ils le refusoient. Nous prîmes congé ensuite l'un de l'autre, nous donnant réciproquement des assurances d'une véritable amitié, telle qu'en effet elle fut toujours depuis. Et cet exemple, qui pourra peut-être servir à plusieurs pour les retenir dans les termes d'une conduite tempérée et d'un courage réglé, me servit beaucoup à moi-même pour terminer un grand nombre d'autres différends ; car la fin de cette affaire fit un tel éclat dans le pays, que tous ceux qui étoient mal avec moi commencèrent à me regarder autrement qu'ils n'avoient fait jusqu'alors, et, cherchant même les moyens de s'accommoder, devinrent la plupart mes amis, jugeant sagement qu'il n'y avoit point de déshonneur à vivre bien avec une personne qui avoit ainsi engagé l'un des principaux d'entre eux à devenir son ami, d'ennemi qu'il étoit auparavant. Je puis dire aussi que cette même conduite d'honnêteté, dont je tâchois d'user autant qu'il m'étoit possible en toutes rencontres, ne m'acquit pas seulement l'amitié de la noblesse, qui s'étoit d'abord si fort élevée contre moi, mais encore l'affection de tout le peuple de Nogent, qui, en reconnoissance de l'amitié que je leur témoignai dans toutes les guerres, observa toujours depuis de me venir apporter le vin de la ville lorsque je passois par Nogent, comme si j'en eusse été encore lieutenant de roi : ce que je dis, non par rapport à moi-même, mais désirant seulement de faire remarquer à ceux qui sont engagés dans les emplois combien la douceur est préférable en toute manière au gouvernement impérieux, surtout lorsqu'elle est soutenue dans les rencontres par la fermeté.

Pour conclure cette affaire, qui m'a donné lieu de rapporter tout ce que je viens de dire, et qui fut la cause d'une grande partie des querelles dont j'ai parlé, M. de Boulogne poursuivit vigoureusement le procès contre Aurillot, et fit bientôt confirmer la sentence de Chaumont par un arrêt qui le condamna à avoir le cou coupé en pleine Grève, et à porter sur son dos un écriteau qui marquoit le sujet de sa condamnation en ces termes : *pour brûlemens et incendies;* ce qui donna bien de la joie à tout le pays, où il étoit regardé comme un ennemi public.

[1619] Deux années après la première guerre des princes, ils en recommencèrent une seconde (1). M. de Boulogne m'ayant mandé de l'aller trouver avec une recrue de deux cents hommes que j'avois levés autour de Nogent, je me disposai à l'aller joindre à l'armée que commandoit M. le maréchal de Bassompierre, où notre régiment de Champagne étoit déjà arrivé; et je partis avec ma recrue, ayant seulement un jeune enseigne avec moi, nommé Saint-Aubin. Nous avions à peine fait deux journées de chemin qu'on nous vint donner avis que M. le cardinal de Guise (2) étoit proche avec six cents chevaux qu'il avoit levés

(1) *Ils en recommencèrent une seconde* : L'auteur veut parler de la guerre qui se ralluma en 1619, après que Marie de Médicis se fut échappée de Blois. — (2) *M. le cardinal de Guise* : Louis, cardinal de Guise, fils du duc de Guise, tué à Blois. Ayant des goûts fort opposés à son état, il avoit appelé quelque temps auparavant en duel le duc de Nevers, avec lequel il étoit en procès.

autour de Metz, et qu'il menoit joindre l'armée des princes vers le Pont-de-Cé. La partie n'étant pas égale, je pensai à gagner promptement Sézanne, petite ville qui tenoit pour le Roi; mais, comme il falloit traverser une grande campagne, j'appréhendois d'y être surpris, et j'eusse bien souhaité de trouver quelque moyen de me couvrir.

Il arriva heureusement que je rencontrai un grand nombre de charrettes de Bar-sur-Aube, chargées de vin, que je jugeai fort propres pour me servir à me retrancher au cas que je me trouvasse surpris dans la plaine. Je dis donc à tous ces charretiers qu'il falloit qu'ils nous missent à couvert s'ils vouloient que nous les sauvassions eux-mêmes, et je leur donnai parole qu'ils ne courroient point d'autre péril que celui auquel nous serions exposés les premiers. Le danger où ils se trouvoient eux-mêmes, joint à la nécessité où ils se virent de m'obéir, les porta à décharger promptement leur vin, parce que je voulois qu'ils se missent en état d'aller plus vite. De toutes ces charrettes jointes ensemble j'en fis deux files, que je fis marcher à droite et à gauche de mes gens dont je formai un bataillon, et je donnai ordre à celles de la tête et de la queue de ces deux files de s'approcher l'une de l'autre dès qu'elles verroient les ennemis, afin de fermer entièrement le bataillon.

Nous n'eûmes pas beaucoup marché dans cet ordre, qu'étant encore à une lieue de Sézanne en plaine campagne, nous vîmes paroître les premiers coureurs des ennemis sur le haut d'une colline qui bornoit d'un côté cette plaine. Nous découvrîmes bientôt après tout le gros qui étoit de six escadrons qui s'avançoient droit à nous. Je fis faire halte à nos gens, qui furent dans le même instant fermés par les charrettes, selon l'ordre que j'avois donné; et je tâchai de les animer au combat, les assurant que s'ils vouloient exécuter fidèlement mes ordres je les dégagerois du péril où ils se trouvoient, mais que s'ils ne le faisoient pas leur perte étoit inévitable. Je leur donnai aussi ma parole que s'il arrivoit, comme je ne le désespérois pas, qu'ils fissent quelque butin par les dépouilles de ceux qu'ils tueroient, il seroit tout entier pour eux, et que je n'y voulois point avoir d'autre part que celle de leur procurer la gloire de vaincre, et, en sauvant leur vie, de les enrichir aux dépens de leurs ennemis. Le péril pressant où ils étoient, et l'espérance que je leur donnois, les rendit parfaitement obéissans, et ils m'assurèrent qu'ils s'acquitteroient fidèlement de leur devoir. Ayant formé, comme j'ai dit, un seul bataillon de tous nos gens, je fis faire face de tous côtés au dernier rang, afin que, de quelque côté que vinssent les ennemis, on fût en état de les recevoir. J'en détachai seulement une vingtaine, que je plaçai à six pas hors des charrettes, en deux rangs de dix chacun, afin qu'ils pussent faire leurs décharges plus facilement que s'ils eussent été enfermés. Je leur ordonnai de mettre un genou en terre pour être plus sûrs de leur coup, et de ne tirer qu'à bout portant, et lorsque je le dirois.

M. le cardinal de Guise, qui étoit en personne à la tête de ces six escadrons de cavalerie, nous envoya dire par un trompette que nous eussions à mettre les armes bas, comme étant de force inégale pour lui résister; et il nous fit assurer en même temps qu'il nous feroit bon quartier, mais que si nous refusions de nous rendre il feroit main basse sur nous, et tailleroit tout en pièces. Je répondis au trompette que je remerciois M. le cardinal de Guise de la grâce qu'il nous offroit, que nous ne demandions point d'autre quartier que celui que nous pourrions nous procurer par une bonne défense, pour laquelle nous étions tous préparés, et qu'il ne vînt plus en parler parce qu'on ne le regarderoit plus que comme ennemi. Une réponse si ferme fit délibérer quelque temps ce cardinal sur ce qu'il avoit à faire, et il résolut de renvoyer une seconde fois le trompette pour tâcher de nous épouvanter par de nouvelles menaces; mais je lui fis crier par mes gens qu'on alloit tirer sur lui s'il approchoit, et je commandai, pour l'étonner, qu'on le couchât en joue. Il obéit à un ordre si pressant, et M. le cardinal de Guise, voyant bien que nous étions résolus à nous défendre, fit détacher cinquante maîtres, et leur commanda de venir reconnoître nos retranchemens. Ces cavaliers passèrent autour de nous, à une distance assez éloignée pour que je ne fisse point tirer sur eux. Ils s'en retournèrent faire rapport, et ils eurent ordre sur-le-champ de venir pousser la tête de notre retranchement, ce cardinal les assurant que, lorsqu'ils auroient rompu les premiers, il viendroit fondre avec tout le gros. Ils vinrent donc d'abord au trot, et, lorsqu'ils furent à deux portées de pistolet, ils piquèrent au grand galop, comme voulant enfoncer nos vingt mousquetaires. Je les laissai approcher jusqu'à la portée du pistolet, et je commandai à ceux du premier rang de tirer, ce qu'ils firent si résolument et si sagement qu'ils en jetèrent plusieurs par terre. Le reste fit la caracole, n'osant avancer à cause que les dix autres mousquetaires, ayant pris à l'instant la place de ces dix premiers qui avoient tiré, étoient tout prêts à en faire autant. Étant ainsi retournés en plus petit nombre vers le gros, j'envoyai dans cet entre-temps fouiller les morts, auxquels on trouva près de cent pistoles, que je mis toutes dans un chapeau, les faisant sonner, et disant : « Enfans, c'est tout pour vous ; je n'y prétends rien que de vous en faire le partage. Cet heureux commencement nous présage la victoire ; courage ! et attendons de pied ferme qu'ils nous en viennent apporter autant. »

Ce discours, joint à la vue de cet argent et du premier avantage qu'ils avoient eu, les anima, et leur fit souhaiter avec ardeur qu'on les attaquât de nouveau, dans l'espérance d'un plus grand butin : aussi ne furent-ils pas long-temps à être satisfaits. On vit bientôt un de ces six escadrons s'avancer au trot à la portée du fusil, et se séparer tout d'un coup en deux pour venir fondre de chaque côté du bataillon ; mais, comme les premiers rangs faisoient face de tous côtés, on leur fit de derrière nos charrettes une si rude décharge à brûle-pourpoint, que plusieurs hommes et chevaux demeurèrent sur la place, et quelques cavaliers démontés furent contraints pour se sauver de demander la croupe à leurs compagnons. Ils se retirèrent ensuite vers le gros, et allèrent voir s'ils recevroient un nouvel ordre de se venir faire assommer. Je fis encore fouiller les morts, auxquels on trouva une vingtaine de pistoles qui encouragèrent de nouveau nos soldats.

Cependant M. le cardinal de Guise, voyant que la nuit approchoit, et jugeant bien qu'il perdroit beaucoup de monde s'il attaquoit deux cents hommes désespérés et retranchés, se résolut de camper dans un petit bois qui étoit proche, et de nous tenir ainsi assiégés en attendant qu'il pût avoir quelque renfort. Comme donc il avoit besoin d'infanterie sans laquelle il ne croyoit pas pouvoir nous forcer, il envoya à quelques garnisons voisines, et demanda qu'on en fît venir; mais, lorsque j'eus appris son dessein, je crus qu'il ne me seroit pas avantageux de l'attendre jusqu'au lendemain, et qu'il étoit nécessaire de tenter de nous sauver à la faveur de la nuit. Il s'agissoit donc de décamper sans que les sentinelles et les corps-de-garde des ennemis s'en aperçussent; et je pensai pour cela devoir faire mine de camper aussi bien qu'eux, et de n'avoir nul dessein de me retirer. Je fis allumer de grands feux dans notre camp et faire grand bruit aux soldats, comme de gens qui se divertissent, et je leur marquai que, lorsqu'ils verroient allumer un nouveau feu sur le minuit, ce leur seroit un signal pour décamper et suivre chacun son chef de file sans dire un seul mot. Je commandai aux charrettes de ne pas branler de la place jusqu'à ce que nous eussions gagné le bois, craignant le bruit des chevaux et du charroi, et sachant, par la connoissance que j'avois de la carte du pays, que nous trouverions un petit bois dans lequel nous pourrions marcher toujours à couvert jusqu'à Sézanne.

Ce dessein pris, les ordres donnés et minuit venu, je fis allumer le feu, qui fut le signal auquel tout le monde obéit, et en peu de temps nous gagnâmes le bois dont j'ai parlé, sans qu'il parût en aucune sorte que les ennemis eussent découvert notre marche.

Nous arrivâmes à la pointe du jour sur les fossés de Sézanne, où nous étions tout-à-fait en sûreté. Je tins la parole que j'avois donnée aux soldats, et leur distribuai les dépouilles des ennemis. Ainsi, la joie qu'ils eurent de se voir sauvés, contre toute apparence, s'augmenta encore par la vue du gain qui leur en revint; mais elle fut encore plus grande lorsque nous apprîmes, quelques heures après, que les ennemis nous avoient suivis jusque dans le bois, et qu'ils ne l'avoient point passé, ayant su que nous étions déjà arrivés à Sézanne.

Cette action plut fort à M. le cardinal de Guise, qui témoigna estimer beaucoup le courage de ceux qui avoient osé ainsi lui résister, et il s'enquit particulièrement qui étoit le commandant.

Elle fit aussi beaucoup de bruit dans le pays, dans l'armée et jusqu'à la cour, à cause du grand nombre de ceux qui nous avoient attaqués, et de la qualité de celui qui les commandoit; mais on en parla d'abord fort diversement, car le bruit courut que deux cents hommes de pied ayant été rencontrés en plaine campagne par six cents chevaux sous la conduite de M. le cardinal de Guise, ils avoient été taillés en pièces. Mais la vérité fut bientôt connue, et l'on apprit avec joie tout ce qui s'étoit passé.

[1620] Quelque temps après que nous eûmes joint l'armée au Pont-de-Cé la paix fut conclue [1]. Le Roi, voulant faire la revue de ses troupes, ordonna qu'on les mît en bataille et qu'on les fît défiler devant lui. Ce fut là que M. le cardinal de Guise fit paroître une bonté et une générosité tout extraordinaire à

---

[1] *La paix fut conclue :* Cette paix fut faite le 13 août 1620.

mon égard; car, étant rentré dans l'obéissance qu'il devoit au Roi, et se trouvant alors auprès de sa personne, il dit à M. de Villedonné, capitaine du régiment de Champagne, de lui montrer, quand le régiment passeroit, un officier nommé de Pontis, qui étoit du corps. Lorsque je passai, et que M. de Villedonné m'eut montré, il vint à moi, et, en présence du Roi même, il m'embrassa, et me dit en propres termes qu'il vouloit que je fusse son ami, m'ayant connu par ce qui s'étoit passé près de Sézanne; qu'il se sentoit obligé de m'aimer après avoir fait une épreuve si particulière de ma conduite; qu'il m'assuroit qu'il ne trouveroit point d'occasion de me servir qu'il ne le fît de tout son cœur, et qu'il vouloit que je l'employasse en tout ce qu'il pourroit, tant par lui-même qu'auprès du Roi, pour mon service. La surprise et l'étonnement extraordinaire où je fus d'une si grande générosité ne m'empêcha point de lui répondre avec toute la reconnoissance et la soumission que je lui devois, et de lui témoigner qu'il se vengeoit hautement de moi en me causant une confusion si publique devant le Roi et toute l'armée. Le Roi cependant étoit fort en peine de connoître le sujet de ce pourparler; et M. de Villedonné lui ayant dit sa pensée, qui étoit que M. le cardinal me parloit sans doute de ce qui s'étoit passé entre nous près de Sézanne, il témoigna être bien aise de voir cet officier, et de savoir en particulier, de la bouche de M. le cardinal de Guise, la manière dont je m'étois sauvé d'entre ses mains. Le récit qu'il lui en fit me donna lieu d'être connu du Roi, et fut comme le premier fondement et la première origine de cette grande bonté qu'il m'a toujours témoignée depuis, ainsi que je le ferai voir dans la suite de ces Mémoires. Il loua beaucoup la générosité que M. de Guise venoit de faire paroître à mon égard, comme elle étoit en effet très-louable, surtout en une personne de sa qualité et de son mérite; et ce cardinal se souvint toujours de ce qu'il m'avoit fait la grâce de me promettre, m'ayant témoigné tant de bienveillance jusqu'à la fin de sa vie, qu'en la maladie dont il mourut dans Xaintes (1), il me fit venir et me dit, avec une bonté extraordinaire, que je devois regretter sa mort puisque je perdois en lui un des meilleurs amis que j'eusse au monde, et qu'il m'en auroit donné des preuves s'il eût vécu davantage.

Les troupes furent ensuite envoyées en divers quartiers sur les confins du royaume, et le régiment de Champagne eut pour le sien la petite ville d'Oleron en Béarn: notre compagnie avec une autre furent logées en un faubourg qui s'appelle Mercadet, et les deux capitaines, s'en étant allés chez eux, avoient laissé leurs compagnies à leurs lieutenans, dont j'étois le premier, qui commandois ainsi le quartier. Au bout d'un an (2) ou environ, la guerre des huguenots se ralluma, et ils recommencèrent à lever des troupes. M. le marquis de La Force étoit gouverneur du pays; mais, comme il étoit des plus zélés pour le parti huguenot, il abandonna le service du Roi et travailla à amasser tout le plus de monde qu'il pouvoit. Ayant

(1) *Mourut dans Xaintes*: Le cardinal de Guise, après s'être distingué au siège de Saint-Jean-d'Angely, tomba malade. On le transporta à Xaintes, où il mourut le 21 juin 1621. — (2) *Au bout d'un an*: La guerre se ralluma la même année, parce que Louis XIII, après avoir fait la paix avec sa mère, ordonna en Béarn la restitution des biens ecclésiastiques que les protestans possédoient depuis soixante ans.

un jour envoyé un trompette dans le faubourg de Mercadet publier que tous les capitaines religionnaires eussent à se rendre au plus tôt à Pau, ville capitale du Béarn, où il demeuroit ordinairement, afin d'y recevoir ses ordres, je fus surpris d'entendre ces fanfares, et je m'avançai pour demander au trompette ce qu'il publioit, et pourquoi il étoit si hardi que d'oser sonner dans mon quartier sans ma permission, puisqu'il savoit, ce qui étoit trop connu de tout le pays, que son maître avoit déjà témoigné être moins affectionné au service du Roi qu'à celui de ses ennemis ; je lui commandai en même temps de se retirer, et le menaçai, s'il ne le faisoit, de lui apprendre que je saurois bien maintenir les intérêts de Sa Majesté. Il quitta le lieu où il avoit commencé de sonner; mais quand il fut un peu éloigné il recommença à le faire comme auparavant. Ce mépris si visible de la défense que je lui avois faite pour soutenir les droits du Roi me mit en une grande colère; et étant allé à lui aussitôt, comme je vis qu'à ce premier mépris de mes ordres il ajouta une réponse insolente, s'appuyant sur l'autorité de son maître, je lui arrachai sa trompette, la lui rompis sur le dos et le chassai de mon quartier, m'assurant bien que le Roi ne désapprouveroit pas que je défendisse ainsi ses intérêts contre un ennemi de sa couronne.

J'allai néanmoins dans l'instant trouver M. de Poyenne, lieutenant de roi dans le Béarn, qui étoit fort affectionné au service de Sa Majesté, et par conséquent peu aimé de M. le gouverneur, et lui rendis compte de ce que je venois de faire. Il me témoigna que j'avois bien fait, et que je m'étois acquitté de ma charge. Mais, parce que je prévoyois les suites de cette affaire, me tenant bien assuré que M. de La Force ne me le pardonneroit pas, et craignant même que si le Roi en entendoit parler, n'étant pas informé de la vérité, il ne blâmât peut-être mon zèle de quelque excès, je priai M. de Poyenne qu'écrivant en cour, comme il faisoit, il voulût bien en dire un mot pour prévenir tous les mauvais bruits par lesquels on auroit pu décrier ma conduite. Il le fit, et si fortement, que le Roi, pour m'assurer qu'il étoit satisfait de mon service, me donna le gouvernement de la tour d'Oleron, qui étoit une petite forteresse qui dominoit sur la ville. Quoique ce fût peu de chose en soi, et qu'il n'y eût pas grand revenu, il étoit de conséquence que cette tour fût entre les mains d'une personne fidèle pour tenir la ville en son devoir; et il ne m'étoit pas moins avantageux après l'action que j'avois faite, qui avoit beaucoup éclaté dans le pays, que le Roi me témoignât publiquement la satisfaction qu'il en avoit eue, en me donnant ce gouvernement, tandis que M. de La Force me faisoit faire mon procès à Pau; car, s'il ne lui fut pas difficile de me faire condamner à avoir le cou coupé, il ne trouva pas la même facilité à le faire exécuter, puisque j'étois dans le parti et sous la protection de Sa Majesté.

La guerre s'allumant toujours davantage, notre régiment de Champagne fut mandé au rendez-vous de l'armée; ce qui m'obligea de penser à me défaire de mon gouvernement, ne voulant pas me borner à si peu de chose. Je voulus donc le remettre entre les mains de M. de Poyenne qui me l'avoit procuré; mais, après de très-grandes instances qu'il me fit pour y demeurer, et les assurances qu'il me donna de me procurer dans la suite quelque chose de plus considérable, comme il me vit absolument résolu de le quitter, il me força malgré moi d'y nommer celui que je voudrois. Je lui présentai un gentilhomme nommé Domvidaut qui étoit de la religion, mais qui avoit toujours témoigné une si forte attache au service du Roi, que je le crus incapable de manquer jamais à son devoir; et, voulant même l'attacher encore davantage à M. de Poyenne, je lui fis entendre qu'il lui étoit obligé de ce gouvernement. Lui, de son côté, crut ne pouvoir mieux me témoigner sa reconnoissance qu'en me confiant son fils, qu'il me pria de recevoir en qualité de cadet dans la compagnie dont j'étois lieutenant.

[1621] Nous allâmes ensuite au siége de Saint-Jean-d'Angely que le Roi vint assiéger en personne l'an 1621. Je ne rapporterai de ce siége qu'une occasion où je courus avec plusieurs autres un très-grand péril, dont il semble que nous ne fûmes sauvés que par une espèce de miracle.

Comme on étoit tout près de faire jouer une mine, je fus commandé avec quarante hommes pour donner à la brèche dans le moment qu'elle seroit ouverte, et par ce moyen ôter le temps aux ennemis de la réparer. Il falloit donc s'en approcher de fort près, et avoir de quoi nous couvrir au cas qu'il fallût nous retrancher. Je demandai pour cela des paniers ou des mannequins, au lieu de sacs dont on avoit accoutumé de se servir, témoignant qu'il nous seroit plus aisé de les emplir que non pas des sacs, qui ne se soutiennent point. On nous en donna quarante qui nous servirent en effet beaucoup, mais d'une autre manière que nous ne pensions. Nous nous avançâmes ensuite tout le plus près que nous pûmes de la mine ; et il arriva qu'en jouant elle fit un effet tout contraire à celui que l'on s'étoit proposé ; car, au lieu de pousser les terres du côté de la ville, elle les rejeta sur nous, le terrain s'étant trouvé le plus foible de notre côté, et nous ensevelit sous ses ruines. Mais, par le plus grand bonheur du monde, comme j'avois fait mettre à tous nos gens, à mon exemple, leurs mannequins sur leurs têtes afin d'avoir les mains libres pour tenir nos armes et nous en servir, ils rompirent une partie du coup à la terre et aux pierres, et empêchèrent que nous n'en eussions la tête écrasée ; mais ils nous servirent de plus à pouvoir un peu respirer, en nous laissant un petit espace vide qui empêcha que nous ne fussions étouffés avant que d'être secourus. M. de Cominge qui étoit à la queue de la tranchée, ayant eu des soldats blessés des pierres que la mine fit sauter, et jugeant de l'extrémité où nous devions être, accourut pour nous secourir, et nous dégagea de dessous ces terres pendant que les ennemis étoient occupés à réparer cette brèche sans penser à nous.

Cependant ce qui par hasard nous sauva la vie à tous en cette rencontre fut mis depuis en usage dans les siéges ; car on se servit fort souvent depuis de ces mannequins, comme très-propres pour faire aisément des logemens et se mettre promptement à couvert ; ce qui porta même le Roi à témoigner que je lui avois rendu en cela un service considérable ; et ce fut à peu près la récompense que je reçus d'avoir couru un si grand péril. L'ardeur que je sentois pour la guerre, jointe à l'éloignement que j'ai toujours eu des remèdes, m'empêcha de me faire saigner, comme on me le conseilloit; mais je me trouvai si mal d'avoir été ainsi froissé et enfermé dans ces terres, et d'avoir ensuite plutôt suivi mon ardeur inconsidérée que le conseil de mes amis, que je gardai pendant un mois une jaunisse qui me rendoit presque méconnoissable. Mais les parties nobles avoient toute leur vigueur, et le cœur étant toujours bon, je ne me dispensai point de faire mes gardes à l'ordinaire, en l'une desquelles je reçus un coup de carabine dans le corps, qui, n'entrant pas fort avant, ne me tint au lit que peu de temps.

LIVRE III.

Ce qui se passa au siége de Montauban. Grande et étroite union qui se forme entre le sieur de Pontis et M. Zamet, mestre de camp du régiment de Picardie, qui le fait lieutenant de sa mestre de camp, avec la qualité de premier lieutenant des armées du Roi. Le sieur de Pontis tire toute l'armée d'un grand péril. Le siége est levé de devant Montauban. Excellent discours de M. Zamet sur ce sujet.

La ville de Saint-Jean-d'Angely s'étant rendue au Roi, Sa Majesté s'en alla devant Montauban avec une armée de vingt-quatre mille hommes ou environ, commandée par M. le connétable de Luynes. Il l'investit le 17 d'août de l'année 1621. M. le connétable avoit pour lieutenans généraux messieurs ses frères, messieurs du Maine, de Chevreuse et de Lesdiguières. M. de Schomberg étoit grand-maître de l'artillerie et surintendant des finances, et faisoit aussi en partie la charge de lieutenant général. De ces troupes et de ces chefs le Roi en fit trois attaques. La première étoit la sienne, où commandoient M. le connétable et messieurs ses frères; la seconde fut celle de M. du Maine; et la troisième fut celle de messieurs de Chevreuse et de Lesdiguières. M. du Maine attaquoit le faubourg de Ville-Bourbon, qui étoit fort retranché, et qui facilitoit aux ennemis l'entrée de leurs vivres et le commerce avec leurs voisins. Ainsi cette attaque, quoique la plus importante, étoit la plus dangereuse et la moins facile. Celle de M. de Chevreuse s'appeloit de Dumontier, et étoit plus foible que l'autre : ce qui fit que M. de Schomberg, grand-maître de l'artillerie, y plaça ses principales batteries composées de vingt-quatre pièces de canon, le mieux servi qui ait jamais été parce qu'il étoit surintendant des finances. Les régimens de Picardie et de Champagne qu'il estimoit fort étoient campés à cette attaque. Ayant dessein de faire avancer quatorze pièces de canon beaucoup plus loin qu'elles n'avoient été posées d'abord que l'on avoit investi la place, il désira de savoir auparavant ce que c'étoit que ce faubourg de Dumontier, qui de loin paroissoit ruiné et inhabité, mais où il craignoit qu'on n'eût posté quelque embuscade qui pourroit venir enclouer son canon s'il l'approchoit de si près. Il en parla aux généraux, qui ordonnèrent que l'on commanderoit deux officiers pour reconnoître ces lieux ; et nous fûmes, M. de Cominge et moi, nommés pour cela. L'ordre nous étant donné, je sautai en croupe derrière M. de Cominge, n'ayant pas alors mon cheval, et nous allâmes en plein jour passer à gué un courant d'eau, nommé Le Tescon. Je mis pied à terre aussitôt après, et entrai non-seulement dans le faubourg, mais dans les masures qui y restoient, et les visitai les unes après les autres. M. de Cominge de son côté fit la même chose ; et comme nous croyions avoir tout vu, nous nous avisâmes de visiter encore quelques recoins où nous jugeâmes pouvoir faire quelque nouvelle découverte ; et nous reconnûmes en effet que c'étoit un des lieux les plus importans, qu'on ne pouvoit être trop exact dans ces occasions. Nous retournâmes faire notre rapport à messieurs les généraux ;

entre lesquels M. de Lesdiguières fut celui qui jugea mieux de notre exactitude, parce qu'il connoissoit particulièrement ce lieu.

Les ennemis, ayant eu avis que l'on avoit envoyé reconnoître ce faubourg, craignirent qu'on ne s'y voulût poster pour les serrer de plus près ; ce qui les porta à se disposer pour le défendre par un logement qu'ils firent dans une petite île, qui étoit à la tête de ce faubourg et qui étoit bordé du Tescon, ruisseau peu large, mais fort profond. Il n'y avoit aucun pont sur ce courant d'eau ; et pour le passer on y avoit mis un arbre de travers, où il n'étoit pas aisé de marcher tout droit sur ses pieds, mais en s'y mettant comme à cheval, et n'avançant qu'avec l'aide de ses bras ; ce qui fit que les ennemis ne craignirent point que l'infanterie les surprît. Pour la cavalerie, elle ne pouvoit passer qu'au même gué où nous avions passé en allant à ce faubourg, et qui, étant fort découvert, étoit de plus si étroit qu'on n'y pouvoit point passer plusieurs de front. Tous ces avantages les portèrent à poser deux corps-de-garde avancés au bout de cette île, l'un de cinquante hommes qui étoit le plus proche de la ville, et l'autre de dix qui étoit presque à moitié de distance d'entre la batterie avancée et la ville.

Messieurs les généraux, et particulièrement M. de Schomberg, se trouvèrent un peu embarrassés, craignant beaucoup pour le canon qu'il étoit aisé d'enclouer en une nuit. Il fut donc résolu dans le conseil de guerre qu'on pousseroit le premier corps-de-garde, quoiqu'il y eût grand péril à cause du passage si étroit et si difficile par lequel il falloit passer et revenir. Mais l'importance de faire reculer ce corps-de-garde si avancé fit résoudre les généraux à hasarder quelque monde. On commanda pour cela l'officier de Champagne ; car c'est ainsi que le Roi et messieurs les lieutenans généraux me nommoient, me connoissant mieux par ce nom que par celui de Pontis ; et on ordonna que je prendrois avec moi cinquante hommes pour charger ce corps-de-garde. Comme je sortois de garde ce jour-là même, et que dans l'ordre je ne devois point être commandé, M. de Schomberg voulut bien m'en faire quelques excuses, et ajouta que cette attaque lui étant de la dernière importance, il me prioit, pour l'amour de lui, de la faire comme si c'eût été à mon rang. Ces occasions étant, comme l'on sait, honorables, je lui dis que je me sentois obligé du choix qu'il avoit fait de moi, et lui témoignai que, si la chose étoit faisable, il ne tiendroit pas à nous que nous ne lui donnassions toute sorte de satisfaction. Je choisis cinquante braves soldats qui me suivirent avec joie, me connoissant pour une personne qui ne prodiguoit leur vie que lorsqu'il falloit en même temps prodiguer la mienne, qui les louoit hautement dans les rencontres, et les épargnoit autant qu'il m'étoit possible. Je me rendis avec eux au petit pont dont j'ai parlé, lequel nous passâmes avec un peu de temps à cause de la difficulté que j'ai marquée. Etant ensuite allés fondre tous ensemble sur le premier corps-de-garde, sans leur donner presque le loisir de nous reconnoître, nous les poussâmes fort rudement, et les obligeâmes de se retirer en plus petit nombre pour s'aller joindre à l'autre corps-de-garde, qui ne sortit point de son poste de peur de se découvrir, croyant que nous fussions en plus grand nombre.

Leurs retranchemens étoient des arbres entassés les uns sur les autres, et nous nous disposions de les attaquer, lorsque nous entendîmes tout d'un coup un grand bruit de voix confuses du côté de l'armée du Roi, qui nous crioient : « Retirez-vous ! retirez-vous ! » Cependant l'éloignement nous empêchant de pouvoir entendre distinctement ce qu'ils disoient, nous étions autant portés à croire qu'ils nous excitoient à charger les ennemis, que non pas qu'ils nous avertissoient de nous retirer.

Dans cet entre-temps M. du Maine, qui s'étoit posté sur une petite éminence pour voir le succès de notre entreprise, découvrit, lorsqu'il y pensoit le moins, un fort grand nombre des ennemis qui, étant sortis de la ville par derrière le faubourg, marchoient le long du Tescon, et venoient à nous pour nous enfermer. A l'instant il fit mener à force de bras sur le bord de la rivière deux petites pièces de campagne, et les pointer pour tirer sur eux ; ce qui réussit si bien que leur bataillon fut percé de part en part, et qu'il y en eut beaucoup de tués. Les autres, épouvantés, furent quelque temps sans avancer ni reculer ; et ainsi, avant qu'ils se fussent reconnus et qu'ils eussent pu prendre d'autres mesures, nous eûmes le temps, après avoir regardé d'où venoient ces coups de canon et aperçu le péril inévitable où nous étions, de revenir promptement gagner le pont, comme on nous en avertissoit par ces grands cris. Les ennemis ne pensèrent point à nous suivre ; mais ils reprirent le chemin par lequel ils étoient venus, très-mécontens d'avoir vu ainsi manquer leur entreprise. Je ne perdis en cette occasion que deux hommes, et n'en eus que trois de blessés.

Pour moi, je n'y fus point blessé, et j'eus seulement mon chapeau emporté d'un coup de mousquet. M. de Schomberg, qui étoit extrêmement généreux, se sentant fort obligé de ce service que je lui avois rendu, m'en témoigna une très-particulière reconnoissance, et me promit de me servir auprès du Roi. En effet il le fit en parlant de moi si avantageusement, que j'avois la dernière confusion des louanges qu'il me donnoit pour m'être simplement acquitté de mon devoir.

Cependant je peux dire qu'il me procura par ce témoignage public de son estime le plus grand trésor que je pusse jamais avoir, qui fut l'amitié du plus honnête homme, du plus vertueux et du plus généreux que j'aie connu de ma vie. Je parle de M. Zamet [1], alors mestre de camp du régiment de Picardie, qui étoit présent lorsque M. de Schomberg parla publiquement de moi devant l'armée. Ce qu'il lui entendit dire alors, étant joint avec ce qu'il en avoit déjà su en diverses occasions, lui fit penser à me choisir pour son ami; et dès lors il souhaita, comme il me le dit depuis, de m'avoir pour lieutenant. Il commença à me témoigner une affection toute particulière, et me pria de le venir voir souvent. Ce fut donc par là que commença à se lier cette amitié si étroite qui s'est formée entre nous, dont je puis dire que le fondement étoit d'une part la connoissance que j'avois du mérite et de la sagesse de ce grand homme, et d'autre part la bonté qu'il eut de me regarder comme une personne qu'il ne jugeoit pas indigne de son amitié.

---

[1] *M. Zamet* : Jean Zamet, fils de Sébastien Zamet, riche financier, qui avoit été fort aimé de Henri IV.

L'obligation si particulière que j'avois à M. du Maine, pour m'avoir secouru si à propos en une occasion si périlleuse, me porta à rechercher dans la suite tous les moyens de lui en témoigner mon ressentiment; car, quoiqu'il n'eût fait en cela que suivre les règles ordinaires de la guerre, qui obligent à secourir les troupes du Roi lorsqu'on les voit aussi exposées que nous l'étions, néanmoins la manière dont il le fit me donna lieu de reconnoître que c'avoit été un effet tout particulier de sa bonté. Et j'avoue que je fus un peu mortifié de ce que, croyant avoir trouvé une occasion favorable pour lui rendre une partie de ce que je lui devois, j'en fus empêché par celui dont je devois prendre mon ordre. M. du Maine, voulant emporter d'assaut le faubourg de Ville-Bourbon, commanda presque toute son infanterie, qui poussa la garde si vigoureusement, que trois cents hommes étoient déjà montés sur la muraille, et se tenoient assurés d'en demeurer les maîtres. Les ennemis, se voyant ainsi poussés, firent venir à leur secours plus de deux mille hommes, qui, étant derrière de bons retranchemens, repoussèrent les nôtres, et les firent descendre beaucoup plus vite qu'ils n'étoient montés, mais en plus petit nombre à cause de ceux qui y demeurèrent. Ce combat n'ayant pu se faire sans qu'on l'entendît des autres quartiers, où l'on en fut averti par le feu et par le bruit qui fut fait de part et d'autre, je crus que M. du Maine pouvoit bien être en état de recevoir quelque secours; et dans le moment j'allai demander à notre lieutenant colonel, nommé Pijolet, qu'il me permît d'aller témoigner à M. du Maine, à qui j'étois si obligé, une partie de ma reconnoissance, en m'offrant à lui avec cinquante ou soixante hommes du corps. M. de Pijolet loua mon dessein, mais il me dit que, n'étant que lieutenant colonel, il ne pouvoit pas permettre ce que le Roi avoit défendu, qui étoit que personne ne passât d'un quartier à l'autre. Ainsi je fus affligé au dernier point de manquer cette occasion, pouvant dire, ce me semble, que, si j'avois eu à l'égard des grâces infinies que j'ai reçues de Dieu une partie de cette reconnoissance que j'avois pour les hommes, j'aurois été aussi bon chrétien que j'étois alors éloigné de Dieu et de la vraie piété.

M. de Pijolet, ayant depuis parlé à messieurs les lieutenans généraux, eut permission d'accorder en de semblables occasions ce que je lui avois demandé, pourvu que le détachement qu'on feroit ne fût pas de plus de cinquante ou soixante hommes. C'est pourquoi, comme j'aperçus un jour un grand feu au quartier de M. du Maine, j'y courus avec soixante hommes dans l'espérance que j'avois de pouvoir lui rendre quelque service; mais je trouvai que c'étoit seulement que le feu avoit pris aux huttes. Lui, fort surpris de me voir là avec mes gens, m'en demanda le sujet. Je le lui dis en lui témoignant que je m'estimois très-malheureux de ne pouvoir trouver d'occasion de reconnoître la grâce dont je lui serois éternellement redevable. Il me fit l'honneur de m'embrasser devant tout le monde, et me dit qu'il m'en étoit d'autant plus obligé, que, n'ayant rien fait pour moi qu'il ne dût, je faisois pour lui ce que je ne devois pas; qu'il ne l'oublieroit jamais, et qu'il me prioit de le venir voir souvent, et de l'employer comme un de mes meilleurs amis. Mais la protection de ce prince, qui pouvoit m'être si avantageuse selon le monde, ne dura guères; car, au bout de quelques jours, M. du Maine fut tué d'une mousquetade qui, passant entre deux barriques, alla percer le chapeau de M. de Schomberg, et de là donner dans l'œil de M. du Maine, dont il fut tué sur-le-champ. Cette perte si considérable me fit souvenir de celle que j'avois faite de M. le cardinal de Guise. Mais tout cela ne me donnoit point de lieu de penser à quelque chose de plus sérieux et de plus solide.

Pour continuer ce qui m'arriva pendant ce siége, étant de garde à la tranchée, je fus un jour commandé par M. de Pijolet pour soutenir le mineur qui étoit attaché à la muraille; et, comme j'étois d'un naturel un peu inquiet, je m'imaginai, je ne sais par quelle raison, que les ennemis pouvoient bien contre-miner sur notre travail. Je le dis à quelques officiers et au mineur qui s'en moquèrent; mais, jugeant néanmoins que les ennemis pouvoient bien faire ce que j'aurois fait si j'avois été en leur place, je pensai à m'assurer davantage de ce qui en étoit. Je fis porter un tambour dans la mine, et le fis toucher d'un bout contre le haut de la voûte, et de l'autre contre une balle de mousquet, afin qu'à chaque coup que les contre-mineurs donneroient, il retentît sur ce tambour par le moyen de cette balle. Ce dessein nous réussit, et nous fit entendre ce que je voulois. Le mineur un peu étonné ne se moqua plus comme auparavant, et il dit qu'il falloit promptement nous retirer. Je fis aussitôt préparer nos gens, et envoyai avertir la queue de la tranchée de ce que nous avions découvert. Le mineur, après avoir examiné la chose de plus près, nous assura qu'il n'y avoit plus guères de terre entre nous et les ennemis, et qu'ils seroient bientôt dans sa mine ; et en effet nous vîmes du jour par où on tira sur nous quelques coups de pistolet, auxquels je répondis avec un que je tenois en ma main, et je commandai à mes soldats de repousser ces contre-mineurs à coups de hallebarde, ce qui sans doute n'eût pas été difficile : mais au même temps deux cents hommes étant sortis d'un autre côté vinrent droit à la tranchée dans le dessein de la couper, et m'obligèrent de me retirer en combattant et faisant toujours ferme, pendant que le reste du régiment s'avançoit à notre secours. Je me trouvai beaucoup plus embarrassé quand je vis voler en l'air une trentaine de grenades que les ennemis jetèrent dans la tranchée. Il y eut beaucoup de soldats de blessés, et tous furent si épouvantés, que je fus contraint de me retirer pour faire place à tout le régiment qui arrivoit tout frais et qui repoussa les ennemis. Je fus blessé à la cuisse d'un éclat de ces grenades, dont je fus néanmoins bientôt guéri.

En la seconde garde d'après, mon poste fut de soutenir encore le mineur. Comme il étoit attaché au bastion, on jetoit d'en haut continuellement des pierres et mille autres choses pour l'assommer. On s'avisa de couvrir ce lieu avec des solives afin qu'on y fût en sûreté. L'heure de manger étant venue, nous nous retirâmes de la tranchée, et nous mîmes à l'entrée de la mine pour être encore plus à couvert. Cette prévoyance nous sauva la vie ; car un moment après les ennemis jetèrent d'en haut des tonneaux pleins de mâchefer, qui est l'écume du fer qui sort des forges, et qui est une matière si pesante, que ces tonneaux, tombant sur ces solives dont j'ai parlé, les rompirent toutes et comblèrent la tranchée, en sorte qu'on n'y pouvoit plus passer ; et, si les ennemis se fussent servis de leur avantage, ils auroient eu assurément bon marché de nous ; mais, ne sachant pas ce qui étoit arrivé, ils nous donnèrent le temps de nous dégager, quoiqu'avec beaucoup de peine. Nous n'en fûmes pas quittes une autre fois pour si peu de chose ; car, comme j'étois employé en plusieurs occasions dangereuses, et que l'ardeur trop grande que je témoignois étoit cause qu'on prodiguoit ma vie facilement, un jour que je soutenois encore le même mineur, les ennemis firent une sortie sur la tête de la tranchée, que nous soutînmes d'abord assez vigoureusement ; mais parce que, pour mieux résister et être plus fermes, nous nous serrâmes en un peloton, les ennemis qui vinrent d'un autre côté à découvert par le haut de la tranchée, nous ayant jeté tout d'un coup une vingtaine de grands pots pleins de poix bouillante, nous mirent dans le plus misérable état du monde, réduits à brûler presque tous vivans dans nos habits, sans nous pouvoir soulager. Plusieurs en moururent, et d'autres en réchappèrent, s'étant fait couper leurs habits. Pour moi, m'étant inutilement mis par terre pour me refroidir, comme je me vis trop vivement pressé par la douleur, je ne crus point de meilleur remède que de me jeter dans la rivière, où je commençai un peu à respirer, et d'où néanmoins je ne sortis pas tout-à-fait guéri ; car j'avois les épaules toutes grillées comme plusieurs autres : ce qui donna lieu aux ennemis de se railler bien de nous, en criant *à la grillade ! à la grillade !* et de nous demander si nous n'avions pas été assez poivrés et assez salés, ajoutant qu'ils donneroient ordre la première fois que nous le fussions davantage.

M. de Schomberg, qui m'a toujours fait l'honneur de m'aimer et de me témoigner quelque confiance dans les rencontres, m'envoya querir quelques jours après, et me dit qu'il avoit grande envie de forcer une demi-lune qui tenoit depuis trop long-temps; qu'il croyoit qu'avec des feux d'artifice on pourroit en venir à bout, et qu'il se souvenoit d'avoir vu certains pots à feu qui faisoient un grand effet, mais qu'il ne connoissoit personne dans l'armée qui sût les faire ni s'en servir. Il arriva par bonheur que non-seulement je connoissois ces sortes de pots, mais que même je savois les faire et les employer. Je dis donc à M. de Schomberg que je lui en répondois, et qu'il s'en pouvoit reposer sur moi; mais, comme il y avoit du péril à les jeter, il ne me le voulut point permettre, et me dit seulement qu'après que je les aurois préparés je me servisse de quelque bon soldat que j'instruirois de la manière dont il les falloit jeter. Je préparai donc ces pots qui étoient de grès, et les emplis comme il falloit de poudre à canon, les couvrant bien, et les liant avec une bonne ficelle, autour de laquelle étoient plusieurs bouts de mèches allumées, afin que ces pots étant jetés, et venant à se casser en tombant à terre, quelqu'un de ces bouts de mèches donnât sur la poudre et la fît prendre; ce qui mettoit le pot en mille pièces, et causoit un furieux fracas, à cause de ces morceaux qui voloient de toutes parts, et qui, en blessant et tuant plusieurs, jetoient l'épouvante parmi les autres soldats qui n'étoient pas accoutumés à un tel feu.

Je pensai ensuite à choisir une personne qui fût ca-

pable de jeter ces pots, et de s'en servir adroitement;
et je me souvins d'un soldat fort brave et fort adroit,
nommé Montably, qui me pressoit depuis long-temps
de lui procurer quelque occasion où il se pût faire
connoître, et qui m'en persécutoit toutes les fois qu'il
me rencontroit. Je crus donc pouvoir lui proposer
celle-ci pour le faire remarquer à M. de Schomberg.
L'ayant envoyé querir je lui dis tout mon dessein, et,
lui en faisant voir le péril afin de ne le point tromper,
je lui demandai sa résolution. Il embrassa aussitôt avec
joie une occasion qu'il souhaitoit depuis si long-temps,
en me témoignant que c'étoit le moyen ou de pousser
sa fortune, ou de n'en avoir plus à faire. Je l'instruisis
plus qu'il ne vouloit de toutes choses, pensant à faire
réussir notre entreprise, et, en même temps, à le pré-
cautionner contre le péril; et pour dernier ordre, je
lui commandai qu'absolument après qu'il auroit jeté
ces pots il se retirât, et laissât faire ceux qui seroient
commandés pour donner l'assaut. S'il m'avoit cru
j'aurois eu une entière satisfaction de cette affaire; mais
ce jeune homme, plus généreux qu'obéissant, ne put
s'empêcher, après l'heureuse exécution de ce qu'on lui
avoit commandé, de passer à ce qu'on lui avoit défendu,
et d'aller l'épée à la main aux ennemis. Il reçut un coup
de mousquet qui le tua sur-le-champ, ce qui me causa
un sensible déplaisir au milieu de la joie que nous
eûmes de voir réussir parfaitement notre entreprise;
car les pots dont j'ai parlé firent un tel effet, et les
assiégeans poussèrent si vigoureusement les ennemis,
que, sans autre perte considérable que celle de ce
brave garçon, la demi-lune fut emportée.

Comme j'entrois en garde quelques jours après,

les ennemis firent une grande sortie ; et ils avoient déjà commencé d'enclouer deux pièces de canon, lorsque je fus commandé pour les repousser avec un gros que j'avois rallié, dans lequel il y avoit un fort brave Suisse. Les ennemis ayant encore jeté quelques grenades qui firent un assez grand fracas, une qui alla tomber dans une caque de poudre y mit le feu, et, ayant coupé les deux jambes au pauvre Suisse, fit voler d'une telle force une douve contre mon estomac que je me crus coupé en deux, et fus près de m'évanouir. Je sentis une des plus grandes douleurs que j'aie eues de ma vie ; mais étant revenu à moi, et m'étant manié tout le corps, comme je ne sentis point de plaie, et que je ne vis point de sang, j'avoue que j'eus une extrême joie, parce que je m'étois cru mort, et que je n'avois nullement envie de mourir, quoique je prodiguasse assez librement ma vie. Ce qui me sauva fut une cuirasse que j'avois prise ce jour-là, qui soutint le coup, et qui du contre-coup me causa cette douleur.

Huit ou dix jours après cette occasion, montant en garde dans une tranchée, pendant que M. Zamet montoit aussi dans l'autre qui étoit la droite, qui appartenoit à son régiment comme le premier de France, il arriva que, lorsqu'il poussoit son travail fort avant, les ennemis sortirent en si grand nombre et avec tant de résolution, qu'ils renversèrent la tête de la tranchée sur la queue qui plia aussi. M. Zamet ayant rallié quelques soldats fit ferme durant quelque temps, et paya de sa personne jusqu'à ce qu'étant blessé au bras d'un coup de mousquet et hors d'état de combattre, il fût pris prisonnier, et mené dans un coin à l'écart avec plusieurs autres de ses officiers, où l'on les gardoit pendant que les ennemis poussoient le reste de son régiment.

Cependant celui de Champagne n'étant point commandé parce que nous avions notre tranchée à garder, comme je vis celui de Picardie ainsi poussé et rompu, et que j'aperçus de loin ce gros d'ennemis rangés à ce coin qui y gardoient ces prisonniers, sans savoir que M. Zamet fût du nombre, je demandai permission à M. de Pijolet d'aller secourir nos compagnons avant qu'ils pussent être emmenés prisonniers, l'assurant que je ne voulois que cinquante hommes choisis pour les délivrer, et pousser ceux qui les gardoient. Il me l'accorda, et dans le moment je choisis cinquante soldats que je connoissois pour braves : mais plus de vingt sergents par générosité prirent la place d'autant de soldats qu'ils renvoyèrent ; et tout le régiment eût bien voulu être de la partie, tant l'occasion leur paroissoit honorable. Je ne leur fis prendre pour armes à tous que des hallebardes, en ayant pris une aussi moi-même, parce que je l'avois toujours éprouvée la meilleure arme dans les occasions de main. Après avoir donc concerté la manière dont nous attaquerions les ennemis, nous marchâmes par un petit chemin couvert qui nous cachoit entièrement, jusqu'à ce que nous fussions proches d'eux ; et donnant tout d'un coup au milieu de ce gros qui tenoit nos gens renfermés, nous les étonnâmes tellement par cette surprise et cette attaque imprévue, que, croyant avoir toute l'armée sur les bras, ils ne firent presque aucune résistance, et lâchèrent pied après avoir perdu quelques-uns des leurs.

Mais je fus bien étonné en voyant parmi ces prisonniers M. Zamet, ce qui augmenta en même temps ma joie, quoique ce ne fût pas sans crainte lorsque je le vis tout couvert de sang. Je lui demandai où il se sentoit blessé, et il me rassura en me disant que c'étoit seulement au bras. Je le remenai à son régiment, où il m'embrassa plusieurs fois, et me dit qu'il n'oublieroit jamais ce service que je lui avois rendu, et que, pour m'en assurer davantage, il me prioit de le venir trouver le lendemain lorsque je serois sorti de garde. Je ne manquai pas de me rendre chez lui comme il avoit souhaité. Dès qu'il me vit il me fit pencher sur son lit pour m'embrasser, et me dit avec une bonté extraordinaire qu'il ne vouloit pas seulement m'aimer tant qu'il vivroit, mais reconnoître publiquement qu'il tenoit de moi et la vie et la liberté; qu'il ne pouvoit mieux me témoigner sa reconnoissance qu'en m'assurant que je serois maître de l'une et de l'autre comme de choses qui m'appartenoient, et sur lesquelles je m'étois acquis un plein droit en les lui conservant; qu'il partageroit à l'avenir et son bien et sa fortune avec moi; qu'il vouloit que je le considérasse à présent comme son frère, et que, ne pouvant me donner de charge qui me liât davantage à lui que celle de son lieutenant, il me prioit d'agréer l'offre qu'il m'en faisoit, afin que je commençasse d'entrer en partage de ce qui lui appartenoit, pour pouvoir ensuite m'avancer et changer de charge à mesure qu'il avanceroit lui-même, et pousseroit sa fortune plus loin. Enfin il me parla d'une manière si tendre et si touchante, ajoutant même qu'il me promettoit devant Dieu de me tenir toutes ces paroles, que je ne puis pas exprimer la disposition où je me trouvai après un tel discours.

Je lui témoignai pour faire plaisir à M. de Pijolet, qui m'en avoit prié, et me décharger sur lui d'une partie de cette obligation, que je n'avois fait que ce qu'il m'avoit commandé, et que c'étoit en exécutant les ordres d'un autre que j'avois été assez heureux pour lui rendre ce service; mais je ne doutai point, dès ce moment, d'engager à un homme si digne d'être aimé et ma personne et ma vie, de sorte que de ce jour-là il se forma une union si étroite entre nous deux que la mort même ne l'a pu rompre, puisque je la sens encore à présent si fortement gravée dans mon cœur, trente-quatre ans après avoir perdu cet ami, que je ne puis ni penser à lui ni en parler sans être touché plus que je ne le saurois exprimer.

Je commençai donc dès ce moment à vivre avec cet incomparable ami, non pas seulement comme avec un frère, mais comme avec mon propre père, sentant pour lui le même respect, et lui rendant avec toute l'assiduité possible les mêmes devoirs et les mêmes services que si j'avois été son fils; car, hors toutes les gardes et les occasions où j'étois commandé, je me tenois continuellement auprès de son lit, vivant avec lui dans la plus étroite union que l'on puisse s'imaginer. Elle s'augmenta beaucoup par une nouvelle rencontre que je suis obligé de rapporter.

Les ennemis ayant fait encore une furieuse sortie, vinrent mettre le feu aux poudres et goudronner la monture de deux canons, où ils mirent aussi le feu; et ils travailloient à enclouer le reste, lorsque je fus commandé avec un corps de soixante hommes pour les repousser. Je pensai encore être tout brûlé par une caque de poudre où ils mirent le feu en se retirant. Après leur avoir fait quitter cette batterie, je me retirai avec le reste de notre régiment, qui repoussa vigoureusement les ennemis jusque dans leur place, quoique cela ne se pût point faire sans une grande perte de notre côté. Entre les officiers qui furent tués étoit un brave nommé le capitaine Robert. Le Roi ayant su sa mort pensa aussitôt à l'officier de Champagne pour lui donner sa compagnie ; car, outre les autres occasions où j'avois été connu particulièrement de Sa Majesté, il avoit su le service que j'avois rendu à M. Zamet et aux autres prisonniers, en les arrachant d'entre les mains des ennemis. Il appela donc M. de Puisieux (1), lui dit qu'il me donnoit la compagnie du capitaine Robert, et lui commanda de m'en expédier le brevet, et de me l'envoyer avant que j'en eusse rien su. M. de Puisieux, qui croyoit m'avoir obligation à cause que, sans lui en parler et sans qu'il m'en eût prié, j'avois empêché qu'une maison de campagne qu'il avoit proche de l'armée ne fût pillée par les soldats, l'ayant fait garder par six mousquetaires, fut ravi de trouver cette occasion de me servir auprès du Roi, et, prenant la liberté de lui témoigner son sentiment touchant ce choix que Sa Majesté avoit fait, il lui parla de moi le plus avantageusement qu'il lui fut possible, et voulut ainsi reconnoître, sans que je le susse, ce peu de service que j'avois tâché de lui rendre. La commission fut donc expédiée dès le soir, et

---

(1) *M. de Puisieux :* Pierre Brulart, marquis de Puisieux. Il étoit fils du chancelier de Sillery.

m'ayant été rendue le lendemain matin sans que j'en eusse eu le moindre avis, j'avoue que j'estimai encore davantage de ce que le Roi avoit ainsi pensé de lui-même à moi, que non pas de ce qu'il me donnoit cette compagnie, quoique je la souhaitasse assez, ne croyant pas que la lieutenance de M. Zamet me pût être sitôt donnée.

J'allai à l'heure même porter le brevet à M. Zamet, qui le vit un peu froidement, et me demanda si j'aimois mieux cette compagnie que sa lieutenance, ajoutant qu'il savoit bien que dans l'ordre une compagnie valoit mieux, mais qu'il croyoit qu'il m'étoit plus avantageux d'être lieutenant d'une personne qui étoit aussi absolument à moi qu'il l'étoit; qu'il ne m'offroit pas moins que son bien et sa fortune, et qu'ainsi il me prioit d'y penser avant que de me faire recevoir. Je lui dis qu'il savoit bien ce que je lui avois déjà témoigné, que j'étois entièrement à lui, et l'assurai qu'il seroit maître absolu de cette affaire; que comme je n'y avois eu aucune part jusqu'alors, en étant uniquement obligé à la bonté du Roi, qui avoit pensé à moi de lui-même, et au souvenir de M. de Puisieux, qui m'avoit fait expédier le brevet avant que j'en eusse entendu parler, je ne pouvois mieux lui faire connoître la disposition où je me trouvois sur cela, qu'en lui apportant ce brevet pour en faire ce qu'il jugeroit à propos. Il me dit qu'il seroit bien aise d'informer le Roi du particulier de ce qui s'étoit passé dans cette sortie des ennemis dont j'ai parlé, où je lui avois rendu la liberté, et que comme il n'y avoit personne qui y eût eu plus de part que moi, je pouvois mieux lui en rendre compte qu'aucun autre; qu'ainsi il seroit bien aise que je l'allasse saluer l'après-dînée, et lui porter un billet de sa part.

Je le fis, et après que j'eus présenté au Roi la lettre de M. Zamet, et rendu compte de ce qu'il me demanda touchant sa santé, il me parla aussitôt de cette occasion où je l'avois retiré d'entre les mains des ennemis, et m'ordonna de lui en conter tout le détail, ce que je fis le mieux qu'il me fut possible. Je pris ensuite mon temps pour lui faire mon très-humble remercîment de la grâce que Sa Majesté m'avoit faite de penser à moi d'une manière qui m'étoit si avantageuse, et dont je conserverois une profonde reconnoissance toute ma vie. Et comme le Roi vit que je ne m'avançois point à lui rien témoigner du dessein de M. Zamet, il me dit : « Mais vous ne me parlez point que « Zamet vous demande pour son lieutenant? » Je lui répondis que j'étois principalement obligé de faire connoître à Sa Majesté mes sentimens sur cette grâce si particulière qu'il lui avoit plu de me faire lorsque j'y pensois le moins ; et quant à cette autre que M. Zamet lui demandoit pour moi, j'osois dire que ce n'étoit pas à moi d'en parler à Sa Majesté, et que je n'estimerois pas assez le don qu'elle m'avoit fait, si, lorsque je venois pour l'en remercier, je lui en demandois un autre. « Mais puisque Votre Majesté, ajoutai-je, m'o-
« blige de lui répondre sur cela, je puis l'assurer que
« je suis prêt à faire avec joie tout ce qu'il lui plaira de
« me commander, soit en acceptant ou en lui rendant
« la compagnie de Champagne pour la lieutenance de
« M. Zamet, que j'avoue m'être beaucoup plus considérable et plus chère que beaucoup de compagnies, à
« cause de l'amitié si tendre qu'a pour moi une per-

« sonne de son mérite, qui est assez connu de Votre
« Majesté. Ayant donc, Sire, à recevoir l'une ou l'autre
« de sa main, je lui remets de bon cœur le brevet
« qu'elle m'a fait l'honneur de m'envoyer, afin qu'elle
« ait la bonté, s'il lui plaît, de faire pour moi un choix
« que je lui proteste ne pouvoir faire par moi-même. » Je
présentai en même temps mon brevet au Roi, lequel,
fort surpris de mon compliment et de cette manière
libre dont je me remettois entre ses mains pour le
choix de l'une de ces deux charges, me quitta tout d'un
coup pour s'en aller à l'autre bout de la salle, où étoit
M. le connétable de Luynes, à qui il conta tout ce que
je venois de lui dire, en lui montrant le brevet que je
lui avois rendu.

M. le connétable (1) n'avoit pas paru entièrement
satisfait de moi au commencement de la guerre, à
cause d'une petite rencontre où je n'avois pas autant
témoigné de complaisance qu'il en faut auprès des
grands ; mais il avoit néanmoins changé depuis à mon
égard, m'ayant mieux connu qu'auparavant. Ainsi ce
que le Roi lui dit alors lui ayant donné une impression encore plus avantageuse de ma conduite, il lui
répondit qu'il n'étoit pas juste de laisser cela sans récompense ; puis il ajouta : « Votre Majesté témoigne
« vouloir accorder à M. Zamet la grâce qu'il lui de-
« mande de lui donner M. de Pontis pour lieutenant ;
« mais comme cette charge est moins avantageuse pour
« les appointemens et pour l'honneur que celle de capi-
« taine que vous lui aviez déjà donnée, Votre Majesté
« trouvera moyen, si elle veut, de récompenser l'un et

---

(1) *M. le connétable* : Charles d'Albert, duc de Luynes. Depuis la mort du maréchal d'Ancre il étoit principal ministre.

« l'autre, en lui faisant donner les appointemens de ca-
« pitaine, et en ajoutant à la charge de lieutenant de la
« Mestre de camp de Picardie, qui est le premier régi-
« ment de France, ce nouveau titre d'honneur de pre-
« mier lieutenant des armées de Votre Majesté. » Il ne
se pouvoit rien ajouter à cette honnêteté avec laquelle
M. le connétable parla au Roi en ma faveur. Aussi il
n'eut pas de peine à le faire consentir à toutes choses;
et sur-le-champ M. de Puisieux eut ordre de m'en
délivrer les expéditions, qui me furent rendues le
même jour.

Après avoir fait mes très-humbles remercîmens au
Roi et à M. le connétable, je retournai chez M. Zamet,
à qui d'abord je présentai un billet du Roi, par lequel
il le renvoyoit au porteur pour apprendre ce qu'il
avoit fait avec lui, ajoutant qu'il lui diroit seulement
par avance que l'officier de Champagne étoit présentement celui de Picardie, ainsi qu'il l'avoit tant souhaité, et qu'il n'avoit pas eu de peine à le faire, ayant
trouvé une parfaite soumission dans cet officier, et
toute l'estime et l'amitié possible pour lui. M. Zamet,
après avoir lu ce billet du Roi, m'embrassa de tout
son cœur, me disant que c'étoit pour me témoigner
l'étroite union qu'il vouloit avoir dès à présent avec
moi, et il me répéta avec une tendresse toute particulière ce qu'il m'avoit déjà protesté, qu'il vouloit
que je commençasse de partager avec lui et son bien
et sa fortune, comme son frère. J'y répondis par tous
les témoignages que je pus lui donner de ma parfaite
reconnoissance, et de la passion que j'avois de lui faire
connoître par la suite de mes actions que je n'étois
pas tout-à-fait indigne du choix qu'il faisoit de moi.

Le lendemain, ayant mandé tous les capitaines du régiment, il leur dit qu'il leur vouloit faire part d'une nouvelle qu'il savoit leur devoir être fort agréable, qui étoit que le Roi avoit bien voulu lui donner pour lieutenant un homme à qui il avoit donné auparavant une compagnie dans le régiment de Champagne, et qui avoit été assez généreux et avoit eu assez d'estime pour le régiment de Picardie, pour la vouloir remettre entre les mains du Roi, et recevoir sa lieutenance; qu'ils le connoissoient tous particulièrement, ayant souvent été avec lui aux occasions, et qu'ils ne pouvoient manquer de se souvenir qui il étoit en voyant là leur mestre de camp blessé et au lit, puisque, sans l'assistance de celui dont il leur parloit, il ne seroit pas présentement parmi eux, mais entre les mains des ennemis; qu'ainsi il se tenoit assuré de la joie qu'ils auroient de me recevoir dans leur corps, et que c'étoit ce qui l'avoit davantage porté à me demander au Roi; qu'il les conjuroit donc de s'unir tous ensemble pour me témoigner leur reconnoissance de l'honneur que je faisois au régiment, d'en préférer la lieutenance à une compagnie de celui de Champagne, mon régiment ordinaire. Ces officiers lui répondirent d'une manière très-obligeante sur mon sujet.

J'entrai ensuite dans la chambre de M. Zamet, où je n'étois pas pour lors; et, après que j'eus reçu des civilités extraordinaires de leur part, je leur dis que je m'estimois très-heureux de ce que le Roi avoit bien voulu recevoir ma démission de la compagnie qu'il m'avoit donnée, pour m'honorer du brevet de la lieutenance de leur régiment; que si on n'aimoit pas d'ordinaire à changer une compagnie contre une lieutenance, on le pouvoit faire avec raison quand il s'agissoit d'entrer dans un corps où il y avoit tant de braves officiers; que je les priois tous de me considérer comme une personne absolument attachée à eux, puisque pour avoir l'honneur de servir dans leur régiment j'en quittois un autre avec tous ses avantages. M. Zamet eut la satisfaction de voir que la jalousie, qui se mêle d'ordinaire dans ces occasions, n'eût point de part en celle-ci; car les capitaines me firent cent amitiés en sa présence, avec plusieurs protestations de la joie qu'ils avoient de me voir associé à leur corps; et le lendemain, le régiment ayant été mis en bataille, je pris possession de ma charge de lieutenant de la Mestre de camp. Il arriva néanmoins, deux jours après, une occasion d'honneur qui pensa me brouiller avec tout notre régiment.

Un des lieutenans se disposant à commander dans son rang, je lui dis que comme lieutenant de la Mestre de camp je devois passer pour dernier capitaine; qu'en cette qualité j'avois droit de choisir ces occasions d'honneur quand il me plairoit, et que je choisissois celle-ci. Ce lieutenant reçut mal ce que je lui dis, et en avertit les autres lieutenans du corps, qui tous ensemble me vinrent trouver, et me dirent que je n'avois que mon rang comme eux, et que je ne serois pas maître du leur. Sur ce que je leur répondis avec assez de fermeté que je savois bien ma charge, qu'elle me donnoit le même droit qu'aux lieutenans colonels de tous les vieux corps, et que je ne pouvois pas souffrir qu'elle diminuât entre mes mains, ils me repartirent fort brusquement qu'ils ne s'étonnoient pas de mes paroles parce qu'il y avoit de braves gens dans le corps : « Si je ne l'avois cru, messieurs, leur dis-je, « je n'y serois pas entré ; et c'est pour ne pas faire « dire qu'il y en a de lâches que je veux conserver « mon droit, puisque je devrois être regardé comme « tel si j'y manquois. » Cette prompte repartie, qui n'étoit pas moins honnête que vigoureuse, fit résoudre enfin ces messieurs à chercher quelque voie d'accommodement. Ils me proposèrent cette condition, que, puisque je voulois avoir le choix de toutes les occasions d'honneur, ils me demandoient qu'ils se pussent assurer sur moi quand ils ne pourroient aller à quelques gardes qui étoient de plus grande fatigue. La facilité avec laquelle je consentis à leur demande, disant tout haut que je le leur promettois de bon cœur à cause de l'expérience que j'avois qu'il y a souvent plus d'honneur à acquérir dans ces occasions, quoique périlleuses, leur causa de nouveau quelque confusion ; mais il n'y avoit plus moyen de reculer après s'y être engagés d'eux-mêmes.

Pour revenir à ce qui regarde le siége de Montauban, l'artillerie étant admirablement servie par les soins du grand-maître (1), qui étoit surintendant des finances, la batterie de messieurs de Chevreuse et de Lesdiguières, que l'on pouvoit aussi appeler celle de M. de Schomberg parce qu'il y étoit presque toujours, fit un grand effet dans le bastion de Dumonstier, et la brèche se trouva assez grande pour pouvoir y donner l'assaut. Comme on voulut néanmoins s'assurer auparavant de l'état véritable des lieux, on

---

(1) *Du grand-maître :* Henri de Schomberg, surintendant des finances.

nomma un officier pour les aller reconnoître. Il le fit, mais avec assez peu d'exactitude, n'ayant presque rien vu, soit que la peur eût agi sur son esprit, ou qu'il ne se fût pas autant avancé qu'il le devoit pour découvrir toutes choses. La défiance que l'on eut de son rapport fut cause que l'on en nomma encore un autre qui, à son retour, ne dit rien davantage que le premier. Le Roi résolut donc de faire donner l'assaut : il commanda qu'on mît l'armée en bataille, et qu'elle marchât à l'attaque lorsque de dessus la montagne de Piccis, où étoit son quartier, il feroit paroître et voltiger en l'air un mouchoir au bout de sa canne, ce qui devoit être le signal.

Tout étoit prêt, et l'on n'attendoit plus que ce signal, lorsque M. de Schomberg, poussé de je ne sais quel instinct, et ayant tout pour suspect, s'avisa de dire au Roi qu'il ne savoit s'il ne seroit point à propos en cette rencontre, où il y alloit de l'honneur et du salut de son armée, d'envoyer une troisième fois reconnoître le bastion par quelque personne de l'exactitude et du rapport de laquelle on ne pût douter. Il me nomma en même temps, et crut me faire beaucoup d'honneur en m'exposant au dernier péril. Le Roi approuva cette proposition, étant persuadé qu'en de semblables occasions bien des gens ne voient les choses qu'à demi, à cause de l'extrême péril et du peu de temps qu'on a pour se reconnoître. L'on me fit venir à l'heure même, et M. de Schomberg m'ayant témoigné l'inquiétude où étoit le Roi, et le peu de certitude que l'on avoit de l'état véritable des lieux, il ajouta qu'il avoit eu pensée de me nommer à Sa Majesté, et de lui proposer qu'on m'envoyât les reconnoître de nouveau, parce qu'il ne se tiendroit bien assuré qu'après que j'en aurois fait mon rapport. Comme il avoit néanmoins beaucoup de bonté pour moi, et qu'il savoit que pour faire la chose avec toute l'exactitude qu'il demandoit, je ne pouvois pas manquer de m'exposer à un très-grand péril, il voulut bien me témoigner qu'encore que cette affaire fût de la dernière importance pour toute l'armée, il ne prétendoit pas toutefois m'y engager contre ma volonté. Je lui répondis ce que tout autre auroit répondu en cette occasion, qu'il me feroit tort de douter de la joie que je recevois dans ces rencontres de me voir honorer de son estime et de la créance avantageuse qu'il avoit de moi; que je m'allois préparer, et que j'espérois en revenir, et en rendre si bon compte qu'on ne trouveroit rien dans mon rapport qui ne fût exactement véritable.

Ayant pris une cuirasse et un casque, avec un pistolet pendu à ma ceinture, je mangeai un peu, et marchai ensuite à la vue de Sa Majesté et de son armée qui avoient les yeux attentifs sur moi. Lorsque j'arrivai au pied de la brèche, je priai Dieu à genoux derrière quelques-unes des pierres qui étoient tombées, et commençai ensuite à monter en grimpant comme je pouvois, le ventre à terre. Etant tout au haut, je voulus reconnoître le lieu en la même posture que j'étois monté, c'est-à-dire couché sur le ventre, afin de n'être pas si découvert ni si exposé aux mousquetades qui siffloient de tous côtés autour de moi; mais, cette posture me donnant peu d'avantage pour voir ce qui pouvoit être au-delà du bastion, je me levai tout d'un coup, et, m'exposant à un péril d'où

Dieu seul me pouvoit sauver, je courus jusque sur le bord d'où je découvris le bas, qui étoit un épouvantable retranchement, dans lequel il y avoit un bataillon qui paroissoit être de plus de deux mille hommes, dont les premiers rangs étoient de piquiers et le reste de mousquetaires. Dans le moment que je parus, et que je regardai, l'on fit une si furieuse décharge sur moi, que j'ai toujours regardé comme un miracle de ce que j'en pus réchapper; et, de ce grand nombre de coups qui furent tirés, je n'en reçus que deux sur mes armes qui ne firent que blanchir, et dont même je ne m'aperçus point dans ce temps-là.

Me tenant alors bien assuré d'avoir tout vu je revins très-vite, et remarquai seulement, vers le quartier du Roi, une éminence d'où je crus pouvoir lui faire voir à lui-même ce retranchement des ennemis. Je me laissai ensuite tomber de mon haut, à dessein de rouler en bas et d'être plus à couvert des coups. Toute l'armée crut alors que j'étois mort, et M. de Schomberg, tournant le dos, voulut au moins ne pas voir ce qui lui causoit un sensible déplaisir, s'accusant lui-même d'être cause de ma mort. Mais j'en fus quitte pour un grand étourdissement que j'eus; et, étant bientôt revenu à moi, je remerciai Dieu à genoux de m'avoir sauvé d'un si grand péril. Je rappelai ensuite dans ma mémoire ce que j'avois vu, et l'écrivis sur mes tablettes, étant à couvert des mêmes pierres dont j'ai parlé auparavant, et je reparus tout d'un coup, lorsque chacun me croyoit mort.

Il y aura peut-être des braves et surtout des jeunes gens qui regarderont comme une foiblesse que, dans une occasion si périlleuse, j'aie pensé plutôt à recourir à Dieu, qu'à m'abandonner à une sotte confiance qui fait courir brutalement et comme les yeux bandés partout où la mort est la plus visible : mais il me semble que dans ces rencontres où l'on ne voit presque aucun moyen de sauver tout ensemble l'honneur et la vie, quand on ne se souviendroit pas qu'on est chrétien, il suffit d'être homme pour penser à celui qui peut ôter non-seulement la vie, mais le cœur même à ceux qui s'imaginent en avoir le plus. Et m'étant trouvé pendant cinquante années dans des occasions aussi hasardeuses que peut-être aucun homme de mon temps, je puis rendre ce témoignage que j'ai vu assez de personnes qui faisoient vanité de n'avoir point de religion, comme si leur impiété devoit passer pour une marque de leur courage, mais que j'ai reconnu souvent que c'étoient plutôt de grands fanfarons que des braves effectifs, que si le péril étoit à droite ils tournoient à gauche, et qu'ils payoient d'adresse lorsqu'il s'agissoit de payer de leur personne, et de soutenir leurs paroles par leurs actions.

Après m'être tiré de la sorte d'un si grand péril, M. de Schomberg, aussi surpris que réjoui de me voir, me fit prendre un peu de vin, parce que je n'en pouvois plus, ayant extraordinairement fatigué. Je lui fis aussitôt mon rapport qui lui causa un très-grand étonnement; et comme il me demanda de nouveau si j'étois bien assuré de ce que je lui disois, je lui répondis que je prétendois le lui faire voir, et l'en assurer par lui-même aussi bien que le Roi, ayant remarqué un lieu d'où l'on pourroit découvrir ce que j'avois vu de plus près. Le Roi étant dans une fort grande impatience de savoir ce que j'avois reconnu, je montai à cheval, et m'en allai avec M. de Schomberg le trouver à Piccis. Comme on avoit assez de peine à me croire, le Roi lui-même voulut s'en assurer par ses propres yeux; je le menai au lieu que j'avois remarqué, et de là il découvrit avec des lunettes d'approche le retranchement et le bataillon dont je lui avois parlé. Il en fut très-surpris, et ne put point s'empêcher de témoigner tout haut son étonnement du péril où ses troupes auroient été exposées sans cette prévoyance de M. Schomberg qui avoit sauvé la vie à bien du monde. Le Roi eut la bonté de me dire que je lui avois rendu ce jour-là un grand service, et qu'il s'en souviendroit dans l'occasion. Je ne m'aperçus pas néanmoins alors qu'on pensât beaucoup à moi; et je m'accoutumois à servir sans autre intérêt que celui d'un honneur qui me coûtoit quelquefois bien cher.

Je revins ensuite trouver M. Zamet, qui m'ayant cru mort s'écria d'abord qu'il me vit : « Je vous proteste « que vous n'y retournerez plus, et que je donnerai « bon ordre que vous ne receviez plus à l'avenir de « semblables commissions. » Car il est vrai que ce qui le choquoit davantage et lui donnoit lieu de me parler de la sorte, étoit que, soit que je fusse de garde ou non, on s'accoutumoit ainsi à me faire comme la victime publique de toutes les grandes occasions. Il me demanda si je n'étois point blessé, et je l'assurai que non, mais seulement que M. de Schomberg m'avoit fait remarquer deux coups sur mes armes.

On fit retirer ensuite l'armée, et l'on ne pensa plus à l'assaut. Quelques jours après, M. de Rohan, qui tenoit la campagne avec un petit corps d'armée pour les huguenots, se disposa à secourir Montauban. Dans ce dessein il donna quinze cents hommes à un fort brave homme nommé de Beaufort, pour tâcher d'en faire entrer une partie dans la place. Sur l'avis que le Roi eut de leur marche, il fit doubler et renforcer les gardes dans le camp ; ce qui ne put néanmoins empêcher que de Beaufort s'étant approché de son quartier ne forçât la garde, et ne passât dans la ville avec huit cents hommes, les autres ayant été tués ou s'étant sauvés. Deux jours après ils firent de furieuses sorties qui découragèrent nos troupes, et donnèrent lieu de croire que, l'hiver s'approchant, il valoit mieux se retirer et conserver le monde pour la campagne suivante, parce qu'il en eût fallu trop perdre après ce nouveau secours. Ainsi, au bout de quinze jours, c'est-à-dire le premier jour de novembre de l'année 1621, on leva le siége, l'ordre ayant été donné à tous les quartiers qu'au premier coup de canon qu'on entendroit cette nuit, chacun se mît sous les armes pour marcher où les officiers les conduiroient, et qu'avant que de partir on fît des feux extraordinaires dans tout le camp. Cet ordre ainsi exécuté fit attendre aux ennemis quelque chose de nouveau, ou plutôt une attaque générale que non pas la levée du siége. C'est pourquoi, se contentant de faire bien garder tous leurs postes, ils ne s'avisèrent point de commander quelques troupes pour donner sur la queue de notre armée, qui commença à défiler vers la petite pointe du jour.

M. Zamet, qui étoit guéri depuis peu de jours, fut chargé de la retraite, dans laquelle il ne fut pas peu étonné de voir la précipitation, pour ne pas dire la fuite avec laquelle les troupes marchoient. Comme

j'étois auprès de lui, il me fit remarquer cette retraite si précipitée, qui tenoit tout-à-fait de la terreur panique, puisqu'ils alloient comme s'ils se fussent vus poursuivis par les ennemis ; et, étant aussi chrétien et aussi judicieux qu'il étoit, il commença à me parler un langage que je n'avois jamais entendu jusqu'alors, et qui m'étoit entièrement inconnu. « Je vous
« assure, me dit-il, en me faisant faire réflexion sur
« l'ordre de Dieu dans la conduite des choses du
« monde, qu'il paroît bien que le dieu de justice est
« le dieu des batailles, et qu'il en donne le gain à qui
« il lui plaît, et souvent à ceux mêmes qui sont contre
« lui, parce que ceux qui défendent sa cause le font
« si mal, et attirent si justement sa colère sur eux-
« mêmes par leurs crimes, qu'il les punit sur-le-
« champ en leur donnant le désavantage, et répan-
« dant des terreurs paniques dans leurs armées. On
« le voit assez dans cette occasion, où la nôtre fuit
« d'elle-même sans savoir pourquoi. C'est visiblement
« un coup de la main de notre Dieu, de ce que, contre
« toutes les apparences humaines, nous n'avons pu
« prendre cette place, qui, selon le cours ordinaire
« des armes, devoit tomber sous la puissance du Roi.
« Ses jugemens sont bien différens de ceux des
« hommes, qui s'arrêtent à l'écorce et au dehors des
« événemens sans en pénétrer les ressorts cachés. Nos
« ennemis ne seront pas sans doute moins trompés
« que nous, puisqu'en se glorifiant de leur avantage,
« ils ne comprennent pas que la victoire que Dieu
« leur donne ne les rendra que plus malheureux par
« cette fausse assurance qu'ils ont que c'est la marque
« de la justice de leur cause ; et qu'il saura bien, dans

« un temps ou dans un autre, leur faire sentir la perte
« qu'ils font lorsqu'ils se flattent de tout gagner. Ad-
« mirons donc, ajouta-t-il, et adorons les châtimens
« qu'il exerce d'une manière si différente sur les uns
« et sur les autres. »

J'avoue que je demeurai merveilleusement surpris de ce discours, n'en ayant, comme j'ai dit, jamais ouï de semblable. Je lui témoignai l'extrême obligation que je lui avois de l'ouverture qu'il me donnoit pour me faire connoître une si grande vérité. Aussi puis-je dire que je ne comptai pas cette grâce entre les moindres que j'aie reçues de lui; et j'ai reconnu depuis que c'a été une des premières que Dieu m'a faites pour me donner quelque sentiment du christianisme. La conduite de vertu et de piété que je remarquois en ce grand homme, contribuoit en quelque sorte à entretenir ces premières semences dans le fond de mon cœur; et c'est ce qui a augmenté infiniment ma reconnoissance envers sa mémoire, principalement depuis que Dieu m'a fait la grâce après une infinité d'égaremens de connoître le néant du monde, et d'y renoncer.

LIVRE IV.

Le sieur de Pontis défend la ville de Montech qui est attaquée par les ennemis. Sa conduite à l'égard d'un officier
de la Colonelle et de M. le duc d'Epernon, dans un grand
différend qu'il eut pour les intérêts de sa charge. Siége de
la ville de Tonneins; grande blessure que reçoit le sieur
de Pontis, et qui le réduit à l'extrémité. Saccagement de
la ville de Negrepelisse. Le sieur de Pontis se rend maître
d'un fort occupé par les huguenots, et le rase, ce qui lui
cause une grande affaire.

Le siége de Montauban étant levé, le Roi s'en retourna à Paris, et envoya toutes ses troupes dans les
quartiers d'hiver. Le régiment de Picardie eut pour
le sien une petite ville de Guienne appelée Montech, à sept ou huit lieues de Montauban. M. le
maréchal de Saint-Geran, qui demeura pour donner
les ordres, voyant que tous les capitaines de Picardie
s'en étoient allés chez eux, me chargea du soin du
régiment et du gouvernement de la place, comme
c'étoit l'ordre, et il me dit qu'étant si près des ennemis je devois faire bonne garde, et qu'il s'en reposoit
sur moi. Je lui repartis qu'il le pouvoit, et que je lui
en répondois. Cinq ou six heures après que M. le
maréchal de Saint-Geran nous eut quittés, il rencontra
en chemin un homme qui venoit lui donner avis que
les ennemis se disposoient à attaquer notre ville la
nuit suivante et prétendoient l'emporter d'assaut, et
que c'étoit la garnison de Montauban qui devoit exé-

cuter cette entreprise. Sur cet avis, M. de Saint-Geran m'écrivit à l'heure même un billet par lequel il me mandoit ce qu'il venoit d'apprendre, et m'exhortoit à donner bon ordre que je ne fusse pas surpris. Dans le moment je fis assembler tous les officiers de la garnison, à qui je fis part de la nouvelle de M. de Saint-Geran, et de l'ordre qu'il me donnoit. Je les priai que nous vissions tous ensemble comment on pourroit se préparer pour bien recevoir les ennemis, et leur témoignai que pour moi je jugeois qu'il falloit d'abord faire une revue de tous les hommes, de toutes les armes et de toutes les munitions, des portes de la ville, des dehors, et des moyens de fortifier les endroits qui étoient plus foibles. Ils approuvèrent tous mon avis, et l'on pensa aussitôt à l'exécuter.

Sur le soir, l'un d'entre eux nommé Bastillat, qui étoit un aide-major, s'avisa de me venir dire que je savois bien qu'il étoit mon serviteur et mon ami, et qu'ainsi il étoit fâché d'être obligé de me déclarer qu'il ne pouvoit pas demeurer avec moi dans cette occasion, puisqu'étant aide-major il étoit officier de M. d'Epernon, colonel de l'infanterie, et qu'en cette qualité il ne pouvoit m'obéir, puisque je n'étois que lieutenant de la Mestre de camp, de laquelle M. d'Epernon en la personne de ses officiers ne vouloit point recevoir d'ordre. Il ajouta qu'il étoit fâché de se voir contraint de me quitter en une si belle occasion, mais qu'aimant mieux se retirer de bonne heure que de causer quelque trouble à cause qu'il ne pouvoit pas m'obéir, il venoit prendre congé de moi et me donnoit le bonsoir. Je lui répondis que, comme son serviteur et son ami, j'étois moi-même

obligé de lui dire qu'il n'étoit plus en sa liberté de se
retirer, ni en mon pouvoir de le laisser sortir, depuis qu'il avoit reçu l'ordre de M. de Saint-Geran
comme les autres, et qu'il y avoit consenti aussi bien
qu'eux tous en ne sortant pas dans le moment ; que
ce n'étoit pas décider le différend qui étoit entre les
officiers colonels et les officiers de la Mestre de camp,
que de m'obéir en cette rencontre, puisqu'il n'y alloit
que de suivre l'ordre de notre général, M. le maréchal
de Saint-Geran, qui m'avoit commis le soin du régiment, et la défense de la place en partant, et
encore plus particulièrement par le billet qu'il m'en
avoit écrit, et que je lui avois montré ; qu'ainsi je le
suppliois de considérer que ce n'étoit point ici une
affaire de point d'honneur pour des officiers, mais
qu'il s'agissoit purement de l'intérêt et du service du
Roi, qui étoit le seul à qui appartenoit la ville, et qui
seroit le seul qui la perdroit si nous ne nous unissions
tous ensemble pour la conserver, et pour faire connoître à toute la France que nous n'étions pas indignes
des charges dont il nous avoit honorés. Ce discours,
quoique très-civil et très-raisonnable, ne satisfit pourtant pas cet officier, qui ne trouvoit point de raison
pour écouter ce qu'il ne vouloit point faire ; de sorte
que, voyant la fermeté avec laquelle je m'opposai à son
dessein, il me demanda encore la même chose d'une
manière assez civile : mais, comme je persistai à m'y
opposer avec la même fermeté, il résolut absolument
de s'en aller, et dit tout haut qu'il le feroit, ce qui
m'obligea de lui répondre d'un ton assuré qu'il ne le
feroit pas, et qu'il devoit être persuadé que je savois
me faire obéir quand il s'agissoit d'obéir moi-même

à l'ordre du Roi et du général. Il me repartit fort en colère qu'il eût bien voulu que je lui eusse parlé de la sorte en un lieu où je n'eusse pas été le maître : à quoi je lui répliquai qu'il s'agissoit présentement de pourvoir à la défense de la place, et qu'il n'étoit pas à propos de mêler des intérêts personnels avec ceux du Roi ; que c'étoit à moi en cette occasion de lui commander et à lui de m'obéir. Sur cela il me quitta fort brusquement, et alla chez lui faire apprêter son équipage pour sortir.

Cependant j'allai trouver les officiers qui commandoient la garde aux portes, et leur défendis de laisser sortir qui que ce fût, quand ce seroit même un officier, ajoutant qu'il étoit juste que tout le monde prît part au péril et à la gloire du service que le Roi attendoit de nous en une occasion si importante. Les deux officiers, qui étoient deux lieutenans, me répondirent d'une manière que j'eus tout sujet de me reposer sur eux, et je m'en retournai chez moi. Bastillat, peu de temps après, alla à cheval suivi d'un valet à la porte de la ville. La sentinelle l'ayant arrêté appela le lieutenant capitaine de la garde, qui lui dit qu'il avoit ordre de ne laisser sortir personne. « Quoi! ne me connoissez-« vous pas, lui repartit Bastillat ?—Oui, monsieur, lui « dit-il, mais mon ordre est pour les officiers comme « pour les autres ; je vous prie de ne m'en demander pas « davantage puisque je ne pourrois vous l'accorder. » Bastillat, se sentant outré et piqué jusques au vif, retourne chez lui et vient pour me parler de nouveau. Je le prévins, et lui dis à la tête du régiment : « C'est « une chose conclue pour cette fois, monsieur. Une « autre fois nous en parlerons si vous voulez ; mais, pour

« le présent, c'est l'ordre que vous obéissiez. » Alors, se voyant dans la nécessité inévitable de se soumettre, il me dit que j'avois toute une garnison pour moi, et qu'ainsi j'étois le maître et qu'il m'obéiroit ; mais qu'il trouveroit un autre temps où je ne serois pas si bien accompagné. Je lui répondis qu'il falloit avant toutes choses servir le Roi.

Dans ce même temps je lui commandai de faire mettre le régiment en bataille, de voir si les compagnies étoient complètes, de visiter toutes les armes, de fournir de munitions ceux qui en manquoient, et de s'acquitter de tous les autres devoirs de sa charge de major. Il y obéit ponctuellement. Je vins ensuite voir en général toutes ces choses, et prenant avec moi tous les principaux officiers, entre lesquels il étoit aussi, nous allâmes tous ensemble visiter les postes avantageux que l'on avoit à garder, et donner tous les ordres nécessaires pour empêcher qu'il n'y eût de la confusion et du trouble la nuit suivante. Je divisai le régiment en trois corps : le premier et le plus grand pour être dans la place d'armes, et donner secours à ceux qui en auroient besoin ; le second, qui étoit moindre, fut commandé pour garder la porte que je jugeois devoir être attaquée, et je divisai encore celui-là en trois, l'un de trente hommes que je posai dans un petit corps-de-garde avancé à cinquante pas hors la ville ; le second, qui étoit de cent hommes, fut placé dans le fossé de la ville pour soutenir le premier ; et le troisième, qui étoit d'environ autant, bordoit les murailles pour défendre ce second corps-de-garde. Le troisième corps, qui étoit le plus petit, fut destiné à la garde de l'autre porte qu'il n'étoit pas aisé d'attaquer ;

c'est pourquoi je n'y mis pas une si grande défense. Après que j'eus posé moi-même toutes ces gardes, je les renvoyai visiter quelques heures après par Bastillat, qui obéissoit à tout sans dire un mot, travaillant beaucoup, et se montrant très-ardent dans l'exécution de tous les ordres qu'il recevoit.

La nuit venue, je donnai le mot ou l'ordre à Bastillat pour l'aller porter aux sergens dans la place d'armes, et lui dis qu'à dix heures j'en redonnerois un nouveau, et qu'il le vînt recevoir. Sur quoi il me dit que ce n'étoit pas une chose ordinaire, et que cela lui donnoit lieu de croire que c'étoit peut-être pour le choquer et pour le pousser à bout que j'en usois de la sorte. Je lui répondis que j'étois incapable de cela, que ce n'étoit que pour une plus grande sûreté, et qu'à la veille d'une attaque on ne pouvoit en trop prendre; que j'étois si éloigné d'avoir cette pensée de le vouloir désobliger, qu'au contraire je le priois de venir souper avec moi, ajoutant qu'il falloit faire provision de forces pour le travail de la nuit. Il m'en remercia, et me dit qu'il reviendroit sur les dix heures prendre un nouvel ordre. Il y revint en effet fort exactement, et comme il étoit beaucoup fatigué à cause de toute la peine qu'il avoit eue, je lui dis de s'aller un peu reposer sur un lit, en attendant qu'il arrivât quelque chose de nouveau. Pour moi j'allai visiter une troisième fois toutes choses, ne jugeant pas à propos de dormir et de demeurer en repos lorsque j'avois lieu d'attendre les ennemis.

J'avois fait tenir un cheval tout prêt pour pouvoir aller partout à la première alarme qui ne tarda guère à venir; car, environ sur les deux heures après minuit, la sentinelle avancée de la porte dont j'avois prévu l'attaque entendit du bruit et tira : dans le moment on vint m'avertir, et, ayant fait éveiller Bastillat, je m'en allai avec lui à la porte où étoit l'alarme. Je trouvai en y arrivant que le premier corps-de-garde avoit déjà fait sa décharge, et qu'ils étoient poussés fort vigoureusement par les ennemis. J'entrai dans le second, où à l'instant les trente hommes qui composoient ce premier vinrent se retirer, se battant toujours en retraite avec beaucoup de vigueur. Je fis alors faire une décharge par trente mousquetaires de ce corps-de-garde où j'étois, ce qui étonna un peu les ennemis qui ne croyoient pas en devoir rencontrer d'autres que les premiers. Ils ne laissèrent pas néanmoins de continuer à charger le second corps-de-garde, lorsque je commandai à trente autres mousquetaires du même corps de faire une seconde décharge. J'envoyai en même temps Bastillat à l'autre porte de la ville, de crainte que les ennemis n'attaquassent des deux côtés, et mis en sa place un lieutenant pour aller porter les ordres et faire venir du secours quand il en seroit besoin.

Ce choix que je fis de Bastillat en lui donnant une place d'honneur qui n'étoit pas de sa charge, et suppléant à la sienne par un autre, lui plut fort et lui fit avoir d'autres sentimens que ceux qu'il avoit eus jusqu'alors de ma disposition à son égard.

Cependant les ennemis continuoient toujours leur attaque, qui étoit également soutenue par les nôtres; mais ils se découragèrent bientôt lorsque je commandai à tous les mousquetaires qui bordoient les murailles de la ville de faire feu continuellement, car, ayant connu par là que nous étions trop bien préparés à les recevoir, et qu'il seroit un peu difficile de forcer des gens résolus à se bien défendre, ils prirent le parti de se retirer avec perte de quelques-uns des leurs. L'attaque finie, je relevai et louai beaucoup le courage de tous nos gens, qui avoient paru également zélés et obéissans en cette occasion d'honneur où ils avoient si généreusement combattu pour le service de leur prince.

Bastillat me vint dire le lendemain qu'il croyoit que je ne lui refuserois pas alors la liberté de sortir après qu'il avoit satisfait à tout ce que j'avois pu demander de lui. Je lui répondis que j'y consentois de tout mon cœur, et que je témoignerois, comme je l'avois déjà fait paroître en lui donnant le poste honorable qu'il savoit bien, qu'il avoit agi avec toute la vigueur et la résolution d'un homme d'honneur, et qu'ainsi je laissois présentement à son choix de sortir quand il lui plairoit après qu'il avoit rendu au Roi le service dont il n'auroit pu honorablement se dispenser. Il partit de cette sorte sans témoigner être mécontent; mais étant allé de ce pas à Cadilhac faire ses plaintes à M. le duc d'Epernon, il lui dit que j'avois entrepris sur sa charge, l'ayant obligé par force, comme gouverneur et maître d'une ville, de m'obéir, quoiqu'il m'eût déclaré ne le pouvoir faire, ayant l'honneur d'être un des officiers de la Colonelle, qui ne recevoient point d'ordre des officiers de la Mestre de camp, et que je l'avois arrêté par violence dans la place qui devoit être attaquée le lendemain ; que n'ayant pu se dispenser de m'obéir en cette occasion où il s'agissoit du service du Roi, et où il n'avoit pas eu la liberté de faire ce qu'il auroit bien voulu, il venoit aussitôt après en être sorti s'acquitter de son devoir, en faisant sa plainte à celui duquel seul l'honneur y étoit engagé à cause des priviléges de sa charge. M. d'Epernon ayant répondu seulement qu'il me verroit sur cela, me manda par un homme exprès de l'aller trouver à Cadilhac.

Je me trouvai assurément fort embarrassé et très-surpris de cet ordre, me doutant bien du sujet, et connoissant la rigueur avec laquelle M. d'Epernon soutenoit les priviléges honorables de sa charge. Je crus qu'il étoit à propos que je visse auparavant M. le maréchal de Saint-Geran, par l'ordre duquel j'avois agi, afin de prendre son avis sur ce que j'avois à faire. Je l'allai donc trouver à Castel-Sarrasin où il étoit lors, et lui déclarai le sujet qui m'amenoit. Il me dit : « Voilà
« une affaire très-fâcheuse pour vous, car, quoique votre
« action soit tout-à-fait bonne, et que vous ayez exac-
« tement observé les règles de la discipline militaire,
« vous aurez encore bien de la peine à vous défendre,
« ayant à rendre compte à M. d'Epernon, qu'il n'est pas
« aisé de contenter sur ce qui regarde le moindre point
« de sa charge. » Il ajouta même qu'il appréhendoit qu'on ne me fît recevoir quelque affront, et qu'ainsi il doutoit fort si je devois aller à Cadilhac. Je lui repartis : « Mais, monsieur, si je n'y vais point, pourrai-je
« me mettre à couvert de son autorité, et trouverai-je
« quelque moyen de me dispenser de lui rendre compte
« de ce que j'ai fait? car, si cela est, je n'hésite pas à n'y
« point aller. Mais comme je suis obligé malgré moi de
« me soumettre à son ordre, et qu'il me peut faire arrêter
« par l'autorité que lui donne sa charge, je crois que je

« rendrois ma cause beaucoup moins favorable, ou, pour
« mieux dire, que d'une bonne cause j'en ferois une
« fort méchante, si je manquois de lui obéir : car il ne
« me pardonneroit pas sans doute une chose qu'il auroit
« quelque sujet de regarder comme un grand affront
« que lui auroit fait un simple officier comme moi. Mais
« s'il entend mes raisons et s'il voit l'ordre que j'avois
« reçu de vous, monsieur, comme de mon général, j'es-
« père qu'il pourra être satisfait, si quelque chose est ca-
« pable de le satisfaire. » Monsieur le maréchal de Saint-
Geran m'ayant ainsi entendu parler, me témoigna approuver mon sentiment, et m'offrit même d'écrire à
M. le duc d'Epernon, pour l'assurer que c'avoit été lui
qui m'avoit donné l'ordre de commander dans la ville;
mais je ne voulus point l'engager dans une affaire
que j'étois bien aise de vider tout seul ; et, l'en re-
merciant le plus civilement que je pus, je lui dis que
j'avois gardé son billet, qui, étant l'ordre que j'avois
reçu de mon général, me justifioit pleinement.

 Je partis ensuite et me rendis à Cadilhac à l'heure
que M. le duc d'Epernon alloit dîner. Lui ayant fait
dire que je demandois à le saluer, il donna ordre
qu'on me fît entrer dans la salle où il étoit avec plus
de trente gentilshommes. Quand il me vit lui faire une
profonde révérence, il tourna tout d'un coup le dos
de l'autre côté, et, parlant à un gentilhomme, il me
laissa sans me dire un mot. Il dit à tous ceux qui
étoient présens de laver, et de se mettre à table avec
lui; mais, pour moi, il ne me fit pas la moindre honnêteté, et ne me traita pas autrement qu'il auroit fait un
valet. Il est vrai que je me sentis outré au dernier point
de cet affront que je recevois publiquement pour avoir

servi le Roi, et satisfait au devoir de ma charge; mais je n'y voyois point de remède, ayant affaire à un homme qui a été connu dans tout le royaume pour le plus impérieux qui fût au monde, et connoissant depuis long-temps la possession où il étoit de traiter ainsi tous les officiers de qui il croyoit avoir reçu quelque déplaisir. C'est pourquoi, ne songeant alors qu'à la manière dont je me pouvois justifier, qui étoit l'unique but de mon voyage, et ne voyant pas que je le pusse faire sans lui parler, je m'adressai à un de mes amis qui avoit beaucoup d'accès auprès de lui, qui étoit le commandeur de La Hilière, et, lui ayant dit le sujet qui m'amenoit, je le suppliai de vouloir m'aider à sortir d'une si méchante affaire en m'obtenant l'audience dont j'avois besoin pour me justifier. La chose en demeura là pour ce jour.

Cependant le commandeur parla à M. le duc d'Epernon, comme il me l'avoit promis, et il le fit avec tant de zèle et d'amitié, qu'il obtint ce qu'il demandoit. Le lendemain M. d'Epernon lui dit d'aller querir son ami, lui donnant parole qu'il m'écouteroit. Aussitôt que je fus entré et l'eus salué, je lui dis que j'étois venu pour obéir à son ordre; que je voyois bien que M. de Bastillat m'avoit rendu un mauvais service auprès de lui, et que je ne pouvois douter qu'il ne m'eût mandé sur les plaintes que cet officier pouvoit avoir faites contre moi pour ce qui s'étoit passé à Montech; mais que j'espérois qu'après qu'il m'auroit fait la grâce de m'entendre, et que je lui aurois exposé sincèrement l'état de l'affaire, il ne me condamneroit pas; que je l'assurois au moins par avance que j'étois venu dans le dessein de me soumettre à tout ce qu'il lui plairoit, comme à mon juge, de m'ordonner si je ne lui faisois pas connoître mon innocence. Je lui dis d'abord le commandement que m'avoit fait de vive voix M. le maréchal de Saint-Geran de donner tous les ordres dans la place et dans le régiment. Je lui fis voir l'ordre par écrit qu'il m'avoit ensuite envoyé, par lequel il m'avertissoit de me préparer à bien défendre la ville contre les ennemis qui se disposoient à l'attaquer. Il le regarda, et, témoignant en être satisfait, il fit bien connoître qu'il changeoit déjà de disposition à mon égard. Je continuai ma justification en disant que j'avois lu l'ordre à tous les officiers, que M. de Bastillat l'avoit entendu et s'y étoit soumis comme tous les autres, sans y faire aucune résistance; qu'il étoit vrai qu'il m'étoit venu trouver le soir, et m'avoit fait une difficulté en me témoignant qu'il craignoit de commettre l'autorité du colonel s'il obéissoit à un officier de la Mestre de camp; mais que je lui avois répondu que je ne prétendois point la blesser en aucune sorte; puisque ce n'étoit point comme officier de la Mestre de camp que je prétendois commander à un officier de la Colonelle, mais en qualité de gouverneur et comme établi par le général pour commander dans la place, et que je lui avois déclaré à la tête du régiment que je ne prétendois point non plus que cette occasion pût avoir aucune conséquence pour ce différend, ni que j'en dusse tirer aucun avantage pour mon particulier; qu'après avoir ainsi mis l'honneur du colonel à couvert, j'avois cru devoir travailler en même temps pour les intérêts du Roi, en faisant obéir ceux qui reçoivent ses appointemens, en une occasion où il s'agissoit de conserver une de ses places; que j'eusse donné un très-méchant exemple à toute la garnison, en laissant sortir un officier qui le demandoit sous un faux prétexte, en un temps où cela ne se pouvoit pas; que c'auroit été témoigner savoir bien peu son métier, et se rendre indigne de sa charge, de se laisser surprendre à une si méchante raison; qu'ainsi voyant qu'il y alloit tout-à-fait du service du Roi et de mon devoir, sans que l'honneur du colonel y fût engagé, je n'avois pas cru pouvoir me relâcher pour quoi que ce fût; qu'il auroit été sans doute le premier à me blâmer si je l'avois fait; qu'ainsi j'osois lui demander la justice qu'il me devoit en protégeant mon innocence contre une accusation si mal fondée; et que je consentois de bon cœur de prendre pour témoins de la vérité de ce que je lui disois tous les officiers de la garnison, et M. de Bastillat lui-même, qui savoit que, depuis les paroles piquantes qu'il m'avoit dites, je n'avois pas laissé de lui donner un poste d'honneur que je ne lui devois pas, en le chargeant de la garde d'une des portes de la ville. M. le duc d'Epernon, fort surpris de ce discours, me répondit qu'il n'avoit point ouï la chose comme je la lui contois; que m'étant conduit de la sorte, au lieu de me blâmer il me louoit de m'être acquitté de mon devoir; qu'il voyoit par là que j'entendois mieux ma charge que Bastillat ne savoit la sienne; que c'étoit un défaut de discernement d'avoir commis l'honneur et l'autorité du colonel en une chose qui ne le regardoit pas, et qu'il lui parleroit de la bonne manière pour lui apprendre à s'instruire davantage des points de droit de sa charge, et à ne pas retomber dans une semblable bévue.

Cette réponse, si différente du langage ordinaire de

M. le duc d'Epernon, fut suivie de l'effet; car, m'ayant dit d'aller faire un tour dans le jardin, il fit venir M. de Bastillat, avec lequel il s'expliqua sur cette affaire d'une manière d'autant plus forte, qu'il étoit piqué très-vivement de s'être vu ainsi par sa faute commis à tort avec un simple officier. Et après s'être assuré par sa propre bouche de la vérité de toutes choses qu'il n'osa pas démentir, et lui avoir reproché d'avoir été cause par son peu de conduite que son colonel avoit reçu un affront à l'égard du premier régiment de France, il ne voulut pas qu'il demeurât à dîner, où il me fit venir avec beaucoup d'honnêteté, me traitant aussi civilement ce jour-là qu'il m'avoit rebuté le jour précédent. Lorsque l'on se fut levé de table, il le fit monter, et lui dit, en présence de tout le monde, qu'il auroit dû prendre d'une autre manière qu'il n'avoit fait l'action dont il m'avoit voulu faire un crime; que la connoissance que j'avois des droits de la Colonelle et de ma charge, m'avoit appris à distinguer la vérité de l'apparence, et à maintenir mes droits sans toucher à ceux des autres; que même la manière si obligeante dont il avouoit lui-même que j'en avois usé à son égard, lui avoit dû faire juger favorablement de mon intention; qu'il ne m'en pouvoit savoir mauvais gré, et qu'il lui ordonnoit d'être mon ami comme auparavant, et nous prioit de nous embrasser; ce que nous fîmes dans le moment. Ayant ensuite demandé les ordres de M. d'Epernon pour m'en retourner au régiment, que j'avois eu bien de la peine à quitter en étant chargé comme j'étois, je pris congé de lui, après en avoir reçu des marques particulières de la satisfaction qu'il avoit de moi, ainsi qu'il le témoigna devant tout le monde.

L'année suivante, qui étoit 1622, le Roi n'alla point en Guienne, et y envoya seulement messieurs d'Elbeuf et de Thémines pour commander l'armée, qui étoit d'environ douze mille hommes, M. le prince, qui commandoit le reste des troupes, étant demeuré auprès du Roi. Le rendez-vous pour l'armée fut la plaine de Marmande, d'où l'on alla mettre le siége devant Tonneins, qui étoit une petite place forte tenue par les huguenots, dont M. de Monpouillan, fils de M. le marquis de La Force, et fort brave homme, étoit gouverneur. Les généraux firent trois attaques; ils en commandèrent chacun une; et la troisième, qui étoit du côté de la rivière, fut commandée par M. de Pontague, mestre de camp. Le régiment de Picardie fut de l'attaque de M. le duc d'Elbeuf, qui avoit pour maréchal de camp le brave Vignoles. La tranchée étant ouverte, les ennemis commencèrent à faire tous les jours de grandes sorties, particulièrement du côté d'une demi-lune qui leur étoit fort avantageuse, à cause qu'elle favorisoit beaucoup leur retraite; et ces fréquentes sorties qu'ils faisoient ainsi avec avantage incommodoient extrêmement les assiégeans, et nous faisoient perdre beaucoup de monde. Les généraux résolurent donc d'emporter cette demi-lune à quelque prix que ce fût, quoique cela ne se pût faire qu'avec grande perte. On attendit au lendemain, qui étoit le jour que les régimens de Picardie et de Navarre, qui marchoient ensemble, devoient entrer en garde.

M. de Vignoles, de qui j'avois l'honneur d'être particulièrement connu, eut pensée de se servir de moi en cette occasion; et ne m'ayant point trouvé lorsqu'il vint pour donner ordre à cette attaque, il me vint chercher lui-même dans ma tente où j'étois demeuré malade. Il me demanda ce que j'avois, et, ayant appris mon indisposition, il sut me piquer si bien d'honneur, et m'engagea avec tant d'honnêteté à prendre part à la gloire de l'attaque qu'on vouloit faire de cette demi-lune la nuit suivante, que je ne pus honnêtement m'en dispenser; car il m'assura que M. le duc d'Elbeuf m'avoit choisi pour me donner la tête de cette attaque, et s'en reposoit entièrement sur moi; et il ajouta que cette entreprise étant de la dernière importance, il espéroit que je ferois tout mon possible pour m'y trouver; et qu'en attendant l'heure de l'exécution, il m'enverroit un matelas dans la tranchée pour y prendre quelque repos. Je lui répondis que j'étois fort mal de la fièvre, mais que, puisque M. le duc d'Elbeuf et lui me le commandoient, je ferois un dernier effort pour m'y rendre. Le soir étant venu, on donne les ordres pour l'attaque qui devoit se faire de deux côtés en même temps. Le premier, qui étoit à la main droite, me tomba en partage, et l'autre, qui étoit celui de la gauche, à un officier du régiment de Navarre.

Cette demi-lune n'étant pas fortifiée à l'ordinaire, et le parapet, qui avoit accoutumé d'être terré, étant de barriques que le canon avoit rompues plusieurs fois, mais qui étoient réparées, je vis bien qu'on ne pouvoit les gagner qu'à force de bras pour y entrer. C'est pourquoi, ayant pris mes mesures sur cela, après que j'eus bordé la tranchée de bons mousquetaires qui faisoient grand feu, je m'en allai avec cinquante hallebardiers pour accrocher les barriques et les entraîner. Les ennemis, usant à l'instant du même artifice, les accrochèrent aussi de leur côté avec d'autres hallebardes ; et chacun tirant ainsi à soi, nous ne pouvions nous en rendre les maîtres, lorsque je m'avisai, en voyant les ennemis se roidir de toutes leurs forces pour nous empêcher de renverser ces barriques, de me servir d'eux-mêmes et de leur propre résistance pour leur faire faire ce qu'ils ne vouloient pas. Je fis donc cesser tout d'un coup nos hallebardiers de tirer contre eux, et, au lieu d'attirer ces barriques à nous comme auparavant, ils se mirent au contraire à les pousser, et le firent avec tant de violence, qu'elles furent renversées dans le moment sur les ennemis, dont quelques-uns mêmes s'en trouvèrent accablés. Dès que nous eûmes fait ouverture par ce moyen, nous montâmes, et, à grands coups de hallebardes, nous nous rendîmes maîtres de la demi-lune, et même de la personne de M. de Monpouillan, qui, étant venu en ce lieu sans savoir l'attaque, se trouva engagé dans le combat et embarrassé sous une de ces barriques qui tomba sur lui, et d'où il ne put se dégager avant que je l'eusse joint et fait prisonnier.

Mais notre premier bonheur fut bientôt suivi d'une infortune et d'un étrange revers ; car, comme nous nous tenions très-assurés du succès de notre entreprise, plus de six cents hommes étant sortis de la ville vinrent tout d'un coup fondre sur nous, et nous chargèrent si rudement que nous fûmes obligés d'abandonner ce que nous avions déjà pris, et de nous retirer au plus tôt sans pouvoir même amener avec nous notre prisonnier ; car l'officier de Navarre qui commandoit l'autre attaque n'ayant pas forcé de son côté, comme nous avions fait du nôtre, nous nous trouvâmes en trop petit nombre pour soutenir contre tant de monde. Cet avantage que nous avions remporté ne laissa pas néanmoins d'étonner les ennemis, qui, après s'être ainsi vus forcés, craignant de l'être encore une fois, ruinèrent eux-mêmes tout ce qui restoit de cette demi-lune qui auroit pu les incommoder, et l'abandonnèrent.

Je fus commandé quelques jours après pour aller reconnoître une espèce de bastion avancé et détaché de la ville, qui avoit été fort ruiné par notre canon, et qui nous incommodoit extrêmement. Il n'y paroissoit plus alors personne, et l'on pensoit à s'en rendre maître. J'y allai donc comme à un lieu qui sembloit presque abandonné; mais dans l'instant que je fus monté, et que je voulus regarder dans la place, je me sentis frappé d'un grand coup de faux que l'on déchargea sur moi, et qui me fit sur l'épaule gauche une taillade d'un demi-pied de long. Je me trouvai aussi surpris qu'étourdi de ce coup imprévu; mais par bonheur ayant un buffle qui étoit fort bon, il en fut seulement coupé, et ayant porté tout le coup il me sauva la vie, et m'empêcha d'avoir l'épaule coupée, puisqu'il ne falloit pas tant de force pour me l'abattre qu'il en fallut pour couper ce buffle. Ce coup me vint d'un petit corps-de-garde de dix-huit ou vingt hommes qui étoient à couvert et retranchés dans ce poste. Sur le rapport que je fis aux généraux, ils conclurent de forcer le bastion; mais les fréquentes sorties que les ennemis faisoient presque toutes les nuits ne leur en donnoient pas le temps; et ils reçurent sur ces entrefaites une dépêche de la cour, par laquelle on leur mandoit que le Roi s'ennuyoit beaucoup de la longueur de ce siége; qu'il s'en prenoit tout-à-fait à eux, et qu'il vouloit y envoyer M. le prince pour commander. Cette nouvelle les chagrina fort; et de ce jour ils résolurent de ne plus garder aucunes mesures et de ne rien ménager, afin d'y périr plutôt avec toute l'armée, ou d'emporter cette place avant que M. le prince arrivât. Ils firent ensuite l'attaque du bastion qu'ils emportèrent; mais, lorsqu'ils pensoient déjà à se loger dans le fossé, on leur vint dire que les ennemis avoient cette même nuit fait entrer six cents hommes dans des bateaux, qui s'étoient coulés le long de la rivière sans que le corps-de-garde qui étoit posté pour les empêcher les eût aperçus. Ainsi il fallut se contenter de garder ce qu'on avoit déjà pris, en attendant le secours que M. de Parabelle, gouverneur de Poitou, avoit promis sur la nouvelle de l'approche des ennemis qui marchoient sous la conduite de M. de La Force.

Les généraux ayant eu avis que les assiégés se préparoient à faire une grande sortie, et à se servir de l'avantage qu'ils avoient reçu par le secours des six cents hommes qui étoient entrés, ils redoublèrent les gardes, et se préparèrent à les recevoir. Je me traînai le mieux que je pus à mon poste, quoique j'eusse été blessé d'un coup de mousquet dans la cuisse quelques jours auparavant, et que je n'en fusse pas encore guéri; car il n'y avoit pas moyen, lorsque tous les autres se préparoient au combat, de se tenir en repos, et l'on oublie facilement son mal dans ces sortes d'occasions extraordinaires, où l'on se sent comme animé d'une nouvelle vigueur. M'étant avancé vers une demi-lune abandonnée qui découvroit dans la ville, j'y montai, et j'y vis au clair de la lune quantité d'hommes qui alloient et qui venoient fort à la hâte; ce qui m'assura qu'ils se préparoient pour la sortie. Quelques officiers de mes compagnons qui m'avoient suivi virent la même chose que moi, et nous allâmes en diligence en donner avis aux généraux et à tous les corps-de-garde. Vers les deux heures après minuit, on tira de la ville un coup de fauconneau pour le signal de la sortie; et les ennemis à l'instant sortirent en si grand nombre qu'au lieu d'attaquer la tête de la tranchée, comme l'on fait ordinairement, ils en allèrent prendre les flancs et la queue, et donnèrent une telle épouvante à toute la garde, quoique préparée, qu'ils renversèrent tous nos gens les uns sur les autres. Le régiment de Bordeaux, que nous avions derrière nous un peu à côté, ayant plié, fut renversé sur le corps-de-garde que j'avois, et me contraignit de me retirer le mieux que je pus avec une partie de mon monde, ne pouvant tenir non plus que les autres contre tant de victorieux. Je voulus aller me rallier à un capitaine de notre régiment, fort brave homme, nommé Bonneuil, dont le logement étoit avancé jusque dans le fossé, et qui avoit fait une petite montée de bois par laquelle il pouvoit facilement regagner le haut; mais, parce qu'il avoit négligé de se servir de l'avis que je lui avois donné, de mettre une sentinelle à cette montée pour empêcher que les soldats n'en enlevassent les marches pour les brûler, je le trouvai mort avec la plupart de ses gens, lui étant arrivé ce que je lui avois prédit, et n'ayant pu se retirer, lorsqu'il le voulut, par cette montée qu'il trouva rompue à cause que les soldats avoient emporté la plus grande partie du bois pour faire du feu : ce qui peut faire connoître, en passant, que si l'on dit d'ordinaire qu'il y a des gens plus heureux que d'autres, on le peut souvent attribuer au peu de prévoyance de ces derniers, qui négligent quelquefois des moyens aussi faciles qu'importans pour leur sûreté.

Les ennemis, après avoir ainsi nettoyé la tranchée avec tous les logemens, s'y postèrent dans le dessein de les ruiner. M. le duc d'Elbeuf, en étant au désespoir, se résolut de périr ou de les chasser; et, s'efforçant d'inspirer la même résolution aux régimens qui avoient ainsi perdu leurs postes : « Quoi! messieurs, « leur dit-il, les ennemis nous auront chassés, et auront « pris en une nuit ce que nous n'avons pu gagner qu'a- « vec tant de temps; et nous ne pourrons faire en plein « jour ce qu'ils ont fait en pleine nuit! Pour moi, je « suis résolu de mourir ou de les chasser aussi vite qu'ils « nous ont chassés; et je ne veux pas attendre plus de « temps pour le faire qu'il y en a jusqu'à midi. Je ne « doute point que tout le monde ne me suive, puisque « tout le monde y est engagé d'honneur comme moi, « et auroit honte de survivre à un tel affront. Ainsi, « messieurs, je n'ai point d'autre ordre à donner, sinon « que, midi venu, chacun aille droit à son poste, pour « l'emporter ou y mourir. » Ce discours remua tellement les esprits, et anima de telle sorte tout le monde, que, se voyant déshonorés s'ils ne suivoient leur général, et s'ils ne secondoient généreusement son dessein, ils le firent en effet avec une vigueur et une ardeur tout extraordinaires; et, malgré la résistance des ennemis, qui fut très-grande, ils regagnèrent tous leurs postes, et remirent dès le soir les tranchées et les travaux au même état qu'auparavant.

Pendant ces vigoureuses attaques et défenses, M. de Parabelle arriva au camp avec six cents gentilshommes, et M. de La Force s'approcha aussi à deux ou trois lieues de la ville avec quatre mille hommes. Un soldat, revenant tard de la petite guerre, aperçut les ennemis à une demi-lieue du camp. Il en avertit, et sur-le-champ on commanda tout le gros de l'armée pour venir de ce côté-là; on retira une partie de la garde de la tranchée, et on y laissa seulement les vieux régimens, en qui on s'assuroit davantage. Les ennemis, ou avertis de la chose, ou l'ayant prévue, prirent ce temps pour attaquer la garde de la tranchée avec d'autant plus d'avantage qu'elle étoit alors plus foible, et ils firent la plus furieuse sortie qu'ils eussent faite jusqu'alors. Je fus attaqué au poste où j'étois par un officier qui commandoit environ cinquante hommes tous armés de pied en cap. Il vint droit à moi avec un brin d'estoc qu'il tenoit à la main, et m'en porta un si rude coup, qu'il me perça de part en part; et il le fit dans le moment que je lui tirai à lui-même un coup de pistolet qui, lui ayant pris le défaut de la cuirasse, lui cassa la cuisse, et le fit tomber à la renverse, sans qu'il quittât néanmoins son brin d'estoc, qu'il retira de mon corps. Les soldats qui accompagnoient cet officier furent si épouvantés de le voir tomber, que, tout victorieux qu'ils étoient, ils reculèrent plus de cinquante pas, ce qui me donna le loisir, n'étant point tombé du coup que j'avois reçu, quelque grand qu'il fût, de me traîner comme je pus, soutenu par un brave soldat qui s'appeloit Mutonis, pour tâcher de gagner le bord de la rivière, qui, étant de difficile accès à cause d'une colline fort escarpée qu'il falloit descendre pour y arriver, me pouvoit mettre en sûreté et m'empêcher d'être pris. Me coulant ainsi appuyé sur mon pauvre soldat, il nous arriva un nouveau malheur qui pensa nous mettre au désespoir, qui fut un coup de mousquet que Mutonis reçut dans le bras. Il eut alors presque autant besoin de secours que moi, et c'étoit à la vérité quelque chose de très-touchant, de voir ainsi deux hommes, tout couverts de leur sang et tout estropiés, n'avoir de secours que l'un de l'autre. Pour moi, me soutenant d'une main sur le bras de ce soldat qui n'étoit point rompu, je bouchois avec mon autre main l'entrée de ma plaie, par laquelle il sortoit beaucoup de sang.

Il paroîtra sans doute incroyable comment, en l'état où nous étions, nous pûmes entreprendre de gagner le bord de la rivière, dont j'ai marqué que l'accès étoit si difficile, même à des personnes saines et robustes. Mais que n'entreprendroit point l'amour de la liberté et de la vie? Et pourquoi s'étonner que Dieu, qui vouloit nous faire à tous deux des grâces sans comparaison plus grandes, nous tirât de ce péril aussi bien que de plusieurs autres, pour nous conduire où il avoit destiné, après de fort longs détours et de grands égaremens? Car il retira à la fin ce pauvre garçon, aussi bien que moi, hors de l'armée, et lui inspira d'embrasser une vie tout-à-fait chrétienne et retirée, où il ne songeoit qu'à son salut, dans la vue duquel il souhaita même d'être chartreux, quoique l'on ne voulût pas le recevoir à cause de son bras, qui demeura estropié de ce coup de mousquet.

Étant donc réduits dans la nécessité inévitable, ou d'être assommés par les ennemis, ou d'être brisés par la chute que nous devions faire en roulant du haut de la colline en bas, à cause que nous ne pouvions la descendre tout droits en l'état où nous étions, après avoir délibéré lequel des deux nous choisirions, nous résolûmes enfin de nous abandonner plutôt entre les mains de Dieu que de tomber en celles des hommes. Ainsi, nous étant recommandés à sa divine protection, nous nous laissâmes rouler du haut en bas de cette colline; et Dieu nous assistant visiblement puisque la chose étoit humainement impossible, nous nous relevâmes en nous aidant l'un l'autre comme auparavant; et nous marchâmes pour regagner le quartier. Dans le chemin qui étoit le long de la rivière, nous trouvâmes un officier de notre régiment fort blessé, nommé L'Anglade, et encore un autre nommé Miranne, du même régiment, qui, m'ayant vu, se mit à crier : « Monsieur de Pontis, je me meurs, ayez pitié « de moi. » Je lui répondis : « Je me meurs aussi, mon « pauvre ami, et j'ai autant de besoin de secours que « personne; mais où êtes-vous blessé? » M'ayant dit qu'il n'en savoit rien, mais qu'il n'en pouvoit plus, je crus que, comme il étoit armé, ce pouvoient être ses armes mêmes qui l'étouffoient. Ainsi, lui tirant l'épée du côté comme je pus, je coupai les courroies de ses armes, et les lui fis tomber, ce que je n'eus pas plutôt fait qu'il commença à respirer avec liberté, et à revenir à lui, car il étoit si serré dans ces armes étant tombé dessus en descendant la colline, qu'elles l'étouffoient ; et Dieu me donna ainsi encore assez de force pour sauver la vie à cet officier, lorsque j'étois en danger de la perdre aussi bien que lui.

Étant enfin arrivés au camp, on nous porta à Marmande, où quelques soldats des ennemis qui avoient été faits prisonniers, et qui apparemment s'étoient trouvés à l'occasion où j'avois été blessé, m'apprirent que l'officier à qui j'avois eu affaire étoit pour le moins aussi mal que moi, ayant le haut de la cuisse cassé, et qu'il s'appeloit Feron. Cette nouvelle me surprit et m'affligea en même temps, parce qu'il étoit mon ami intime, et que nous avions été autrefois camarades dans les Gardes. Je ne l'avois point reconnu dans le combat ; et je lui envoyai sur-le-champ un tambour pour savoir de ses nouvelles, et lui témoigner ma douleur de m'être rencontré devant lui. Feron ne fut pas moins surpris que moi d'apprendre que j'étois celui à qui il avoit porté un si rude coup, et, m'ayant répondu avec les mêmes sentimens de civilité et de douleur touchant ce qui m'étoit arrivé, il envoya le lendemain savoir aussi de mes nouvelles, et nous continuâmes à faire la même chose chacun à notre tour, tant que nous fûmes proches l'un de l'autre : ce qui nous lia encore plus que jamais, et augmenta notre ancienne amitié, qui s'est conservée jusqu'à présent. De Marmande on me transporta ensuite à Toulouse, où je crus tout-à-fait mourir, tant de ma blessure que d'une fièvre chaude qui s'y joignit. Je demandai et je reçus tous mes sacremens, et, voulant récompenser deux valets que j'avois, je leur dis de partager ma cassette aussitôt que je serois mort. Ces valets avoient un si bon naturel et m'étoient si affectionnés, que la vue de ce gain considérable ne put point les consoler de la perte beaucoup plus grande qu'ils croyoient faire en me perdant. Ainsi ils eurent une véritable joie lorsque, le quatrième jour de ma fièvre, j'eus une crise qu'on croyoit d'abord être pour la mort, mais qui tourna à ma guérison : car en peu de jours je fus guéri de ma fièvre, mais non pas de ma blessure, qui fut plus de six mois à se refermer assez pour que je pusse marcher, et qui ne le fut entièrement que quelques années après.

Étant arrivé à Rabasteins, qui étoit le quartier d'hiver du régiment de Picardie, je reçus une lettre de M. Zamet, qui me mandoit que le Roi, voulant l'avoir plus près de sa personne, l'avoit obligé de se défaire de son régiment, et d'en traiter avec M. de Liancourt (1); que cette nouvelle, qui pourroit bien me surprendre, ne devoit pas néanmoins m'affliger, puisqu'en changeant de charge il ne changeoit point de disposition à mon égard, et qu'il seroit même plus en état de me servir, étant plus proche du Roi, de qui je pouvois attendre la récompense de mes services.

Je confesse que cette lettre fut pour moi un coup plus violent et plus sensible que n'avoit été celui dont je venois de me guérir. L'excès de la douleur que je ressentis me mit en un aussi grand danger de mourir, et je ne pus voir, sans être outré au-delà de tout ce qu'on peut s'imaginer, que la personne à qui je m'étois uniquement attaché, et pour laquelle j'avois volontairement quitté une compagnie dans le régiment

---

(1) *M. de Liancourt* : Il avoit épousé en 1620 Jeanne de Schomberg, fille du maréchal de ce nom, qui se distingua par son esprit et ses talens. Elle fut l'une des plus zélées protectrices de Port-Royal.

de Champagne, et étois prêt de quitter encore tout ce que j'avois au monde, se défît du régiment qui nous unissoit et qui nous joignoit durant toute la campagne; car je jugeois bien que moi, demeurant dans ce corps, et M. Zamet étant près du Roi, je ne pourrois plus avoir la joie de le posséder comme auparavant. Aussi, comme il avoit prévu quelle seroit ma disposition sur cela, il ne me voulut point écrire que l'affaire ne fût conclue avec M. de Liancourt, à qui il s'efforça d'inspirer les mêmes sentimens d'estime et d'amitié qu'il avoit pour moi. La réponse que je lui fis dans le fort de ma douleur, fut que, puisqu'il quittoit le régiment, je le priois de trouver bon que je le quittasse aussi pour le suivre en quelque lieu qu'il allât, lui ayant voué ma personne et ma vie. Mais il me récrivit aussitôt pour me prier instamment de demeurer dans ma charge, me protestant que je l'obligerois plus, et lui ferois plus connoître que je l'aimois si je demeurois dans le régiment que si je me rendois auprès de lui. Il ajoutoit que ce n'en étoit pas le temps, et que lorsque ce temps seroit venu il sauroit bien m'en avertir; que cette séparation extérieure n'empêcheroit pas que nous ne fussions aussi unis qu'auparavant, et qu'il espéroit de n'être pas long-temps sans me revoir.

Cette lettre me consola un peu, quoique je souffrisse extraordinairement quand je pensois que je n'étois plus lieutenant de celui pour qui j'avois tout quitté. Dans le marché que M. Zamet fit avec M. de Liancourt, il me fit prendre part, sans que j'y pensasse, à la vente de sa charge, lui ayant dit qu'il ne lui donnoit son régiment pour 22,000 écus qu'à condition qu'il donneroit outre cela 1,000 écus à son lieutenant. Ainsi je touchai cette somme de M. de Liancourt, qui, étant venu à Rabasteins se faire recevoir au régiment, me témoigna beaucoup de bonté, et j'ose dire même d'amitié et de confiance, m'assurant que, si je ne trouvois pas en lui toutes les qualités de M. Zamet, j'en pouvois au moins attendre une amitié véritable : il me pria d'agir avec lui sur cette parole, et ajouta que, ne pouvant me donner dès à présent une marque plus sensible de la confiance qu'il avoit en moi, il me demandoit que je l'aidasse dans ces commencemens, où il reconnoissoit qu'il avoit besoin de suppléer par l'expérience d'autrui au défaut de la sienne. Il ne se pouvoit rien de plus honnête, et je répondis avec toute la soumission et la reconnoissance que je devois à un compliment si obligeant.

Le premier siége de cette campagne fut celui d'une petite ville nommée Sainte-Foy que l'on emporta d'emblée, et où M. de Liancourt fit des merveilles, ayant sauté le premier un grand fossé où plusieurs autres demeurèrent, ne le pouvant sauter comme lui. Ce jeune seigneur étoit extrêmement brave et témoignoit une ardeur extraordinaire. Comme il n'avoit pas encore commandé à la tête d'un régiment, et que je le vis trop s'avancer, je fis tout ce que je pus pour le retenir, mais son courage l'emporta.

Après la prise de Sainte-Foy, l'armée alla droit à Saint-Antonin, où le Roi voulut se trouver en personne. On attaqua cette ville sans tranchées, et on en vint tout d'un coup aux mains : ce qui causa un rude combat, car les assiégés se défendoient vigoureusement. Notre régiment ne fût pas commandé pour l'attaque, étant réservé pour attendre le secours des ennemis qu'on disoit être proche et qui ne parut pourtant pas; de sorte que la ville fut emportée. Ce fut là que M. de Saint-Preuil (1) fut reçu enseigne colonel du régiment de Picardie, cet homme que sa fortune et son infortune ont depuis rendu assez illustre. Je me liai si étroitement avec lui que nous ne faisions ensemble qu'un même ordinaire et n'avions qu'un seul logement; et je puis dire que je lui tenois alors lieu de frère et de véritable ami.

Le Roi vint ensuite avec toute son armée devant Negrepelisse, souhaitant depuis près d'un an de se voir en état de pouvoir punir, comme il fit, la trahison barbare et inhumaine qu'avoit exercée cette ville à l'égard de quatre cents hommes du régiment de Vaillac qu'on y avoit envoyés en garnison l'hiver auparavant, et à qui les habitans coupèrent la gorge à tous en une nuit. Ce prince, dès le moment qu'il en apprit la nouvelle, avoit déclaré hautement qu'il les châtieroit tous de la même manière, en ne pardonnant à qui que ce fût. Ainsi, dès l'année suivante, après qu'il eut pris ces deux ou trois petites places dont je viens de parler, il se rendit devant celle-ci : il avoit pour lieutenans généraux de son armée M. le prince, M. d'Angoulême et messieurs de Thémines et de Saint-Geran. Le Roi, en personne, ordonna de tous les quartiers, et des attaques qu'il fit faire aux deux ex-

(1) *M. de Saint-Preuil* : François de Scissac, seigneur de Saint-Preuil. Il se distingua par sa valeur, et devint gouverneur d'Arras; mais ayant eu le malheur de tomber dans la disgrâce du cardinal de Richelieu, il fut, sous un léger prétexte, condamné à mort par des commissaires dans la citadelle d'Amiens. Cette sentence fut exécutée le 9 novembre 1641.

trémités de la ville, ne voulant pas que l'on s'amusât à la reconnoître ni à ouvrir des tranchées, mais qu'on allât droit à l'assaut, sans lui donner un moment pour se reconnoître, parce qu'elle n'étoit pas si forte que les tranchées fussent absolument nécessaires, et que d'ailleurs l'impatience où il étoit de la punir comme elle le méritoit ne lui permettoit pas de prendre des voies plus longues, bien que plus sûres.

L'armée en bataille fut divisée en deux pour les deux attaques, et, toutes choses étant disposées, les généraux m'envoyèrent vers le Roi, sur le midi, pour recevoir le dernier ordre qu'il avoit commandé que l'on vînt prendre avant l'assaut. Je le trouvai dans une méchante chaumière où l'on étouffoit de fumée, et où il étoit contraint de se renfermer à cause qu'il se trouvoit indisposé. Lui ayant dit que messieurs les lieutenans généraux m'avoient envoyé pour l'assurer que toutes choses étoient en état, selon qu'il le leur avoit commandé, et qu'ils attendoient son dernier ordre : « Le voici, me dit-il : c'est qu'on attaquera la
« ville, comme j'ai dit, par les deux bouts, et que
« vous aurez tous quelque chose de blanc attaché aux
« cordons de vos chapeaux, de peur que vous joi-
« gnant dans la ville vous ne vous tuïez les uns les
« autres sans vous connoître ; car je vous commande
« de ne faire aucun quartier à aucun homme, parce
« qu'ils m'ont irrité, et qu'ils méritent d'être traités
« comme ils ont traité les autres. » Je m'en retournai rapporter cet ordre ; et tous ayant mis des mouchoirs à leurs chapeaux, on commença l'attaque, qui dura quelques heures, pour les dehors et pour l'entrée de la porte, qu'ils défendirent très-bien, se battant tout-

à-fait courageusement; mais enfin ils furent forcés des deux côtés, et se retirèrent, en se défendant, dans un recoin de la ville, où ils demandèrent quartier. Comme on le leur refusa, ils se mirent à crier : « Hé « bien! nous mourrons, mais en gens d'honneur, et « nous vendrons notre vie bien cher. » En effet, ils opiniâtrèrent tellement le combat qu'ils en tuèrent beaucoup des nôtres, et se défendirent jusqu'au dernier, ne rendant les armes qu'avec la vie. Et cet exemple devroit, ce me semble, modérer un peu la juste colère des princes en ces rencontres, où, souhaitant avec raison de punir plusieurs coupables, ils pourroient peut-être pardonner à quelques-uns, afin d'épargner au moins tant de fidèles soldats qui se trouvent ainsi assommés par des rebelles.

Ensuite de ce carnage, tous les soldats se mirent à piller et à prendre les femmes qu'ils rencontroient. Et, comme j'étois à la tête de notre régiment, je vis une parfaitement belle fille, âgée d'environ dix-sept ou dix-huit ans, sortir avec empressement d'une maison où l'on n'étoit point encore entré, et accourir se jeter à mes pieds, en me demandant que je lui sauvasse l'honneur et la vie. Je lui en donnai parole dans le moment, et l'assurai que je perdrois plutôt moi-même la vie que de permettre qu'on lui ôtât ni l'un ni l'autre. Je voulus la faire garder auprès de moi par trois ou quatre soldats; mais elle croyoit ne pouvoir être en sûreté si elle ne me tenoit moi-même par la basque de mon pourpoint. Je la fis ainsi passer toute la ville, où elle fut vue d'une partie des officiers de l'armée, dont quelques-uns mêmes furent assez insolens pour oser me la demander, et pour me presser de la leur remettre entre les mains; sur quoi je me vis forcé de me brouiller avec eux, aimant mieux les avoir pour ennemis que de manquer à ma parole et à la justice que je croyois devoir à une honnête fille qui avoit imploré ma protection. Je la conduisis de cette sorte dans ma hutte. Ses parens étoient des premiers de la ville, où son père étoit ministre; et il arriva, par le plus grand bonheur du monde pour eux, qu'ils se trouvèrent ce jour-là à une maison qu'ils avoient à la campagne, ayant laissé leur fille à la ville pour avoir soin de leur maison. Comme je me vis importuné de nouveau par les sollicitations de différentes personnes, dont les uns mêmes se renommoient des principaux de l'armée, je songeai à tous les moyens possibles de la cacher, en attendant que je pusse la remettre entre les mains de son père et de sa mère, afin de nous délivrer, elle et moi, de la crainte du péril continuel où elle étoit exposée.

Mais, parce que cela ne se pouvoit pas aisément dans un camp où il n'y avoit que des huttes, et ou je savois qu'il se trouvoit si peu de fidélité, je m'avisai, à la fin, d'un moyen aussi extraordinaire que l'on puisse s'imaginer, et qui même pourroit paroître incroyable à plusieurs. Comme quelquefois les meilleurs endroits pour se cacher ne sont pas les plus reculés, mais ceux dont on se doute le moins pour être les plus visibles, je crus qu'une grande génisse que j'avois fait tuer le jour de devant, et qui étoit encore tout entière pendue de haut en bas dans ma hutte, pourroit bien servir à mon dessein. Je tournai le côté du ventre contre la muraille, et fis mettre ma prisonnière dans le corps de cette bête pour voir si elle y seroit cachée. La chose me réussit fort bien, car la crainte même d'un péril si pressant l'aidant à se proportionner à ce petit lieu, qui étoit le seul qui la pût sauver, elle s'y resserroit et s'y rapetissoit d'une telle sorte qu'on ne l'y voyoit point du tout. Je dis donc à cette jeune fille que toutes les fois qu'elle entendroit frapper à la porte elle s'y allât cacher, pour n'être pas trop incommodée en y demeurant toujours. Et il arriva presque aussitôt après que j'eus éprouvé cette invention, que quelques officiers généraux, sous prétexte de visiter le camp, vinrent frapper à ma hutte. Ils me dirent en entrant la véritable raison qui les amenoit, et me pressèrent de leur faire voir celle que Dieu avoit fait tomber entre mes mains; mais je leur répondis avec une si grande franchise, leur ayant même laissé voir librement ma hutte, où ils n'aperçurent que la génisse, qu'ils s'en retournèrent très-persuadés qu'elle n'étoit plus chez moi. Il seroit inutile de parler de tous les autres qui donnèrent d'aussi bonne foi dans le panneau, et qui, après être entrés, s'en retournoient, ne voyant que cette génisse qui pendoit d'en haut.

Mais l'affaire alla plus loin, et, étant portée jusqu'au Roi, il me manda de l'aller trouver. Comme j'étois assuré de mes valets, dont l'affection et la parfaite fidélité m'étoient connues, je leur confiai la garde de ma prisonnière, en leur commandant d'être toujours hors la porte de la hutte pour dire que je n'y étois pas, et empêcher que qui que ce fût n'y entrât. Le Roi me demanda, dès qu'il me vit, s'il étoit vrai, comme on le lui avoit rapporté, que j'eusse chez moi une très-belle fille. Comme je n'ai jamais rien caché à ce prince, je lui contai toute l'affaire, ainsi qu'elle s'étoit passée, jusqu'au moment que j'étois parti de ma hutte. Alors le Roi me regardant entre deux yeux, me dit : « As-tu bien tenu ta parole ? » Je lui jurai devant Dieu et devant lui que je l'avois fait. Sur quoi le Roi me répondit : « J'en suis ravi et t'en estime cent fois « davantage; achève ce que tu as si bien commencé, « car c'est une des plus belles actions que tu feras « de ta vie, et que je tiendrai pour un des plus grands « services que tu m'aies rendu. Si quelqu'un par ha- « sard la découvroit et te sollicitoit pour l'avoir, dis- « lui l'ordre que tu as reçu de moi de la conserver, « et que c'est moi-même qui te l'ai donnée en garde. » Je suppliai Sa Majesté de me permettre d'envoyer un tambour chez son père qui demeuroit à quatre ou cinq lieues du camp, pour la remettre entre ses mains le plus tôt que je pourrois. Cette prière, qui prou- voit la sincérité avec laquelle j'agissois, plut fort au Roi, qui me dit qu'il l'accordoit de tout son cœur, et que je ne pouvois mieux faire.

Je pris congé de Sa Majesté, et m'étant hâté de re- venir à ma hutte, où je trouvai toutes choses en bon état, je dis à cette fille d'écrire une lettre à son père, pour lui mander qu'il la vînt querir à un rendez-vous que je lui marquois, et l'assurer que le tambour qui lui rendroit la lettre le conduiroit sûrement au lieu où elle et moi ne manquerions pas de nous trou- ver. Elle écrivit donc un billet qui portoit en trois mots ce que je lui avois marqué, remettant à lui ex- pliquer de vive voix tout au long l'état où elle étoit, et celui d'où je l'avois tirée. Le père et la mère reçu- rent cette nouvelle avec des sentimens de joie que l'on peut mieux concevoir qu'exprimer, et furent bientôt au lieu destiné, où je me rendis aussi exactement avec leur fille. La leur remettant entre les mains, je leur protestai que je l'avois conservée aux dépens de ma vie, comme si elle eût été ma propre fille, et les assurai que je m'étois tenu très-heureux que Dieu m'eût présenté cette occasion de tirer une jeune personne d'un péril si inévitable. Ils voulurent reconnoître cette grâce, et me firent offre de tout leur bien en récompense de ce précieux présent que je leur faisois, en leur rendant leur fille qu'ils croyoient avoir perdue. Je me contentai de leur amitié, et leur témoignai que je me trouvois trop bien récompensé d'avoir sauvé l'honneur de leur fille ; mais je n'étois pas encore arrivé à ma hutte que je vis derrière moi deux chevaux qui me suivoient tout chargés de gibier et d'autres choses semblables. Celui qui les conduisoit me dit que son maître m'envoyoit cela, et me conjuroit d'accepter au moins ce peu de chose qu'il n'osoit presque me présenter. Je ne pus pas refuser ce présent, craignant de causer un trop grand chagrin à celui qui me le faisoit ; et je dis seulement au valet de témoigner à son maître que je l'avois accepté pour ne le pas désobliger, et que je l'en remerciois. Ils se sont depuis toujours souvenus de moi ; et ayant passé cinq ou six mois après par le bourg où étoit la maison du père de cette fille, et les étant allé voir, cette pauvre fille fut dans un tel transport de joie de me revoir, qu'elle se jeta à mes genoux, et ne me vouloit point quitter, sentant alors d'autant plus l'obligation qu'elle m'avoit, qu'elle étoit plus à elle que dans cette autre occasion, et disant devant son père et sa mère qu'elle me regardoit comme un autre père et une autre mère, puisque je lui avois conservé la vie et l'honneur.

Mais si je sauvai de la sorte l'honneur à cette fille, que sa beauté exposoit à un si grand péril, je ne dois pas taire une action héroïque qu'un nommé Roger, premier valet de chambre du Roi, fit en cette même occasion du sac de Negrepelisse. Cet homme, très-généreux et très-honnête, voyant que les soldats emmenoient une quantité de femmes et de filles, courut promptement à eux avec une bourse pleine de pistoles, et leur en demandant une pour une pistole, une autre pour deux, une autre pour trois, et allant ainsi dans toutes les rues, il en acheta jusqu'au nombre de quarante qu'il amena au quartier du Roi, où il les mit en sûreté, et d'où il les renvoya chez elles quand l'armée se fut retirée.

Le Roi étant retourné à Paris après la ruine de Negrepelisse, l'armée bloqua une petite ville, nommée Sommières, que l'on résolut d'emporter d'assaut. On attaqua le faubourg où étoit la principale défense; et M. de Liancourt, étant à la tête de son régiment, poussa le premier les ennemis, et les obligea de lâcher le pied, d'abandonner la porte, et de se retirer dans des coins de rues et dans des maisons. Mais comme ils étoient là à couvert, et que tirant continuellement sur nous ils tuoient beaucoup de monde dans la rue où nous étions, je m'avisai d'une invention qui leur fit perdre une partie de cet avantage qu'ils avoient, en faisant porter par des soldats plusieurs couvertures et plusieurs draps tendus au bout de deux perches, derrière lesquels ceux qui marchoient étoient à couvert de la vue des ennemis; et ainsi ne

nous voyant plus, ils ne tiroient presque qu'à coups
perdus : ce qui n'empêcha pas néanmoins qu'un de
mes intimes amis, nommé Roquelaure, fort habile
dans le métier de la guerre et fort brave homme,
qui avoit été général dans l'armée des Vénitiens, ne
fût tué en un lieu où il sembloit qu'il dût être entièrement à couvert. Il servoit alors dans l'armée du Roi
en qualité de maréchal de camp, et il commandoit
l'attaque où étoit le régiment de Picardie, ayant toujours eu à son côté M. de Liancourt et moi. Comme on
fut maître de la ville, et qu'il ne restoit plus que
quelques fuyards qui tiroient encore quelques coups
en l'air, il me dit qu'il n'en pouvoit plus de soif, et
qu'il demeureroit tout-à-fait s'il n'avoit à boire. Je
courus dans l'instant querir un flacon que je faisois
ordinairement porter en bandoulière par un soldat
pour de semblables extrémités ; et Roquelaure, prenant
ce flacon, entra dans une maison afin d'y être plus à
couvert ; mais c'étoit là même que Dieu l'attendoit, et
il parut bien que toute la prévoyance des hommes est
inutile contre ces coups de la Providence : car lorsque
j'étois dans cette maison tout proche de lui, attendant
qu'il eût bu pour boire ensuite, comme il avoit le
flacon dans la bouche il vint une balle de mousquet
qui, donnant dans la feuillure de la fenêtre, et trouvant une pierre qui lui résista, donna, par un étrange
contre-coup, droit dans la tête de Roquelaure qui
tomba roide mort à mes pieds, et me fit presque tomber sur lui en le voulant soutenir. Cette mort, si peu
prévue, me toucha beaucoup plus sans doute que
si je l'avois vu tomber dans le combat, où l'on s'attend
de mourir soi-même, ou de voir mourir ceux que l'on

aime le plus. J'aimois assurément celui-ci, et je puis dire qu'il m'aimoit également, m'ayant dit même, dès le commencement de la campagne, que, s'il y étoit tué, il me prioit d'agréer son équipage pour me souvenir davantage de lui. Je n'avois pas sans doute besoin de cela pour m'en souvenir, aimant mes amis du fond du cœur, et n'ayant pas accoutumé d'emprunter de ces témoignages extérieurs le souvenir que j'ai de leur amitié; mais je ne pus néanmoins me dispenser de recevoir ce présent qu'il m'avoit fait, ne voulant pas désobliger messieurs ses parens qui voulurent tenir la parole du défunt, et me forcèrent de l'accepter.

Lunel, qui n'est qu'une petite place très-foible, s'étant rendue à composition après la prise de Sommières, l'armée marcha sans qu'on sût où elle alloit, et passa devant un petit bourg où il y avoit une espèce de fort, dans lequel s'étoient retirés beaucoup de huguenots, résolus de s'y défendre. M. d'Angoulême ne crut pas devoir s'y arrêter, négligeant ce lieu comme trop peu considérable, et il fit continuer la marche de l'armée. Ces bonnes gens crurent pouvoir profiter de ce qu'on passoit ainsi outre sans les attaquer, et, espérant de faire quelque butin, ils résolurent, enflés qu'ils étoient de leur bonheur, de sortir et de donner sur la queue de l'armée. J'étois pour lors à la tête; et les ayant aperçus et fait remarquer à M. de Cerillac, notre lieutenant colonel, je lui dis que s'il vouloit me laisser faire je croyois pouvoir leur couper le passage pour le retour, et avec soixante hommes me rendre maître de leur porte avant qu'ils pussent la regagner. Cette proposition lui plut fort; il me donna tout pouvoir de faire ce que je voudrois; et aussitôt je me coulai, avec les soixante hommes que j'avois choisis, tout le long d'un fossé qui nous couvroit de ces escarmoucheurs, lorsqu'ils ne songeoient qu'à la queue de l'armée, et non à la tête qu'ils savoient être si éloignée ; et se trouvant tout d'un coup surpris et coupés du côté qu'ils craignoient le moins, ils se mirent à courir de toute leur force vers leur porte ; mais ils ne purent y arriver avant moi : nous entrâmes pêle-mêle avec eux ; et comme mes soldats étoient un peu plus aguerris que ces sortes de gens ramassés, nous n'eûmes pas beaucoup de peine à les pousser, et à nous rendre tout-à-fait maîtres de la porte. J'y laissai dix soldats pour la garder, et m'en allai avec les cinquante autres charger le reste du bourg, qui fut si épouvanté de cette surprise qu'il ne fit point de résistance.

Après avoir désarmé et mis dehors tout ce qu'il y avoit d'hommes qui étoient à craindre, et laissé le reste sans m'en embarrasser, j'envoyai dire à M. de Cerillac le succès de mon entreprise, et le prier d'en donner avis à M. d'Angoulême, afin que je susse l'ordre qu'il vouloit donner pour ce bourg. M. d'Angoulême m'envoya un gentilhomme me commander de sa part de raser la place avant que de la quitter. Je reçus cet ordre avec la soumission que je devois ; mais, craignant que cela ne me fît une affaire quelque jour, je dis à ce gentilhomme qu'il ne trouvât point mauvais que je le priasse de dire à M. d'Angoulême que j'avois peine à raser la place, à moins que d'en avoir un ordre de lui par écrit. Ce gentilhomme, prenant la chose au point d'honneur, me repartit que la parole qu'il me portoit de la part de M. d'Angoulême valoit bien sans doute une lettre. « Il est vrai, monsieur, lui dis-je,

« en des choses où il ne s'agit que de savoir si elles
« sont vraies ou fauses, mais non pas dans une affaire
« comme celle-ci, où il faut pour ma sûreté que la
« parole demeure et subsiste ; ce qui ne se peut faire
« que par écrit. Ainsi ne trouvez pas mauvais, s'il vous
« plaît, que je vous prie de faire savoir à M. d'Angou-
« lême que je ne rase et ne brûle point de place sans
« en avoir l'ordre entre mes mains. » Je croyois m'être
assez expliqué pour faire connoître à ce gentilhomme
que je ne doutois pas de la vérité de son rapport, mais
que je cherchois seulement mes sûretés pour l'avenir ;
cependant il s'offensa tout-à-fait de ce que je lui disois,
et témoigna m'en vouloir faire une querelle particulière. Je lui dis qu'il n'y avoit rien de si éloigné de
ma pensée que de le vouloir offenser, mais qu'aussi
ne devoit-il pas vouloir m'engager dans une méchante
affaire, en faisant un point d'honneur d'une chose
qui ne l'étoit pas, et que j'étois assuré que, s'il étoit à
ma place, il avoit trop d'esprit pour ne pas prendre les
mêmes mesures et les mêmes précautions que moi.
Alors, étant satisfait de ma réponse, il s'en alla retrouver M. d'Angoulême, qui sur-le-champ m'écrivit
un billet en ces termes :

*Ceci est pour ordre que je vous donne de raser
et de brûler la fortification et principale maison
de Cabos, attendu que c'est un lieu qui sert de retraite aux ennemis du Roi, et que cela est absolument nécessaire pour son service.*

D'ANGOULÊME.

Après avoir reçu cet ordre, je commandai à tous
les habitans d'emporter ce qu'ils voudroient, et envoyai publier dans les villages voisins qu'il étoit

libre à chacun d'y venir prendre ce qu'il jugeroit à propos, à condition qu'ils raseroient les fortifications, ou brûleroient ce qui ne pourroit être rasé. Cela dura deux jours entiers, au bout desquels je revins joindre l'armée.

Cette précaution, dont j'avois cru devoir user avant que de raser ce château, me fut très-utile dans la suite; et il parut bien qu'il est bon de penser à l'avenir dans le temps présent, et de prévoir pendant la guerre à ce qui peut arriver durant la paix. Car, quelques années après, un receveur général de Guïenne, qui avoit une partie de son bien dans Cabos, et à qui appartenoient les maisons que j'avois fait démolir ou brûler, vint faire ses plaintes à la chambre des comptes de ce qu'il ne pouvoit plus lui présenter ses acquits et ses aveux, parce que tous ses papiers avoient été brûlés par un nommé de Pontis, qui dans la guerre avoit pillé et brûlé le bourg, et qui présentement étoit lieutenant aux Gardes; et il demandoit qu'il lui fût permis de le poursuivre pour le contraindre de rétablir toutes choses en l'état où elles étoient auparavant. L'affaire fut portée au parlement, où l'on informa et décréta contre moi. Comme je ne comparoissois point, je fus assigné à son de trompe, et l'on me faisoit mon procès par contumace. Dans cette étrange extrémité où je me trouvai tout d'un coup réduit pour le service du Roi, je l'allai trouver, et lui ayant conté mon affaire, je lui dis que j'étois très-assuré que M. d'Angoulême m'avoit donné son ordre par écrit, et que j'avois même beaucoup insisté pour l'avoir, mais que je ne me souvenois point où j'avois mis ce papier. Le Roi me dit d'aller trouver M. d'Angoulême, et de le prier de me donner un billet de sa main qui portât que c'étoit lui qui m'avoit commandé de faire raser ce château; mais M. d'Angoulême, traitant la chose cavalièrement et la tournant en raillerie, me dit qu'il ne s'en souvenoit point, et qu'il ne me donneroit point de billet.

Je revins trouver le Roi, qui me témoigna être fort surpris de la réponse de M. d'Angoulême, et qui me dit qu'il me feroit donner des lettres d'abolition. J'avoue que ce mot me déplut extraordinairement, ne pouvant goûter qu'on traitât l'action que j'avois faite par un ordre exprès du général, comme un crime qui méritât rémission. Je remerciai très-humblement Sa Majesté, lui disant que je ne me servirois que dans la dernière extrémité de ce qu'elle me faisoit la grâce de m'offrir, et qu'il falloit que je remuasse encore une fois tous mes papiers. Mais je ne sais comment il arrivoit toujours que, dans la précipitation où j'étois, ce papier, étant enveloppé d'un autre, me tomboit diverses fois entre les mains sans que je le pusse remarquer. Me voyant donc réduit à n'oser plus me montrer, et à ne pouvoir plus marcher par la ville que pendant la nuit, je retournai trouver le Roi, qui me dit qu'absolument, puisque M. d'Angoulême me refusoit la justice que je lui demandois, il vouloit que je prisse des lettres d'abolition. Mais il est vrai que je ne pouvois entendre parler d'abolition sans être tout hors de moi, et je confesse que j'avois un dépit secret au fond du cœur, croyant que ce prince, qui étoit persuadé de mon innocence, auroit dû faire quelque chose de plus pour moi en cette rencontre. Je ne pus donc point encore me résoudre à avoir recours à ces lettres, qui, en me donnant une abolition, me faisoient passer pour coupable. J'allai de nouveau renverser tous mes papiers, et je fus enfin assez heureux pour trouver celui que mon extrême précipitation m'avoit empêché de voir jusqu'alors. Ainsi, ayant porté par ordre du Roi au parlement ce qui me servoit de justification, je fis connoître mon innocence, et je fus en même temps déchargé de toutes poursuites. M. d'Angoulême l'ayant su n'en fit que rire, et dit seulement que j'avois eu peur pour cette fois. Telle est la conduite, et telles sont les railleries des grands, qui font gloire de regarder avec indifférence les malheurs où non-seulement ils voient tomber, mais où ils font tomber effectivement les petits, comme s'ils jugeoient qu'il fût indigne d'eux d'y prendre part. Et cet exemple fait voir qu'on ne peut manquer à prendre toujours ses sûretés avec eux, puisqu'ils engagent aisément dans le péril, et qu'ils y laissent aussi facilement ceux qu'ils y ont engagés.

LIVRE V.

Diverses circonstances du siége de Montpellier. M. Zamet, maréchal de camp, est blessé à mort. Excellent discours qu'il fait au sieur de Pontis sur les misères de cette vie, et sur un excès qu'il avoit commis pour l'amour de lui à l'égard des ennemis. Le sieur de Pontis est lui-même blessé et en danger de mourir. Ce qui se passa entre lui, les chirurgiens, et quelques religieux qui le vinrent assister. Le Roi le fait lieutenant dans ses Gardes, et se sert de lui pour rétablir la discipline dans le régiment.

Pour reprendre la suite de notre histoire, que j'ai interrompue par le récit de cet injuste procès que me causa le rasement du château de Cabos, l'armée du Roi, ayant pris plusieurs autres petites places, arriva vers le milieu de l'été près de Montpellier, et y mit le siége. Cette armée étoit alors composée de vingt mille hommes. Le Roi s'y trouva en personne, et avoit pour lieutenans généraux M. le prince, et messieurs de Montmorency et de Schomberg. M. de Chevreuse y étoit aussi, mais il ne fut guère employé; et M. de Lesdiguières y vint sur la fin. On fit trois attaques. La première étoit celle du Roi, où étoit M. le prince. La seconde de M. de Montmorency, et la troisième de M. de Schomberg. Le régiment de Picardie étoit dans cette dernière, M. de Schomberg le demandant toujours à cause de M. de Liancourt son gendre, et de l'estime qu'il faisoit du régiment. M. de Rohan s'étoit enfermé dans la place avec un petit corps d'armée qui tenoit lieu de garnison. La première sortie qu'ils firent fut du côté d'une demi-lune qui répondoit à l'attaque de M. de Schomberg, et qui étoit fort couverte de leurs travaux parce qu'ils avoient défendu le terrain pied à pied, et que les levées de terre qu'ils avoient faites empêchoient qu'on ne découvrît cette fortification. Le duc de Fronsac, qui servoit en qualité de volontaire, fut tué dans cette sortie.

M. de Schomberg, jugeant qu'il étoit de la dernière importance de forcer cette demi-lune, en proposa l'entreprise au Roi, qui fit assembler le conseil, où l'on résolut qu'on la feroit reconnoître. L'on y envoya quelques officiers l'un après l'autre, qui rapportèrent qu'il n'y avoit qu'un fossé plein d'eau, avec une palissade fraisée de charpenterie par-delà le fossé. M. de Schomberg, désirant de s'en assurer encore davantage, et se souvenant du service que j'avois rendu devant Montauban en une semblable occasion, me chargea d'aller reconnoître de nouveau cette demi-lune, et voulut bien ajouter mille honnêtetés à cet ordre qu'il me donnoit, pour me porter à m'aller faire casser la tête plus gaîment. Je lui dis que, pour ne pas oublier la moindre chose, ou au moins afin que ce que j'aurois vu ne lui fût pas inutile au cas que je fusse tué, je porterois des tablettes où j'écrirois toutes choses à mesure que j'avancerois, et qu'il eût soin seulement de se les faire rapporter.

Je m'armai, comme à Montauban, d'une cuirasse et d'un casque, et, passant la tranchée environ sur le midi, j'avertis la garde, qui étoit du régiment de Navarre, que j'avois ordre d'aller reconnoître les lieux, et qu'on ne me méconnût pas. Je me traînai ensuite sur une grande levée que les ennemis avoient faite pour se retrancher; et ayant vu ce que les autres officiers avoient rapporté, c'est-à-dire le fossé plein d'eau, et une palissade fraisée de charpenterie par-delà l'eau, je voulus voir si je ne pourrois point découvrir quelque chose davantage. C'est pourquoi, me mettant en un extrême péril, j'avançai et je montai plus haut, d'où j'aperçus avec un grand étonnement une autre palissade de même que la première entre le fossé et moi, et, ce qui me paroissoit à moi-même comme incroyable, une seconde demi-lune enfermée dans la grande, aussi forte et de la même forme que celle qui l'enfermoit. Je la regardai à plusieurs fois, ne pouvant presque en croire mes yeux, et je marquai exactement toutes choses sur mes tablettes. Mais lorsque je fus descendu pour m'en retourner, n'ayant pas encore fait cent pas, je vins à faire réflexion qu'on pourroit bien se railler de mon rapport; et craignant, ce qui arriva en effet, que l'on ne me fît passer pour un visionnaire à qui une terreur panique auroit fait voir ce qui n'étoit point, je résolus de retourner sur mes pas, de m'assurer encore de plus près de la vérité des choses, et de voir si je ne pourrois point remarquer quelque lieu d'où je pusse, comme à Montauban, rendre les yeux du Roi même témoins de ce que je lui dirois. Je retournai donc dans ce dessein, et allai droit au plus haut du retranchement, où je ne pus pas m'arrêter long-temps à cause d'une sentinelle des ennemis qui n'étoit qu'à trente pas de l'autre côté, et qui, ayant tiré, donna une grande alarme au corps-de-garde, qui prit les armes aussitôt, et fit une décharge sur moi. Mais dans l'instant que je me fus assuré de ce que je désirois, je me jetai du haut en bas, et revins au quartier de M. de Schomberg, qui avoit déjà donné tous les ordres nécessaires pour l'attaque.

M. de Schomberg me mena promptement dans un coin de sa tente, où je lui fis mon rapport. Comme il témoignoit avoir un peu de peine à me croire touchant cette seconde demi-lune dont j'ai parlé, après que je lui en eus donné toutes les assurances possibles, nous allâmes ensemble trouver le Roi, qui se mit d'abord à sourire et à me railler comme je l'avois bien prévu, et qui me dit : « A-t-on jamais entendu parler de cela, « et paroît-il vraisemblable ? » Je le suppliai de vouloir bien s'en rapporter à ses yeux, l'assurant que je lui ferois voir ce que je disois d'un lieu qui n'étoit pas éloigné. Je l'y menai, et il connut par lui-même, aussi bien que M. de Schomberg, la vérité de mon rapport. « Mais que faire, dit alors le Roi ? tous les ordres sont « donnés. Croyez-vous, ajouta-t-il, qu'on puisse forcer les ennemis ? » Je lui répondis que je ne le croyois pas à cause de ces palissades, de ces fossés, et du grand monde qui les gardoit, et que ce seroit assurément trop entreprendre de vouloir les emporter tout d'un coup ; mais qu'il valoit mieux les prendre les uns après les autres.

Un des généraux vint dire alors tout bas au Roi : « N'est-ce point que cet officier veut sauver son régi- « ment, qui a la tête de l'attaque ? Il faut le retirer, et « faire donner les autres ; car, quand un premier offi- « cier va à une occasion sans bien espérer, il ne réussit « jamais. » Je l'entendis bien, étant assez proche. Et le Roi ayant répondu qu'il savoit bien que ce n'étoit point ce qui me faisoit parler de la sorte, ajouta qu'on pouvoit faire néanmoins ce qu'il disoit. Mais cette déférence qu'eut le Roi pour l'avis de ce général coûta bien cher à son armée. Alors, me sentant outré de me voir ainsi traité de visionnaire et de timide, je suppliai instamment Sa Majesté de ne point faire recevoir cet affront à tout le régiment, d'être privé de l'honneur qu'il avoit accoutumé d'avoir, d'aller le premier aux ennemis, et j'ajoutai avec un peu de chaleur que, si j'avois fait une faute, il n'étoit pas juste que tout le corps en fût puni par la privation d'un privilége si honorable, et que je devois moi seul en être châtié, et en répondre de ma tête. Le Roi, qui s'aperçut bien de mon émotion, me repartit : « Je ne « prétends pas faire tort au régiment, puisque je « veux au contraire le conserver pour le secours; et « je n'ai pas non plus la pensée de vous punir, puis- « que je vous dois plutôt récompenser du service que « vous m'avez rendu; ainsi parlez autrement, et « ayez d'autres sentimens de ma justice. »

Je me retirai pour dire à notre lieutenant colonel l'ordre du Roi, et la raison qui l'avoit porté à en user de la sorte; et j'insistai fort sur ce qu'après avoir fait de mon côté ce que j'avois cru être capable de l'empêcher, c'étoit à lui à plaider encore notre cause. M. de Cerillac me répondit sans s'émouvoir : « Si le Roi et ces « messieurs ne le veulent pas, il faut se résoudre à ne « le vouloir pas aussi; peut-être nous fait-on plaisir, « car il y en aura sans doute qui nous sauveront la vie « en prenant notre place; et je doute fort avec cela « qu'ils l'emportent : on aura besoin de nous, et nous « pourrons bien, quoique les derniers, avoir l'honneur

« du combat. » Il parloit ainsi en faisant de nécessité vertu, et jugeant bien qu'il étoit plus sage de s'en tenir là ; mais il ajouta toutefois que, pour la bienséance, nous ferions mieux de nous aller présenter, de peur de donner sujet de parler à bien des gens. Nous y allâmes en effet ; mais on nous dit aussitôt que nous n'avions pas l'attaque, et que nous attendissions qu'on nous commandât. Sur quoi, sans faire trop d'instances, nous revînmes à notre quartier pour y attendre un nouvel ordre.

M. de Chevreuse, qui ne commandoit pas d'attaque, m'ayant prié de le mener sur quelque éminence d'où il pût voir aisément le combat, je le conduisis à une vieille forme de batterie où d'abord le canon avoit été mis lorsqu'on investit la place, et d'où il pouvoit tout voir sans aucun péril. L'attaque se fit ensuite, et réussit si mal, que Navarre et Piémont, qui avoient la tête avec d'autres régimens qui les soutenoient, furent presque taillés en pièces ; et il arriva ce qu'avoit dit M. de Cerillac, qu'on auroit enfin recours à nous ; car nous fûmes commandés avec tout le régiment pour repousser les ennemis, qui ne s'étoient pas contentés d'avoir fait une si vigoureuse résistance, mais qui s'étoient même venus jeter dans nos travaux. Et comme ils étoient alors fatigués d'un si grand combat nous les repoussâmes facilement, et regagnâmes ce que nous avions perdu de nos tranchées et de nos logemens, mais non pas les hommes morts, que l'on ne rend point vivans. Ainsi réussit la conjecture mal fondée d'un général. Il est étrange qu'un engagement d'honneur porte quelquefois les plus grands hommes à agir contre leurs propres lumières, et à précipiter avec eux des armées entières dans un péril inévitable. Quoique l'on eût rejeté mon rapport comme incroyable, on en fut ensuite persuadé par ses propres yeux; et les choses étant reconnues pour telles, c'étoit entreprendre l'impossible que de s'engager à cette attaque. Cependant les ordres étoient déjà donnés : on soupçonne un officier d'avoir peur; et sur cela, sans autre assurance, on se précipite à l'assaut. Tant il est vrai que le jugement, par un effet de la justice de Dieu, manque quelquefois aux plus importantes occasions.

Cette sanglante expérience fit changer de résolution aux généraux. On quitta l'attaque de la demi-lune pour s'attacher à celle du bastion vert, et ce changement fût si important, qu'on peut dire qu'il fut cause de la prise de la place; car de ce jour-là les ennemis désespérèrent de la pouvoir conserver autant qu'ils s'en étoient tenus assurés auparavant, ainsi qu'eux-mêmes l'ont dit depuis. La nouvelle attaque étant commencée, les ennemis firent une grande sortie sur notre régiment qui avoit la garde. Ils chargèrent d'abord les flancs de la tranchée, et le firent si vigoureusement qu'une partie plia et fut rompue tout-à-fait, et l'autre se vint rallier à un lieutenant nommé La Claverie et à moi, qui tenions encore notre poste. Les ennemis, qui poussoient toujours et qui ne pensoient qu'à gagner ce qui restoit, furent un peu étonnés quand ils nous virent tout d'un coup venir en corps droit à eux, et les charger si vertement, que d'assaillans qu'ils étoient ils se virent obligés de penser à leur défense. Ce changement les étourdit; ils se désunirent, et une moitié se retirant dans la ville,

l'autre se laissa enfermer dans un recoin d'où il n'y
avoit pas moyen qu'ils pussent sortir. Lorsqu'ils
étoient près de demander quartier, un soldat vint
crier tout effrayé : « Monsieur Zamet est mort, mon-
« sieur Zamet est mort. » Je lui demandai : « Com-
« ment le sais-tu ? — Pour l'avoir vu, me répondit-il. »
Alors étant au désespoir et tout hors de moi, et m'a-
bandonnant misérablement à la fureur qui me trans-
portoit, dans la pensée où j'étois que j'avois tout
perdu en perdant cet intime ami, je n'usai plus de
ma raison, ni ne fis plus aucune réflexion ; mais je
me jetai avec le dernier emportement sur ces pauvres
gens, que je sacrifiai à ma colère en les faisant tous
tailler en pièces.

Après cet étrange excès auquel je m'étois laissé
aller, je courus, étant encore tout hors de moi,
pour voir si je trouverois M. Zamet mort, ainsi qu'on
me l'avoit dit. Je fus un peu rassuré lorsque j'appris
qu'on l'étoit allé mettre au lit ; mais quand je vis en
entrant chez lui qu'il avoit la cuisse emportée d'un
coup de fauconneau qu'il avoit reçu en faisant la visite comme maréchal de camp, je le regardai comme
devant bientôt mourir. J'étois auprès de son lit, et
je ne pouvois dire une seule parole tant j'avois le
cœur saisi, lorsqu'il commença lui-même à me parler
d'une manière si chrétienne, que je demeurai tout
couvert de confusion en comparant ce qu'il me disoit
avec l'état où je me trouvois. « Faut-il donc, me dit-
« il, que des chrétiens comme nous veuillent quel-
« que chose contre la volonté de Dieu ? Si c'est par
« son ordre que tout arrive dans le monde, et si
« nous ne pouvons douter que ce ne soit ici un coup

« de sa providence, pourquoi s'opposer à ce qu'il a
« ordonné? N'est-il pas le maître de notre vie et de
« notre mort? Et un chrétien, en demandant tous
« les jours à Dieu que sa volonté soit faite, ne se
« moque-t-il pas de Dieu s'il refuse de s'y sou-
« mettre lorsqu'il la lui fait ainsi connoître immédia-
« tement par lui-même? C'est proprement dans ces
« grandes occasions que l'on se peut éprouver et
« sonder le fond de son cœur pour connoître s'il est
« à lui. Les petites sont plus sujettes à nous trom-
« per; mais dans celle-ci l'hypocrisie a moins de lieu.
« Qu'on est heureux de quitter ce monde, qui n'est
« rempli que de misères et de crimes, pour pouvoir
« aller à Dieu! Il est vrai que j'ai grand sujet de
« craindre sa justice; mais enfin il nous commande
« d'espérer en sa miséricorde, et ce seroit l'offenser
« que de perdre cette espérance. Il aura pitié de nous;
« et quoique ses jugemens soient terribles, il nous
« fera grâce s'il lui plaît. C'en est déjà une très-
« grande que de mourir pour sa cause en défendant
« sa véritable religion contre ceux qui la veulent
« perdre. » Ensuite il me regarda avec des yeux pleins
de tendresse, et me regardant de cette manière,
comme pour me faire sentir plus vivement le reproche
qu'il me vouloit faire de l'action qu'il savoit que je
venois de commettre : « Mais vous, me dit-il, qui
« m'aimez comme votre ami, falloit-il que cet amour
« vous rendît si cruel, et que, pour venger la mort
« d'un homme que Dieu fait mourir, vous en assom-
« massiez tant d'autres sans miséricorde et sans jus-
« tice? Où est la générosité et l'humanité naturelle,
« d'avoir ainsi refusé de faire quartier à ces pauvres

« gens, et de les avoir damnés misérablement pour
« l'amour de moi, comme si ma mort eût pu être
« vengée par la leur, ou que je pusse approuver ce
« transport d'une amitié si mal réglée? Avez-vous pu
« me redonner la vie en l'ôtant si cruellement à ces
« misérables? Et n'étoit-ce pas plutôt irriter la colère
« de Dieu contre vous et contre moi, que de pré-
« tendre vous venger de ma mort, qu'il avoit or-
« donnée, par la mort injuste que vous donniez à
« tant de personnes contre son ordre et sa volonté?
« Reconnoissez donc, je vous supplie, cette faute,
« ajouta-t-il, comme l'une des plus grandes que vous
« ayez peut-être jamais faites de votre vie. Ce remède
« que vous avez prétendu apporter à mon mal m'a
« été beaucoup plus douloureux que le mal même,
« et je me sens obligé de vous conjurer de tout mon
« cœur qu'il ne vous arrive jamais que, pour la
« mort de quelque ami, ou pour la vôtre même,
« vous retombiez dans un semblable emportement. »

Nous étions seuls lorsqu'il me parla de cette sorte; et j'avoue que, comme je n'avois point alors de paroles pour répondre à un discours si touchant, je n'en ai point encore à présent pour représenter cet état où je me trouvai, étant forcé et par les raisons de M. Zamet, et par mon propre naturel, de prononcer une terrible condamnation contre moi-même de cet excès où je m'étois abandonné. Les paroles donc me manquant, je lui fis connoître ma disposition par l'abondance de mes larmes que je ne pus retenir; et il faut avouer que ce discours si chrétien, joint à l'état de celui qui me le fit, m'imprima un si vif sentiment au fond du cœur, que j'y ai toujours porté depuis une douleur continuelle de cette action si barbare. Je demeurai cette nuit et tout le jour suivant auprès de lui, ne pouvant pas me résoudre de le quitter, et je n'en sortis que pour aller en garde.

Mais Dieu ne différa guère à me châtier de l'emportement si criminel où je m'étois abandonné. Je fus commandé pour aller attaquer les ennemis, avec cent hommes, dans une petite demi-lune que l'on vouloit emporter, et d'où ils faisoient grand feu. Quoiqu'ils se défendissent vigoureusement, ils furent encore plus vigoureusement poussés, et nous commencions déjà à y entrer, n'ayant plus qu'un petit fossé à sauter pour nous en rendre tout-à-fait les maîtres; mais dans ce moment je me sentis frappé tout à la fois de deux coups de mousquet, l'un dans le corps, qui n'entroit pas beaucoup, et qui passoit seulement entre la peau et la chair, l'autre dans la cheville du pied qu'il brisa en plusieurs éclats, me faisant tomber en même temps dans le fossé, d'où, ayant voulu me relever, je retombai de nouveau. Je me contentai alors d'encourager mes soldats, en leur disant qu'ils ne prissent pas garde à moi, mais qu'ils achevassent ce qu'ils avoient si heureusement commencé, et qu'il ne leur seroit pas honorable de perdre, à cause de ma blessure, une demi-lune qui leur avoit tant coûté à gagner. Comme ils étoient fort braves gens, la vue de l'état où j'étois ne fit qu'exciter encore plus leur courage, et, avant que je pusse être emporté de ce lieu, j'eus la satisfaction de les y voir se loger.

Je priai un gentilhomme, parent de M. de Valençay, mon ami intime, qui étoit venu à cette occasion comme volontaire, de vouloir m'aider à me reconduire ou plutôt de me rapporter au camp : il le fit avec une affection très-particulière; et, quand je fus arrivé à ma tente, j'envoyai dire à M. Zamet l'état où Dieu m'avoit mis, et lui témoigner que ma plus grande douleur dans sa maladie étoit de ne lui pouvoir plus rendre mes devoirs et les services que j'aurois bien souhaité, et d'être privé de cette seule consolation qui auroit pu me rester, de pouvoir au moins me tenir auprès de sa personne. Il fut touché de ma blessure comme d'une plaie nouvelle qu'il auroit reçue, me croyant même plus malade que je n'étois et plus proche de la mort que lui. Il m'envoya aussitôt témoigner ses sentimens, qu'il n'eut pas de peine à me faire entendre à cause de l'union et de l'ouverture si parfaite de nos cœurs. Nous nous envoyâmes toujours depuis, d'heure en heure, savoir réciproquement de nos nouvelles, ne trouvant que cet unique moyen de converser en quelque sorte l'un avec l'autre, et de nous consoler mutuellement.

Comme je me vis en grand'péril, et que le premier médecin du Roi et les chirurgiens m'assurèrent qu'il n'y avoit plus moyen de sauver ma vie qu'en faisant couper ma jambe qui commençoit à se gangrener, je voulus reconnoître l'obligation que j'avois à ce gentilhomme de mes amis, dont j'ai parlé, qui me rapporta à ma tente. Je lui dis que Dieu voulant disposer de moi, je le priois de trouver bon que je lui remisse ma charge entre les mains, et de l'aller demander au Roi de ma part, en témoignant à Sa Majesté que je la suppliois, en considération de mes services, de vouloir bien la lui donner. Ce gentilhomme me refusa avec beaucoup de générosité, et

me dit qu'absolument il ne le feroit point; mais après ce premier refus je renouvelai mes instances, et le pressai si fortement en l'assurant qu'il ne pouvoit davantage me désobliger que par ce refus, qu'il se sentit comme forcé de m'accorder ce que je lui demandois. Il s'en alla donc, quoiqu'avec une extrême peine, trouver le Roi, et lui dit la prière que je l'avois obligé de lui venir faire de ma part. Le Roi, un peu étonné, lui dit : « Quoi donc, est-il mort? » Le gentilhomme répondit que non, mais que j'avois voulu absolument qu'il vînt trouver Sa Majesté pour lui dire que M. Erouard, son premier médecin, qui avoit fait mettre et lever le premier appareil, trouvoit ma jambe en tel état, la gangrène y étant montée, qu'il n'y voyoit plus d'espérance qu'en la coupant; que je ne pouvois m'y résoudre, n'étant pas encore trop assuré de vivre après un remède si violent, et aimant presque autant mourir que de me voir misérable tout le reste de ma vie et hors d'état de servir, après avoir ainsi perdu une jambe : « Dites-lui, répondit le Roi,
« que je veux qu'il fasse tout ce que les médecins et
« les chirurgiens ordonneront; qu'il ne doit pas se
« laisser ainsi aller au désespoir, et que je ne l'aban-
« donnerai point; que pour sa charge, je n'en dis-
« poserai pas qu'il ne soit absolument dans l'impuis-
« sance de l'exercer jamais, et que je suis bien fâché de
« le voir réduit en l'état de me faire demander une telle
« grâce. » Ce gentilhomme revint me trouver, et m'apporta la réponse du Roi, dont je fus véritablement très-affligé, ayant grande envie de procurer cette grâce à mon ami, et ne voyant presque plus d'espérance après ce que m'avoient dit tous les chirurgiens de mon mal.

Cependant je ne pouvois me résoudre en aucune sorte à me faire couper la jambe, et j'aimois presque autant mourir. Lorsque j'étois ainsi agité entre le désir et la crainte, et que la vue d'une mort présente et inévitable me pressoit extraordinairement, je me souvins tout d'un coup d'avoir ouï dire autrefois à un chirurgien qui me pansoit de quelque blessure, qu'il avoit un remède infaillible pour arrêter la gangrène. Il ne demeuroit qu'à quinze lieues de là, en une ville nommée Tournon. Comme le besoin étoit fort pressant, j'envoyai mon valet à toute bride lui dire l'état où j'étois, et le conjurer de vouloir venir promptement me sauver la vie, parce que j'étois résolu de mourir plutôt que de souffrir qu'on coupât ma jambe. Ce chirurgien, qui se souvint que je l'avois fort bien récompensé la première fois qu'il m'avoit eu entre ses mains, monta à cheval dans le moment. Cependant les chirurgiens du Roi, ne croyant pas qu'un chirurgien de campagne pût connoître quelque secret particulier qu'ils ignorassent, et regardant cette espérance que j'avois comme une pure illusion qui pourroit être cause de ma mort, résolurent d'user de violence pour me rendre, à ce qu'ils croyoient, un très-grand service et me sauver la vie en me coupant la jambe malgré moi. Ainsi, après m'avoir proposé la nécessité inévitable de le faire, et les prières de tous mes amis, qui me conjuroient tous ensemble de le souffrir, comme ils virent que je demeurois inflexible dans mon sentiment, ils me dirent que, puisque je voulois être moi-même cause de ma mort, ils seroient peut-être obligés d'en user d'une autre sorte avec moi. Ils s'en vinrent en effet le lendemain dans ma tente, avec l'appareil et tous les instrumens nécessaires pour faire l'opération. Je les aperçus par une ouverture de mon lit, et j'en eus une si grande frayeur que les cheveux me dressèrent à la tête, aimant mieux incomparablement perdre bras et jambes à un assaut ou dans un combat que de me les voir ainsi couper de sang-froid dans mon lit, surtout lorsque j'avois lieu d'espérer les pouvoir conserver par une autre voie.

Deux récollets vinrent dans ce même temps m'exhorter, par un discours fort chrétien, à souffrir avec patience cette opération, me faisant entendre que, pour une ou deux heures de mauvais temps, je conserverois ma vie plusieurs années, et que si je ne m'en souciois pas pour cette vie-ci, je le fisse au moins pour l'autre, puisque Dieu nous défendoit aussi bien d'être homicides de nous-mêmes que du prochain ; et qu'ainsi il ne s'agissoit pas seulement de cette vie périssable, mais de l'éternelle, où je tendois et où je serois bientôt obligé de rendre compte à Dieu de ma mort, dont j'aurois été coupable. Je leur répondis que je n'étois guère plus assuré de réchapper en perdant la jambe, et que j'espérois beaucoup davantage en un chirurgien habile qui avoit un secret tout particulier pour la gangrène, et qui devoit bientôt arriver. Ces deux religieux, ajoutant plus de foi à ce que disoient les chirurgiens de l'impossibilité de ce secret dont on leur parloit, crurent, par un bon zèle, mais très-indiscret, qu'il me falloit forcer et me tenir pour me faire l'opération ; de sorte que, s'étant jetés tout d'un coup sur moi, ils me dirent qu'ils se sentoient obligés de me faire violence afin de me sauver la vie.

J'avoue que ce procédé me surprit, et me troubla

si fort dans l'instant, que je leur dis, tout transporté hors de moi : « Quoi ! me voulez-vous donc ôter cette « vie-ci et l'autre tout à la fois? Avez-vous résolu de « me damner? Quittez-moi, si vous ne me voulez jeter « en un état plus épouvantable que ne le seroit la « perte de mille vies. » Ces étonnantes paroles les effrayèrent si fort qu'ils demeurèrent comme interdits et immobiles; ils me quittèrent dans l'instant avec un extrême regret d'avoir employé leur zèle si mal à propos. Ils changèrent de langage, et ne me parlèrent plus qu'avec des sentimens de tendresse et de charité, laissant là tout ce qui auroit pu m'aigrir, et adoucissant mon esprit autant qu'ils pouvoient. Ce retour me gagna le cœur entièrement, et me fit connoître que ce qu'ils avoient entrepris par un zèle inconsidéré, étoit venu néanmoins d'un très-bon fonds, et de l'amitié qu'ils avoient pour moi. Je leur témoignai autant de reconnoissance de ce dernier traitement que je leur avois fait paroître d'aversion du premier, et je les priai de me venir souvent consoler dans ma maladie; ce qu'ils m'accordèrent volontiers; et nous liâmes une telle amitié qu'elle s'est toujours conservée depuis, et qu'ils me sont même venus voir dans le lieu où je suis présentement, fort long-temps après cette occasion dont je parle ici.

Enfin, cet homme que j'attendois avec impatience, et de qui seul j'espérois ma guérison, arriva, ayant fait une très-grande diligence : « Que je vous ai d'o-« bligation, lui dis-je en m'écriant, d'être ainsi parti « dans le moment que je vous ai mandé, et d'avoir « si bien répondu à la parfaite confiance que j'ai en « vous! J'ai compté toutes les heures et tous les mo-

« mens, et vous ne pouviez faire une plus grande
« diligence que vous avez faite pour me secourir.
« Vous voyez un homme qui, au jugement de tout le
« monde, n'aura plus bientôt de vie si vous ne la lui
« redonnez. » Le chirurgien me répondit qu'il espéroit arrêter la gangrène, pourvu qu'elle ne fût pas
encore trop montée, et que le mal ne fût pas tout-
à-fait désespéré, ajoutant que son remède n'en avoit
guères manqué jusqu'alors. J'envoyai prier promptement M. Erouard et les autres chirurgiens de venir
lever leur appareil, n'étant pas dans l'ordre que celui
qui ne l'avoit pas mis le levât sans eux. Quand il fut
levé, le chirurgien, un peu surpris de voir la gangrène
si haut, dit que le mal étoit en un point qu'il ne
pouvoit en répondre qu'après le premier ou le second
appareil qu'il y auroit mis. Les autres chirurgiens lui
dirent que cela étoit raisonnable, et qu'on seroit encore bien heureux si au bout de ce temps-là on pouvoit avoir quelque espérance. Il appliqua donc son
remède, et le lendemain on se rassembla à la même
heure pour en voir l'effet. L'appareil étant levé, la
chose lui parut encore douteuse, et il ne voulut point
en répondre pour cette première fois, quoique son
remède eût empêché la gangrène de monter plus haut.
Il remit donc au lendemain à en porter un jugement
plus assuré; et après que le second appareil fut levé,
et qu'il eut regardé de près la plaie, il dit tout haut
qu'il ne craignoit plus de répondre de ma guérison,
et que son remède avoit produit son effet. M. Erouard
et les autres chirurgiens, l'ayant aussi regardée, demeurèrent un peu étonnés, et avouèrent qu'il y avoit
des secrets qu'ils ne savoient pas. On peut juger si je

me repentis alors de n'avoir point voulu déférer, ni à la volonté du Roi, ni à l'ignorance des chirurgiens, ni au zèle de ces deux bons récollets, et si je me tins bien heureux d'avoir eu moins de courage en cette occasion, pour prodiguer si inutilement une jambe qui m'a si bien et si long-temps servi depuis.

Peu de jours après, M. de Schomberg m'envoya visiter par son maître d'hôtel, qui me trouva mieux de mes blessures, mais assez mal pour ce qui étoit de la bourse, mes appointemens n'étant pas assez grands pour pouvoir fournir à une dépense aussi grande qu'étoit celle qu'il me falloit faire dans l'état où je me trouvois, outre la dépense ordinaire de l'armée. M. de Schomberg, qui avoit pour moi une bonté toute particulière, l'ayant appris de celui qu'il m'avoit envoyé, me procura quelque argent des libéralités du Roi. J'en employai une partie à reconnoître le service que m'avoit rendu le soldat Mutonis, dont j'ai parlé, qui m'aida à me sauver dans notre camp, et que je gardai toujours dans ma tente comme un frère, depuis qu'il eut reçu le coup de mousquet dans le bras, jusqu'à ce que je lui fisse enfin avoir une maladrerie qui lui a donné moyen de vivre sans moi. Mais comme cet argent que M. de Schomberg me fit avoir n'étoit pas une somme fort considérable, à cause qu'il eût été besoin, pour une plus grande somme, d'avoir une vérification de la chambre des comptes, il eut la générosité de m'envoyer de son propre argent; et il le fit d'une manière si honnête et si pressante, que je me crus obligé d'accepter ce qu'un plus grand seigneur que moi n'auroit point fait difficulté de recevoir d'un surintendant, et ce que d'ailleurs je n'aurois pu refuser de la part d'une personne qui m'a toujours fait l'honneur de m'aimer si tendrement, sans qu'elle se tînt fort offensée de mon refus.

Cependant M. Zamet étoit mort (1) de sa blessure; mais on me cachoit sa mort, et on n'osoit me dire tout d'un coup une nouvelle qui auroit été capable de me faire mourir dans l'état où j'étois pour lors. La ville de Montpellier s'étant enfin rendue par composition et par la paix générale qui fut faite avec les huguenots, le régiment de Picardie y fut mis en garnison. Je fus parfaitement bien logé, et en six semaines mon chirurgien me mit en état de me pouvoir passer de lui, en me faisant achever de panser par un chirurgien de la ville. Je le remerciai le mieux qu'il me fut possible; et lui donnant une récompense qui, bien que peu considérable en comparaison du service qu'il m'avoit rendu, étoit au moins proportionnée à l'état où je me trouvois alors, je tâchai de suppléer à ce qui manquoit par les témoignages les plus tendres que je pus lui donner de mon amitié, et de la parfaite reconnoissance que j'aurois toute ma vie de ce qu'il me l'avoit conservée lorsque j'étois comme assuré de la perdre.

On fut quelque temps, comme j'ai dit, à me cacher la mort de M. Zamet; mais l'impatience continuelle où j'étois d'apprendre de ses nouvelles ne permettoit pas qu'on me pût cacher long-temps la mort d'un ami, dont je m'informois à toute heure avec des empressemens extraordinaires. Ainsi, après qu'on m'eut disposé peu à peu à recevoir cette nouvelle si affligeante, je l'appris avec une douleur qu'il me seroit

(1) *M. Zamet étoit mort :* Il mourut le 8 septembre 1622.

impossible d'exprimer. Il faudroit avoir connu son
cœur et le mien, et l'union si étroite de l'un avec
l'autre, pour pouvoir juger de l'effet que produisit en
moi la pensée que nous étions séparés pour toujours,
et que je n'aurois plus la consolation de voir celui
dont j'avois préféré l'amitié à toutes choses. Je n'en
dis donc rien davantage, et je laisse aux vrais amis
à juger du sentiment dont je fus touché en apprenant
cette mort. Cette première douleur fut suivie d'une
autre; car m'ayant fait exécuteur de son testament,
qu'il m'avoit mis entre les mains dès le lendemain
qu'il fut blessé, je ne pus voir qu'avec un sensible
déplaisir que quelques-uns de messieurs ses parens
se brouillassent avec moi, en s'opposant aux intentions
du défunt, et aux soins que j'apportois pour les faire
exécuter. Ils se rendirent néanmoins depuis, à l'exception d'un seul qui demeura en froideur avec moi
pour ce sujet, comme si la dernière volonté des
morts ne devoit pas être respectée des vivans, ou
que celui qu'ils choisissent pour en poursuivre l'exécution fût coupable de s'acquitter de ce devoir.

[1623] Au bout de sept ou huit mois que je fus à
me guérir, lorsque je commençois d'être en état de
marcher et de monter à cheval, M. de Valençay, gouverneur de Montpellier, me donna la commission d'aller découvrir ce que faisoient les habitans des Ce-
vènes, qui étoient de petits bourgs et villages situés
dans les montagnes, et habités par les huguenots.
Ces peuples étoient tous braves soldats, comme ayant
passé la plupart leur jeunesse dans les guerres de
Hollande, d'où ils étoient revenus habiles et aguerris;
ce qui donnoit quelque sujet de les craindre, et

obligeoit M. de Valençay de les faire reconnoître, afin de se pouvoir assurer s'ils ne pensoient point à de nouveaux troubles. Je les trouvai fort paisibles toutes les fois que j'y retournai, et il ne me fut pas inutile d'avoir fait cette visite dans leur pays, pour en informer le Roi qui m'en demanda depuis des nouvelles, comme je le dirai dans la suite.

Je n'avois point été à Paris depuis long-temps, et j'y avois même quelques affaires, lorsque je fus député du régiment pour y aller solliciter le paiement des montres qui nous étoient dues. M. de Valençay contribua aussi à cette députation, et je crus presque qu'il n'avoit pas été fâché qu'une telle occasion se présentât pour m'éloigner, sachant que M. de Schomberg, qui dans ce temps-là fut disgracié (1), m'honoroit d'une confiance particulière, et craignant possible que je ne fisse quelque parti dans la place pour une personne aux intérêts de laquelle je m'étois toujours si fort attaché : en quoi certes il ne témoignoit pas me connoître assez, s'il me jugeoit capable d'une chose si éloignée de mon humeur, puisque j'ai toujours parfaitement su distinguer les devoirs de la reconnoissance d'avec ceux de la fidélité qui est due au prince. Je pris donc la poste avec un valet seulement ; et il m'arriva une assez plaisante aventure lorsque j'eus passé Nevers. Je rencontrai sur le soir fort tard un courrier, qui m'ayant passé trouva mon valet qui étoit fort las, et qui, ne détournant point son cheval, le

---

(1) *Qui dans ce temps-là fut disgracié* : Il fut remplacé dans la surintendance des finances par Charles, duc de La Vieuville, qui l'année suivante perdit sa place, et fut enfermé au château d'Amboise, où Richelieu voulut lui faire faire son procès. Il eut le bonheur de s'échapper.

choqua si rudement qu'ils se désarçonnèrent, et tombèrent tous deux en même temps. La querelle s'ensuivit, ils se gourmèrent, et après s'être bien battus, comme ils virent que personne ne les séparoit, ils s'adoucirent d'eux-mêmes et commencèrent à se parler. Le courrier demanda à mon valet à qui il appartenoit, et qui étoit celui qui couroit devant. Sur quoi ayant ouï mon nom : « Comment ! s'écria-t-il, c'est lui-
« même à qui j'en veux, et c'est vers lui qu'on m'a en-
« voyé. L'heureux accident qui m'a fait trouver celui
« que je cherche ! Allons, remontons promptement et
« tâchons de le ratteindre. » Ils piquèrent donc après moi, et m'appelant de fort loin, enfin je les entendis et m'arrêtai. Mais comme je ne savois ce que cela vouloit dire ni à qui j'avois affaire, je mis le pistolet à la main. Le courrier, en m'approchant, me dit le bonheur qu'il avoit eu de rencontrer mon valet, et la manière dont il avoit su que j'étois celui pour lequel seul il s'en alloit à Montpellier. Il tira en même temps de sa poche un ordre du Roi qui portoit : *Aussitôt le présent ordre reçu, vous ne manquerez de vous rendre auprès de ma personne en diligence.* Ceci me donna bien à penser, ne pouvant point deviner le sujet pour lequel on me mandoit, et flottant entre l'espérance et la crainte, quoiqu'il me semblât que je n'avois nulle raison de craindre, ne me sentant coupable de rien. Je dis au courrier qu'il continuât son voyage pour ses autres dépêches ; mais il me dit qu'il n'avoit que la mienne qui fût pressée et importante, et que pour les autres il les donneroit au premier ordinaire. Je le pressai de nouveau, voulant me défaire de lui, et lui dis qu'il ne laissât pas d'ache-

ver le voyage, l'assurant que je lui paierois sa course. Mais il repartit que cela étoit tout-à-fait inutile, et qu'au contraire il falloit qu'il s'en revînt avec moi. Ainsi nous courûmes nuit et jour, et vînmes nous reposer seulement deux ou trois heures à Essonne, d'où étant repartis trois heures devant le jour, nous arrivâmes à Paris de très-grand matin.

Les dépêches de M. de Valençay dont j'étois le porteur étoient pour le Roi et pour M. de Puisieux; mais je crus qu'il valoit mieux venir descendre chez ce dernier, espérant qu'il pourroit bien me donner quelque vue du sujet pour lequel le Roi me mandoit. Il ne fut pas peu surpris de me voir, croyant que c'étoit sur l'ordre du Roi que j'étois parti. Quand il eut ouvert ses dépêches et eut vu ce qu'elles portoient, il me dit qu'il falloit que j'allasse porter celle du Roi, et que je lui présentasse aussi la sienne recachetée, parce qu'il m'en sauroit meilleur gré. Je jugeai bien à la manière dont M. de Puisieux me parla que l'affaire pour laquelle le Roi me mandoit n'étoit pas mauvaise. J'allai donc au Louvre dans cette pensée, en l'état qu'un courrier est pendant l'hiver, c'est-à-dire parfaitement crotté. Je parlai à l'huissier de la chambre, qui me dit assez brusquement que j'attendisse, que le Roi n'étoit pas encore habillé, et que je n'étois pas si pressé. Dans ce temps-là le comte de Nogent sortit de la chambre; et comme je savois qu'il étoit fort obligeant, je l'allai saluer, et lui dis, dans la pensée que j'avois qu'il pouvoit bien ne pas me reconnoître, que, n'ayant pas l'honneur d'être connu de lui, je ne laissois pas de prendre la liberté de le supplier très-humblement de vouloir faire dire au Roi que l'officier de Picardie à qui il avoit envoyé un ordre de venir étoit là. Comme je voulus me nommer il m'interrompit en me disant : « N'êtes-vous pas monsieur de « Pontis ? Venez, venez, le Roi sera bien surpris, car « il ne vous attendoit pas sitôt. » Il me fit entrer, et, me montrant tout d'un coup au Roi, il lui dit fort agréablement : « Hé bien, sire, n'est-ce pas là l'homme de « tout votre royaume qui exécute le plus diligemment « les ordres de Votre Majesté ; et y en a-t-il quelqu'autre « qui pût venir de Montpellier depuis qu'il a été « mandé ? » Le Roi répondit : « Il est vrai que cela n'est « pas croyable qu'il ait pu venir depuis ce temps-là. » Je laissai quelque temps le Roi dans cet étonnement qui servoit à le divertir, et lui déclarai ensuite la chose en lui rendant la dépêche de M. de Valençay. Après qu'il l'eut lue, il m'ordonna de l'aller porter à M. de Puisieux, en me disant que j'avois bien fait de la lui apporter d'abord. « M. de Valençay, ajouta le Roi, me « mande que c'a été vous qu'il a envoyé visiter les Ce- « vennes, vous nous en rendrez compte tantôt ; car je « ferai tenir le conseil, et vous y ferai entrer ; trou- « vez-vous à l'heure, et allez vous reposer et vous « rafraîchir. »

Je me rendis donc à l'heure du conseil, où l'on me fit entrer à la vue de bien des gens de la cour qui se trouvèrent pour lors dans l'antichambre, et qui commencèrent à me regarder d'une autre manière qu'ils n'avoient fait jusqu'alors ; car en ce monde on regarde ceux qui sont regardés du prince, et l'on pense à eux lorsqu'ils paroissent avoir quelque part dans l'estime du souverain. Le Roi me commanda de rapporter devant son conseil ce que je savois de l'état où j'avois vu le pays d'où je venois, et particulièrement des Cevennes. Je commençai à parler de la ville de Montpellier, et je témoignai que les habitans avoient beaucoup de satisfaction de M. de Valençay, et paroissoient être fort contens de son gouvernement. Je passai ensuite à ce qui regardoit tout le pays, et assurai Sa Majesté de la bonne disposition dans laquelle étoient ces peuples, qui donnoit lieu de juger qu'ils n'avoient point de regret de vivre sous son obéissance, et sous la conduite de ceux qu'elle leur avoit donnés pour les commander. Je rendis compte à la fin des Cevennes, et dis qu'ayant visité toutes ces montagnes les unes après les autres, je n'avois trouvé en tous ceux qui les habitoient qu'une parfaite soumission, et une aussi grande attache au service de Sa Majesté qu'ils en avoient témoigné auparavant d'éloignement; que j'y étois retourné diverses fois, et avois toujours reconnu la même chose; qu'ainsi, autant que j'en pouvois juger, je répondois à Sa Majesté qu'il n'y avoit pas de lieu d'avoir le moindre soupçon de la fidélité de ces peuples, et que c'étoit tout ce que j'en pouvois dire selon l'état et la disposition présente où je les avois laissés. Le Roi repartit : « C'est bien assez, je « n'en demandois pas davantage : attendez-moi là « dehors, et vous trouvez à mon dîner. »

Je ne manquai pas de m'y rendre; mais il se trouva tant de monde que le Roi ne put me parler, et me remit à son souper, où ne s'étant rencontré que peu de personnes j'eus facile audience. Après le souper le Roi me mena dans son cabinet, et en présence du seul marquis de Grimaut il me dit : « Je vous ai mandé « afin de vous témoigner que je me souviens de vous,

« et que je veux reconnoître les services que vous
« m'avez rendus. Je vous donne le choix d'une compa-
« gnie dans un vieux corps, ou d'une lieutenance dans
« mes gardes; choisissez ce que vous aimerez le mieux,
« je vous en donne une pleine liberté. » Je confesse
que cette proposition me surprit un peu, car il est vrai
que je m'attendois à quelque chose de plus, et que je
ne croyois pas que les services que j'avois rendus depuis avoir refusé une compagnie dans le régiment de
Champagne, ne dussent être recompensés que par
une charge semblable à celle que j'avois déjà refusée.
Il fallut pourtant faire bonne mine, et témoigner que
c'étoit beaucoup que le Roi me fît l'honneur de penser
à moi. C'est pourquoi je lui répondis avec le plus de
reconnoissance qu'il me fut possible que, puisque Sa
Majesté me faisoit cette grâce, je la suppliois instamment de me la faire tout entière, en me marquant
elle-même le choix que je devois faire de l'une de
ces deux charges, et que je lui protestois que ce qui
lui agréeroit davantage m'agréeroit aussi, par la passion que j'avois de la servir dans le poste où il lui
plairoit de me placer. « Je me doutois bien, répondit
« le Roi, quel étoit votre sentiment sur cela ; mais j'é-
« tois bien aise de voir si vous ne vous porteriez point
« plutôt à l'une qu'à l'autre de ces deux charges. » Sur
quoi M. de Grimaut, qui connoissoit à peu près l'intention du Roi, prit la liberté de lui dire : « Il semble,
« sire, qu'il vaut mieux que Votre Majesté lui donne la
« lieutenance dans ses gardes, car au moins elle l'aura
« toujours auprès de sa personne. — C'est aussi mon in-
« clination, répondit le Roi : est-ce la vôtre, ajouta-t-il
« en s'adressant à moi ? — J'ai déjà dit à Votre Majesté,

« lui repartis-je, que je ne ferois point d'autre choix que
« celui qu'elle auroit fait; j'y demeure ferme comme
« je dois : mais je sais qu'elle a tant de bonté pour moi
« qu'elle ne trouvera pas mauvais que je la fasse sou-
« venir qu'elle m'avoit fait la grâce de me promettre
« une compagnie. » C'étoit demander honnêtement
une compagnie aux gardes. Aussi le Roi, qui comprit
fort bien ce que je lui voulois dire, m'interrompit à
l'heure même en me disant : « Il est vrai, mais c'étoit
« dans un vieux corps, et je suis tout prêt de vous la
« donner, quoique je vous donne ma parole dès à pré-
« sent que si la compagnie dont je vous fais lieutenant
« vient à vaquer par la mort du capitaine ou par quel-
« qu'autre accident vous l'aurez. Je suis bien aise, con-
« tinua le Roi, de vous avertir d'abord que je désire
« établir une chose dans mes gardes, et la commencer
« par vous ; qui est que vous ne fassiez ni ne donniez
« aucun ordre dans la compagnie que vous ne l'ayez
« reçu de moi, j'entends des choses extraordinaires
« et non des communes, et que vous ne sortiez jamais
« de garde quand vous y serez, non plus que de votre
« quartier. Je veux en user ainsi afin de remettre l'or-
« dre dans le corps, où il n'y a plus aucune discipline, et
« afin que je vous aie aussi toujours près de ma per-
« sonne. » Je lui répondis que comme il étoit mon maître et mon prince, et qu'il me faisoit cet honneur particulier que de m'approcher de lui, j'espérois lui faire
connoître par ma conduite que toute ma passion seroit
de lui obéir toute ma vie. Il ordonna à l'heure même
à M. de Grimaut de me faire expédier le brevet de
lieutenant de la compagnie de M. de Saligny.

Cependant, quoique j'eusse fait très-bonne mine,

comme je m'y sentois obligé, je m'en retournai peu content de ma fortune, et rêvant fort à ces conditions qui m'avoient été proposées, et qui me paroissoient très-onéreuses; je me regardois comme entrant dès ce moment dans une servitude et un esclavage épouvantable : aussi j'avoue que j'eusse bien souhaité, si j'avois osé, de ne m'être point piqué d'honneur si mal à propos, et d'avoir fait le choix de la compagnie dans un vieux corps. Mais l'engagement étoit fait, il n'y avoit plus moyen de reculer, et il ne me restoit plus de liberté que pour reconnoître ma faute, et en rendre l'exemple utile aux autres.

La compagnie de M. de Saligny étoit une des premières du régiment, et elle avoit pour enseigne le cadet même de M. de Saligny. Je ne l'avois pas su auparavant; et comme l'ordre et la coutume sembloient demander que l'enseigne montât à la lieutenance, surtout dans la compagnie de M. son frère, je me trouvai un peu embarrassé en apprenant ce que je ne savois pas. Il fallut pourtant passer outre, et je résolus d'en faire toute la civilité à M. de Saligny que j'allai trouver, et à qui je dis que si j'avois su plus tôt que M. son frère avoit l'enseigne de sa compagnie, j'aurois supplié le Roi de me dispenser d'en accepter la lieutenance, et de ne me point mettre entre deux frères, qui dans l'ordre de la guerre, aussi bien que de la naissance, ne devoient point être séparés en cette rencontre; mais que je venois de l'apprendre dans le moment, et que tout ce que j'avois pu faire, ayant déjà accepté la charge, étoit de lui témoigner mon regret. Cette honnêteté que je lui fis ne me réussit pas mal, et je puis dire que les deux frères me firent l'honneur de me témoigner une amitié si particulière, que lorsqu'il arrivoit entre eux quelque petite froideur j'étois toujours l'entremetteur, et comme l'arbitre de leurs différends.

Après avoir été reçu à la tête du régiment, ayant à me faire recevoir de M. le duc d'Epernon qui étoit colonel de l'infanterie, je voulus, pour me concilier ses bonnes grâces, lui faire une civilité que je savois devoir lui plaire beaucoup, et satisfaire cette ambition qui est si naturelle à tous les grands. Le jour que je devois monter la garde, j'allai à la tête de la compagnie sans hausse-col droit chez lui. Je fis arrêter la compagnie à vingt pas de son logis, en un recoin où elle ne pouvoit être vue, et, entrant seul, je demandai à lui parler. Après l'avoir salué, je lui dis que le Roi m'ayant fait l'honneur de me donner la lieutenance de M. de Saligny, et de m'en faire expédier le brevet, j'avois été reçu le jour précédent, le régiment étant en bataille, ce qui m'obligeoit de monter ce jour-là même la garde; mais que je n'avois point voulu prendre la dernière marque de l'autorité que Sa Majesté m'avoit donnée, que je ne l'eusse reçue de sa main. Lui présentant en même temps le hausse-col, j'ajoutai que c'étoit à lui qu'il appartenoit de me le donner, et qu'ayant amené la compagnie près de son hôtel, je n'avois pas voulu la faire passer devant qu'il ne m'eût donné droit de marcher à la tête en qualité de lieutenant.

M. d'Epernon un peu surpris, mais très-satisfait, me répondit en des termes si obligeans, qu'il parut bien que cette surprise lui plut fort. Il m'assura de son service en toutes occasions, et, me mettant le hausse-col de la meilleure grâce du monde, il voulut bien me témoigner en quelque sorte qu'il se souvenoit encore de ce qui s'étoit passé entre M. de Bastillat et moi, au sujet de l'attaque de la ville de Montech; en me disant qu'il n'y avoit guères de personnes qui eussent mieux mérité ce hausse-col, ni qui sussent mieux s'acquitter de leur charge. Je lui demandai s'il agréeroit de venir voir ma compagnie ; et, descendant promptement, j'allai me mettre à la tête, et vins passer devant lui, le saluant de la pique le mieux qu'il me fut possible. Je continuai à marcher jusques au Louvre, et à la porte M. de Saligny prit la tête de la compagnie. Le Roi par une bonté toute particulière, et dans le dessein qu'il avoit de se servir de moi, comme j'ai dit, pour rétablir la discipline dans ses gardes; voulut me voir pour cette première fois dans le nouveau poste où il m'avoit mis, et nous obligea pour cet effet de passer et de repasser devant lui. Quand les armes furent posées au corps-de-garde, M. de Saligny me dit qu'il vouloit me mener saluer le Roi en qualité de son lieutenant. Je le suivis ; mais si j'eus de la satisfaction de voir que cette nouvelle charge me donnoit un facile accès auprès de la personne du Roi, je n'eus pas moins de chagrin de me voir devenir un honnête esclave, par l'engagement si onéreux où je commençois d'entrer, et dont le Roi me parla tout de nouveau en me répétant ce qu'il m'avoit dit, qu'il ne vouloit pas que je sortisse du quartier, ni que je donnasse de nouveaux ordres dans la compagnie sans lui en parler.

Sa Majesté, sur le soir, voulant donner l'ordre, M. de Saligny s'avança pour le recevoir ; mais comme j'étois auprès d'elle, et que je demeurai à ma place lorsqu'il s'avança, le Roi se mit entre nous deux, s'appuyant même sur moi comme s'il eût voulu nous donner l'ordre à tous deux. Cela donna dans le moment une grande jalousie à M. de Saligny, et auroit sans doute causé une fâcheuse mésintelligence entre lui et moi, si je n'en avois prévenu aussitôt les mauvaises suites. L'expérience que j'avois dans le métier m'avoit appris qu'un lieutenant ne prenoit jamais l'ordre d'un général quand son capitaine étoit présent, et que c'étoit de son capitaine qu'il le devoit recevoir, de sorte que, ne prêtant point l'oreille, et faisant semblant de ne pas entendre, dans le moment que le Roi eut achevé de parler et se fut un peu retiré, je m'approchai de M. de Saligny, et lui demandai l'ordre comme si je n'eusse rien entendu. Il demeura si surpris, à cause de la mauvaise impression qu'il avoit déjà conçue, que, dès l'instant, il dit en lui-même qu'après cette épreuve il n'auroit jamais le moindre lieu de se blesser de ma conduite, puisque, contre toute apparence, je m'étois tenu si exactement attaché à la rigueur de la discipline, lorsqu'il sembloit que le Roi même m'eût donné lieu de m'en départir. Sa Majesté en ayant été témoin, comme je voulois bien qu'elle le fût, eut tant de bonté que de se condamner en quelque sorte elle-même, approuvant et estimant ce que j'avois fait.

Quelques jours après, le Roi m'ayant demandé compte de l'état de la compagnie, dont j'étois seul chargé pour lors, le capitaine et l'enseigne étant absens, je crus devoir prendre cette occasion pour m'éclaircir plus particulièrement avec Sa Majesté de ce

qu'elle demandoit de moi ; et je voulus en même temps pour ma sûreté tirer d'elle, par écrit, les ordres qu'elle vouloit que je gardasse. Ainsi, après lui avoir demandé permission de lui parler avec liberté, je lui dis que j'appréhendois extrêmement qu'elle n'eût pas toute la satisfaction de moi qu'elle prétendoit, et que l'estime trop avantageuse qu'elle avoit peut-être conçue de ma conduite ne me fît tort dans la suite, lorsqu'elle me trouveroit beaucoup moins capable qu'elle n'avoit cru ; que je me sentois obligé de lui témoigner que, bien loin d'avoir un esprit vif et agissant comme il en falloit un pour lui rendre tous ces comptes, et pour exécuter tous ces ordres, le mien étoit fort pesant et tardif; que j'avois d'ailleurs très-peu de mémoire, et qu'ainsi, ne pouvant pas faire souvent les choses par moi-même comme un autre, j'avois besoin de secours ; mais que, comme je pouvois craindre de ne pas trouver toujours cette assistance, j'appréhendois aussi beaucoup de ne lui pas plaire, et de ne la pas contenter ; que, si j'eusse osé prendre la liberté de lui demander une grâce, je l'eusse très-humblement suppliée, pour soulager ma mémoire et mon esprit, de faire écrire sur un papier tous les ordres qu'elle entendoit que j'exécutasse, afin que, par ce moyen, je pusse plus facilement m'acquitter de mon devoir. « J'entends bien, répondit le
« Roi ; vous voudriez que je vous crusse un lourdaut,
« mais il y va de mon honneur de ne m'être pas trompé
« dans le choix que j'ai fait de vous. Je ne vous ai
« donné cette charge qu'après vous avoir connu. Je
« veux bien, néanmoins, vous accorder ce que vous
« me demandez, puisque j'en serai moi-même sou-

« lagé. » En effet le Roi me fit dresser un mémoire, sur lequel je lui rendois ensuite compte de toutes choses dans les occasions.

Les soldats étoient alors fort libertins, et il se gardoit très-peu de discipline parmi eux. Ils ne se rendoient pas même au drapeau pour marcher en ordre quand ils alloient monter la garde à Saint-Germain où le Roi étoit, les uns prenant le devant, et les autres marchant ou derrière ou à côté, sans qu'il y en eût souvent douze ensemble avec les officiers qui les conduisoient. Comme je n'étois point d'humeur à souffrir un tel désordre, je me chagrinai si fort, voyant que je m'allois attirer la haine de tous les soldats, sans parler de la servitude où je me trouvois réduit, que la vie me fut ennuyeuse durant quelque temps, et que je regrettois beaucoup ma lieutenance de Picardie que j'avois quittée. Ce qui m'attristoit encore davantage étoit que je ne connoissois personne dans le régiment où j'étois tout nouveau venu, et qu'ainsi je ne pouvois me consoler avec personne. Pensant aux moyens de me dégager de cet embarras, et de sortir de cet état que je prévoyois me devoir être si pénible, je vis bien, après avoir tout considéré, que je ne le pourrois faire sans renoncer à ma fortune et me perdre tout-à-fait auprès du Roi. Je pris donc enfin ma résolution, jugeant qu'il valoit beaucoup mieux faire de nécessité vertu, et mettre tout mon plaisir à m'acquitter de ce que le Roi demandoit de moi, en tâchant en même temps de gagner l'amitié des officiers qui m'étoient alors comme étrangers, et en m'acquérant de l'autorité parmi les soldats. Et après m'être ainsi affermi dans ce dessein d'exécuter avec joie tout ce que le Roi m'ordonneroit, je reconnus, par expérience, que la volonté aplanit les plus grandes difficultés, ayant trouvé dans la suite beaucoup plus de facilité à m'acquitter de tous mes devoirs que je ne me l'étois imaginé.

Pour faire d'abord connoissance avec les officiers, j'invitai les principaux à un dîner que je leur fis assez splendide, où je commençai de lier avec eux une amitié que j'eus grand soin de cultiver dans la suite. Ce régal se passa avec tant de marques d'affection et d'estime de part et d'autre, qu'il sembloit que nous nous fussions connus depuis vingt ans. J'y entremêlai une petite galanterie qui ne servit pas peu à augmenter le divertissement; car M. de Bouteville, avec dix ou douze capitaines de cavalerie, étant chez le même traiteur où nous mangions dans une autre chambre, j'envoyai querir tous les tambours du régiment, et avec eux nous allâmes tous ensemble boire à la santé de ces messieurs, en les faisant saluer en même temps d'une chamade de tous nos tambours. Ils crurent ne pouvoir mieux répondre à notre civilité qu'en envoyant querir leurs trompettes sans que nous en sussions rien, et venant aussi à leur tour boire à nos santés avec les fanfares de ces trompettes. Ainsi d'une bagatelle j'en fis quelque chose de considérable pour moi, ce dîner ayant fait assez de bruit, et m'ayant acquis la bienveillance de ceux qui ne me connoissoient pas.

LIVRE VI.

Conduite du sieur de Pontis à l'égard d'un jeune gentilhomme libertin nommé du Buisson, et comment, après avoir été forcé à se battre contre lui, il obtint lui-même sa grâce du Roi. Sa sévérité à l'égard d'un autre cadet tout-à-fait déterminé, qu'il oblige de rentrer dans son devoir. Jalousie des officiers des Gardes, qui s'efforcent inutilement de le desservir auprès du Roi. Il est envoyé par ce prince au fort Louis, pour y apprendre les exercices et la discipline militaires qui s'y pratiquoient sous la conduite du sieur Arnauld. Excellentes qualités de ce gouverneur. Grand procès qu'eut le sieur de Pontis contre un fameux partisan, au sujet d'une donation du Roi.

IL étoit sans doute de conséquence pour un officier comme moi, en entrant dans le régiment des Gardes, et dans le dessein que j'avois de faire observer exactement la discipline aux soldats, selon la volonté du Roi, de m'être d'abord concilié la bienveillance des officiers, afin de pouvoir être soutenu dans l'exécution des ordres de Sa Majesté. Mais ce qui restoit à faire étoit sans comparaison le plus difficile, comme aussi le plus important ; car il s'agissoit d'entreprendre de rétablir la discipline parmi des soldats qui avoient en quelque sorte secoué le joug, et de réduire plusieurs jeunes gentilshommes libertins sous l'obéissance qu'ils devoient à leurs officiers. Je crus qu'avant toutes choses j'étois obligé de les avertir de ce que le Roi demandoit d'eux et de moi, afin qu'ils ne fussent pas surpris lorsque je voudrois les y obliger.

Je fis donc mettre la compagnie en bataille, et leur dis que le Roi m'ayant commandé de travailler au rétablissement de la discipline, qui étoit entièrement ruinée parmi eux, j'avois cru leur devoir déclarer, avant que de rien entreprendre, que ceux qui ne se trouveroient pas disposés à faire ce qu'on leur commanderoit conformément à la volonté du Roi, avoient toute la liberté de se retirer dès à présent, et que je les priois de le faire de bonne heure, puisqu'après les avoir avertis de leur devoir comme j'allois faire, ils ne pourroient plus avoir d'excuse pour s'exempter d'obéir ; que je ne leur demandois que les devoirs ordinaires d'un soldat, qui sont d'être sage, d'avoir grand soin de ses armes, de ne point sortir du quartier, de se rendre exactement au drapeau quand on doit monter la garde, de marcher en ordre en y allant, les armes sur l'épaule, suivant son chef de file, et ne quittant point la compagnie qu'avec congé de son officier, de ne point abandonner le corps-de-garde, de faire exactement sa sentinelle, de ne se point quereller, de bien obéir jusques aux moindres officiers, de ne point faire de friponneries, et enfin de ne point jurer le nom de Dieu. J'ajoutai que, s'il paroissoit quelque sujétion à observer toutes ces choses, quoique j'eusse néanmoins quelque confusion d'être obligé de leur représenter ce qu'ils devoient tous savoir, j'en aurois le premier la peine, étant contraint, par l'ordre que le Roi m'en avoit donné, et de les faire observer, et de les pratiquer moi-même, leur en donnant l'exemple tout le premier ; que je conseillois à chacun de considérer qu'il s'agissoit de sa fortune, puisqu'il y alloit de contenter ou de mécontenter le Roi ; qu'étant obligé de l'avertir de ceux qui ne s'acquitteroient pas de leur devoir, je ne l'étois pas moins de lui faire connoître ceux qui s'en acquitteroient fidèlement ; qu'ainsi c'étoit un moyen assuré pour eux d'obtenir quelques charges dans l'armée, ou de s'en exclure pour jamais, et que je promettois, dès à présent, à tous ceux qui se conduiroient avec honneur de faire valoir leurs services dans les rencontres, et d'en solliciter la récompense auprès du Roi.

A ce discours tous répondirent qu'ils vouloient bien obéir, et qu'ils étoient dans la disposition que je demandois. Mais les libertins dans le fond du cœur ne disoient pas ce qu'ils en pensoient ; car, si la honte les empêcha de se retirer, la gloire qu'ils affectoient de demeurer indépendans les fit résoudre à rejeter un joug qu'ils regardoient comme indigne d'eux, et ils s'attendoient de vivre toujours comme ils avoient vécu jusqu'alors, c'est-à-dire de n'être pas assujétis aux réglemens qu'on leur prescrivoit. C'étoit principalement de jeunes gentilshommes qui servoient comme cadets. Ils se regardoient comme étant élevés par leur naissance au-dessus de toutes ces règles qu'ils croyoient n'être pas faites pour eux ; et ils faisoient assez paroître pas le luxe et la dépense de leurs habits qu'ils le portoient presque aussi haut que leurs officiers.

Le premier jour qu'on devoit monter la garde, tous s'étant rendus au drapeau, je leur dis l'ordre qu'ils devoient tenir de la marche, qui étoit qu'ils allassent quatre à quatre dans la ville, et que ceux qui avoient des chevaux quand on alloit à Saint-Germain, ne s'en servissent qu'après être sortis de Paris ; j'ajoutai qu'ils ne devoient pas avoir de peine à faire ce que je ferois le premier afin de leur en montrer l'exemple, et que je leur permettois de quitter leurs armes et de prendre leurs chevaux quand je quitterois ma pique et prendrois le mien. Après cet ordre donné je leur fis prendre leur rang de quatre de front, et me mis à pied la pique à la main, marchant à leur tête. Ils gardèrent cet ordre assez long-temps ; mais ces jeunes gentilshommes dont j'ai parlé, croyant qu'il y alloit de leur honneur de se distinguer du commun des soldats, commencèrent à se licencier, à donner leurs armes à leurs valets et à marcher hors de leur rang. Je leur fis reprendre leurs armes et leur rang, en les piquant d'honneur sur la parole qu'ils m'avoient donnée de bien obéir ; mais trois ou quatre de ceux-là mêmes, croyant que c'étoit une occasion pour se faire remarquer de toute la compagnie, se négligèrent comme auparavant. J'usai alors de menaces, et dis tout haut que je les ferois châtier. Sur quoi ils rentrèrent dans leur devoir.

L'un de ces jeunes cadets, nommé du Buisson, qui avoit de la naissance et du cœur, mais qui étoit un peu glorieux, ayant de nouveau quitté son mousquet, je commandai au sergent de le châtier ; mais, comme il n'osa le faire, et que le cadet ayant repris les armes et son rang les eut quittés pour la quatrième fois, j'allai prendre la hallebarde du sergent, qui n'osoit faire ce que je lui commandois, et en donnai quatre ou cinq coups à ce cadet, qui me dit à l'heure même qu'il étoit gentilhomme. Sur quoi, sans assez délibérer, et sans prendre trop garde à ce que je faisois, je mis l'épée à la main, et lui en donnai quelques coups du plat, que ce jeune cadet souffrit sans oser plus rien dire. Dès ce moment personne ne pensa plus à quitter son rang, et tout le monde m'obéit avec une parfaite soumission. Le Roi lui-même reconnut bientôt du changement dans la compagnie, et il en prenoit un soin si particulier, que, lui ayant dit qu'il y avoit un cadet de mauvais exemple, comme il m'ordonna aussitôt de le casser, sur la difficulté que je lui en fis, lui disant qu'il étoit parent de quelques-uns de messieurs nos officiers, il me répliqua qu'il le casseroit lui-même, et le diroit à ses parens.

[1624] Cependant tout le monde me témoigna que du Buisson pourroit bien se ressentir d'un châtiment si public. Je n'eus pas lieu néanmoins de le croire puisqu'il n'en fit rien paroître au dehors, et qu'au contraire de libertin qu'il étoit il devint le plus sage et le plus réglé de la compagnie. Il vint même me trouver environ trois semaines après pour me demander pardon de sa faute, et me remercier de la grâce que je lui avois faite de l'en corriger, me témoignant que s'il devenoit jamais honnête homme il m'en auroit toute l'obligation. Ces paroles, qui me surprirent un peu, me firent assez bien espérer de lui, d'autant plus que toute sa vie et sa conduite y répondoient. Je lui témoignai la joie que j'avois de le voir dans des sentimens si généreux, et l'assurai qu'il me trouveroit aussi changé à son égard qu'il l'étoit alors lui-même en ce qui regardoit son devoir, lui promettant de le servir auprès du Roi en tout ce que je pourrois. Il me dit encore deux mois après les mêmes choses qu'il m'avoit dites alors, et, durant huit mois qu'il demeura

dans le régiment, il agit toujours d'une manière qui
me donna tout sujet de croire qu'il n'avoit plus aucun
ressentiment de ce qui s'étoit passé, tant il s'étudia à
dissimuler son dessein avec une égalité d'humeur et
de conduite qui pourroit paroître incroyable en un
gentilhomme français, dont l'esprit est ordinairement
plus ouvert et moins capable de dissimulation. Mais
enfin, ce temps étant expiré, il me vint trouver avec
une lettre de M. son père qui le mandoit, et me pria
de lui donner son congé, que je lui accordai facilement. Il me témoigna de nouveau devant tout le
monde sa reconnoissance de la grâce qu'il avoit reçue
de moi. Je l'assurai de mon côté que je ne perdrois
point d'occasion de le servir, et il me dit qu'il partoit
le lendemain en poste pour la Touraine d'où il étoit.

Au bout de deux jours, quelques-uns de ceux qui
s'étoient trouvés présens à cet adieu me vinrent dire
qu'ils ne savoient si M. du Buisson n'avoit point quelque dessein, parce qu'il n'étoit point parti comme il
l'avoit dit. Je commençai à en avoir quelque soupçon
aussi bien qu'eux; mais comme je n'avois rien à faire
pour l'empêcher, et que d'ailleurs toute sa conduite
m'avoit paru si éloignée de tout ressentiment, je témoignai ne le pas croire, et j'agis effectivement
comme si je n'en eusse rien cru. Lui cependant, qui
savoit que je devois aller à Saint-Germain pour la
garde, prit le temps que j'en devois revenir; et, pour
s'en assurer davantage, il alla chez moi me demander
comme pour me dire un dernier adieu. Ayant su que
je devois revenir le soir, il vint m'attendre sur le
chemin entre Montmartre et le Roule. Lorsqu'il me
vit de loin venir seul il vint au pas droit à moi. Du

moment que je l'aperçus je dis en moi-même : « Est-il possible que la dissimulation ait pu être conduite si sagement, et qu'une passion aussi violente qu'est la vengeance ait pu, dans un cœur français, être retenue si long-temps ! » En nous approchant je lui donnai le bonjour, et lui demandai où il alloit. Il fut assez empêché à me répondre, et il me dit qu'il se promenoit. Il tourna bride en même temps, comme s'il avoit voulu revenir avec moi, et fit bien cent pas sans me parler de son dessein. Enfin il s'en ouvrit, et me déclara qu'il étoit bien fâché d'être obligé de venir faire une demande qui sembloit être si éloignée de son devoir, mais que l'extrémité où il se trouvoit réduit et la nécessité où il se voyoit de passer pour un homme tout-à-fait déshonoré l'y contraignoit; que l'affaire qui s'étoit passée il y avoit huit mois étoit si publique, qu'elle ne se pouvoit réparer que par une autre qui devînt aussi publique, qui étoit la satisfaction qu'il me demandoit de cet affront ; qu'il avoit peine à me faire cette prière, connoissant l'esprit par lequel j'avois agi ; mais que, comme mon intention ne mettoit point son honneur à couvert, il savoit que j'étois trop généreux pour lui refuser une si juste demande.

Je lui répondis que j'étois à la vérité fort surpris de son compliment, après ce qu'il m'avoit dit et répété tant de fois de l'obligation qu'il m'avoit et qu'il m'auroit toute la vie, de ce que je l'avois réduit, en m'acquittant de ma charge, à entrer comme il avoit fait dans une vie sage et digne d'un honnête homme. Je lui demandai s'il pouvoit bien avoir oublié toutes ces choses, ou si elles n'avoient jamais été dans son cœur.

Il me repartit que lorsqu'il me les avoit dites, elles y étoient, et qu'elles y seroient encore s'il ne se voyoit absolument déshonoré, et comme forcé de demander cette satisfaction. Je lui dis que dans l'ordre je ne la lui devois point, n'ayant fait que mon devoir, et qu'il étoit contre la coutume que des officiers donnassent ces sortes de satisfactions à leurs soldats. Cependant je vis qu'il étoit résolu d'avoir ce qu'il demandoit, et je fus contraint malgré moi de faire une chose qui étoit contraire à tout ordre et à toute discipline. Il m'obligea donc de mettre pied à terre aussi bien que lui, et Dieu permit que j'eusse l'avantage, dont je ne me servis, quoique blessé, que pour lui conserver ce qu'il avoit résolu de m'ôter avec tant de brutalité et contre toute sorte de justice. Je lui dis que beaucoup d'autres n'en auroient pas usé comme moi, après tous les témoignages de reconnoissance qu'il m'avoit donnés, et qu'il venoit de démentir d'une manière si indigne d'un gentilhomme comme lui. Il demeura d'accord de ce que je lui disois, ce qui fit qu'étant relevé je lui voulus rendre son épée ; mais, dans le désespoir où il étoit, il ne laissa pas de me dire fort sagement qu'ayant été assez brutal pour s'en servir contre moi, il ne pouvoit pas répondre qu'il ne le fût encore assez pour s'en servir une seconde fois si je la lui rendois ; qu'ainsi il me supplioit de la garder et de l'emporter avec moi.

M. de Rambures le Bègue, qui chassoit en ce même temps vers Montmartre, ayant vu de loin des épées nues, et jugeant bien ce que c'étoit, accourut à toute bride, et nous trouva en l'état que je viens de dire, tous deux blessés, et l'un de nous ayant deux épées.

Il nous témoigna son extrême regret de n'être pas arrivé plus tôt pour empêcher ce malheur, et il voulut au moins faire alors ce qu'il eût bien souhaité d'avoir pu faire auparavant, qui étoit de nous faire embrasser tous deux, et de nous porter à oublier tout ce qui s'étoit passé. Je le priai de rendre l'épée à M. du Buisson, ce qu'il fit; et il nous reconduisit tous deux à Paris, où chacun s'étant fait panser, nous ne fûmes pas long-temps à être guéris parce que nous n'étions pas beaucoup blessés.

Mais cette affaire, que je souhaitois de tenir secrète, ne tarda guère à être publique. Quelques gens envieux de ma fortune se servirent de cette occasion pour me mettre mal dans l'esprit du Roi, qui fut étrangement surpris d'apprendre cette nouvelle, et qui entra tout d'un coup dans une grande colère contre moi. M. de Saligny, qui connoissoit la vérité, voulut m'excuser en disant au Roi que je n'avois pu faire autrement, et que je m'étois vu forcé de me défendre pour sauver ma vie. M. de Rambures, qui avoit été témoin de la chose, lui en parla aussi le plus favorablement qu'il put; mais tout cela ne put satisfaire le Roi, qui témoigna être toujours très-mécontent, à cause des impressions fâcheuses que quelques-uns lui avoient données sur mon sujet. Cependant, comme on m'avertit qu'on m'avoit rendu de mauvais offices auprès de Sa Majesté, je ne laissai pas d'aller à ma garde à mon ordinaire, étant résolu de l'éclaircir amplement de mon affaire en cas qu'elle m'en parlât. M'étant donc présenté devant le Roi, il me regarda d'un œil qui me marqua bien sa colère; et, lorsque tout le monde sortit de sa chambre, il m'ordonna de demeurer. Il me demanda si j'avois bien la hardiesse de me présenter devant lui après la faute que j'avois faite, et si c'étoit là l'ordre que je voulois établir par mon exemple dans le régiment, que le moindre cadet pût appeler un officier, et que ce fût manquer à son honneur de le refuser; si je n'avois pas vu toutes les conséquences de cette action, qui, étant d'un si pernicieux exemple pour tous les officiers et tous les soldats, l'offensoit particulièrement en sa personne, et faisoit connoître à tout le monde qu'il s'étoit trompé dans le jugement qu'il avoit porté de moi, puisqu'au lieu qu'il m'avoit cru sage et judicieux, je venois de démentir cette estime par une conduite si irrégulière et si indigne. Il ajouta les menaces, et me dit qu'il s'en falloit peu qu'il n'apprît en ma personne à tout le monde qu'il ne peut jamais être permis à un officier de se battre contre un soldat; mais que si, par une grâce particulière, il ne voulait pas me punir de la peine que je méritois, j'étois indigne d'approcher davantage de sa personne; qu'à l'égard de du Buisson il vouloit en faire un châtiment exemplaire, et qu'il seroit passé par les armes.

Le Roi n'eut pas plutôt achevé ces paroles qu'il se tourna pour me quitter; mais, me sentant percé jusqu'au vif et outré de douleur, je me jetai à ses pieds, je lui demandai pardon, en lui témoignant mon extrême regret d'avoir mérité sa colère. Je lui témoignai que je reconnoissois la justice et la vérité de tout ce qu'il m'avoit dit; mais que, si Sa Majesté vouloit bien encore me faire cette grâce que de m'entendre, j'espérois que, bien que l'action que j'avois faite fût criminelle, les circonstances qui l'avoient accompagnée pourroient peut-être me faire paroître moins coupable;

que je n'osois néanmoins entreprendre de me justifier s'il ne lui plaisoit de me témoigner qu'elle auroit encore la bonté de m'entendre. Le Roi, touché de l'abondance de mes larmes, me dit d'un ton beaucoup plus doux qu'il me permettoit de parler. Je commençai donc à le faire de la manière que je jugeai la plus propre pour diminuer dans son esprit ce qu'il paroissoit y avoir de plus criminel dans notre action, et pour nous justifier tous deux en même temps, au lieu de faire la justification de moi seul aux dépens de du Buisson : « Votre Majesté se souviendra, s'il lui plaît,
« lui dis-je, de l'état où je trouvai la compagnie quand
« elle me fit l'honneur de m'en donner la lieutenance,
« et de l'ordre si précis dont elle me chargea d'y
« rétablir la discipline. Ayant eu affaire à un jeune
« gentilhomme que le déréglement général avoit
« rendu libertin, et qui, par un faux point d'honneur,
« faisoit gloire de se maintenir dans l'indépendance
« à l'égard des officiers, j'usai envers lui de toute la
« sévérité qui me parut nécessaire pour le porter à
« rentrer dans son devoir, et pour retenir davantage
« les autres par cet exemple. Il est vrai que la voie
« dont je me servis étoit un peu violente et, si j'ose
« dire, peu conforme à l'humeur d'un jeune gentil-
« homme accoutumé au libertinage, et qui se faisoit
« un honneur de ne dépendre de personne. Cepen-
« dant, sire, tout emporté et tout libertin qu'il étoit,
« il revint à soi, il reconnut la justice du châtiment
« et le bien que je lui avois procuré en le punissant. Il
« devint un exemple de soumission et de sagesse à toute
« la compagnie, en sorte que tout le monde rentra
« dans l'ordre, et que Votre Majesté en demeura

« très-satisfaite. Mais comme il y a des gens qui, ne
« pouvant faire le bien, ne peuvent non plus le souf-
« frir dans les autres, il s'en trouva qui corrompirent
« depuis cette bonne disposition de ce jeune gentil-
« homme, et lui persuadèrent qu'il étoit perdu d'hon-
« neur après ce qui lui étoit arrivé ; qu'il n'avoit pas
« de cœur s'il ne demandoit la réparation de cet af-
« front, et qu'un gentilhomme comme lui devoit pré-
« férer son honneur à sa propre vie. Ce furent, sire,
« ces impressions étrangères et ces conseils de gens
« emportés, et faussement jaloux de l'honneur d'au-
« trui, qui contraignirent M. du Buisson d'en venir à
« cette extrémité ; et, comme il me connoissoit assez
« pour un homme attaché à son devoir, et qui ne
« consentiroit jamais à faire une semblable action
« contre l'ordre de la discipline militaire, voulant
« m'engager indispensablement à lui accorder ce qu'on
« lui avoit mis dans l'esprit qu'il me devoit deman-
« der, il vint m'attendre sur le chemin de Saint-Ger-
« main après être sorti de la compagnie, et m'avoir
« demandé son congé, et il me força de lui donner la
« satisfaction qu'il n'auroit jamais osé me demander
« en tout autre lieu où j'aurois pu la lui refuser. Je
« n'avois point alors, sire, d'autre parti à prendre
« que de m'enfuir ou de faire ce que j'ai fait ; et ainsi,
« n'ayant suivi en cette rencontre que les lois indis-
« pensables du droit naturel, qui nous commandent
« de nous défendre lorsqu'on nous attaque, j'ose
« m'assurer de la justice de Votre Majesté qu'elle me
« déclarera aussi innocent que j'aurois été criminel
« et digne de mort, s'il étoit vrai, comme on le lui a
« représenté, que e me fusse battu volontairement

« contre un cadet de ma compagnie. Je supplie donc
« Votre Majesté, sire, de prononcer sur cela son ju-
« gement, et d'ajouter plutôt foi à ce que je lui dis
« et lui proteste devant Dieu avec serment qu'à ce
« que lui ont pu dire ceux qui étoient moins infor-
« més de la vérité du fait, ou qui agissoient peut-être
« par quelque mouvement secret d'une mauvaise vo-
« lonté contre nous. »

Ce discours, que je prononçai étant vivement touché de ce que je disois, changea presque entièrement l'esprit du Roi. Il me répondit qu'il étoit vrai qu'il n'avoit pas tout-à-fait compris la chose comme je venois de la lui dire, n'ayant pas su cette dernière circonstance, qui changeoit beaucoup la qualité de l'action que j'avois faite; mais que si enfin il trouvoit lieu de m'excuser et de me pardonner cette faute, qu'il regardoit comme involontaire, il trouvoit du Buisson entièrement inexcusable, puisqu'ayant été d'abord assez sage pour recevoir le châtiment comme il le devoit, il en étoit devenu ensuite d'autant plus coupable d'avoir écouté les conseils de quelques gens emportés, et démenti, par une action si criminelle, toute la bonne conduite qu'il avoit fait paroître auparavant; que d'attendre son lieutenant sur un grand chemin, l'attaquer et le mettre dans la nécessité de se défendre, c'étoit un crime, non-seulement à l'égard de celui qu'on attaquoit, mais encore à l'égard de tous les officiers du régiment, qui étoient blessés tous ensemble dans cette action; et que, comme cet exemple étoit d'une si pernicieuse conséquence, il vouloit que la punition en fût faite.

Comme je vis le visage du Roi changé à mon égard,

ainsi que j'ai dit, je crus pouvoir prendre la liberté de lui parler de nouveau en faveur de celui qu'il condamnoit à la mort, et, de suppliant que j'étois pour moi-même, devenir tout d'un coup intercesseur pour un autre. J'espérai même de la bonté du Roi qu'il se rendroit d'autant plus favorable à ma prière que je parlerois pour celui de qui j'avois été offensé. Je suppliai donc Sa Majesté de ne se pas fâcher contre moi si, après avoir reçu la grâce du pardon qu'elle m'accordoit, j'étois encore assez hardi pour lui demander celle de ce jeune gentilhomme, sur qui sa justice vouloit faire tomber tout le poids du châtiment. Je lui dis que son action, bien que criminelle, ayant paru être en lui plutôt l'effet d'un mauvais conseil que d'une mauvaise volonté, elle sembloit mériter quelque indulgence; que, s'il recevoit la vie après avoir mérité de la perdre, il se sentiroit plus obligé que jamais de l'employer pour le service de son prince; que je serois au désespoir d'être cause du déshonneur de toute une famille; qu'ainsi j'osois le conjurer de faire grâce à deux criminels qui n'en faisoient qu'un, puisque je me croirois puni moi-même en la personne de celui pour qui je parlois, et que je ne me relèverois point de ses pieds que Sa Majesté ne m'eût accordé ce que je lui demandois.

Le Roi, quoique touché dans le cœur de ce que je lui disois, me répondit : « Quoi donc ! vous n'êtes pas
« content de la grâce que je vous accorde pour vous,
« et vous osez me parler encore pour un autre ? Ne crai-
« gnez-vous point de vous rendre plus coupable, et de
« faire connoître par là, en quelque sorte, que vous
« avez peut-être plus de part au crime de celui pour qui

« vous parlez, puisque vous devriez être le premier à en
« demander la punition ? Je sais néanmoins, ajouta-t-il,
« quel est votre naturel, et je pardonne au mouvement
« et au transport de votre amitié. Je donne la vie à
« celui pour qui vous me la demandez, et je la donne
« comme la plus grande preuve que je vous puisse
« donner de la reconnoissance que j'ai de vos services;
« mais je veux, pour l'exemple et pour la satisfaction
« du public, qu'on lui fasse son procès, qu'il se re-
« tire en Hollande durant ce temps, et qu'il n'en re-
« vienne que lorsque son affaire sera étouffée et que
« je lui aurai fait grâce. »

Il m'est impossible d'exprimer les sentimens de reconnoissance et de joie que ces paroles produisirent
au fond de mon cœur. J'embrassai les genoux du
Roi, et l'ayant remercié, plus avec des larmes et
des soupirs qu'avec des paroles, je sortis ainsi de sa
chambre.

Aussitôt que les seigneurs de la cour furent entrés,
le Roi leur dit de quelle manière il venoit de m'humilier, et comment il avoit cru devoir punir la faute que
j'avois faite; leur déclarant en même temps que, s'il
n'avoit pas voulu me punir plus sévèrement à cause
des services que je lui avois rendus, il vouloit au moins
faire un exemple en la personne de du Buisson, et
le faire condamner dans le conseil de guerre à être
passé par les armes; ce qui persuada à toute la cour
que le Roi vouloit le faire exécuter, sans que qui que
ce soit connût la grâce si extraordinaire dont il m'avoit
donné parole pour lui.

Cependant j'allai trouver M. du Buisson, et lui
contai tout ce qui s'étoit passé, lui promettant que je

ne perdrois aucune occasion, pendant qu'il seroit en Hollande, pour ménager son retour, et le mettre en état de donner pour le service du Roi une vie qu'il recevoit de sa bonté. Ce pauvre jeune homme fut si touché de voir la manière tout extraordinaire dont je m'étois vengé de lui qu'il ne me put dire autre chose, sinon qu'il étoit dans la dernière confusion, et qu'après m'avoir vu payer ainsi sa brutalité par la plus grande générosité que je pouvois lui témoigner, il ne lui restoit que de m'assurer que sa vie seroit autant à moi qu'à lui ; qu'il me vouloit regarder comme un autre père de qui il avoit reçu une seconde vie, et qu'il étoit résolu de dépendre absolument de moi et de ma conduite. Nous nous embrassâmes ; il s'alla disposer pour le voyage de Hollande. Son affaire se traita ensuite au conseil de guerre ; il fut condamné ; mais, comme il s'étoit retiré, l'on ne fit point davantage de poursuites.

Le Roi me témoigna durant quelque temps de la froideur devant le monde, quoiqu'en particulier il me montrât le même visage qu'à l'ordinaire. J'entendois fort bien ce badinage, et je tâchois de répondre le mieux qu'il m'étoit possible à l'intention du Roi. Je cherchois cependant toujours quelque occasion pour procurer le retour de M. du Buisson ; et un an s'étant écoulé sans que je visse aucun jour pour cela, je me résolus enfin d'être hardi une seconde fois, et de garder moins de mesure que jamais dans une affaire où mon intercession sembloit avoir quelque chose de très-favorable. Un lieutenant du régiment de Normandie étoit pour lors malade et à l'extrémité à Paris. A l'heure même que j'appris sa mort, je crus devoir

prendre cette occasion pour servir celui dont l'éloignement me causoit beaucoup de douleur, et j'allai fort promptement trouver le Roi. Je lui dis d'abord, sans m'ouvrir de mon dessein, que je venois supplier très-humblement Sa Majesté de vouloir bien m'accorder une grâce, qui étoit la charge d'un tel, lieutenant, qui venoit d'expirer présentement. Le Roi, autant que j'en pus juger, se douta aussitôt pour qui je la demandois; mais, ne voulant pas me faire connoître qu'il pénétroit dans ma pensée, il se contenta de me dire qu'il vouloit savoir ce que j'en voulois faire et à qui je désirois la donner. Je lui répondis que c'étoit pour un de mes amis, que je prendrois la liberté de lui nommer lorsque Sa Majesté m'auroit fait la grâce de m'en assurer. « N'est-ce point, me re-
« partit le Roi, pour du Buisson ? car je connois votre
« humeur, et je lis à peu près dans votre cœur. — Ah !
« sire, m'écriai-je, c'est vraiment être prophète que de
« lire ainsi dans mes pensées : je dois sans doute bien
« prendre garde à n'en avoir que de bonnes, puisque
« Votre Majesté a des yeux si pénétrans. Il est vrai, sire,
« que j'ai une très-grande douleur de voir ce jeune gen-
« tilhomme, qui est capable de servir Votre Majesté,
« être si long-temps hors d'état de le pouvoir faire ; et
« j'ose espérer qu'elle ne refusera pas d'achever ce
« qu'elle a si généreusement commencé, en donnant
« sujet à celui qui tient la vie de sa bonté, de l'employer
« toute pour son service. » Le Roi, touché de la manière si pressante dont je lui demandois cette grâce pour une personne qui m'avoit si fort désobligé, me dit avec la plus grande bonté du monde qu'il n'étoit pas en son pouvoir de me refuser, et que la générosité de cette

demande que je lui faisois l'engageoit de m'accorder ce qui dans l'ordre ne se devoit pas.

Je m'en retournai avec cette parole qui me donna toute la joie possible, et j'envoyai aussitôt un homme exprès en Hollande à M. du Buisson lui dire de partir dans le moment, et de me venir trouver pour une affaire de conséquence. Il se rendit promptement à Paris, et m'ayant dit qu'il comprenoit bien qu'il m'étoit nouvellement obligé de la grâce de sa liberté, puisque je le faisois revenir en un lieu d'où sa mauvaise conduite l'avoit contraint de sortir, je lui répondis que c'étoit au Roi qu'il étoit redevable de toutes choses, et encore tout de nouveau d'une grâce à laquelle il ne s'attendoit pas, qui étoit une lieutenance dans le régiment de Normandie que Sa Majesté lui avoit donnée, et pour laquelle je l'avois mandé. J'ajoutai que je voulois le mener saluer le Roi, afin qu'il lui témoignât lui-même sa reconnoissance d'un si grand excès de bonté qui l'engageoit à employer tout le reste de sa vie à son service, et qu'ainsi il se préparât à venir le soir au Louvre avec moi. Ce gentilhomme jugeant bien d'où lui venoit cette lieutenance, fut si interdit et si confus, qu'il n'eut point de paroles ni de voix pour m'en remercier, et ne le fit que par son silence. Je le menai sur le soir au Louvre, et ayant su du Roi auparavant s'il agréeroit que je le lui présentasse, je le fis entrer. Il se jeta aux pieds de Sa Majesté, ne lui parlant que par sa posture et par sa profonde humiliation. Le Roi lui dit qu'il étoit heureux d'avoir eu affaire à un homme comme moi, qui, d'offensé que j'étois, avois travaillé à obtenir la grâce de celui qui m'avoit offensé; qu'il ne l'auroit pu accorder à tout autre qu'à moi, comme il n'y avoit guère que moi seul qui aurois osé la lui demander ; qu'ainsi il vouloit bien lui déclarer qu'il m'avoit obligation de la vie et de la charge de lieutenant qu'il lui donnoit en ma considération ; que toutes ces raisons l'obligeoient à me regarder à l'avenir comme son bienfaiteur, et à réparer la faute qu'il avoit commise contre tout le public, par une vie et par une conduite proportionnée à la reconnoissance qu'il devoit avoir d'une grâce si extraordinaire. Le respect, la joie et la douleur firent en même temps une si vive impression sur l'esprit et dans le cœur de M. du Buisson qu'il ne put répondre au Roi, et qu'étant entré dans la chambre sans oser parler il en sortit aussi sans le pouvoir faire : ce qui plut davantage à Sa Majesté que s'il lui avoit fait un long discours ; car il jugea mieux des sentimens de son cœur par ce silence, qu'il n'auroit pu faire par un compliment étudié.

Je lui fis avoir ses lettres de rémission et le brevet de sa charge, et le fis ensuite recevoir dans le régiment, où je puis dire qu'il acquit beaucoup d'estime, ayant répondu parfaitement à ce qu'on attendoit de lui, et passant pour un des plus braves hommes de l'armée. Il exécuta aussi très-fidèlement l'ordre que le Roi lui avoit donné de me regarder toujours comme son véritable ami, puisque par un effet et de son inclination naturelle, et de la profonde reconnoissance qu'il eût du service que je lui avois rendu, il vécut toujours depuis avec moi comme avec son père, qui est le nom qu'il vouloit bien même me donner publiquement. Je remarquerai dans la suite de ces Mémoires qu'ayant su que j'avois une grande affaire où il alloit pour moi de perdre la tête ; il partit en poste et vint de fort loin pour me faire offre à La Rochelle où j'étois de sa personne et de son bien.

La conduite que je tins à l'égard d'un autre cadet ayant été encore plus sévère sans comparaison que celle dont j'avois usé envers M. du Buisson, ne me réussit pas moins heureusement pour le rendre tout-à-fait honnête homme et lui gagner entièrement le cœur. Ayant reçu dans ma compagnie un jeune gentilhomme, parent de M. le comte de Saligny, qui en étoit, comme j'ai dit, capitaine, afin de le former, aussi bien que beaucoup d'autres, dans les exercices de la guerre, je lui dis d'abord que, comme il avoit l'honneur d'être parent de M. de Saligny, il falloit qu'il fût l'exemple de toute sa compagnie. Je commandai ensuite à un sergent de le loger avec un autre cadet. Mais ce jeune homme étoit si méchant et tellement déterminé, que celui avec qui je l'avois mis me pria bientôt de le séparer, me disant qu'il ne pouvoit pas vivre plus long-temps avec un furieux comme lui. On me fit aussi des plaintes de tous côtés de ses violences et de ses emportemens ; et il avoit cette inclination malheureuse et tout-à-fait indigne de sa naissance, d'aller le soir au coin d'une rue attendre quelqu'un qui passât, prenant un singulier plaisir à lui allonger un coup d'épée et à le blesser par pure malice. Je le fis venir un jour dans ma chambre, et lui dis avec une très-grande sévérité qu'on me faisoit tous les jours des plaintes de lui, qu'on m'en disoit des choses si noires que je n'osois pas les croire d'un gentilhomme, étant même indignes d'un crocheteur ; que si j'avois été persuadé qu'il en eût été coupable, je lui aurois fait grâce de le mettre dans une basse-fosse, et que je lui donnois cet avis de ne faire plus parler de lui.

Cela ne l'empêcha pas néanmoins quatre ou cinq jours après de retourner à son misérable exercice ; et l'on me vint dire qu'il avoit blessé un avocat, une femme et un autre homme, et qu'il s'étoit enfui. Cette nouvelle me mit en une terrible colère, voyant toutes mes remontrances suivies de si près par des excès tout nouveaux, et plus grands que ceux qu'il avoit commis jusqu'alors. Je criai à l'heure même à un sergent et à deux de mes valets : « Prenez mes chevaux, « courez après ce misérable, et me l'amenez pieds et « poings liés ; je lui ferai faire pénitence. » Ils se mirent donc à le poursuivre par où l'on savoit qu'il s'étoit enfui, et l'ayant atteint à trois lieues de là ils le ramenèrent. Je ne voulus point le voir ni lui parler, mais je le fis mettre aussitôt dans une basse-fosse, et défendis qu'on lui donnât autre chose que du pain avec un seau d'eau. Il est incroyable en quels excès il s'emporta, et combien sa fureur lui fit dire d'impertinences contre moi. Je remarquerai seulement, pour faire connoître quelque chose de son désespoir, que dans ces transports furieux dont il étoit agité il disoit : « Si les cinq doigts de ma main étoient cinq ca- « nons, je les braquerois tous cinq contre Pontis, pour « lui en briser la tête et la mettre en poudre. » Je me sentis cependant obligé d'avertir le Roi de ce qui se passoit, tant parce que c'étoit un gentilhomme de qualité, et parent, comme j'ai dit, de M. de Saligny, qu'à cause que j'avois quelque sujet de craindre les suites de cette affaire. Le Roi approuva ce que j'avois fait, et me recommanda à son ordinaire la sévérité de la discipline.

Quand j'eus laissé ce cadet pendant un mois ou six semaines dans la basse-fosse, je voulus voir s'il n'y avoit aucun changement en lui, et lui envoyai dans ce dessein un bon religieux pour le sonder et lui faire peur. Le père étant descendu lui dit que les capitaines s'assembloient, et qu'il y avoit sujet de craindre que ce ne fût pour lui faire son procès ; qu'il lui conseilloit cependant de songer un peu à sa conscience, qu'il ne falloit pas se laisser surprendre, et que la moindre chose qu'il pouvoit faire étoit de témoigner à Dieu par la confession de ses crimes qu'il s'en repentoit. A de si tristes nouvelles, ce pauvre jeune homme commença à trembler de tout son corps, et à conjurer celui qui lui parloit de vouloir intercéder pour lui auprès de moi, témoignant qu'il reconnoissoit ses fautes passées, et qu'elles lui serviroient pour être plus sage à l'avenir. Le père lui dit qu'il n'osoit pas m'en parler, me voyant trop irrité contre lui, et qu'il n'avoit point d'autre commission que de le faire résoudre à penser à sa conscience. Cette réponse augmenta son trouble, et il conjura de nouveau avec larmes ce religieux de ne le point abandonner. Le père lui répondit qu'il n'osoit pas même le venir voir trop souvent pour ne pas donner lieu de croire qu'il y eût quelque intelligence entre eux, et être cause par là qu'on le privât de le venir voir davantage. Tout cela donna beaucoup à penser à ce jeune homme, et le mit en une étrange inquiétude de ce qui devoit arriver. Le religieux vint ensuite me témoigner le changement qu'il avoit remarqué en lui, et l'heureux succès de sa visite. J'en donnai avis au Roi, qui me dit ces paroles remarquables : « Je ne vous conseille pas de vous

« assurer trop sur ce repentir précipité. Cela a bien la
« mine d'une fausse pénitence. Comme il est d'un si
« méchant naturel, il pourroit bien vous tuer dans un
« accès de sa fureur. Il est bon de voir de plus près si
« sa conversion est véritable. — Ho, sire, je ne le
« crains pas, repartis-je, et je sais bien qu'il me
« craint ; pourvu qu'il voie mon visage je suis assuré
« qu'il tremblera toujours devant moi. »

Le Roi m'ayant donné la liberté de faire ce que je jugerois à propos, j'envoyai de nouveau à mon prisonnier le même religieux, à qui il fit sa confession avec de grands témoignages de repentir. Il communia ensuite dans la chapelle comme pour se disposer à la mort, et, lorsqu'il ne lui restoit presque plus aucune espérance, je le fis monter à ma chambre, accompagné d'un sergent. Je lui dis que son procès étant déjà fort avancé, j'avois bien voulu le faire venir pour savoir de lui s'il étoit toujours dans la même disposition où il avoit été jusqu'alors, et s'il persistoit à ne vouloir point reconnoître sa faute. Alors se jetant tout d'un coup à mes genoux, il me pria avec larmes de lui vouloir sauver la vie. Il me dit qu'il reconnoissoit que ses crimes méritoient la mort ; mais que si je voulois bien user de miséricorde envers lui, il me protestoit et me donnoit sa parole que sa vie seroit employée tout entière pour le service du Roi, et qu'il ne retomberoit jamais dans ses désordres. Il confirma ce qu'il disoit, en prenant Dieu même à témoin de la sincérité de son cœur. Sur quoi je lui répondis que pour ce qui étoit de lui sauver la vie cela ne dépendoit pas entièrement de moi, mais que je lui promettois de faire tout mon possible pour cela, et qu'il prît garde seulement à la parole qu'il me donnoit. Je le renvoyai dans la prison, et l'y laissai encore quelque temps, jusqu'à ce que son affaire ayant été examinée on lui accordât sa rémission. La reconnoissance qu'il eut de cette grâce, que je lui avois procurée lorsqu'il se regardoit déjà comme mort, le porta depuis à m'aimer comme son père. Il fut ensuite fort honnête homme, et entra dans les charges, où il est mort avec honneur. J'ai été bien aise de faire voir par cet exemple qu'il n'y a guère de si méchant naturel qui ne puisse être corrigé, et qu'on ne doit pas craindre quelquefois d'opposer les plus rudes châtimens au cours des habitudes corrompues et des passions brutales, lorsqu'elles ne peuvent être arrêtées par des remèdes moins violens.

Les capitaines du régiment des Gardes, et surtout l'un d'entre eux que je ne veux point nommer, étoient de long-temps piqués contre moi, et me portoient une jalousie secrète, à cause que le Roi, par une bonté particulière, faisoit marquer mon logis préférablement à tous les autres lieutenans lorsqu'il alloit par la campagne. Ils n'osoient pas néanmoins, pour la plupart, m'en rien témoigner ouvertement; et il n'y en eut qu'un qui, par un coup de dépit, s'empara un jour du logement que le Roi m'avoit fait donner, et se coucha même dans mon lit. Je l'y trouvai au retour de chez le Roi; mais, comme je ne pouvois pas encore être assuré de l'esprit dans lequel il l'avoit fait, je ne voulus point faire de bruit pour lors, et je couchai cette nuit sur la paille. Le lendemain, au lieu de m'en faire quelque excuse, il me déclara nettement que je n'avois qu'à chercher un autre logis. C'en étoit trop pour nous brouiller, et causer une querelle entre nous; mais l'âge et l'expérience m'ayant appris à me modérer un peu, je voulus seulement lui témoigner que j'étois d'humeur à me contenter de ce qui m'appartenoit, et qu'au reste, puisque c'étoit une gratification du Roi à mon égard, ce n'étoit pas à lui de s'y opposer, ou qu'au moins c'étoit au Roi même qu'il devoit s'en plaindre.

Le Roi en ayant été informé témoigna en être très-mal satisfait, et dit qu'il lui étoit libre de faire ce qu'il vouloit dans son royaume; que ce n'étoit pas à des capitaines à vouloir lui faire la loi, et à contrôler ce qu'il faisoit en faveur d'un officier particulier qui accompagnoit toujours sa personne; et il déclara à l'heure même qu'il ne vouloit plus que les capitaines eussent leurs logis marqués, mais qu'ils se logeassent où il leur plairoit dans le quartier qui leur seroit assigné. Ceci les piqua extraordinairement, et ils attendirent quelque occasion pour s'en venger contre moi. Ma compagnie étoit alors la plus belle du régiment, à cause du grand nombre de cadets de qualité que messieurs leurs parens me faisoient l'honneur de me confier, pour les former dans les premiers exercices de la guerre; et j'y avois entre les autres le fils de M. le maréchal de Saint-Geran, dont je parlerai bientôt après.

Un jour que j'étois en garde à Fontainebleau, comme une autre compagnie nous vint relever, et que je me disposois, selon ma coutume, à m'en retourner avec la mienne à Montereau, qui étoit notre quartier, le Roi m'appela de sa fenêtre, où il regardoit les courses de jeux de bagues et les tournois qui se faisoient. Je montai aussitôt à sa chambre, et je reçus ordre de renvoyer ma compagnie, et de demeurer près de sa personne. J'allai donc trouver les sergens, à qui je dis, comme le Roi me l'avoit expressément commandé, de veiller avec grand soin pour empêcher les querelles, surtout parmi les cadets, qui se faisoient un grand honneur de ne rien souffrir les uns des autres, et de ne pas permettre non plus qu'aucun s'arrêtât dans le chemin pour boire, à cause des disputes que produit ordinairement le vin. Je voulus même d'abord, comme si j'eusse prévu le malheur qui arriva, retenir auprès de moi le fils de M. le maréchal de Saint-Geran, dont l'humeur bouillante et le cœur trop généreux me faisoient craindre pour lui à toute heure; mais je lui permis ensuite, je ne sais pour quelle raison, de s'en retourner.

Ce jour-là même, en l'année 1624, au mois de mai, le Roi avoit résolu de faire arrêter M. le colonel d'Ornano, qui vint sur le soir dans sa chambre, et qui reçut de Sa Majesté, à l'ordinaire, tout le bon accueil possible. Le Roi s'entretint avec lui fort long-temps d'une chasse que M. le duc d'Orléans devoit faire le lendemain dans la forêt de Fontainebleau, et lui demandoit familièrement quelles routes il falloit tenir, parce qu'il étoit fort expérimenté dans la chasse de cette forêt, dont il connoissoit jusqu'aux moindres sentiers. Enfin, l'heure destinée pour l'arrêter étant venue, M. du Hallier, pour lors capitaine des Gardes, vint pour entrer avec plusieurs autres officiers dans la chambre. Or, c'est la coutume que, lorsque le capitaine des Gardes va entrer, l'huissier frappe trois coups sur le seuil de la porte, et c'étoit aussi le signal que le Roi avoit donné pour connoître le temps qu'il devoit lui-même se retirer. Ainsi le Roi, lorsqu'il entendit ces trois coups, donna le bonsoir au colonel d'Ornano, et se retira dans une autre chambre, où je le suivis, selon l'ordre qu'il m'avoit donné. Dans le moment M. du Hallier entra, et, s'approchant de M. d'Ornano, il lui fit un compliment qui le surprit fort, lui témoignant qu'il étoit bien fâché de lui dire qu'il avoit ordre de l'arrêter et de s'assurer de sa personne. « Comment ! lui répondit le colonel fort étonné, « je viens de quitter le Roi, qui m'a fait le meilleur ac- « cueil du monde. Laissez-moi au moins parler à lui. » M. du Hallier lui dit qu'il n'avoit point cet ordre, et qu'il le prioit de souffrir qu'il exécutât celui qu'il avoit ; qu'au reste son innocence devoit l'assurer et lui ôter toute crainte. Alors M. d'Ornano, se voyant dans la nécessité d'obéir, suivit le capitaine des Gardes, qui le mena dans la chambre de Saint-Louis, que l'on faisoit servir de prison.

A l'heure même qu'il fut arrêté, comme le Roi se douta bien que quelqu'un de ses domestiques ne manqueroit pas de courir en diligence à Paris pour détourner ses papiers, il me donna ordre d'aller, avec trois autres officiers, dans la forêt, afin d'arrêter sur les deux grands chemins ceux qui passeroient. Nous nous séparâmes en deux, et étant allés sur les onze heures de nuit nous poster séparément sur chaque chemin, nous attendîmes fort long-temps sans que personne parût. Enfin nous vîmes venir de loin un homme monté sur un genet d'Espagne, qui couroit au galop droit à nous. Comme nous avions ordre de ne point tirer, nous résolûmes, l'autre officier et moi, de tourner tous deux nos chevaux tête à tête à travers le chemin dans le moment qu'il approcheroit, afin de lui rompre le passage. Mais cet homme, qui étoit parfaitement bien monté, se joua de nous, et, sans s'étonner, poussant son cheval à toute bride, il nous enfonça si rudement qu'il jeta le cheval de celui avec qui j'étois à plus de dix pas de là. Nous ne pensâmes point à courir après, n'étant pas si bien montés que lui; et je ne fus pas même, à dire le vrai, beaucoup fâché de nous avoir vus ainsi forcés, pour le respect que je portois à M. le colonel d'Ornano. Je retournai le dire au Roi, qui n'en fit que rire.

Mais je reçus, le matin de ce même jour, une nouvelle qui m'affligea au dernier point. Les sergens de ma compagnie n'ayant pas fait leur devoir aussi exactement qu'ils y étoient obligés, et que je le leur avois recommandé, quelques cadets s'arrêtèrent à Moret; et le vin leur ayant échauffé la tête, ils se querellèrent et se battirent trois contre trois, si rudement qu'il y en eut deux de tués, entre lesquels étoit le fils de M. le maréchal de Saint-Geran, et deux autres de fort blessés. Cette nouvelle, qui me fut apportée à Fontainebleau, pensa me mettre au désespoir. J'allai dans l'instant trouver le Roi pour l'en informer le premier, et le suppliai de se souvenir de l'ordre qu'il m'avoit donné de demeurer près de sa personne. Sa Majesté me commanda d'aller moi-même le dire à M. le maréchal de Saint-Geran, et me promit de faire ensuite ma paix avec lui. J'y allai, quoique avec une extrême peine, ayant une si triste et si fâcheuse nouvelle à lui porter. A peine avois-je commencé à lui parler qu'il m'entendit à demi-mot, et me demanda aussitôt si son fils étoit tué. Je fis mon possible pour le consoler par des considérations tout humaines, pensant plus à ce qui regardoit son honneur que son salut, et je le priai de me faire la justice en cette occasion de ne me pas attribuer un malheur qu'un ordre formel du Roi m'avoit mis entièrement hors d'état de pouvoir empêcher. Il me parla avec toute la bonté que je pouvois attendre de lui, et il s'enferma ensuite dans son cabinet. Le Roi lui envoya quelque temps après témoigner qu'il prenoit part à sa douleur; et, lorsqu'il vint le remercier, Sa Majesté, après l'avoir consolé par des témoignages d'une tendresse particulière, me fit l'honneur de me justifier auprès de lui, et de l'assurer qu'il n'y avoit point eu de ma faute. M. le maréchal lui répondit le plus honnêtement du monde qu'il étoit bien éloigné de m'accuser, qu'il me connoissoit trop pour m'imputer ce malheur, et qu'il m'aimeroit toujours également.

Mais les capitaines du régiment, qui étoient tous fort piqués contre moi pour la raison que j'ai marquée auparavant, jugèrent cette occasion favorable pour me desservir auprès du Roi. Comme ils ignoroient que c'eût été par son ordre que j'étois demeuré à Fontainebleau, ils vinrent en corps le trouver, et le supplièrent de leur permettre de procéder contre moi par les voies ordinaires de la justice, lui faisant entendre qu'il y avoit des lieutenans qui ne se soucioient plus de faire leur charge, et de demeurer avec leur compagnie, qui aimoient à être à la cour, et qui étoient ainsi cause d'une infinité de désordres. Le Roi, qui connut leur mauvaise volonté contre moi, et la jalousie secrète qui les animoit, ne voulut pas néanmoins leur rien témoigner, et il leur permit de faire

faire les informations ordinaires. Lorsqu'elles furent achevées et qu'ils les lui vinrent présenter, Sa Majesté les reçut, et leur dit qu'elle les feroit examiner; mais elle les jeta ensuite au feu, et donna ordre au prévôt de cesser toutes poursuites; ce qui leur fit connoître trop tard qu'ils avoient eu tort de s'attaquer à une personne que le Roi même honoroit de sa protection, et pour qui il se déclaroit si ouvertement.

Quelques années après que le Roi m'eut donné une lieutenance dans les Gardes, il m'envoya au fort Louis (1) avec une commission secrète, et pour une raison qu'il voulut n'être connue que de moi seul. M. Arnauld (2), mestre de camp du régiment de Champagne, et gouverneur de ce fort, étoit alors en grande réputation pour sa science et son expérience dans la guerre et dans tous les exercices de la discipline militaire. Il étoit également prudent et hardi dans ses entreprises, et il n'avoit pas moins de bonheur dans l'exécution de ce qu'il avoit entrepris. La sagesse de sa conduite le faisoit admirer de ceux mêmes qui étoient élevés au-dessus de lui par la grandeur de leur naissance et de leurs charges, et il sembloit que, pour espérer de voir rétablir en France l'ancienne milice et discipline romaine, il ne manquoit que de le voir chef des armées du Roi. L'on peut dire aussi que la France lui doit une partie de la gloire de la destruction de La Rochelle, qui étoit comme la citadelle de l'hérésie, puisqu'il commença le premier dans le fort

---

(1) *Il m'envoya au fort Louis*: Ce fait est rapporté avec tous ses détails dans les Mémoires d'Arnauld d'Andilly, qui font partie de cette série. — (2) *M. Arnauld*: Pierre Arnauld, l'un des frères d'Antoine Arnauld, si connu par son plaidoyer contre les jésuites.

Louis, dont il étoit gouverneur, à bloquer la ville, et à ôter la liberté à ses habitans de courir et de ravager le pays, jusqu'à ce que le Roi vînt ensuite se rendre maître de cette importante place. Cette grande réputation qu'avoit donc M. Arnauld dans les armées et à la cour, fit que le Roi, qui a toujours eu par lui-même une très-forte inclination pour toutes les choses de la guerre, désira d'apprendre ce qu'il savoit et ce qu'il pratiquoit de particulier, soit pour la conduite et l'arrangement des troupes, soit pour l'exercice et la discipline. Ayant résolu de se servir de quelqu'un de ses officiers pour une chose qu'il ne pouvoit pas apprendre par lui-même, il jeta les yeux sur moi, me jugeant propre pour lui garder le secret, et pour l'informer exactement de ce qu'il vouloit savoir. Il me confia donc son dessein, et me dit que, pour l'exécuter plus secrètement, je ferois d'abord un voyage en Provence, et que de là je m'en irois au fort Louis passer quelque temps en qualité de volontaire auprès de ce gouverneur, comme pour m'instruire moi-même plus particulièrement dans un métier pour lequel tout le monde savoit que j'avois une si forte passion. Il me donna ordre d'y demeurer jusqu'à ce qu'il me mandât, et que j'eusse remarqué exactement toutes les particularités qu'il vouloit apprendre; mais il me défendit très-expressément de dire à qui que ce fût que j'y allois de sa part.

Je partis avec cet ordre, et je n'allai pas jusqu'en Provence; mais de Lyon je tournai vers La Rochelle, et allai dans le fort Louis loger d'abord chez un gentilhomme que j'avois connu lorsque j'étois dans le régiment de Champagne. Il me reçut avec bien des témoignages d'amitié, et me dit que je serois obligé d'aller voir le gouverneur, qui étoit fort exact pour la discipline, et qui vouloit connoître tous ceux de la garnison. C'étoit bien en effet mon dessein, et il m'y mena lui-même deux jours après. Comme je n'étois pas connu de M. Arnauld, ou au moins que je croyois ne l'être pas, je lui dis que sa grande réputation m'avoit attiré en ce lieu, et qu'ayant toujours eu une très-grande inclination depuis ma jeunesse pour apprendre tout ce que je pourrois dans la guerre, je venois dans le dessein de m'instruire auprès de sa personne, et de servir quelque temps dans sa garnison comme volontaire, afin de tâcher de profiter de ses lumières en observant ce qu'il faisoit pratiquer à toutes ses troupes dans leurs exercices, et le pratiquant moi-même, sous sa conduite, le mieux qu'il me seroit possible. Il me répondit qu'il étoit vrai qu'il s'étoit étudié particulièrement à acquérir quelque connoissance de ce métier, dont il faisoit profession depuis long-temps, et qu'il lui sembloit pouvoir dire qu'il y avoit appris quelque chose, tant par l'application qu'il y avoit eue que par son expérience; qu'il espéroit même, si Dieu lui faisoit la grâce de vivre, de pouvoir rétablir parmi ses soldats une partie de l'ancienne discipline. L'ouverture avec laquelle il me parla dans la suite, me donna lieu de croire que j'étois peut-être connu de lui sans que je le susse; et comme il avoit l'esprit fort pénétrant, il put bien même se douter que ce n'étoit pas sans quelque ordre secret du Roi que j'étois venu passer quelque temps dans sa garnison, car il ajouta d'une manière fort obligeante que je lui faisois honneur de vouloir bien venir apprendre sous lui ce qu'il avoit lui-même appris avec beaucoup de travail; qu'il me promettoit de ne me rien cacher de ce qu'il savoit, et qu'il me tiendroit auprès de lui et me montreroit toutes choses. Je répondis à son honnêteté le plus civilement que je pus, mais je le priai de trouver bon que je fisse tous les exercices comme volontaire, afin de pouvoir apprendre les choses plus exactement.

Je demeurai de cette sorte environ pendant trois mois, mangeant presque toujours à la table de M. le gouverneur, me rendant le plus assidu que je pouvois près de sa personne, et étudiant avec une application extraordinaire tout ce que j'avois envie de savoir. Aussi je puis dire que, quoique j'eusse déjà acquis quelque connoissance et expérience dans les guerres où j'avois été nourri dès mon enfance, j'appris beaucoup en peu de temps auprès d'un si savant maître, et connus diverses choses qui n'étoient point pratiquées par les autres; car, comme je fus assez heureux pour qu'il eût une forte inclination pour moi, et que je n'en avois pas une moindre pour le métier où il excelloit, je sus de lui, tant par la pratique et l'exercice, que par les entretiens particuliers dont il m'honoroit, une grande partie de ce qui le rendoit si habile et qui le faisoit estimer de tout le monde. J'avois soin de marquer à mesure tout ce que j'apprenois de nouveau, et je dressois même sur le papier diverses sortes d'exercices, de bataillons, de campemens, de marches et de défilés, jugeant à peu près de ce qui pourroit davantage plaire au Roi.

Dans ce même temps l'un des capitaines de Champagne étoit très-mal avec son mestre de camp, qui se plaignoit de ce qu'ayant une compagnie dans le régiment il n'y venoit presque jamais, et que lorsque quelque charge y étoit vacante il la procuroit à quelqu'un de ses parens, sans regarder au mérite autant qu'il devoit. Il ne falloit pas s'étonner qu'un mestre de camp si exact pour la discipline blâmât un officier qui l'étoit si peu, et qu'ayant beaucoup plus d'égard à l'habileté et aux services qu'à la parenté, il condamnât une conduite tout opposée; car lorsqu'il voyoit quelque brave soldat qui avoit bien servi le Roi dans les armées, il vouloit, sans s'informer de sa qualité, lui procurer récompense en lui faisant avoir quelque charge dans le régiment, ce qui donnoit du courage à tous les autres, qui voyoient que sous un tel gouverneur les emplois honorables devenoient le prix de la vertu. Cette différence de conduite produisit donc une mésintelligence entre eux, qui s'augmenta par une rencontre particulière. L'enseigne de la compagnie de ce capitaine étant mort, M. Arnauld désira de faire donner le drapeau à un fort brave sergent qui s'étoit signalé par diverses actions qui méritoient récompense. Le capitaine, au contraire, vouloit le donner à un de messieurs ses parens qui sembloit n'avoir guères d'autre mérite pour cette charge que celui d'être son parent. M. Arnauld lui en ayant écrit fort civilement fut très-choqué du refus qu'il lui en fit. Il s'en plaignit hautement, et parloit de lui comme d'une personne qui cherchoit à le désobliger.

Comme j'avois l'honneur d'être parent et ami intime de ce capitaine, et que d'ailleurs j'avois de si grandes obligations à M. Arnauld, je crus devoir ménager cette occasion pour rendre service au mestre de camp et au capitaine en même temps. Je dis donc à M. Arnauld qu'ayant l'honneur de connoître très-particulièrement cet officier, je savois qu'il étoit très-éloigné par lui-même de cette humeur désobligeante dont il sembloit qu'il eût quelque sujet de se plaindre en cette occasion ; que je ne pouvois attribuer ce refus qu'à quelque mésintelligence et à un pur malheur ; que celui dont il se plaignoit avoit des ennemis, et qu'une personne éloignée passe aisément pour plus coupable qu'elle n'est. Je m'engageai en même temps à lui en écrire, et Dieu permit que je conduisisse cette affaire avec assez de bonheur pour les remettre tous deux en fort bonne intelligence.

Peu de jours après que j'eus terminé cette affaire, je reçus un ordre secret du Roi de m'en retourner à la cour. Je savois bien que le gouverneur, qui me témoignoit plus de bonté que jamais à cause de la grande assiduité avec laquelle je m'attachois près de sa personne, auroit beaucoup de peine à me voir partir ; ainsi je fus obligé de l'y préparer, de peur qu'en le quittant tout d'un coup je ne lui donnasse lieu de m'accuser d'avoir moins de reconnoissance que je ne devois de la manière si obligeante dont il en avoit usé à mon égard. Je lui fis donc entendre la nécessité indispensable où je me trouvois de m'en aller à Paris pour des affaires très-importantes qui m'engageoient à y retourner. Il me fit toutes les instances possibles pour m'obliger de demeurer, et m'offrit même tout ce qui dépendroit de lui dans le régiment ; mais il vit bien à la fin que je ne pouvois me dispenser de partir, et il se douta peut-être aussi, comme je l'ai dit, de la véritable raison qui m'avoit fait venir en ce lieu.

Ainsi il me laissa dans la liberté de faire ce que je voulois ; et je demeurai encore quelques jours auprès de lui. Je fus témoin dans cet entre-temps d'une action très-généreuse qu'il fit, et qui mérite d'avoir place dans ces Mémoires. Comme je faisois une nuit la ronde avec lui, il s'avança seul un peu devant pour entendre ce que disoient des soldats qui faisoient assez de bruit dans leur hutte, et il entendit qu'un d'eux buvoit à sa santé, et que les autres y répondoient en pestant et s'emportant contre lui en des termes tout-à-fait injurieux et insolens. Il est vrai qu'il fut d'abord un peu surpris de cette manière de saluer la santé d'un gouverneur ; mais, connoissant ce que peut sur l'esprit de ces sortes de gens l'inclination si naturelle qu'ils ont au libertinage, et quelle violence on leur fait lorsqu'on les réduit à une discipline aussi exacte qu'étoit celle qu'il leur faisoit observer, il ne s'en mit point du tout en colère, et, tournant même la chose en raillerie, il me dit en m'appelant : « Voici de bons « camarades qui boivent d'une étrange sorte à ma santé, « et disent de beaux vers à ma louange. » Il continua sa ronde comme auparavant, et visita toutes les rues, et étant ensuite revenu à la porte de ces beaux buveurs de santé, il y frappa. Eux que le vin avoit rendus un peu gais répondirent brusquement : « Qui va là ? » Le gouverneur répondit en maître : « Ouvrez. » Aussitôt ces gens, assez étourdis d'entendre sa voix, lui ouvrirent. Il se contenta de leur demander pourquoi ils n'étoient pas couchés, la retraite étant sonnée. Ils lui répondirent qu'ils le prioient de leur pardonner, qu'ayant reçu de lui la permission d'aller à la petite guerre, et y ayant gagné quelque chose, ils se réjouissoient ensemble, buvant à la santé du Roi et à la sienne. Sur quoi leur ayant jeté quelques pistoles pour boire un peu mieux à sa santé, et les ayant avertis d'être plus sages à l'avenir, ils se jetèrent tout transportés de joie pour lui accoler la cuisse. Ainsi, au lieu de punir l'insolence de ces soldats, qui avoient osé l'outrager à cause de la sévérité avec laquelle il leur faisoit observer la discipline, il aima mieux les gagner par sa douceur et les vaincre par sa libéralité.

Je ne puis aussi m'empêcher de rapporter en ce lieu une autre action encore plus généreuse qu'il fit en une occasion plus importante. Comme il vouloit que son régiment fût toujours complet, et que sa propre inclination et le service du Roi demandoient de lui cette exactitude, il avoit donné un excellent ordre pour empêcher qu'à la revue il ne se mêlât des passe-volans dans les compagnies. Un des capitaines (1) de son régiment manqua à cet ordre; et lorsqu'il l'en reprit cet officier s'en tint si offensé, qu'il s'emporta jusqu'à déclarer hautement qu'il n'y obéiroit point, et jusqu'à mettre même ensuite l'épée à la main contre son mestre de camp. Cette révolte avoit besoin d'être réprimée par l'autorité du Roi. C'est pourquoi M. Arnauld en écrivit à la cour, et représenta les suites dangereuses d'une telle action si elle demeuroit impunie. Le Roi ordonna que le capitaine seroit cassé; et ce grand exemple fit dans toute la garnison l'effet que l'on pouvoit souhaiter. Cependant cet officier, humilié au dernier point par cette disgrâce, reconnut enfin sa faute lorsqu'elle sembloit irréparable. M. Ar-

(1) *Un des capitaines :* Le nom de cet officier nous a été conservé par Arnauld d'Andilly. Il s'appeloit de La Condamine.

nauld en fut averti ; et n'ayant aucun ressentiment de ce qui s'étoit passé, mais songeant uniquement à procurer les véritables intérêts du Roi, il écrivit une seconde fois à la cour ; il conjura les ministres d'obtenir le rétablissement de ce capitaine, les priant de considérer qu'il ne falloit pas seulement qu'un gouverneur se fît craindre, mais qu'il étoit encore plus important qu'il se fît aimer, et qu'ainsi cette grâce extraordinaire qu'il leur demandoit ne seroit pas moins avantageuse pour le service du Roi que la justice qu'ils lui avoient déjà faite. Ces raisons lui firent obtenir facilement ce qu'il demandoit ; et tous les officiers de sa garnison furent tellement touchés de cette générosité de leur gouverneur, et de la considération qu'il s'étoit acquise à la cour, qu'ils prirent plaisir ensuite à lui complaire en toutes choses, et se firent un honneur de lui obéir.

Je partis donc du fort Louis, après avoir pris congé de M. Arnauld, pour m'aller rendre auprès du Roi, qui étoit pour lors à Compiègne. Lorsque j'y fus arrivé, Sa Majesté, pour mieux couvrir son secret, ne fit pas d'abord presque semblant de me regarder, et feignit même d'être fâchée contre moi, me demandant pourquoi j'avois tardé si long-temps à revenir. Comme j'entendois fort bien ce langage, je lui répondis, sans m'étonner, que j'avois eu à peine le loisir d'exécuter les ordres qu'elle m'avoit donnés, et que j'étois parti le plus tôt qu'il m'avoit été possible, après avoir reçu la lettre qui m'avoit été écrite de sa part. Le lendemain le Roi me fit entrer seul dans son cabinet et s'enferma avec moi. Alors, m'ayant demandé compte de tout ce que j'avois appris dans mon voyage, je le lui rendis avec toute l'exactitude possible, et lui montrai le mémoire et le plan que j'avois dressés de toutes choses. Comme ce prince prenoit un singulier plaisir dans ce noble divertissement, il fut près d'un mois à passer presque tous les jours une heure de temps avec moi seul dans le cabinet, me faisant faire avec des bilboquets ou figures de plomb tout ce que j'aurois fait avec des troupes de soldats. Et, après qu'il eut appris tout ce que j'avois pu moi-même apprendre de M. Arnauld, il voulut commander et obéir à son tour aussi bien que moi, en sorte que nous faisions comme l'exercice l'un après l'autre par l'arrangement de ces figures, selon toutes les manières différentes que j'en avois remarquées.

Cette confidence si particulière que le Roi me témoigna pendant tout ce temps, donna beaucoup à penser à plusieurs personnes de la cour, qui ne pouvoient s'imaginer la raison pour laquelle le Roi s'enfermoit ainsi tout seul si souvent avec moi; mais, entre les autres, le sergent-major du régiment des Gardes en conçut une extrême jalousie, jusque-là qu'il me dit un jour que j'avois mauvaise réputation parmi les officiers, et que plusieurs commençoient à craindre que je ne rapportasse au Roi tout ce qu'ils faisoient, ne voyant pas d'où pouvoit venir cette grande familiarité que j'avois avec le prince. Il est vrai qu'un compliment si malhonnête me choqua et me piqua au dernier point. Je lui répondis assez fièrement que j'avois cru jusqu'alors avoir l'honneur d'être connu de lui; mais que ce qu'il disoit étant si éloigné de mon humeur et de la manière dont j'avois vécu jusqu'à présent, il faisoit bien voir qu'il se connoissoit peu en

gens ; que ceux qui me connoissoient mieux que lui ne pouvoient avoir ce soupçon de moi, tous mes amis, hormis lui seul, étant persuadés que j'aimerois mieux être mort que d'avoir fait une lâcheté si indigne d'un homme d'honneur. « Faut-il s'étonner, ajoutai-je, que
« le Roi me parle quelquefois en particulier, puisque,
« m'ayant envoyé en une province assez éloignée pour
« plusieurs affaires, il me demande selon sa coutume
« un compte exact de tout ce que j'y ai fait, et prend
« plaisir à s'entretenir de toutes ces choses, comme on
« sait assez que c'est son humeur ? » Mais ce qui piqua beaucoup cet officier, fut que le Roi lui montra le plan des bataillons que j'avois dressé, sans lui dire de qui c'étoit, lui témoignant seulement qu'il estimoit davantage cette méthode que la sienne qu'il avoit fait imprimer. Il eut néanmoins quelque soupçon que ce pouvoit être moi, et il m'en parla ; mais comme le Roi m'avoit défendu de rien dire, et de le donner à qui que ce fût, je lui répondis d'une manière assez propre pour lui ôter ce soupçon.

[1625] Ma vie étoit tellement mélangée et traversée, que ce n'étoit que comme une chaîne et une suite continuelle d'aventures bonnes ou mauvaises. J'eus vers ce temps une grande affaire avec un fameux partisan qui avoit le parti des gabelles ; et ce différend eut pour origine un bienfait du Roi. Ayant été gratifié, conjointement avec M. le duc de Saint-Simon, d'une donation considérable dont nous avions à nous faire payer sur ce partisan, comme j'avois grand besoin de bien ménager les présens du Roi, n'étant pas assez riche pour les pouvoir négliger, je pressai cet homme de nous en faire le paiement; et sur le refus qu'il en fit, je crus devoir le poursuivre au conseil du Roi, et j'obtins un arrêt contre lui. Mais c'étoit un maître chicaneur qui ne s'étourdissoit pas d'un arrêt, et qui avoit ses poches toujours pleines de moyens de requête civile. Je vis bientôt qu'il en savoit trop pour moi, qui étois parfaitement ignorant en fait de chicane, et que le plus sûr étoit de penser à quelque accommodement. Je m'adressai pour cela à son cadet qui étoit fort de mes amis, et lui témoignai que j'étois si bien persuadé de la justice de ma cause, que je ne ferois nulle difficulté de le prendre lui-même pour arbitre entre son frère aîné et moi. Il me promit de lui en parler. Mais le partisan se mettant assez peu en peine de la recommandation de son frère, et jugeant sans doute qu'un homme de guerre comme moi, peu accoutumé aux procès, seroit bientôt las des procédures, et que son argent pourroit bien lui demeurer, fit la sourde oreille aux propositions qui lui furent faites de ma part, et refusa d'entendre à aucun accommodement.

Un jour, comme je me promenois avec quelques-uns de mes amis dans la salle de M. d'Effiat (1), surintendant des finances, je vis entrer ma partie. Ne demandant plus de médiateur, j'allai moi-même m'expliquer avec lui, et lui dis avec une fort grande franchise : « Je sais, monsieur, que vous ne m'aimez pas. Pour « moi, je puis vous assurer que je n'ai aucune haine

---

(1) *M. d'Effiat* : Antoine Coiffier, marquis d'Effiat, avoit été nommé surintendant des finances en 1625. Il fut fait maréchal de France en 1631, et mourut l'année suivante le 27 juillet. Son second fils, le marquis de Cinq-Mars, fut décapité avec de Thou le 12 septembre 1642.

« contre vous. Je ne vous demande autre chose que
« la donation du Roi ; n'est-ce pas une honte à un
« homme riche comme vous êtes, de me refuser le
« peu que vous me devez, et de vous jouer ainsi de
« tous les arrêts ? Je suis naturellement si éloigné de
« toutes chicanes, que j'aime mieux me soumettre au
« jugement de qui vous voudrez. Choisissez tel arbitre
« qu'il vous plaira, mais sortons d'affaire. — Puis-
« que vous m'ouvrez votre cœur, me répondit-il, il
« est juste que je vous ouvre le mien aussi. Je n'ai
« qu'une seule chose à vous dire, qui est que j'ai
« présentement vingt-sept procès sur les bras, et que
« j'ai de quoi les faire durer tous vingt-sept ans. C'est
« à vous à voir si vous voulez plaider contre moi. »
Il est vrai que je me sentis tellement piqué d'une réponse si malhonnête et d'une rodomontade si ridicule, à laquelle assurément je ne m'attendois pas, que
je me mis tout de bon en colère contre lui. « Touchez
« dans la main, lui dis-je ; je vous promets, foi de
« gentilhomme et d'homme d'honneur, que, puisque
« vous voulez plaider, je vous ferai si bonne guerre
« qu'un de nous deux sera obligé de sortir du
« royaume. » Je commençai dès lors à solliciter puissamment mes juges, et, n'épargnant ni travail ni argent,
j'obtins enfin un autre arrêt contre lui, avec une prise
de corps. Il fut obligé de quitter Paris et de s'enfuir
à Lyon. Je le poursuivis ; mais comme il se vit pressé,
il se pourvut au conseil par une nouvelle requête. On
recommence à plaider tout de nouveau. Nous reve-
nons tous deux à Paris ; et ce fut en ce même temps
que je trouvai le moyen d'humilier d'une manière assez
plaisante la fierté d'un sergent.

On m'envoyoit tous les jours quelque nouvel exploit, pour m'obliger à comparoître ou à produire quelque papier; et les sergens faisoient gloire de me signifier impunément ces exploits. Lassé enfin de voir si souvent dans ma maison ces sortes d'officiers, qui ne plaisent guère aux gens de notre métier, je me résolus d'user, non de violence, mais d'adresse pour me défaire honnêtement de l'incommodité que j'en recevois. Je m'avisai pour cela d'une invention assez bizarre; qui fut de faire ajuster une trappe à l'entrée de ma chambre, de la largeur de la porte, afin qu'on ne pût entrer ni sortir sans y tomber lorsque le crochet qui l'arrêtoit seroit défait. Je fis attacher en même temps au plancher de la chambre de dessous un grand sac tout ouvert, justement sous la trappe, afin que celui qui y passeroit tombât dans ce sac ainsi suspendu en l'air. Comme j'étois souvent en compagnie, et que j'avois d'ordinaire quelques cadets du régiment des Gardes chez moi, on choisissoit entre les sergens les plus braves pour me venir signifier les exploits dont j'ai parlé. Un d'eux ayant témoigné à ses camarades qu'il n'avoit aucune peur de moi, et étant de plus en assez belle humeur à cause de quelques pistoles qu'on lui avoit promises, vint en mon logis, et entra dans ma chambre avec un exploit à la main. Tout brave qu'il s'étoit fait, il me parut peu assuré, et il me dit qu'étant obligé de me signifier un exploit, il ne le feroit pas néanmoins si je ne le trouvois bon. Je lui répondis qu'il s'entendoit fort mal à faire civilité aux gens d'honneur, qu'il ne devoit pas se moquer de moi en me demandant mon consentement pour me signifier un exploit qu'il tenoit en main. Comme il me vit en colère, il eut recours aux soumissions et aux excuses; mais, voyant enfin que je haussois le ton de ma voix, et que, s'il ne sortoit promptement, il pouvoit craindre que je ne lui fisse fête de quelques coups de bâton, il commença, en reculant et en tâchant de m'adoucir par ses excuses, à gagner la porte. Cependant mon valet avoit ôté le crochet de la trappe, et ainsi le brave sergent, ne pensant qu'à se sauver, s'évanouit tout d'un coup et disparut, étant tombé par la trappe dans le sac qui se ferma par le haut à cause de la pesanteur du corps, aussi bien que la trappe qui se remit dans l'instant en son premier état. Voilà donc un homme suspendu entre le ciel et la terre, qui ne savoit s'il étoit mort ou vif, tant la surprise l'étonna et le troubla. Je lui donnai le loisir de revenir un peu à lui, l'ayant laissé pendant un quart d'heure dans cette prison. Après l'en avoir fait tirer, il me demanda pour toute grâce de ne point parler d'une chose qui le déshonoreroit pour toujours. Je le lui promis, étant assez satisfait d'avoir humilié fort innocemment l'orgueil d'un sergent; mais il fut toujours depuis le premier à me faire souvenir de son sac, et à rire d'un si plaisant accident.

Je poussai cependant mon partisan avec le plus de vigueur qu'il me fut possible, et lui fis connoître que, s'il savoit plus de chicane que moi, j'avois meilleure cause que lui et assez de crédit pour la défendre. Enfin comme il vit son affaire en mauvais état, il résolut de gagner les juges par de grands présens, et trouva moyen aussi de surprendre M. le surintendant, en le priant de l'assister de son crédit contre un gentilhomme provençal qui le chicanoit. M. d'Effiat, ainsi surpris, envoya M. le marquis d'Effiat son fils pour solliciter de sa part tous les juges contre moi, sans savoir néanmoins que ce fût moi contre qui il sollicitoit. Mon avocat m'en avertit, et le pouvant à peine croire d'une personne qui m'avoit toujours témoigné beaucoup de bienveillance, j'allai supplier le Roi de vouloir lui en dire un mot. Le lendemain, prenant mon hausse-col et me faisant accompagner de quatre ou cinq cadets des plus braves de ma compagnie, je me rendis chez M. le surintendant lorsqu'il dînoit. J'attendis qu'il se fût levé de table, et lorsqu'il lavoit sa bouche, m'approchant de lui, je lui dis tout bas : « Je viens ici, « monsieur, vous présenter une requête; je ne sais « si elle sera civile, mais au moins je suis assuré « qu'elle est juste. Ne suis-je pas bien malheureux, « monsieur, moi qui ai toujours eu l'honneur d'être « votre serviteur, d'être devenu tout d'un coup cri- « minel dans votre esprit, et de m'être attiré votre in- « dignation sans le savoir? Il faut bien, monsieur, « en effet, que vous me croyiez coupable de quelque « grand crime, puisque, après m'avoir honoré de « votre affection, vous sollicitez présentement contre « moi dans une affaire qui est si juste, et où il ne « s'agit que de l'exécution de la volonté du Roi. » M. d'Effiat, surpris autant qu'on peut l'être d'un tel discours, me dit en m'interrompant : « Moi solliciter « contre vous! je ne sais en vérité ce que vous me « dites; faites-vous entendre, et expliquez-moi cette « énigme. — Voilà M. F.... qui est présent dans cette « salle, lui repartis-je; il a un procès contre moi, et « il nous chicane malicieusement sur le sujet d'une « donation que le Roi nous a faite, à M. le duc de

« Saint-Simon et à moi. J'ai obtenu plusieurs arrêts
« contre lui au parlement et au conseil ; mais c'est
« une anguille qui m'échappe toujours de la main
« lorsque je crois la tenir. Que si, monsieur, vous
« prenez encore sa défense, comme il a paru par la
« sollicitation que M. votre fils a faite depuis peu de
« votre part contre moi, je sais trop que ce n'est pas
« à un simple officier comme je suis, d'entreprendre
« de l'emporter au-dessus d'un surintendant, et j'aime
« mieux, dès à présent, donner cause gagnée à ma
« partie. — Je vous proteste, me repartit M. d'Effiat,
« que je n'ai point su que ce fût vous qui plaidassiez
« contre M. F...... Il m'a surpris ; mais je lui ferai con-
« noître que l'on ne gagne jamais à surprendre un
« homme d'honneur. » L'ayant fait venir en même
temps, il ne lui tint pas grands discours ; mais en peu
de mots il le démonta et le couvrit de confusion. « Vous
« m'avez fait un affront, lui dit-il, et m'avez surpris,
« en me faisant solliciter sans le savoir contre M. de
« Pontis. Vous me devez 500,000 livres ; je vous dé-
« clare que, si vous ne me les payez dans cette se-
« maine, je vous ferai enfermer en une basse-fosse. »
Comme il voulut se justifier, M. d'Effiat lui commanda
de se retirer, et de penser à ce qu'il venoit de lui dire.
Toute la compagnie qui étoit dans la salle fut ravie
de voir un partisan humilié de la sorte. Il ordonna
aussitôt à M. le marquis d'Effiat son fils d'aller avec
moi détromper les juges, et leur témoigner qu'il étoit
fâché de s'être laissé surprendre ; et d'avoir sollicité
contre une personne qu'il aimoit. Plusieurs d'entre
eux avoient reçu de grands présens, et quelques-uns
entre les autres avoient eu des charretées d'orangers.

Comme je les vis dans leurs jardins, je ne pus point m'empêcher de dire en riant à chacun de ces messieurs : « Ah ! que de corruption ! et que j'appréhende « pour ma cause ! Je vous prie, au nom de Dieu, « monsieur, de ne regarder jamais ces orangers lors- « que vous examinerez mon procès, car ils me por- « teroient malheur. »

On me conseilla de récuser un de ces juges, à cause qu'ayant été avocat de ma partie dans ce même procès contre moi, il avoit eu depuis par son moyen une charge de maître des requêtes, et étoit ainsi devenu tout d'un coup de son avocat son juge. La chose paroissoit assez odieuse d'elle-même ; et un homme tant soit peu équitable n'auroit pas sans doute attendu de se faire récuser par les parties pour une semblable cause. Mais deux mille écus de pension qu'il retiroit du partisan le faisoient passer par dessus les règles ordinaires de la justice. Avant que de le récuser je voulus tenter les voies de la civilité ; j'allai le trouver, et lui fis à peu près ce compliment : « Je viens ici, « monsieur, lui dis-je, pour un sujet qui est très-juste, « et je vous crois trop équitable pour ne me le pas ac- « corder. Vous savez que vous avez autrefois plaidé « pour M. F...., qui est ma partie. Je ne trouve pas « étrange, monsieur, que vous l'ayez servi de votre « mieux, car c'est la charge d'un avocat. J'ai même loué « plusieurs fois votre esprit, votre suffisance et votre « sagesse dans cette affaire. Depuis, vous avez eu la « charge de maître des requêtes : c'est, monsieur, la « récompense de votre mérite ; et il y a sujet de croire « qu'ayant été si bon avocat vous ne serez pas moins « bon juge. Mais vous me permettrez, s'il vous plaît, de

« vous dire qu'il me semble que le premier témoignage
« que vous devez donner de votre justice, est de refuser
« d'être juge d'une affaire dont vous avez été avocat :
« car, quoique je ne doute point de votre probité, il
« seroit contre votre honneur d'entreprendre de juger
« en qualité de maître des requêtes celui que vous avez
« déjà condamné si sévèrement en plaidant contre lui. »
Il me répondit que s'il eût voulu se départir de toutes
les causes qu'il avoit plaidées, il n'auroit eu qu'à quitter sa charge, parce que la plupart des grandes affaires avoient passé par ses mains. Après un assez long
entretien, comme je le vis entièrement résolu à ne se
point récuser lui-même dans le jugement de cette
cause, je pris congé de lui, et, étant allé dans le moment trouver le Roi, je l'informai de toutes choses.
M. Séguier, chancelier de France, arriva sur ces entrefaites ; et le Roi, le prenant par le bras, lui dit :
« Monsieur le chancelier, j'ai une question à vous pro-
« poser : un avocat qui a plaidé contre une personne,
« et qui ensuite a acheté une charge de judicature, peut-
« il être jugé dans l'affaire contre laquelle il a plaidé ? »
M. le chancelier, paroissant un peu étonné, répondit au
Roi qu'il ne croyoit pas que quelqu'un osât le soutenir ; que c'étoit une chose contraire à toutes les lois et
à toutes les ordonnances, et que la seule raison le
condamnoit. « C'est pourtant, lui dit le Roi, ce que
« La... veut faire à l'égard de Pontis que voilà. » Il n'en
falloit pas davantage pour engager M. le chancelier à
me promettre bonne justice. Aussi me la rendit-il dès
le jour suivant, ayant fait donner un arrêt par lequel
il fut défendu à M. de La.... de se trouver au jugement, non-seulement de cette affaire, mais encore

de toutes celles que je pourrois avoir à l'avenir avec le partisan dont j'ai parlé. Je donnai cet arrêt à un huissier pour l'aller signifier à ce maître des requêtes; mais en ayant été averti, et étant au désespoir de voir sa mauvaise volonté condamnée publiquement par le Roi et par son conseil, il employa aussitôt mes meilleurs amis pour m'empêcher de pousser plus loin cette affaire. Je leur rendis raison de ma conduite, qu'ils approuvèrent, et leur protestai que la seule nécessité m'engageoit à en user de la sorte, et que d'ailleurs je serois prêt de lui rendre service en toutes rencontres. Mais comme cette affaire avoit éclaté, et que M. de La...... craignoit que l'accès que j'avois auprès du Roi ne me donnât lieu de le desservir, comme il m'auroit été fort facile si j'avois eu l'esprit assez lâche pour cela, il me vint trouver lui-même au bout de quelque temps, et, après plusieurs discours qu'il est inutile de rapporter ici, il me pria de vouloir l'accompagner chez le Roi, et de lui parler en sa faveur. Je montai dans son carrosse, et étant arrivé avec lui à Saint-Germain vers le lever du Roi, je lui dis en le lui présentant : « Voici, sire, M. de La...., qui,
« par la seule considération que j'ai l'honneur d'appar-
« tenir à Votre Majesté, a voulu se réconcilier avec
« moi, quoique nous n'ayons jamais été ennemis.
« Comme il sait que Votre Majesté me fait l'honneur
« de me souffrir auprès d'elle, il a voulu se servir de
« moi-même, par une générosité extraordinaire, pour
« la supplier très-humblement d'oublier ce qui s'est
« passé entre nous deux, puisque je l'oublie de tout
« mon cœur. Si je l'avois connu aussi généreux qu'il
« est j'aurois agi d'une autre manière à son égard,

« comme je crois qu'il auroit agi lui-même d'une
« autre sorte s'il m'avoit connu tel que je suis. Je
« supplie donc très-humblement Votre Majesté de le
« considérer toujours comme un de vos bons et fidèles
« serviteurs. » Le Roi reçut bien ce que je lui disois,
et nous sortîmes, M. de La..... et moi, très-satisfaits
l'un de l'autre.

Mais je n'étois pas quitte pour cela de mon procès,
et j'avois à continuer mes poursuites contre celui qui
me chicanoit si long-temps sur la donation du Roi.
J'obtins enfin une nouvelle prise de corps contre lui;
ce qui l'obligea à sortir une seconde fois de Paris, et à
s'enfuir à Lyon. Je le suivis de si près qu'il se vit
contraint de se réfugier dans les terres du Pape à Avignon. J'écrivis à l'ambassadeur du Roi à Rome, qui
étoit M. le marquis d'Estrées, et ayant obtenu une
permission de Sa Sainteté, je fus sur le point de l'arrêter, lorsqu'il m'échappa et se sauva à Orange. Je ne
me décourageai point pour cela; mais j'écrivis à M. le
prince d'Orange, qui étoit à La Haye, pour lui demander justice contre ce misérable chicaneur. Il en eut
avis, et, voyant qu'il ne lui restoit plus que l'Espagne
ou l'Allemagne pour se retirer, et qu'il courroit même
risque d'être pris dans sa fuite, il écrivit à M. le duc
de Saint-Simon pour lui parler d'accommodement, et
il aima mieux payer enfin, quoique malgré lui, ce
qu'il avoit résolu au commencement de nous refuser,
que non pas de se bannir volontairement du royaume.
Il paya donc à M. le duc de Saint-Simon 20,000 écus,
et à moi environ 40,000 livres. Mais ce procès, où il
s'agissoit de si peu de chose pour un homme riche
comme lui, causa sa ruine entière; car il y dépensa

près de 400,000 livres; et fut entièrement décrédité. Ainsi il vit l'accomplissement de la parole que je lui avois donnée, de lui faire si bonne guerre qu'un de nous deux seroit obligé de sortir hors du royaume, et j'ai cru qu'il n'étoit pas inutile de faire connoître, par cet exemple si remarquable, combien la fausse confiance qu'a un homme en son argent, en son crédit et en sa chicane, est souvent capable de le précipiter et le perdre. Je ne laissai pas depuis de rendre un très-bon office à son frère auprès du Roi; car, comme il voulut acheter une lieutenance dans les Gardes du Corps, le Roi m'ayant fait l'honneur de me demander mon sentiment, je lui rendis tout le bon témoignage que je pus du courage et du mérite de cet officier, ajoutant que, comme il avoit de l'argent, il n'étoit pas mauvais qu'il le dépensât au service de Sa Majesté, à qui cet argent appartenoit principalement.

[1627] Ce fut à peu près vers ce même temps qu'arriva la disgrâce de M. de Bouteville, qui, après s'être battu, comme l'on sait, nonobstant les grandes défenses du Roi, fut arrêté lorsqu'il étoit sur le point de se retirer avec le comte des Chapelles en Lorraine. Le valet de chambre du marquis de Bussy, sachant que son maître avoit été tué, les suivit, et fit si grande diligence qu'il les joignit à Vitry-le-Brûlé. Il ne leur étoit rien plus facile que de pousser tout de suite jusqu'à ce qu'ils fussent en un lieu de sûreté, puisqu'il ne leur restoit plus que deux postes pour y arriver; et le comte des Chapelles fit en effet tout ce qu'il put pour le persuader à M. de Bouteville. Mais Dieu permit qu'il fût lui-même cause de sa perte, se piquant un peu à contre-temps de n'avoir aucune peur, et reprochant même au comte des Chapelles, comme une foiblesse d'esprit, cette prévoyance si nécessaire qu'il lui conseilloit. Cependant ce valet de chambre dont j'ai parlé eut le loisir d'aller à Vitry-le-François, dont le feu marquis de Bussy, son maître, étoit gouverneur ; il donna avis au prévôt des maréchaux du lieu où ceux qui l'avoient tué s'étoient retirés ; et ce prévôt, accompagné de ses archers, étant venu investir la maison, les arrêta, et les conduisit à Vitry-le-François. Le Roi en fut averti, et donna ordre aussitôt à M. de Gordes, capitaine des Gardes, et à moi, d'aller à Vitry avec deux cents hommes, pour conduire M. de Bouteville et M. des Chapelles à Paris. Comme j'avois l'honneur d'être connu très-particulièrement de M. de Bouteville, j'avoue qu'il me fut un peu sensible d'être employé à une telle commission, et de me voir obligé de rendre un si triste service à une personne qui m'avoit toujours témoigné bien de la bonté, quoique d'ailleurs je ne pusse pas m'empêcher de désapprouver et de condamner la conduite si criminelle de ceux de qui je pleurois déjà la mort par avance. Lorsque nous fûmes arrivés à Vitry, M. de Bouteville fit paroître de la joie de me voir, par un compliment assez extraordinaire qu'il me fit, en me disant que je fusse le très-bienvenu ; et que, puisque j'étois de la compagnie, il savoit bien qu'il n'y auroit point de tricherie dans cette affaire. Je lui répondis qu'il avoit assurément tout lieu de le croire, puisque M. de Gordes, qui étoit présent, étoit trop homme d'honneur pour le souffrir. Il fut fort gai dans tout le voyage, sans témoigner le moindre chagrin, s'assurant sans doute sur ses grandes alliances et sur le crédit de ses amis ; et aussitôt que nous arrivions à l'hôtellerie, il m'obligeoit même de jouer avec lui, comme se possédant parfaitement et étant maître de soi.

Cependant il courut un bruit que M. le duc d'Orléans avoit mis en campagne sept ou huit cents chevaux pour nous venir enlever M. de Bouteville. On en avertit le Roi, qui nous envoya un secours de cinq cents hommes à une lieue par-delà Lagny, avec ordre exprès de nous bien défendre si l'on venoit nous attaquer. Je remarquai que M. de Bouteville demeura un peu surpris de voir arriver cette grande escorte ; et dans le premier étonnement, il me dit en confidence : « Que signifie donc ce grand « monde ? Que craint-on ? Ne vous ai-je pas donné ma « parole ? Et après vous l'avoir donnée, croit-on que « je voulusse y manquer ? » Mais pour moi, qui croyois pouvoir aisément dégager de sa parole une personne si bien escortée, et qui d'ailleurs ne voyois guère de lieu de bien espérer de cette affaire, je lui dis avec la même confidence qu'il me faisoit l'honneur de me témoigner : « Voyez-vous, monsieur, il n'est point « temps de se piquer de générosité et de point d'hon- « neur. Je vous dégage de votre parole ; et si vous « pouvez vous sauver, ne craignez point de le faire. » Je l'aurois bien souhaité en effet, pourvu que c'eût été sans notre faute. Il commença à entrer dans quelque appréhension lorsqu'il approcha de Paris, me disant qu'il étoit perdu si on le menoit à la Conciergerie. Mais lorsqu'il se vit mener à la Bastille il en témoigna une grande joie, s'assurant en quelque sorte qu'il n'en mourroit pas. Cependant l'on sait qu'il fut trompé dans ses espérances (1), que le Roi voulut faire un exemple en sa personne, surtout à cause des saints jours qu'il avoit profanés par des combats si sanglans, et que, n'ayant pu jamais être fléchi par les prières des premières personnes du royaume, il apprit à toute sa noblesse, par la sévérité qu'il fit paroître en cette rencontre, qu'elle doit réserver son courage et sa valeur pour son service et pour les intérêts de son Etat.

(1) *Il fut trompé dans ses espérances*: François de Montmorency, comte de Bouteville, périt sur l'échafaud le 21 juin 1627.

TABLE DES MATIÈRES

CONTENUES

DANS LE TRENTE-UNIÈME VOLUME.

MÉMOIRES DE GASTON, DUC D'ORLÉANS.

Avertissement de l'Editeur.	Page 1
Mémoires de Gaston, duc d'Orléans.	3
Notice sur Gaston, duc d'Orléans.	5
Avertissement du premier Editeur.	36

MÉMOIRES DU SIEUR DE PONTIS.

Notice sur Pontis et sur ses Mémoires.	179
Avertissement de l'Editeur de la première édition.	193
Avis placé en tête de l'édition de 1715.	199
Mémoires de Pontis.	213
Livre premier. Récit de ce qui se passa dans le temps que le sieur de Pontis fut cadet au régiment des Gardes. Il est obligé de se retirer en Hollande, d'où il revient après avoir couru grand risque de sa vie. Il lève une compagnie et la mène au service du duc de Savoie. Il retourne en France, et soutient un siége dans le château de Savigny.	213
Livre II. Le sieur de Pontis entre dans le régiment de Champagne. Grand accident qui lui arrive dans la forêt de Beaumont. Il est fait lieutenant de roi de la ville de Nogent pendant la guerre des princes. Il va forcer un capitaine de chevau-légers dans un château, et lui fait faire son procès comme à un incendiaire public, malgré la résistance de toute la noblesse du pays. Comment il vida toutes les querelles qu'il eut avec cette noblesse. Il tient tête en plaine	

campagne, avec deux cents hommes de pied, à six
cents chevaux conduits par le cardinal de Guise. Il
va au siége de Saint-Jean-d'Angely. . 253
Livre III. Ce qui se passa au siége de Montauban.
Grande et étroite union qui se forme entre le sieur
de Pontis et M. Zamet, mestre de camp du régiment de Picardie, qui le fait lieutenant de sa mestre
de camp, avec la qualité de premier lieutenant des
armées du Roi. Le sieur de Pontis tire toute l'armée d'un grand péril. Le siége est levé de devant
Montauban. Excellent discours de M. Zamét sur ce
sujet. 286
Livre IV. Le sieur de Pontis défend la ville de Montech qui est attaquée par les ennemis. Sa conduite à
l'égard d'un officier de la Colonelle et de M. le duc
d'Epernon, dans un grand différend qu'il eut pour
les intérêts de sa charge. Siége de la ville de Tonneins; grande blessure que reçoit le sieur de Pontis,
et qui le réduit à l'extrémité. Saccagement de la
ville de Negrepelisse. Le sieur de Pontis se rend
maître d'un fort occupé par les huguenots, et le rase,
ce qui lui cause une grande affaire. 319
Livre V. Diverses circonstances du siége de Montpellier. M. Zamet, maréchal de camp, est blessé à mort.
Excellent discours qu'il fait au sieur de Pontis sur les
misères de cette vie, et sur un excès qu'il avoit
commis pour l'amour de lui à l'égard des ennemis.
Le sieur de Pontis est lui-même blessé et en danger
de mourir. Ce qui se passa entre lui, les chirurgiens,
et quelques religieux qui le vinrent assister. Le Roi
le fait lieutenant dans ses Gardes, et se sert de lui
pour rétablir la discipline dans le régiment. 362
Livre VI. Conduite du sieur de Pontis à l'égard d'un
jeune gentilhomme libertin nommé du Buisson, et
comment, après avoir été forcé à se battre contre

lui, il obtint lui-même sa grâce du Roi. Sa sévérité à l'égard d'un autre cadet tout-à-fait déterminé, qu'il oblige de rentrer dans son devoir. Jalousie des officiers des Gardes, qui s'efforcent inutilement de le desservir auprès du Roi. Il est envoyé par ce prince au fort Louis, pour y apprendre les exercices et la discipline militaires qui s'y pratiquoient sous la conduite du sieur Arnauld. Excellentes qualités de ce gouverneur. Grand procès qu'eut le sieur de Pontis contre un fameux partisan, au sujet d'une donation du Roi. 396

FIN DU TOME TRENTE-UNIÈME.

www.ingramcontent.com/pod-product-compliance
Lightning Source LLC
Chambersburg PA
CBHW051823230426
43671CB00008B/813